閩臺歷代方志集成·德化縣志·第3册

福建省地方志編纂委員會
德化縣地方志編纂委員會辦公室
整理

〔乾隆〕德化縣志
〔乾隆〕德化縣續志稿

SSAP
社會科學文獻出版社

圖書在版編目(CIP)數據

德化縣志. 第3－4册，［乾隆］《德化縣志》［乾隆］《德化縣續志稿》（全2册）／福建省地方志編纂委員會，德化縣地方志編纂委員會辦公室整理；（清）魯鼎梅修；（清）王必昌等纂；（清）蔣履修；（清）楊奇賡續修；（清）江雲霆纂. －－北京：社會科學文獻出版社，2018. 10
（閩臺歷代方志集成）
ISBN 978－7－5201－3600－6

Ⅰ. ①德… Ⅱ. ①福… ②德… ③魯… ④王… Ⅲ. ①德化縣－地方志－清代 Ⅳ. ①K295. 74

中國版本圖書館CIP數據核字(2018)第229133號

·閩臺歷代方志集成·
德化縣志（第3－4册）
［乾隆］《德化縣志》［乾隆］《德化縣續志稿》(全2册)

整　　理／福建省地方志編纂委員會　德化縣地方志編纂委員會辦公室
纂　　修／(清)魯鼎梅修；(清)王必昌等纂；(清)蔣履修；(清)楊奇賡續修；(清)江雲霆纂

出 版 人／謝壽光
項目統籌／鄧泳紅　陳　穎
責任編輯／陳　穎

出　　版／社會科學文獻出版社·皮書出版分社（010）59367127
　　　　地址：北京市北三環中路甲29號院華龍大厦　郵編：100029
　　　　網址：www. ssap. com. cn
發　　行／市場營銷中心（010）59367081　59367018
印　　裝／福州力人彩印有限公司

規　　格／開　本：787mm × 1092mm　1/16
　　　　印　張：87. 625　幅　數：1390
版　　次／2018年10月第1版　2018年10月第1次印刷
書　　號／ISBN 978－7－5201－3600－6
定　　價／1000. 00圓

出版前言

修國史，纂方志，固我中華民族百代常新之優秀文化傳統。志亦史也，舉凡方域區裁，川原濬辟，自然人事之變遷，經濟文明之演進，文圖在手，紀述備陳。于以啓新鑒古，積厚流光，資用于無涯。

德化自五代後唐長興四年（九三三年）置縣以來已有一千多年的歷史，先後十次編修《德化縣志》。然因時空轉移、朝代更迭、治權演替等，明天順二年（一四五八年）、萬曆三十二年（一六〇四年）、天啓元年（一六二一年）所修三志俱佚，現存完整的志書六部，另有一部爲民國三十六年（一九四七年）編纂而未全面完成的《德化縣志·資料、大事記》。

現存七部《德化縣志》中，除中華人民共和國成立後首輪編修的《德化縣志》尚有存量外，明嘉靖十年（一五三一年）及清康熙二十六年（一六八七年）、乾隆十二年（一七四七年）、乾隆五十七年（一七九二年）、民國十六年（一九二七年）編修的五部志書僅在少數大型圖書館中見有收藏，這些均是德化縣重要的地方歷史文獻。

［嘉靖］《德化縣志》，十卷，明許仁修，

蔣孔煬編纂，現珍藏于中國國家圖書館；［康熙］《德化縣志》，十六卷，清范正輅修，林汪遠重訂，現珍藏于上海圖書館及天一閣；［乾隆］《德化縣志》，十八卷，清魯鼎梅修，王必昌纂，現分別珍藏于中國國家圖書館、中國科學院圖書館、美國加州大學伯克利分校東亞圖書館。［乾隆］《德化縣續志稿》，不分卷，清蔣履修，楊奇膺續修，江雲霆纂，現珍藏于中國國家圖書館及南京大學圖書館等。［民國］《德化縣志》，十九卷，方清芳修，王光張纂，朱朝亨續修，蘇育南續纂，現分別珍藏于厦門大學圖書館、福建師範大學圖書館和德化縣檔案館。［民國］《德化縣志·資料、大事記》，鍾國珍修，蘇育南纂，僅在德化縣檔案館藏有手寫孤本。

爲保護優秀文化遺産，發揮志書存史、資政、育人的功能，福建省地方志編纂委員會、德化縣地方志編纂委員會辦公室決定聯合整理重印這六部《德化縣志》。精擇相關圖書館館藏刻本電子影像版爲底本，按照『修舊如舊』的原則，委托省內各大圖書館、高等院校、博物院等專業人士，逐版逐字精心校讎，清除污漬、修補斷綫缺筆，補其缺漏之處，明其模糊所在，力求完整準確，并新編志書目録，慎撰各書內容提要，以醒眉目。本次整理，得到省方志委原主任馮志農、主任陳秋平，副主任俞傑、林浩，德化縣委原書記吴深生、書記梁玉華、常委劉惠煌，德化縣政府原縣長歐陽秋虹、縣長劉德旺、副縣長蔣文强的關心重視和大力支持，以及福建省方志委志書編輯處處長凌文斌、副調研員滕元明、曾永志博士，德化縣方志辦主任王世言、副主任科員許瓊蓉、志書編纂股股長林淑玲、年鑒編纂股原股長蘇祥寶等以及聘用編輯許永汀、曾廣淞、黄繩維、陳春升的協助，使該志得以在較短時間内重印出版，爲福建省、德化縣舊志整理再添新作。在此，謹對給予福建省、德化縣舊志整理工作支持和幫助的領導和同志們表示衷心的感謝！

修志問道，以啓未來。通過重印再版這六部《德化縣志》，人們可以從中感受到德化歷史變遷的脉動，傳承德化獨特的地域文化根脉，體味生于斯長于斯的德化人特有的精氣神，也可以挖掘歷史智慧，爲建設實力、文化、美麗、幸福、清純的現代化瓷都和世界陶瓷之都提供歷史借鑒。

福建省地方志編纂委員會

德化縣地方志編纂委員會辦公室

二〇一七年十二月

新編目録

[乾隆]《德化縣志》

新編目錄

［乾隆］德化縣志（一）

（清）魯鼎梅修，（清）王必昌等纂

乾隆十二年（一七四七年）刻本

〔乾隆〕《德化縣志》提要

〔乾隆〕《德化縣志》修於乾隆十一年（一七四六年）二月至乾隆十二年六月，由知縣魯鼎梅修，王必昌等纂。中國國家圖書館、中國科學院圖書館、北京大學圖書館、天津圖書館、南京大學圖書館、美國加州大學伯克利分校東亞圖書館等存有乾隆十二年十册精刊本，福建省圖書館、福建師範大學圖書館藏有抄本。此次整理選擇美國加州大學伯克利分校東亞圖書館藏本爲底本。

魯鼎梅，字調元，號燮堂，江西新城人，乾隆七年（一七四二年）進士，八年任德化知縣，後又繼任臺灣知縣。王必昌，字喬岳，號後山，德化縣人，乾隆十年進士，曾任湖北鄖縣知縣。

此志共十八卷首一卷，分十六志八十三目，約三十萬字。魯鼎梅在序中曰：『將使一代之文獻列眉指掌，炳炳千百載間，何恃乎？恃有一代之史耳。然非邑各有志，則雖有良史才，亦無從按之而成書。蓋史綜四方之志，志備他日之史，其大小不同，同歸于慎。故志者，史之原本也。天下文章莫大乎是矣！德化邑於萬山之巔，其民樸，其俗儉，其山巃嵸，其川矗激，其澤多泉衍，其種宜穀蔬。禮樂文章彬然古之遺，宜居是邦者多偉人也。鼎梅奉簡命授令茲土，心焉數之。公餘閱載瞻范君所纂邑乘，深幸前此之文獻，勒有成書矣。還念邑自天、崇以後，兵火屢遭，遂失藏版。范志惟憑抄本，不無因陋傳訛。況自重熙累洽而後，興廢舉墜，視昔有加焉，而官斯土、居斯土者，媺蹟亦日益隆。蓋距范令修志時，已六十年矣。即是以思舊多草創，則猶有待於修；化事日新，則樂爲之修；歷時已久，則又不得不亟爲之修也。夫幽光、潛德，譬若珠藏，等之玉韞，造物之秘也。國有其人，没弗與傳，有司之過也。將欲傳之，必寄其任於生長是邦者之耳濡目染，是廣而蒐焉，慎而輯焉，薦紳先生事也。故忘其固陋，延邑名儒王君後山輩，館而修之。釐舊編新，目張綱舉，得十有八卷，付之剞劂。蓋甚幸甲子一周之文獻，粗有成書，庶幾備他年良史之採擇也已。』

德化縣志

德化縣志序

德化閩西南小邑也肇
置後唐長興間由晉迄
明代有損益卒隸泉郡

我
朝雍正之十有二年
世宗憲皇帝允前總制郝公請
升永春為直隸州而以邑

屬焉邑與州近便統轄也其地山川阨陋民樸而勤物產足以自給陶埴且以致遠本富者十

七而未富者十三號爲

易治然自明季屢遭兵

燹邑既凋耗

國家休養生息垂百餘年

而後民氣大復盖昔之
政也棼今之政也一昔
之疆也擾今之疆也寧
昔之役也繁今之役也

息昔之歛也棘今之歛也紓熈〻然享太平之福者吏與民久已共樂兹土矣魯令鼎梅任邑

三載理甚無事閒搜閱
邑乘患其蕪漫而缺失
也爰集邑之儒生館穀
而修輯之裒然成帙上

諸方伯以序請於余公
餘披覽見其骵裁整餙
叚信不淆晰疆域則奠
麗以貽考沿革則廢置

以辨綜經制則保乂有紀詳土物則賦式無苛録人物則孅行章述藝文則黎獻僑幾々乎稱

善志爲抑余猶有進者民之所望于吏者在乎政而政之所及於民者在乎心詩曰愷悌君子

誠得夫强教悅安之術
而善出之斯下之被其
化者漸漬而不及覺鼓
舞於不自知將見海疆

僻邑仁讓聿興風俗聿厚於以仰副聖天子求寧觀成之至意詎不益光斯志哉令其勉

之是為序　旨

皇清乾隆十二年仲冬月

太子少保巡撫福建等處

地方提督軍務兵部尚

書加三級祁陽陳大受

撰

序

周禮外史掌四方之志小史
掌邦國之志如土地風俗物
產貢賦之類靡不森然畢陳
然猶一國而書之也秦設郡

縣歷代沿之即彈丸小邑亦有書秉大者上之朝廷備禮官採擇次亦俾治事者得以按籍而稽其山川土田之廣狹肥瘠賦役之多寡禮樂文

章之盛衰民俗之貞淫方物之盈縮卷瞭如指掌而無毫髮遺漏志之繫也頋不重哉

余膺

簡命於閩省有旬宣屏翰之責自

顧菲才當重任恒以耳目不
及為懼下車即訪各郡邑民
間之利弊風俗之淳薄而尤
望諸守令之靖共恪職以相
與有成也乾隆丙寅德化魯

令脩輯邑志成予披閲之見其記載詳而規制備不漏不支足以信今而傳後尤喜德之民樸而好禮冠裳文物惇信明義視昔有加蓋

聖朝重熙累洽久道化成山陬海
澨罔不訖厥聲教重以
列憲之後先撫循訓導以臻茲
盛也夫人不天不因天不人
不成今德山明泉清地衍原

沃其人亦既富且穀而其險膚儇薄者亦往往而有賈子云移風易俗使人回心而鄉道類非俗吏之所能爲也予所深望於魯令尹者亷以率

物禮以止暴勤宣政教以底
一道同風之隆則其有功於
德者豈獨一志哉
乾隆十一年歲次丙寅八月
穀旦福建布政使司布政使

歷城高山題

德化縣志序

郡邑之有志猶邦國之脊外史也攷星野沿革建置紀山川户役風物官師鄉

賢採咏謳藝文其載筆也
貴詳其敘事也覈核顧通
都大邑類有成編若邑介
荒遐率多因陋就簡言湮

事遠寖微寖泯上之人於何採擇下之人於何則傚歟德化建縣自後唐長興間舊隸泉今轄永地處萬

山之中舟車商賈所不到
其民愿樸安耕鑿以自樂
胥宋迄明科名漸起我
國家重熙累洽以養以教涵

濡百年之深故生齒日繁近則甲第輝映文教益隆焉魯君夔堂以名進士來蒞茲土下車三年政平訟

理百廢脩復慨然念志乘之荒略得請于上羅名宿廣徵輯蓋蒐六十餘載之潛德幽光遺文軼典而彙

爲成書其閒綱目貫注條
理井然詳而有要梗而能
慎覽斯志者思
盛朝之沐養懷先達之流風

農安於畔士齒於學彬彬乎衣食足而禮讓興也夫徵文考獻垂令甲而貢輶軒者賢司牧之責也振賢

育材砥廉節而正風俗者

使者之心也故樂爲之序

賜進士出身

欽命提督福建等處學政吏部

文選清吏司郎中兼翰林
院檢討錢塘吳嗣爵題於
龍溪使院

序

余自客歲奉
命觀察閩南若興若泉若永皆在
所轄之境而德化一邑昔屬
泉今隸永距余所駐鷺門且

數百里余以巡察至其地見其峰嵐聳秀高出諸邑迤邐起伏若龍蟠鳳翥而山川洄瀠又皆有襟帶拱衛之勢心焉異之以爲此亦奥靈之區

也次按其城邑之建置田野之釐闢津梁溝澮之修整皆井井有條而風俗樸茂與古爲近不禁喟然曰我

國家聲教四訖濡文而涵化者

壤無陋矣以良有司處此化民成俗無難也邑令魯君興廢舉墜治行彰美今年秋乃以所輯邑志請序於余余維邑之有志與一統志暨各省

州郡之志如根榦枝葉之相承缺一則有弗聞其詳者夫山川嶽瀆之精華與元化之鼓盪隨時遞發而筆墨之紀載亦因是以彌新故前之文

獻藉以永其傳後之文獻賴以發其光歲久將湮志可勿重修也哉魯君以其公餘會集羣賢蒐討舊聞編纂類次莫不條分縷析寓意深長匯

特流峙之蜿蜒扶輿而噴薄與夫人物育產之盛一一如列之畫圖令我若重遊其地即茲邑之所以開闢於唐宋漸著於元明而增興于我

朝鼎盛於今日者纘武恢猷煦
沫而提撕之牧是土者與有
力焉亦可次第而想其成勞
也已且夫徽溯於曩賢業崇
於繼起風力日上地靈斯協

後之吏於斯籍於斯者覩兹邑乘其間事業文章炳炳烺烺與日月爭光者屈指幾何人餘或稍有可述或遂渺焉莫考矣然則撫前人之遺韻

振千古之遐思其寧不愾乎有奮興也歟自今以往上之敦率益以懋下之征邁益以勵表循良烝髦士將使異日秉筆之儒大書特書以誌不

朽者胡可易量余既嘉魯君

治行而又喜是編攷覈之精

寓意之遠而足以為教也於

是乎書

乾隆十有一年丙寅仲秋之吉

賜進士出身福建分巡海防興泉永道前山東道監察御史仁和高景蕃題於鷺門公署

序

天道無爵而弗宣之理人事無漏而不傳之奇然宣之傳之因其時亦必待其人耳余乙丑歲

奉

簡命來永州德邑呈志四册閱之頗畧弁其首係前邑令范君載瞻於康熙二十六年編次計其時盖已花甲一週矣其閒盛衰得失變易者不知凡幾風俗政

治因草者不知凡幾忠孝節烈湮沒者亦不知凡幾又況舊屬於泉今隸於永版圖既已非故乘載亦應更新則斯志之不容已於修也余已心爲識之會春

來奉　例巡查抵德德令魯君
爕堂慨然以邑乘為己任余喜
所見畧同因舉其槩而陳之夫
志非修之難重修為難重修亦
非難徵前信後為難非曰紀山

川而必依傍形勝也取其無分民有分土之意也非曰譜世系而徒紀載姓氏也取其善足以勸惡足以懲也非曰録菁華而僅標榜文藝也取其有關於民

生有裨於國計也且學校為人材之本風俗為政事之徵與夫民賦物產之規廟壇享祀之典孰是可缺而弗講者此其蒐羅殆盡叅訂無訛又豈異人之任

爕堂唯唯閱数月而書成呈稿於余余披覽而竟見其釐舊編新山若為之增輝川若為之增潤城池關隘屹然為之鞏固文章制度煥然為之一新而且蓬

蒿荊棘幾人為之伸眉僻巷幽
閨幾人為之吐氣不禁喟然嘆
曰斯亦六十年來人與時俱運
會一結而成之者也豈曰聯編
綴牘小補云乎哉或曰是書一

成太史登之即可以佐文明之盛余未知亦不暇計倘異日者永州諸務粗倫有事於此且将以之爲楷模爲爕堂其有以許余否是為序時

乾隆十一年丙寅歲中元節

賜進士第出身奉直大夫知永春

州事寧河劉鏣珍題

序

周官外史掌四方之志公羊疏㸃紀孔子使子夏等求百二十國寶書蓋即求此志也自班氏以志爲史家一體餘

史承襲幾二千年闕者惟陳李二史耳究之若紀若傳若表亦無非志今省郡州縣各使立志猶古周官外史意也德化舊屬泉近隸永土瘠民

貧禾薯間出荷

聖朝厚澤涵濡風會駸駸日上邑

故有志六十年来苦殘缺矣

令長魯君燮堂慨然以蒐輯

為己任書成郵一編屬序於

余々曰是歎君之用心為獨遠也今夫托之空言不如見諸實事也夫人知之矣昔張子韶判鎮東嘗大書於壁曰此身苟一日之閒百姓受與

涯之苦今君之殷〻爲此志也曾是思閉者而出此哉志沿革則必思興自古者何時宜於今者何術志疆域則必思扼要應備者何方畋田宅

里者何策志山川志建置則因地制宜小大踈密何以匀畧志民賦志學校則教養兼施樂業向化何以可久志祠宇則何以爲無忝馨香志禮

儀則何以為不愆典制志武衛則何以為不拔干城志秩官志科目志人物則又思何者廁衆望協輿評何者名不辱科第行足垂簡策諸若藝

文古蹟五行攗佚一一朗列亦豈徒侈聽聞實以資考鏡也余知君殷殷此志其用心必有在矣往余莅永値州界初介亦欲餙所屬裔及志乘

會以告養歸不果今重来此地君已先獲我心何愉快如之鄭夾漈有言志之大原起於爾雅蓋爲其自天文地理人事下逮金石草木蟲魚條

分縷舉後世志體相似故以爲托始非不知周官原有四方之志也君今以註爾雅之才得名士互相考証叙次俱井井有法異曰

大廷考文徵獻將彙採四方之志君茲帙得不入外史氏所掌哉余樂君能倣班氏之學以寄其心也因於書成述梗概而爲之序

乾隆十二年歲次丁卯仲春望
日永春直隸州知州青浦杜
昌丁題并書

序

将使一代之文獻列着指掌炳炳千
百載間何恃乎恃有一代之史耳然
非邑各有志則雖有良史才亦無從
按之而成書蓋史綜四方之志志偹
他日之史其大小不同同歸扵慎故

志者史之原本也天下文章莫大乎
是矣德化邑於萬山之巓其民朴其
俗儉其山巃嵸其川矗激其潭多泉
衍其種宜穀蔬禮樂文章彬然古之
遺宜居是邦者多偉人也　鼎梅奉
簡命授令茲土心焉數之公餘閱載瞻

范君所纂邑乘深幸前此之文獻勒有成書矣還念邑自天崇以後兵火屢遭遂失藏版范志惟憑抄本不無因陋傳訛況自

重熙累洽而後興廢舉墜視昔有加焉而官斯土居斯土者孅蹟亦日益隆

盖距范令脩志時已六十年矣即是以思舊多草創則猶有待于修化事日新則樂為之脩歷時已久則又不得不亟為之脩也夫幽光潛德譬若珠藏等之玉韞造物之秘也國有其人沒弗與傳有司之過也將欲傳之

必寄其任於生長是邦者之耳濡目染是廣而蒐焉慎而輯焉薦紳先生事也故總其固陋延邑名儒王君後山輩館而脩之釐舊編新目張綱舉得十有八卷付之剞劂蓋甚幸甲子一周之文獻粗有成書庶幾俻他年

良史之採擇也已首沿革沿其朔也次疆域暨山川辨守土標其鎮也志建置稽興廢也若學校禮儀諸冊又皆禮樂文章之所係焉撫佚之志無所取諸取諸遺也人物之紀則凡有可表華以示勸善善沿長古之訓也

是為序

旹

乾隆十有一年歲次丙寅六月上浣

賜進士出身知德化縣事江西新城魯

鼎梅題於龍潯官署

序

地周百里民生之利病俗尚之澆淳經畫激勸之方係於長令受篆職者悉心而理揆措置之源流審道民之先路鑒於前迹亦持以數理有方之藉也德化之志自范公載瞻之修缺有間者六十

年矣歲癸亥黎水
燮堂曾公以名進士視篆於德涖政四年
百廢具舉披閱前志慨然久之間詢故
老偹悉遺事既乃集諸名宿授以意指
分析條例若網在綱叙次論斷歸于精
核簡當綜一邑之內人物風土數十年

閭之迹瞭然若指諸掌余觀夫德邑環山之中層巒叠嶂緣疆而望四面皆低非舟車往来走集之區故無浮囂淫靡之習民生其間惟土物愛風教固殊焉造物不域地以生才秀靈之氣勃於谿谷由来舊矣葯之志也豈徒為此閭景

物紀勝扎將俾生斯土者顧名思義披覽之下憬然扵以德化民之意地雖僻而多才善可風則必録瘠土之民莫不向義所為經畫激勸之方扵是乎在余以譾陋謬秉茲鐸佐　公為理扵是舉也覩　公之治爰載筆而為之序

旨
乾隆十有一年孟秋丙辰
恩科舉人壬戌會試明通榜德化縣儒學教
諭樵川曾晉拜手撰

序

邑之有志由来舊矣古者太史氏乘輶軒採風問俗登之王朝非志則無以載史所未備而俟其採擇故其功用殆與史等德邑向與吾惠同屬泉之股肱縣其地多山五華鳳翥輿圖稱秀麗焉風

醕俗厚人之生斯土者尚勤儉礪廉節說禮敦詩彬彬爾雅與泉俗無異邇来泉永分隸而德為永州首邑遂與泉郡隔屬然民風土俗猶仍其舊惟是邑志自兵燹後原版無存而舊尹范君所纂不無因陋就簡僅存什一於千百又缺

略六十年来潛德幽光未登史册新城
爕堂詹老先生既治德化之四年興利除
弊百廢具舉風土人物煥然一新公餘
之暇慨然邑乘之宜修而因陋就簡之
不足為一邑文物光也於是集邑之紳
士相與重訂而編輯之綱舉目張燦若

列眉指掌建置沿革源委森然疆域山川條理井然禮儀學校倣諸郡城而制肅然物產田賦準以風土而法釐然至人物各傳顯微闡幽考善徵行視舊志所紀獨加詳悉琦尤讀其龍潯一賦意思深遠渾涵無際舉是邑之流者峙者

洪者纖者矯然傑出而幽異者無不畜蘊於胸中而流露於詠歎謠泆之下有與志相為發明者洵足為一邑文物之光而備

當代良史之採擇者矣今年春琦秉鐸茲邑適書告成慶是邑文獻之有徵而歎

先生之為功於邑人者大也於是乎言

旹

乾隆十有一年孟秋穀旦

雍正癸卯正科舉人以教諭署德化縣訓

導事螺陽蕭國琦拜手譔

重修德化縣志序

德自置縣迄今八百一十五年宋元之代志乘久湮明邑先輩凌邦輝嘗纂修之年月無考其後再修則並其載筆之人亦失傳萬曆甲辰周侯命初重修嚴整有法泉郡志多取以爲楷越天啓丁卯桂侯藎我命邑庠士徐育元復加補輯未及鋟版而兵燹洊更散佚

莫問矣我

朝鼎興文教一新縣承　憲檄徵志吾宗庠士夏翶撫拾燼餘以應限期廹逼其多踈畧固宜康熙丁夘范侯載瞻迺取其稿本重訂之以付梓人按其自叙云家遺天一閣藏書有德化舊志又云捧接　憲檄知無成書未稔其所蔵者果萬曆志否耶而學博方公棟吉

敘直云邑乘歷創設以迄於今無刻本曰是邑人承誤謂志自范侯始昌每讀而疑之以爲宋政和而後明隆萬以來邑之人材輩出文事不宜荒陋閒于名勝處得前人畱題反覆之竊信所疑之非妄且人物有志而鄉賢鄒丁溪闕爲他可知矣生斯長斯百年桑梓頓使曩哲流風莫之省憶嗚呼文獻既微徵

信奚自因循歲月傳聞異辭不禁掩卷而三嘆矣幸逢　燮堂魯父師慨然為茲邑立不朽之盛業約八里紳士撤舊志而新之旹乾隆丙寅二月也　師以慈父而為明師即以大儒而為良吏於志德何有乃蚤夜孜孜日出坐堂皇聽民事退輒就稿點點畫畫心裁而手定之創著義例援据公牘訪諸故老所

傳採諸閭里所記發殘碑於榛莽討斷簡於
蠹笥上窮建創之始中悉措施之宜復益之
以巡行之所聞見為志一十有五各冠以小
序加之論斷凡十有八卷其志藝文備録時
賢者為吾邑鼓文風也志人物則在德言德
寧恕毋刻葉臺山先生有云惟是非之不謬
斯懲勸之有裨固不必摎瑕掩瑜過為吹索

而非輕於持論者所能窺測也越十月授梓甫半而萬曆志出於鄭明經淇瞻家　師亟取而叅校之鮮所異同夫以邑人百数十年不一見之書而完好無鈌淇瞻之功也而詎合無迕則　師之心源妙契於古也今歲丁卯六月朔告成　師集同官及諸紳士讌飲合樂以落之有執爵而言者曰邑志之成以

丁夘者于今三矣倘古讖所云水畫丁羅簪纓之應乎請賦柏梁體詩以鳴盛 師笑而許之昌幸厠門墻躬逢盛會喜吾邑之文献得 師而盛復得 師而傳後之鄉古者有考焉烏可忘所自邪若夫 師之善政不勝書其大者已略具於今志他日太史氏當有大書特書不一書而足者則永譽汗青益為

茲志重也已

賜進士第出身吏部觀政王必昌拜手撰

邑之有志將使信於今時傳於後世上

以顯

盛世涵濡之化下以徵草野興起之由也

雖官斯土者分內事然匪其人未易任

矣我

邑侯樊堂魯詹老父母涖治三年百廢具興

政通人和熟悉乎山川風土之大槩奢儉貞滛之大端簿書之暇繙閱舊志慨然以重修為己任葢念前此簡陋之貽譏而尤懼他日文獻之弗傳　侯之心良苦矣爰館紳士王君後山若而人分輯之書既成復柬致柘浦　閒碧李君

於署加較閱焉是舉也　矦豈以私意雜其間抑夫天地精華之氣上爲日星下爲河嶽而中則為人不以德邑異也今試仰焉俯爲于星分則屬牛女日月之照霜露之隆振古如斯也於禹貢則為揚州戴雲之高龍門之深振古如斯

也若夫宦蹟治行孝友文學義行節烈地無論大小人無論窮達迹無論顯晦有人倡之於旋有人踵之後先芳躅亦振古如斯也而　侯則以善善惡惡之心為是是非非之舉未嘗厚責人亦未嘗不以聖賢望人盖不薄今人愛古人居

然善善從長之意也其詞質其事允其義昭城池公廨煥然聿新禮樂文物燦然備具至若武衛撫佚之紀又皆補前志之所未倫則是舉也　侯豈以私意雜其間哉我德於前屬泉於今歸永不一者隸籍之吏至一者醇樸之氣聖人

云十室之邑必有忠信則今日之徵文考獻又何時地之足區拭而侯以苦心持之大才出之將戴雲愈高龍門愈深日月霜露亦因之而新且潤矣昱等不文喜其成也而謹爲之序

旹

乾隆十有一年歲次丙寅六月穀旦治年

家晚弟林昱

李志昱

仝頓首拜譔

跋

粤稽誌乘祖述麟經載考體裁箕裘馬史編年著代必溯流以窮源彰善揚徽務信今而傳後曰紀傳曰寔録毋貽蕪穢之譏為編次為發凡須定不刋之則稽古来懿蹟特著篇章發潛德幽光用昭簡策豐功駿業既炳炳而烺烺末技片長亦魚魚而雅雅端委具舉鉅細兼綜方將搌采寰區寧第生輝下邑扎

德之誌冊代有撰脩宋元以来殘於兵燹於火幾同夏五之無徵有明而後訂所見考所聞依然商頌之鈌佚當桂侯重纂未壽棗梨迨范公繼成爰登剞劂然而亥豕多誤抑且綱目未分躐後居前淩亂不殊齊紀挂一漏十闕畧有若唐書良由採輯弗周衆長莫展見聞未廣一卷空沿今則曆遇一週文献將愈散失年逾六甲脩明難緩滇史矣恭逢

爕堂魯老師臺魚頭華冑雉尾宏才善讀父書早與紅綾之宴克繩祖武旋銓赤縣之司抒綉虎英奇奏飛梟偉畧花栽潘縣無非筆底之花錦製閩邦悉屬懷中之錦情殷造士化雨沐丁水之波念切作人春風被龍潯之野月有課甲乙覩填期有程丹黃手定賈華董茂跡泒維嚴宗艷班香兼收勿礙斯文章政事併為一科而吏治儒林不分二族者也於

是廣集紳士各競鋪張獨攬裁成並歸陶鑄例緣義起文以類從載筆之下有精思表揚之間皆直道大端皎皎果然字裡流輝末藝超超亦爾行間生色至於一流一峙大造鍾靈一殖一生化工發育為民生之攸賴見物力之普存他如道書傳仙佛之踪叢談摭遺佚之事搜羅殆遍昭揭靡遺從茲域中罔不耀之珍境内無或埋之寶闡昔人所未發不

舊東晉補亡述前誌所已傳豈等抄胥繕寫
璋竊欣附驥幸獲扳龍逢盛典而心傾讀鴻
文而神爽衹媿才非歐柳奚堪持鼓雷門惟
是筆慕江花謬云寓書宋闥治下歲貢生門
生連如璋謹識

德化縣志

編纂姓氏

李青震 舉人 浦城人
王必昌 進士

林昱 舉人
李志昱 舉人

連如璋 歲貢
鄭惠琇 歲貢

陳開材 歲貢
毛際泰 貢生

陳時夏 貢生
林煥彩 貢生

鄭文煌 貢生
方鵬奮 貢生

編纂姓氏

黄守仁 監生　葉秉龍 監生
謝祈出 生員　張天溱 生員
陳其遇 生員　許應暄 生員
凃廷觀 廩生　劉世賡 生員
蘓廷望 生員　張應宿 廩生
陳拱璧 生員　陳元斌 生員
賴汝騰 生員　周維新 廩生
陳嵋 生員　郭觀光 廩生

凡例

一前志刻於萬曆甲辰代更而版已滅後志成於康熙丁卯事顯而類猶繁茲各綱而目之如星野形勝風土里社則歸疆域井陂橋渡物產則歸山川建置人物等志悉如之以免零雜非故為異同

一舊志山川拘於脉絡東西莫辨今悉次其遠近分合標而出之俾閱者瞭然

一學校為崇聖尊賢之地舊志鄉賢名宦祠則載祀典

未免兩概今為彙入

一典禮所有必備紀之昭其制也舊志所載儀文多畧鋪叙不倫而耕耤之禮旗纛之祭亦復闕如兹悉恭

通志詳定惟

聖朝追封從祀另載學校

一關隘之設所以弭盜安民舊志險要盜賊分為兩册故另輯武衛以剷除舊事附之亦見設險防變昔人捍禦之功

一防汛之官講武衛民所係誠重舊闕題名茲悉登入

秩官

一舊志科目甲乙榜不填名次貢生不分恩拔副歲茲

悉注明分敘惟無可查者仍之

一人物流品不一舊志錯雜鋪敘又有缺弗紀者錯出

之英獨擅之美末由見矣補其闕畧品而傳之庶幾

風徽各著

一詩賦序記舊悉入文籍茲集採名人遊覽題咏即附

於山川岩寺諸志中以便披閱更為蒐錄登之藝文

一蓋棺論定表德揚徽不及生存惟節婦年例合者量登之以嘉苦志

一邑自康熙丁夘至今甲子一周文獻未纂慮其將失幸筆輯之如其雅馴以俟　君子

德化縣志目録

目録二

德化縣志目録終

德化縣志卷之一

舊序

郡若邑各有紀乘微論減省煩劇皆以風土之宜人物之攷筆而存之徵信於當世以示来者此葢權輿於禹貢周禮之職方今班孟堅之志地理所自昉矣吾閩中獨溫陵稱形勝輿區人文淵藪龍潯其轄下最古治代各有書明興纂修者再然逡逡趑趄旁魄不足徵信示後邑侯南城周命初先生下車觀風考俗撫恤民隱振

作士類一時斐然嚮風三年滿其秩以最考遷牁牂獨山刺史以去時余家伯備員邑博士亦以秩滿遷西平命翁慨然曰以余之不穀濫竽斯土者幸三稔於茲耳目之所覩記若人物之俶儻若風教之漸濡若山川之偉麗岩巒之幽奇較之往代更宏鉅而蒸闢烏可令其文采不彰耶乃引新斥陳裒益而纂修之以一編授予而徵余言以為序余惟志者志其事而攄其實也禹貢所紀田賦高下墳壚黎赤以至篠簜箘簬龜魚之細周

禮則及於山藪川浸男女畜擾之粗而班孟堅則又詳於政治風俗奢儉之故總之於奠民生益治道而要其大則以經濟翊世行誼表著當年者為川岳重余卒業斯編審觀其郊坰繡錯里巷參差之謠俗因以知厝注所宜控馭所急用以愜牧愛而暢仁風歷覽其峰巒之嶔崇渟泓而淵皦又足以廣其神識而助發其淵軼之思備攷其縫掖冠舄之倫如宋蘇欽之潔已奉公林揚休之調閱政績鄭輪鄭軫林洽林瀛竝以兄弟登第所

至有氷檗聲為當代仰止明則有凌侍御風裁敢言人所憚避鄭計部金玉君子時論推戴焉單合浦之氷操高尚林樂會之保障瓊海林南陵之却例金清宿蠹均之邁越時流足傳漢循良者誠未易縷指也此其俶儻俊偉之行真足揚扢千古彪炳来禩曾何不攬其輿區之勝挈其淵藪之精耶罔佚於世歟加注存誠有所見於其大矣後之覧者得是志而以發鷺翿揚鳳彩藏雲五華若增而高丁溪龍門若濬而深勵世風徵文獻尚

亦有賴哉又何所論其减省其煩劇而不與上國齒也
斯編也即軼班氏而上與禹貢職方並垂不朽夫誰曰
不然周侯諱祐江右南城人字君眷命初其别號云明
萬曆甲辰賜進士第湖廣叅政永定沈孟化謹題

夫載事之書取傳信不取傳贗而邑志更重圖繪山川
描寫人物旌既往勵將来於是乎叅吏茲土者舉靡葺
頹闡微揚幽討實録而叅覈舊編勿沿訛襲舛前後相
蒙亦是當官應為事余下車覽龍潯志反覆披閲人文

遞衰遞盛山川風景亦因遞換自周命初甲辰之役歷
二十餘禩多宜舉宜葺宜闡宜揚父老鄉紳所傳告者
或鼎新或復故則徵祿薄鍰無不可捐與士民規置兩
歲繕營自謂可幸無闕然遺芳隱蹟尚未表彰竊欲取
舊志而參補未備廼簿書鞅掌未遑旁及忽而臥病倦
骨漸生請乞歸田里嘗以一局未了為歉至三四請而
上弗許仍守篆視事而鞅掌如前日竟不獲寄心毫楮
修文人之業第當人文浸昌浸熾計不敢以此局諉後

人一日命諸生操觚從事諸生逡廵謝不敏必欲借筆
名公余固謂忠孝節義亦其人自足重耳豈以名公重
耶學者游精翰墨終歲擱管宅日纂史翼經直行其志
豈異人任而耳目前覩記不能揚扢必乞言文致厚自
謙讓為博士林先生乃晉學院屢旌德行生員徐君育
元纂筆受事緜亙月彙次成編其藁白余余因而叅覈
之釐舛彰幽千百年古蹟芳名恍從煙草消沉中頓為
生色向者簪纓紀世茲復蟬聯未易計量行且與大國

驅駕中原豈弟政和以後諸君子哉若前人已經揚厲不必贅為潤色即令採摭增補不敢謬為鋪張只此三代直心傳信而行後有作者考獻徵文抱心相印則此志為左券明天啓丁卯文林郎知德化縣事長林蓋我

桂振宇撰

志何眆乎葢左史倚相能讀三墳五典八索九邱之書九邱者九州也九州之有志自昔已然迨後州分為郡郡分為邑郡有紀邑有載總括其旨皆屬為治之要在

乎不沒其實事以傳信於後世耳我
皇清宅中出治邁古軼今自
世祖章皇帝洎我
皇上御極以来剪除暴逆海宇乂安文德誕敷禮興樂作
亦既潤色鴻業矣猶以未臻堯舜之治内外大小臣工
皆慎選賢能責其治以加於民殆與上古選德治民之
道不謀而合也間有不賢如余者亦濫膺茲選丙寅秋
八月来守溫陵顧瞻形勝洵為閩越奧區人文之盛可

與江左齊驅乃欣然而喜復又惴焉而懼益懼德寡才鮮勿能率屬致治以滋不職羞是歲冬浙甬范子載瞻以魏科世胄除德化令計深慮遠視邑事如家事慨然以崇文教正士習厚民俗課農桑恤孤弱誅豪猾為已任而樂盡司牧之道焉繼則相厥所宜揆厥所急縣署自宋熙寧迄今遞毀兵火雖幾費營繕究未復舊觀載瞻興廢葺墜乃捐秩祿創建堂宇及兩廊廡以肅民瞻賓陽壯鎮二樓久淪榛莽亦俱構材整備以樓汛卒民

益賴有衛焉若是者且勿論爰思德化自五代始名縣
歷宋元明及我
朝數十百年其間政治之得失人物之盛衰山川之異同
風俗之奢儉愆載邑乘皆關切治道尤宜詳覈不徒拘
牵故事徇名失實必期芟汰蕪雜標領典要上稟王綱
有當一代之令甲而後已於是延致名儒參酌攷訂極
其周密草成復加諮討博稽編簡稍涉舛戾者咸爲釐
正若山川則戴雲之池九仙之山皆各探其本源辨析

無遺若縣長吏則宋元之有功利於民者率多闕畧皆蒐輯補入至於學校選舉忠孝節義文章詞賦必核名實相副者擇焉而登妖祥變異出於不經者疑寧從缺矣公矣慎卓然成書噫夫志之纂修豈易言哉恒有人曰斯舉也必超於人方可任否則必不稱又曰必狥於人始可行否則必得謗以故中輟者多載瞻有見於此是以信之篤而成之敏也遂竣刻以全編請余序余深喜載瞻服官甫數月輒著成績歷歷可觀者如是夫能

謀始者必克慎厥終將見次第展其經濟以實事顯於時信於後豈僅此數端而已余雖不敏亦將相率勉勵冀以共體
聖天子欲臻治堯舜之意庶幾仰佐千百之什一詎不快乎遂忘荒陋率以數言弁其首康熙二十六年丁卯立月上浣中憲大夫知泉州府事古燕郝斌撰

夫志者所以載一邑之政事民物山川田賦之大綱也輅覈四明家遺天一閣藏書冣富搜覽簡編閱德化舊

志固知邑處萬山之巔之土產鮮人物無豐功偉伐紀
載舊乘然而風美俗厚民庶殷富彬彬一禮樂名區也
丙寅冬恭膺
簡命来涖龍潯竊見土俗非故人民稀少不復曩時紀載
心竊疑之以為所見不逮所聞思得一邑志以考證之
不意捧接憲檄知無成書適施張之暇有鄭廣文方學
博以一編授余取而讀之見其歌詩奏誦彜教井然採
擇編纂更多詳備乃知二公之留意志事者久矣今略

承乏茲土雖政績繁多不遑釐舉無已不得不襄厥事無已不得不從公餘之頃切實而考訂之如星分則屬牛女封域則連七邑也邑分爲里者八里分爲社者三十有九也山則聳峙於鑛岐水則朝宗於省會也津梁關隘興廢靡常物產民風簡朴如昨也城垣公廨昔罹水圮不復舊觀學校壇壝近賴人功得瞻巍煥也典禮惟循乎舊章田賦悉遵乎新制序記詞賦寧切無華古蹟舊聞寧簡勿濫此邑志之大槩去古不甚相遠者也

若夫遠稽人物則如陳僕射之勲名著于史冊鄧德安張龍州之事業貽于社稷緒馬平之道學傳於奕禩黃義烏之教澤洽于人心官師之不容或畧者類如斯也至里黨先達稱表表者凌侍御之功偉然賴太史之文炳若林程以尚義而劃丁溪鄭沛以謙謹而號君子其他或以文華著或以長厚稱或以孝友重鄉評或以端方式頹俗以至閨儀淑德逸蹈高風指不勝屈是與曩時之所習聞者斐然大異烏得不亟為表彰律後進而

揚先德哉爰定卷帙付之剞劂三月而書成略因是
更有思焉夫考訂編纂略之責也蒐羅採輯縉紳先生
事也使異日者採輶軒登史館俾作者慨然嘆慕曰是
志也事核而該體嚴而備蔚然為一代信史之所資則
皆屬紳衿採輯之功而非略之所敢居也是為序旹康
熙二十六年八月德化縣知縣四明范正輅載瞻氏題
於龍潯官署

自一畫闢出文字而天地山川之奇無不盡洩於人間

故雲鳥紀官則筆之墳典傳心則筆之舉從古神聖之
聚精會神遂赫然在人耳目禹貢之為書也敷土隨山
刊木奠高山大川至九州之貢道土色貢篚與田賦之
上下錫土姓聲教訖於四海無不畢載以成天下之大
觀周禮之為書也辨方正位體國經野設官分職以為
民極而冢宰司徒宗伯司馬司寇司空之中纖悉不遺
後人因其用字奇古考工記之字又聱牙而不可讀謂
此書出於劉歆嘗從揚子雲作奇字故用以入經祚隆

見周禮典雅奥深垂世立範寶懸日月不可刋之書非
呂氏春秋淮南鴻寶所敢追奔頡頏豈劉歆輩之所能
辨也乎是知時有今古事有創因聖君賢相之經營一
道同風固與世推移而汲汲著書立言弗忍歷諸久而
磨滅其心則一矣德化巖邑也隸於溫陵處萬山之中
與尤溪大田永福永春相接壤然地脉忽而聳峙俯臨
他邑故由来人文每多俊偉超奇地靈人傑是耶非耶
獨邑乘歷創設以迄於今無刻本録寫相沿弗能徧也

恐弗能久洵此地一大缺憾事也喜邑侯載瞻范先生以鉅宗名儒携琴鼓龍潯之三月殷然念之課農訓士之暇集縉紳耆老諸生網羅舊聞取抄本而手自校脱者補之誤者釐之剞劂勞深興晨繼晷圖書業就倬漢章天環邑無貴賤遹觀厥成相與慶之歌之今展卷犂然自禮樂兵農以及於祥異僊釋細大畢收創從來未有之舉德邑缺憾至今日而乃無憾美哉始基之矣後有同志薪火相傳踵事增華歷諸久自不至磨滅此

書直與天壤相敝也祚隆闢山川清淑之氣不鍾於人
則鍾於物然物雖渾金璞玉珍禽異獸奇花文木不得
與人等故朝廷之所褒崇童叟之所傳誦竹帛鐘鼎之
所銘勒率於人為榮是以忠臣孝子仁人義士烈女貞
婦為天地立心為國家植紀為宗族鄰黨流芳凡賓客
往来其地莫不停車駐足存則指其門庭曰此廬是其
之所居也歿則指其窀穸曰此塚是某之所藏也徘徊
顧望而不忍去所謂有仙而不在山之高有龍而不在

水之深隸之於字刻之於版達之於通邑大都是天地間一幅莫大文字祚隆深望德邑山川人物之所可紀者此也刻成載瞻先生命序濡毫盥手於是乎言康熙丁夘孟秋德化縣儒學敎諭方祚隆撰

志何昉乎考列國之風山川人物政治興衰皆具其志乘權輿乎漢班孟堅作諸志典贍精詳稱一代良史非郡邑乘比然志名始此後有作者即志一郡一邑當以一代良史才作之始足信今而傳後德邑之設七百餘

年志修於凌邦輝侍御後庠友王夏聲蒐輯補之尚多闕畧今邑侯戴瞻范父畫兩浙名家斯文哲匠彈琴涖德取邑志新之考訂修飾刮垢磨光弘綱細節燦然具備且周咨博諏汪遠亦以末材佐一得爲書成付剞劂以垂不朽葢侯有良史才前司鐸秀水其邑志皆出手裁業已懸諸不刊今取合德志讀之典贍精核不讓班史曾南豐所稱明足周萬事之理道足適天下之用文足發難顯之情殆其兼之雖然坐而言何如起而行古

来有學有守之士出而司牧地無論劇易事無論大小皆必辦之以長才臨之以小心熟悉其風土人情措置施設以展經綸如國醫於人洞見腑臟孰無病而宜五穀孰有病而宜藥石皆實試之而輒效如志所載莆田陳公之經國勸農隆安林公之建塔濬溪奉化應公之勸獎士類崑山秦公之獨斷建學類皆以小心長才因乎地宜乎俗熟悉風土人情措置施設以展其經綸者也茲志之脩必詳必慎小心長才於焉見端而不徒爾

也侯為人溫和寬厚接士民藹然如家人父子初下車詳咨民隱風土人情熟悉於心而傳之於華華之書即以見諸行事嘗取

上諭十六條為之解義家喻户曉亹亹忘倦且勤於課士累月論文校藝不少休力以興起教化為已任上佐

聖天子右文之治洵足與陳林應秦諸公輝映先後然則兹志固足信今而傳後而力行善政以期於必傳則後之視今亦猶今之視昔也汪遠樂與觀厥成而并及之

謹序康熙丁夘仲秋邑舉人林汪遠譔

德化縣形勝全圖

東北至永福縣界一百二十里
北至
東至永福縣界八十里
東南至仙遊縣界八十里
東南至永春州界十五里
梅中里
龍山
羅城山
石柱山
石劍
龍門
鳳洋
東山
柳坑
大地

尤溪縣界一百里
西北至大田縣界一百里
西至永春州界六十里
西南至永春州界三十里
州界二十里
上林社
龍潭

縣境圖

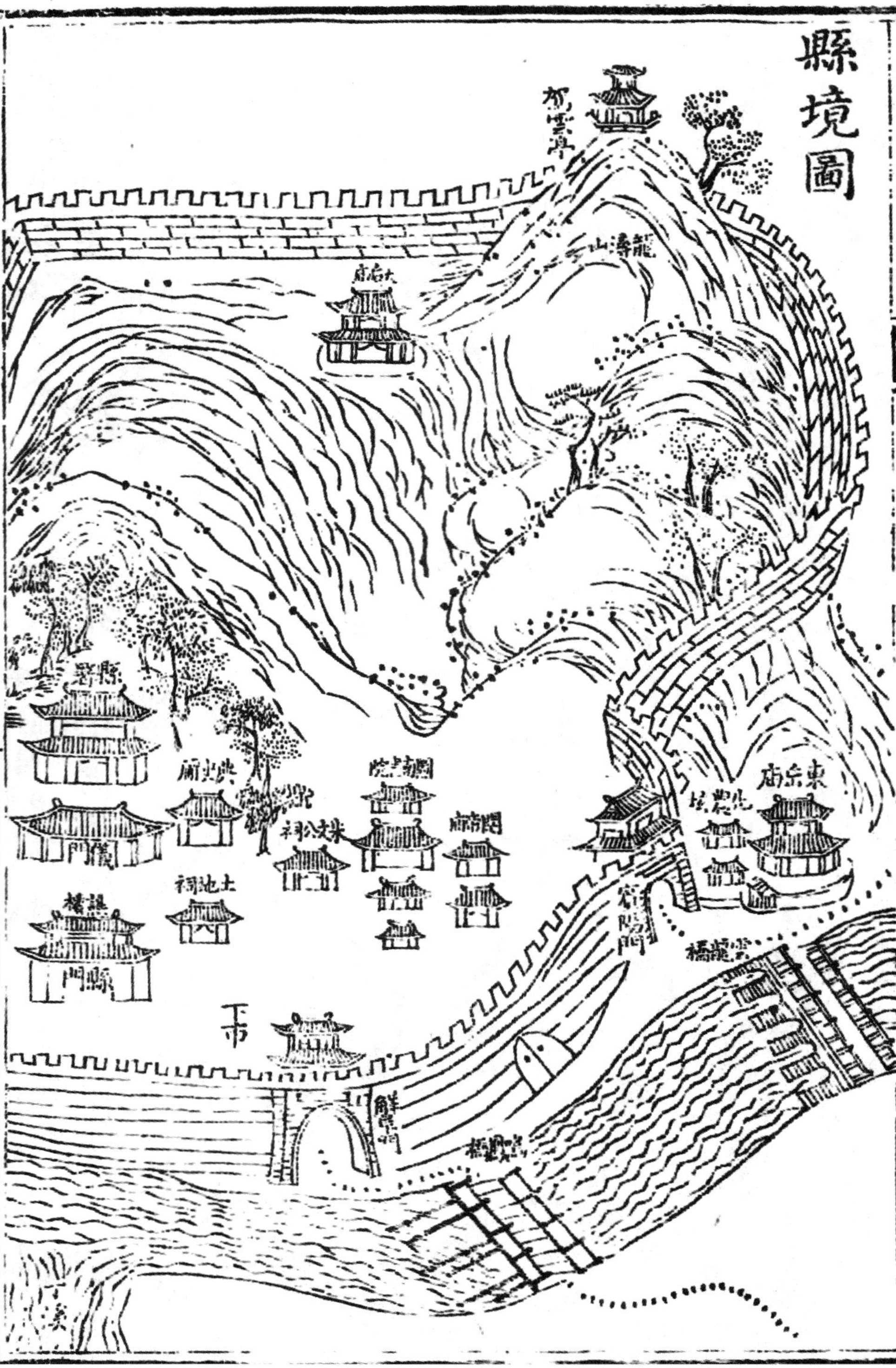

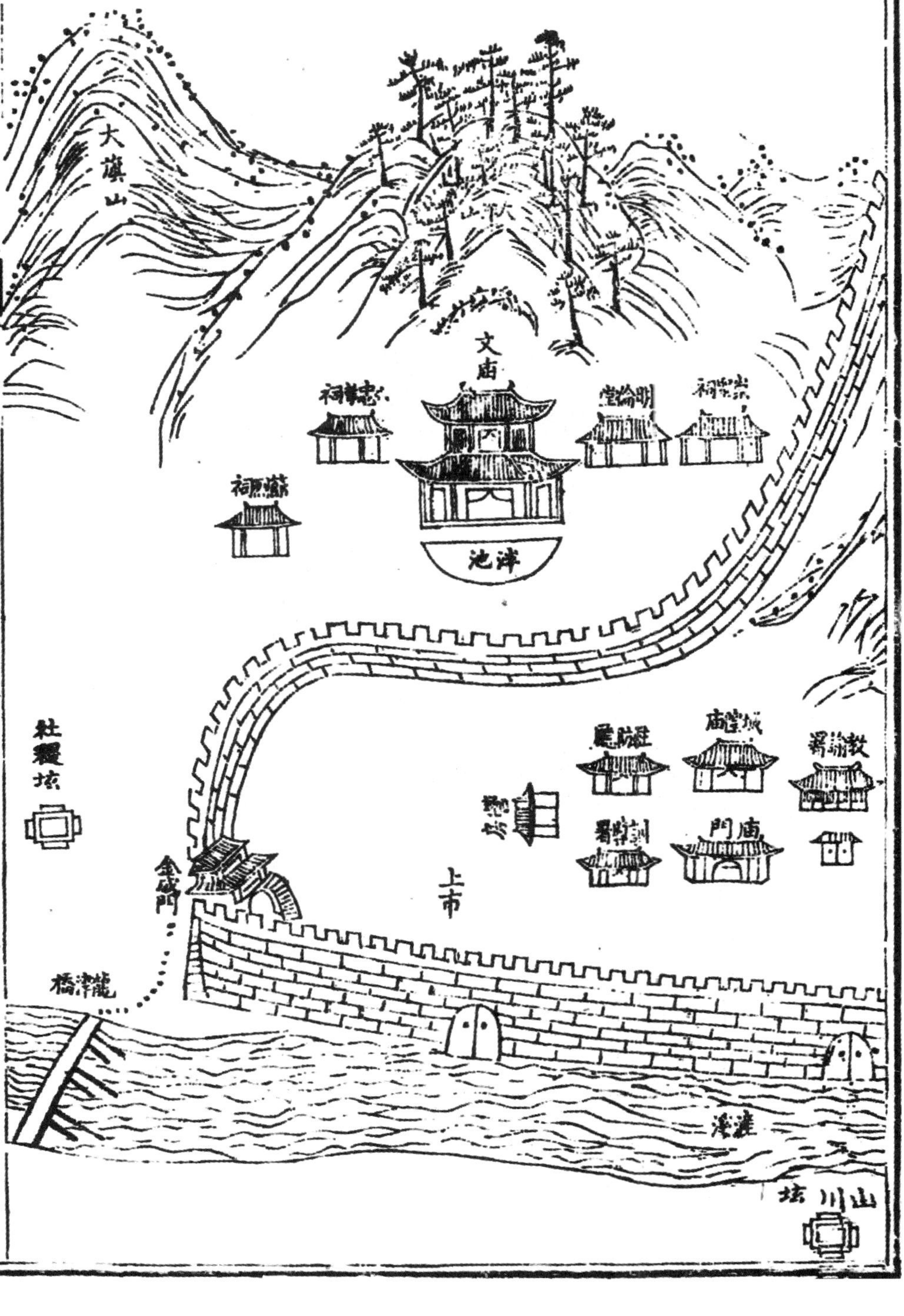
文廟
忠孝祠
明倫堂
泮池
駐防廳
城隍廟
教諭署
訓導署
廟門
上市
社稷壇
龍津橋
山川壇

縣署圖

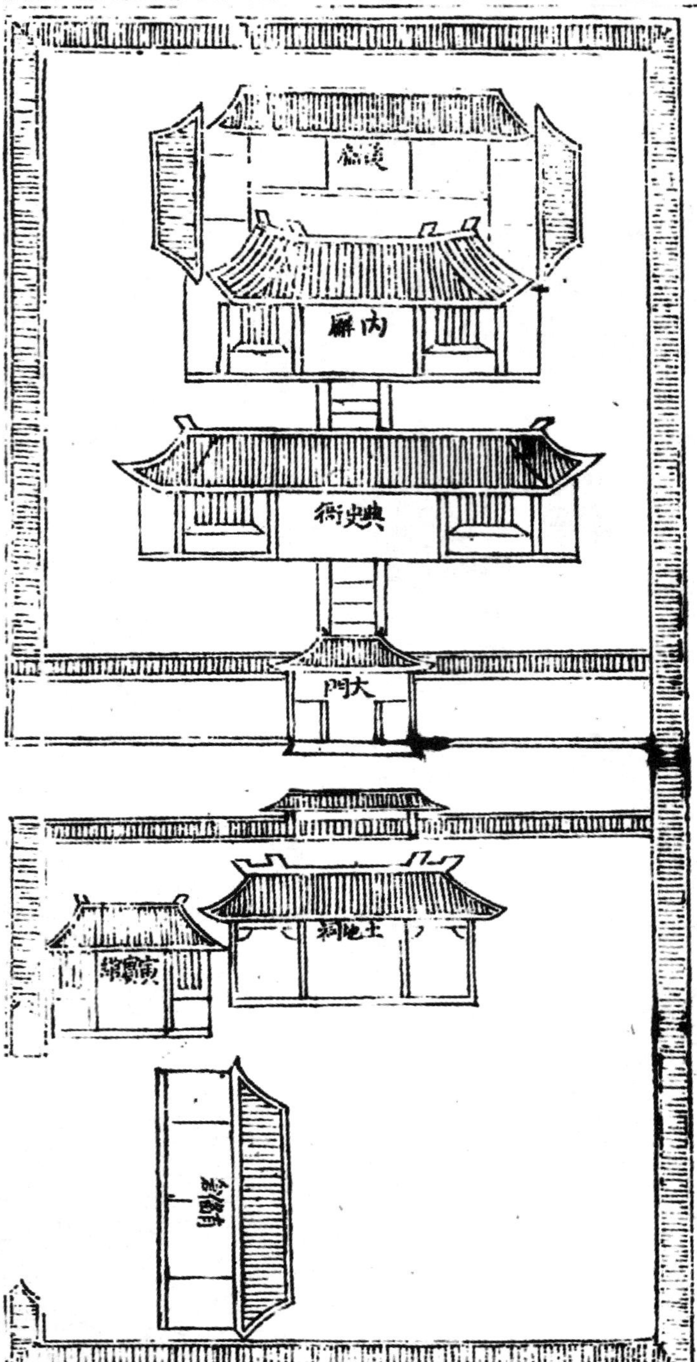

德化縣志　卷一　繪圖　廿七

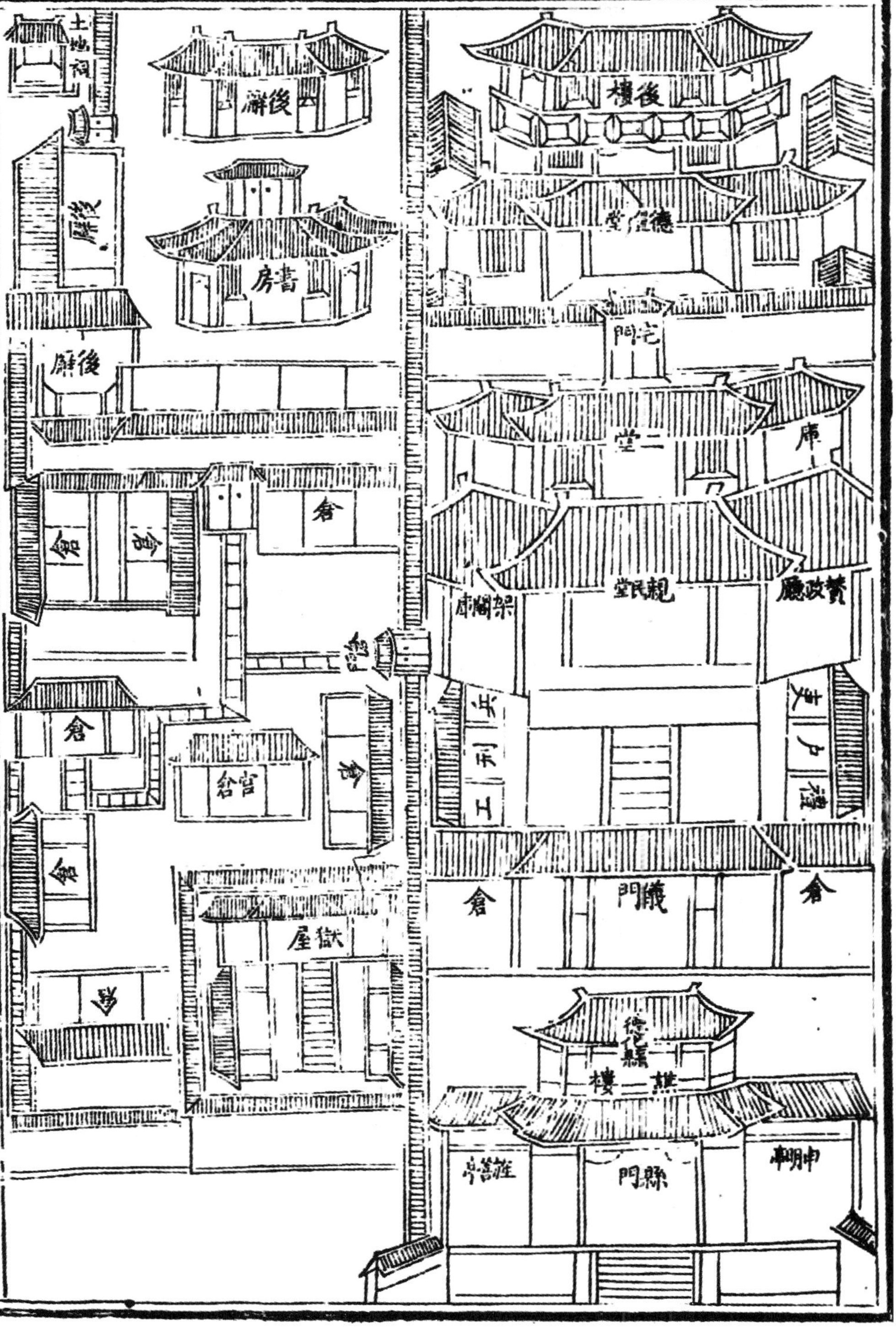
土地祠
後廨
書房
後廨
倉
倉
倉
官倉
倉
獄屋
後樓
宅門
二堂
庫
親民堂
贊政廳
架閣庫
儀門
倉
倉
德化縣
譙樓
縣門
旌善亭
申明亭

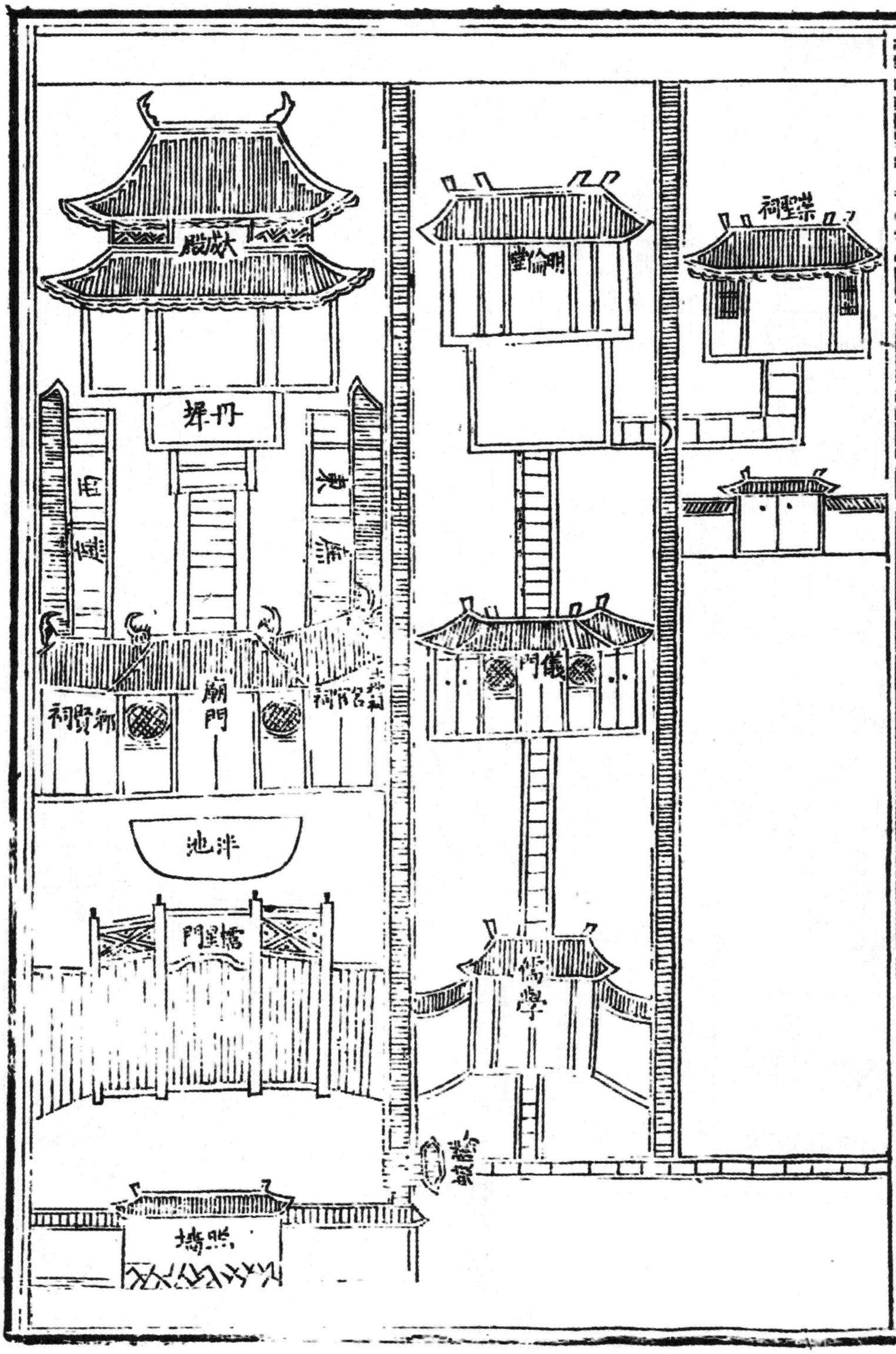
大成殿
丹墀
西廡
東廡
鄉賢祠
廟門
名宦祠
泮池
櫺星門
照墻
明倫堂
儀門
儒學
啓聖祠

學宮圖

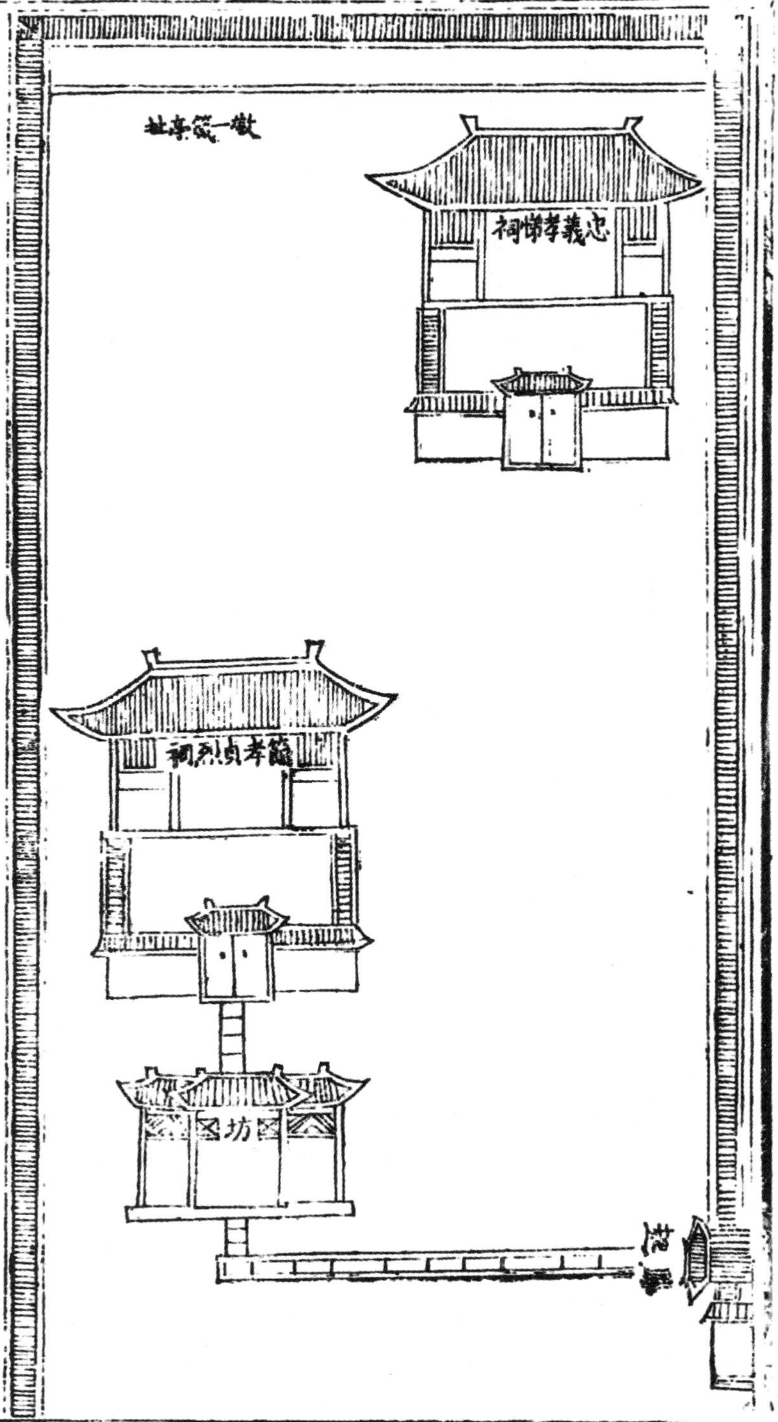

大戴
戴雲寺

戴雲晴峯
大池

護界亭
灶星洞
迴照池
通仙岩
松逕
第一山
永安岩

九仙石室

龍門湍浪

插劍石
龍藏
三天門
二天門
一天門
石疊岩

石壺旭日
觀日臺
石壺洞

青草湖
碧水池
上涌橋

龍湖煙雨

獅子凌空
石洞
獅子岩

德化縣志　卷一　繪圖　二十五

双魚山
登高山
山川壇

鳳翥翀霄

雙髻山

玉華寺

戴雲山

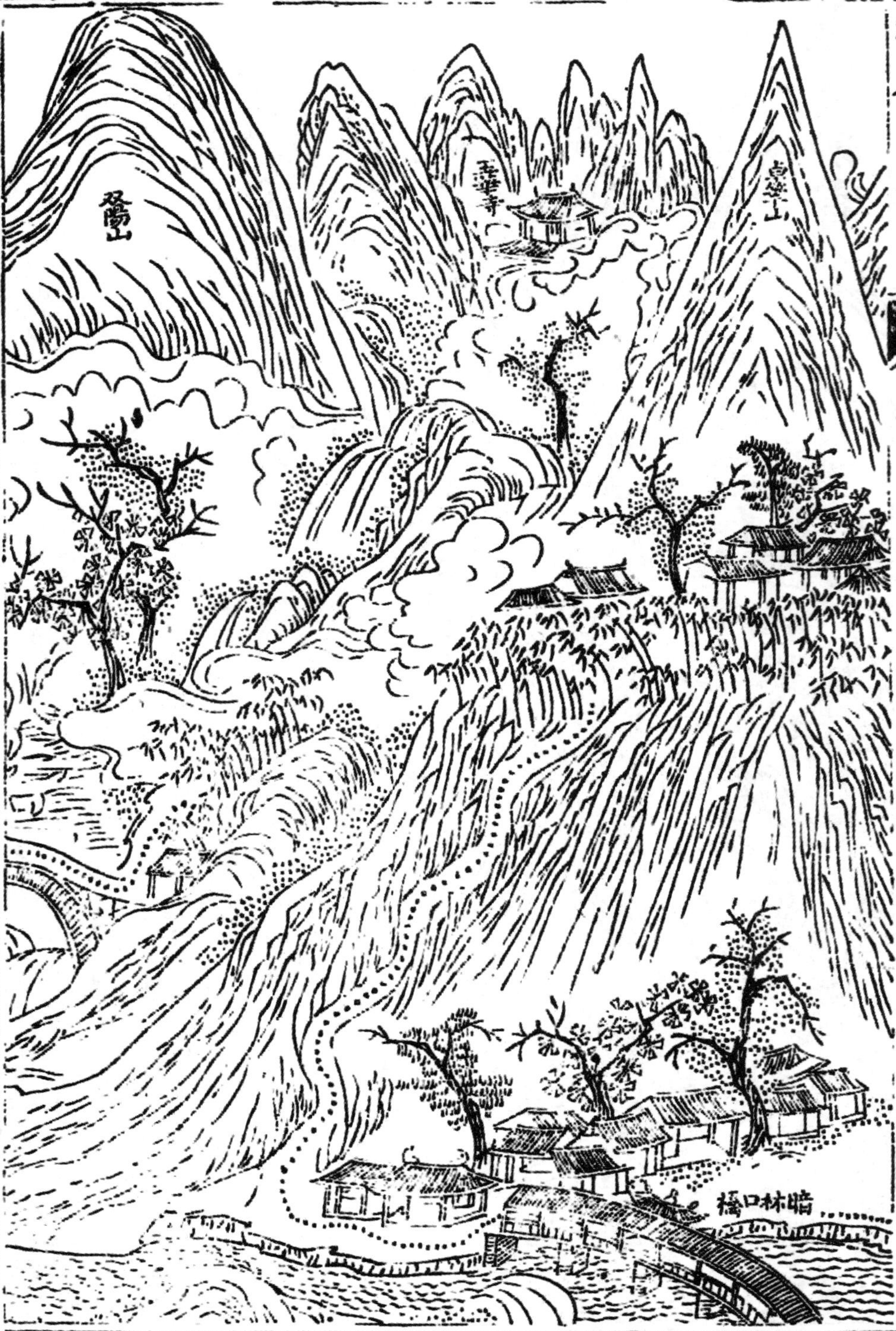

暗林口橋

雙陽疊翠
大上地
花橋

樂陶鄉

五鳳連雲

雷
螺坑鄉

德化縣志 卷一 繪圖 卌九

德化縣志卷之一

德化縣志卷之二

沿革志 有表

德化隸永春漸屬也前此名仍今號地屬泉州五代以前更析未定而隸屬靡常亦時勢使然耳正域辨方必溯所自蓋按圖省疆者首宜稽及也志沿革

禹貢淮海維揚州

周為七閩地 周禮職方氏辨邦國都鄙以及七閩九貉之人鄭康成注曰閩蠻之别也楚熊繹五世孫熊渠之後叔熊自濮如蠻後子孫分為七種故謂之七閩

夏少康封庶子無餘于會稽二十傳為句踐又六

世至無疆為楚所滅子孫播遷海上或為君長謂之百粵七世至無諸為閩越王無諸姓騶

秦始皇并天下取百粵置閩中郡閩越王廢

漢高帝五年復立閩越王都冶元封元年遷閩越民江淮間虛其地其逃亡者自立為冶縣建武間分冶縣為會稽東南二部都尉

建安初置侯官縣即今福興泉漳四府龍永二州屬會稽南部復析侯官之北鄉置南平縣即今延平府

三國

吳永安三年析侯官縣置建安郡而以侯官屬焉

晉太康三年屬晉安郡析建安置晉安即今福州增置原豐等縣原豐即今

閩縣長樂懷安福清縣地侯官即今侯官古田閩清永福福安縣地

南北朝宋屬晉平郡泰始四年改晉安為晉平尋復晉安

梁天監中析晉安郡地置南安郡即今興泉漳等府地侯官仍屬晉安

隋平陳省侯官併入原豐改為閩縣屬泉州開皇九年改晉安為泉州廢南安郡屬焉其地仍是今之福州大業初復為閩州三年改建安郡

唐析閩縣復置侯官縣屬建州武德元年改建安為建州六年為泉州析南安置豐州貞觀元年省豐州併入泉州即今福州嗣聖十六年析泉州置武榮州景雲二年改泉州為閩州復改武榮

州為泉州是為今之泉州開元十三年改閩州為福州

開元二十二年經畧使唐脩忠招諭南平山洞酋長髙伏来歸二十九年開拓置尤溪縣屬福州後屬延平府

天寶元年改福州為長樂郡

永泰三年析侯官尤溪地各一鄉置永泰縣宋崇寧九年改永泰縣為永福縣

貞元中析永泰之歸義鄉置歸德場

五代

唐長興四年偽閩王延鈞升長樂郡為長樂府升歸德

場為德化縣

晉開運二年僞閩以福州為東都領福泉建汀漳鏞鐔七州未幾為南唐所滅

漢乾祐元年南唐改鐔州為劍州二年陞泉州為清源軍析尤溪歸劍州割尤溪之常平進城二鄉益德化歸清源軍

宋乾德二年改清源軍為平海軍太平興國三年復為泉州領縣七德化居第四南安晉江同安德化永春清溪惠安置龍潯驛上壅驛後俱廢

元至元十五年改泉州為泉州路縣屬仍舊設東西團清泰里小尤楊梅團四巡檢司明初因之洪武二十年廢大德二年改泉州路為泉寧府至正十八年立泉州分省

明洪武元年改為泉州府領縣如宋德化居第五晉江南安惠安安溪德化同安永春置高鎮巡檢司萬曆間裁

國朝因明之舊以縣去府遠而丁粮少列為末屬晉江南安惠安同安安溪永春德化

雍正十二年總督郝玉麟奏陞永春為直隸州割德化及延平府之大田縣隸焉大田縣明嘉靖十四年割德化黃認團及尤溪永安漳平三縣地置

	總部	郡 直隸州	縣
唐 武德元年	泉州都督府		建州
六年			泉州今福州
貞觀元年	嶺南道		泉州
景雲二年	閩州都督府		閩州

開元二十九年	福州都督府	福州	侯官 尤溪
天寶元年	江南東道 治在蘇州	長樂郡	侯官 尤溪
上元元年	福州節度使	長樂郡	侯官 尤溪
永泰三年		長樂郡	永泰 析侯尤各一鄉置
大曆六年	福建觀察使	長樂郡	永泰 今永福
貞元		長樂郡	永泰 歸德場
乾寧三年	威武軍節度使	長樂郡	永泰 歸德場
五代 梁開平	王氏據	長樂郡	永泰 歸德場

唐 長興四年	王氏據	長樂府	德化	升歸德場為縣
晉 開運二年	王氏據	東都 今福州	德化	
漢 乾祐元年	南唐據	清源軍 今泉州	德化	
周 顯德二年	南唐據	清源軍	德化	
宋 乾德二年	威武軍節度使	平海軍 泉州	德化	置龍潯驛
雍熙二年	福建路	泉州	德化	
元 至元十五年	福建行中書省	泉州路	德化	
大德二年		泉寧府	德化	

明洪武元年　福建布政使司　泉州府　德化

國朝順治三年　福建省布政使司　泉州府　德化

雍正十二年　永春州　德化

論曰德化於唐為歸德場壤錯五州犬牙相入自延鈞建縣而邑名以定雖山多田少舟楫難通然東祗省會南接興泉北通延建西達龍潭亦一要區也休養生息不易民而治端在良司牧哉

德化縣志卷之二終

德化縣志卷之三

疆域志 星野附風俗 封圻 形勝 里社 市廛

畫野分疆非但以域民也生斯聚斯宅畋幹止長民者有經理之責焉德化處萬山中寒暖之候視郛邑稍殊而封域四暨可耕之土什不二三民居其間習尚亦别驗天時辨地利觀民風留心司牧者不藉有所考歟志疆域

星野

星家論閩中星分其說不一大都以閩為越地乃禹貢揚州之域而以星紀之次屬之按星紀為牽牛斗婺女三星於辰在丑謂之赤奮若於律為黃鍾斗建在子為吳越分野晉書載魏陳卓云吳越州郡九江入斗一度廬江入斗六度豫章入斗十度丹陽入斗十六度會稽入牛一度臨淮入牛四度廣陵入牛八度泗水入女一度六安入女六度宋武安志載鄭宗彊星經云周天之數每星一度轄地一千四百六里有奇今考閩中九郡漢

時始隸職方屬會稽南部其地西届樵川西北盡柘浦東抵長溪而清漳襟帶嶺南距會稽俱不上數百里則九郡星分當並隸牛一度德化疆域上接延建邵汀下達福興泉漳適當全閩之中閩之星分視會稽邑之星分視九郡可耳

封圻

德化縣在福建布政使司西四百一十里永春州北三十五里原隸泉州府屬距泉州府一百八十五里

縣治闤闠之境東達賓陽門西達金成門相距一里許提封之境東極清泰里西極尤中里南極大劇嶺北極梅上里廣一百八十里袤一百二十里四至之境東八十里踰張地嶺入永福界西一百里踰山坪頭入大田界南二十里踰虎豹關入永春界北一百里踰大官嶺入尤溪古蹟口界四隅之境東南至半林格八十里入仙遊界至塔嶺隘十五里入永春界至天馬格二十里亦入永春界西南至儒山石牌格三十里至蘇坑隘二十

里俱入永春界東北至清從山五古村一百二十里入永福界西北至蕉嶺隘一百里入大田界至石牌格一百里入尤溪念九都界周圍計八百里皆崇山峻嶺岩谷幽邃人日行不過三十里官路所經村落無櫛比之家小徑雜出於山谷間輿馬不能至

形勝

縣治梳山憑溪山曰龍潯盤若睡龍溪曰漈水環如腰帶縣前一水南來會成丁字水靚而不激山臟而不嶢雙

魚揖于前黃龍大龍翼于後鳳翥南朝繡屏北擁妙峯鎮其左大旗護其右西有雙陽斤山之秀東有七臺石牛之雄其形勝故甲諸邑

邑山發脉于尤中里鑽山崎從西方來聳起雙陽為永春晉南莆仙諸邑之祖龍自西而東則戴雲九仙為永福閩清諸邑之祖龍由戴雲南下三十里為邑治盖下游之源頭也水皆散流外邑凡南行諸水悉東注於永福北行者亦轉而歸永福西行者則入大田達于尤溪

里社

宗編五鄉轄十里十一團

集賢鄉縣西北轄里三 永豐里 新化里 雲峯里明洪武間併入新化

歸德鄉縣東南轄里三 靈化里 歸化里 惠民里

永寧鄉縣東北轄里三 嵩平里 清泰里 善均里

常平鄉縣西北轄里一團七 貴湖里明洪武間裁 東團 西團 上壅團 下壅團壅今改湧 楊梅中團 上團 下團明洪武間併入中團

進城鄉縣西北轄團四　小尤上團　中團　湯泉上團　下團

明洪武十四年編五鄉轄一隅八里十團一都後存一隅二里五團

歸德鄉轄隅一里二後存隅一　坊隅　歸化里永樂十年併入坊隅　靈化里永樂十年併入坊隅

集賢鄉轄里三後存一　永豐里天順六年併入坊隅　新化里　嵩平里永樂十年併入新化善均

永寧鄉轄里三後存一　善均里天順六年併入清泰　清泰里　惠民里永樂十年併入永豐

常平鄉（轄團五後存三）楊梅上團　下湯團（天順六年併入楊梅上）楊梅
中團　東團　西團（永樂十年併入東團為東西團）
進城鄉（轄團五都一後存團二）湯泉上團　湯泉下團（永樂十年併入下湯）
小尤上團（天順六年併入新化）小尤中團　黃認團（嘉靖十五年割屬大
田縣）十八都（永樂十年併入小尤上）
國朝因明之舊隅團俱改稱里編八里轄四十八社康熙
十八年以後裁城內上市下市二社併城外上下市等
社寔存三十九社

在坊里轄社八

高卿社原城外上市大卿高洋三社併入　瑤市社原城外下市瑤臺二社併入　英山社　良泰社　蔡徑社　石傑社　茅岐社　上林社

新化里轄社五

科榮社　后格社　李山社　上翰社　尊美社

清泰里轄社六

峯魁社原上峯魁下峯魁二社併入　南埕社　蕭坑社　邱坂社　登龍社　不老社

梅中里轄社五

葛坑社　梅峯社　橫溪社　龍潯社

淳湖社

梅上里轄六社 下湧社 魯坂社 桂陽社 田地社

湯頭社 湯嶺社

東西里轄一社 東西社原東社西社併入

湯泉里轄四社 小銘社 大安社原大銘常安二社併入 桂林社

豐厚社

尤中里轄四社 寔豐社原寔豐羅抗二社併入 彭溪社 路口社

山坪社

市廛

縣內上市　縣內下市

南關市　東關市　西關市

赤水格市（距縣北三十五里尤溪大田二縣分路于此）

風俗　附

邑介叢山地高而寒巖谷闇陽曦罕照嵐氣鬱深晨起山村盡失毎值陰雨霾霧霏霏迷離竟日春夏之交梅雨連旬盛暑時西北諸里有被不撤絮者八九月間人襲

瘴癘十室九卧鮮知醫藥亦不為害焉
邑無平原田率依山塍岸崎嶇層梯疊級冬夏貯水如池歲惟一収間有兩熟者冬則乾之水者塗泥乾者疏理土皆黑壤赤壤間有之白壤鹵不可治泉源清峻灌溉不勞畎澮高仰潦弗為災近山多雨浹旬晴霽即苦旱年無甚歉亦未嘗大荒產穀僅資民食什之六邇來栽種地瓜蔓延陵阜又勤種麥可補民食什之二餘則取資於外邑而舟楫不通負販艱難矣

農居山谷專事稼穡婦女辟績之外無他業園蔬池魚山果僅取自給弗鬻于市蜃蛤魚鹽皆從外邑轉販蔬果薦新亦自州治而來百工藝事多藉外人市無巨商大賈稍有力者營田積穀以圖温飽不肯出貲營什一之利細民肩傭負販自食其力故無萬金之户亦鮮饑餓之人黄冠緇衣樂工廝役衆咸賤之游手偷兒則尤少云

士風在宋政和而後稱極盛入明稍替化治以降闕焉無

閈隆萬以來人咸知學科名日振

國朝文教覃敷科第後先輝暎州縣試士常數千人以五

經應鄉闈者甲於諸邑士以筆硯為恒產教授為生涯

窮村僻壤悉有塾學穉子不任力作槩令讀書雖樵牧

童豎罕不識字者

邑俗儉嗇而有儀衣服麤樸墻壁蕭條鄉民聚族而處有

客族衆咸具衣冠出拜揖致茶供果品偶或失禮衆面

訾之親隣有慶輙走賀讌集為樂不精飲饌疾病死喪

相恤喪未卒哭不敢解顏祭祀必豐潔歲節忌辰皆有薦惟冠禮久廢婚者不親迎云

迎春日老稚競看土牛群集于雲龍龍津二橋元旦雞初鳴男女盛服謁堂拜祖先及所祀之神爆竹焚楮賫明馳賀親隣越四日陳設酒殽俟神降謂之接神上元作燈市三五家共結華表于通衢十三日放燈十六日収燈謂之燈節節後沿村落議書社禮遣子弟從師三月上巳用楓葉染秫米爲青飯端午饟角黍飲菖蒲雄黄

酒沿門插蒲艾以辟邪七月中旬家家祭祖男女思慕真若祖考之来格有外出者雖遠必歸八月俗傳墓門開各祭于墓冬至搗糯米粉為餛飩子薦于家堂十二月二十四日掃淨屋塵用蔬菜酒果祀神及灶謂之送神除夜祭祖謂之辭年令稚子爆竹燃炬守歲一年風俗大畧如此

氣候視州治每遲二十日村民罕用通書惟觀樹芽聽鳥聲以定播種之期潦暵豐歉之兆都有口訣大畧亦可

紀爲俗自元日順數至八日止一雞二犬三猪四羊五牛六馬七人八穀若其日天色晴明則所屬之物必蕃否則災立春後繁霜則多旱俗云春霜三朝透水田可種豆四月芒種望晴雨以占歲云芒種雨火燒土芒種晴水流坑是月二十六日最宜北風相傳云熟不熟但看四月二十六北風吹過南無錢亦去擔南風吹過北有錢糴無穀夏秋晴雨則卜夏至云夏至不轉雷大水十八回又云六月初三雨七十二雲頭言多驟雨也冬

来晴雨視重陽云重陽無雨一冬晴若沍寒則占冬至云冬至在月頭嚴寒在年兜冬至在月末嚴寒正二月此所謂田家五行其餘方言俚語不可勝載

邑無燒香號佛邪教婦女不登山遊寺而俗最尚鬼鄉村各立小祠四季祈福歲節展祭新春張幟鳴鑼迎演神像誕日優觴四月八日相傳太子佛誕浮屠氏托名浴佛遍走閭巷七月鄉民廣結盂蘭盆會以薦亡謂之普度各家歲首延巫祈禳鑼鼓相鬧偶沾疾病輕則召巫

行符重則迎神取藥少延醫者此風不息蓋有自傷其生者矣若夫親喪多用僧道名曰填還功果則大義未明也至於鄉里難處之事每相率而誓于神以了其局則又神道設教之遺意未可槩以為譏也

邑俗負氣而好爭計較錙銖報復睚眦閭巷細民咸持門第以推流品動輙舉奴隸為詬誶辨曲直惟期取勝是在賢者倡以禮讓之風耳至於風水之說溺惑尤甚溺女之習亦多有之此則士君子所不樂道者願深思而

亟轉之也

邑有畲民以鍾藍雷爲姓按漢書云盤瓠帝嚳之畜狗負少女入終南山止石穴中生六男六女自相匹配織績木皮染以木實以爲服飾楚粵爲盛閩中山溪高深之處間有之然藍雷其種類也今德化畲民無槃姓其鍾姓者未詳所自始三姓交婚女不笄飾裹髻以布男結髻不巾帽隨山種搮去瘠就腴於深山中編茅架木爲居惟了山主賃稅耳萬曆志稱其嫁女以刀斧資送人死刳木納屍少年群集而歌擘木相擊爲節主者一人盤旋四舞乃焚木拾骨浮葬之將徙取以去入

本朝遵制編保甲從力役視平民無別惟歲時祭祀死喪尚仍其舊邇來與土民聯婚姻改其焚屍浮葬之習亦足見一道同風之化云

論曰德邑幅員遼濶地瘠民疲農勤稼穡士尚文學司政教者誠慮周于下而計其盖藏行脩于身而示之禮讓則唐魏之遺風不屑屑道矣夫移風易俗誠非俗吏所能為然有居民之責者政未可諉為異人任也

德化縣志卷之三終

德化縣志卷之四

山川志

山　水　橋渡　陂　井　附物産

千巖競秀萬壑爭流堪輿勝槩莫過斯矣環德皆山也群峯崱屴勢若飛來俯瞰長流曲折奔注宜屐齒所經多抽吟也因載其原委并採古今題咏擇其言尤雅者附之以留山水清音志山川

山

龍潯山在縣治東北隅縣之主山也屹立千尺氣象崢嶸

麓阜盤轉勢若龍蟠凴高一覽遠近溪山村落林原如
在襟帶閒巔多石筍礧硊其陰生馬齒白石

國朝廩生涂廷观

賦　惟龍山之歷麗鎮潯水之滸瀨既蜿蜒而犇矗亦磅礴而嶙峋勢猙猙以蹲踞羌擎柱於蒼旻堆青抹紫簇繡長春屹爾海邦之鎮巋然疆域之尊溯自星分牛女地擅閩中五華攢翠双髻嵌空雲馳如載屏繡似幪岩石礧硊奇樹欝葱曦含朝旭爽御晚風輻輳萬家烟火参差城郭西東若乃雲橋鎖浪丁字畫波双魚溢盪石柱嵯峨塔則翀霄兮硝磚亭則登高兮盤陀睡龍醒五丁之鑿峽石班玉筍之羅岳陽樓之大观繽紛紫氣醉翁亭之勝槩醞釀太和所以天馬銜嵐雪山積邃七臺東挺九仙而峙南堤則輝覽鳳翥北嶺則嵎負虎賁湧泉天挿瀑布飛碎玉之虹流洞雲連双陽献粧金之巉疊巘巑屹層巒嶔巇樹痕偕地岫旋簃鳥語共山光

嫵媚爾乃天晴日霽選勝探幽穌陽蒲綠異露垂秋名流蹁躚而把臂仙家握麈以来遊採香荃於南浦搴杜若兮芳洲亭榭干霄髣髴斗宫牛殿山川满目依稀海市蜃樓爰有案頭仙吏玉皇書記暫謫人間因物見志陟岬崹以賦詩臨巇峢而望氣綠畦蒲秀花催麥浪双峧紫閬杏芳人識桑陰三異危磴操曳兮鶴立鷺栖絶頂翱翔兮車馳馬戲至夫地脉墳起人物階升比户絃歌近紫陽之追琢載途謳舞推劉夌之振興奕葉簪花林朝請文章卓卓淵源理學藾待問風節稜稜盖川嶽毓灵恒洩奇於瀛洲蓬島而英豪拔萃直藉鍾乎霞蔚雲蒸也歌曰龍山峣屼兮樹绕雲烟雉堞廻環兮珪方璧圓高人韻士兮屐齒蹁躚登高作賦兮累牘連篇千蹊桃李兮錦映霞鮮山有知己兮地以人傳地靈人傑兮於斯萬年

雙魚山縣治案山也两峯並趋臨于丁水狀如雙魚　進士王必

昌詩巨靈作字付双魚為啓文明壯邑居雷雨勸成鰲頂識邾留南浦護天書

鳳翥山在縣正南為縣治重案明靚尖秀高出諸峯如鳥之跂一名鵠山訓導方祚隆詩丹穴飛来勢未停碧梧高頂一峯青竚看舉翮翔千仞翽乚乗風舞紫庭　舉人林汪遠詩鳳鳥何年至跡山獨得名垂天雲作翼畫地水成丁不與群峯伍自然環翠并春風声竹梢躡侵聽和鳴　里人毛一夔詩覽輝千仞飛来勢秀拔層峦出幾重彩翰歆翩新草木錦苞仍壯舊花封天標儀世無双岫瑞應鳴陽第一峯不數群山难比翼朝乚惟有片雲從

大洋山在縣治北巒阜逶迤兩翼舒展有鸞翔鳳舞之勢明知縣秦霑改建學宫於其陽

妙峯山在縣東隅山頂有妙峯庵龍山觀今廢明庠生鄭昉詩爱竹地鋪金玉影看松風送管簫声一心如水無塵染兩足生雲襯步行

大旗山在縣西隅形如展旗擁衛縣治舊城堞環其巔

登高山在縣治西南大卿社舊有亭有塔今廢

薜蘿峯在縣治東南瑶臺社萬松蒼翠下為程田寺

黄龍大龍二山在縣北高聳對峙邑未築城時民結寨避兵于此

大帽山圓若覆帽一在縣北隅一在清太里東南隅

繡屏山在縣北新化里峭削端麗若張巨屏其上有仙人跡

園林山在新化里東北花木森列四時欝葱登覽如入園圃中

科榮山層峯嵂崒林巒蔚然為縣北輿區

心葱嶺在科榮山左嶺南崎峻嶺北紆折上有觀音亭一毛夔詩僕喚猶依地余行已在天不知高歘了尚謂去茫然苔滑多危足鐙輕半落烟自成出世路鷄犬白雲邊

騰岩角山在科榮山之北峰巒峻秀狀如龍角

金鷄山在騰岩角之東其上為塔仔崎宋僧普明牧牛時累小石為塔仔今猶存

虎賁山在金鷄山之東山勢陡拔嵯峨澗泉清洌最宜竹茗山頂有砦甚險可避兵翠微一亭曰有這亭國朝進士李道泰詩有這亭宜絶巘邊萬竿修竹兩和烟避兵三百六三日舉似山僧已二年

祥雲山在虎賁山北戴雲山南雲氣常萃故名

戴雲山在新化里高逼霄漢雄跨三十里上常有雲氣覆之其東為大戴雲西為小戴雲小戴三峰聳峙頂有方

池水深不可測分為九派下注九溪南流三溪曰猛虎溪東埔溪李山溪東流四溪曰祥雲溪殀芹溪黃石林溪後宅溪北流二溪曰中興坑盧地溪大戴之峯一石如釜與山同大倒覆其巔暑月積雪不散又名迎雪山舊傳有天下無山高戴雲之語本志稱為溫陵莆仙永福長樂諸郡縣祖龍今以形勢考之寔德化龍潯諸山之祖也明知縣秦霑詩天下無山高戴雲閩南保障帝鄉閩川陵𤄫地開圖與星斗依人作類羣光岳千年培正氣膠庠百代啓斯文天家物色南來巽一帶青ヒ萬里芬　里人郭維舉詩競說無山高戴雲山光雲氣兩氤氳步雲直向山頭望天外雲山讓幾分　國朝歲貢方今泰詩戴雲高出萬山巔四面無山可與連

呼吸崔嵬通帝座逍遥龍縱淨塵烟靈鍾郡邑跨閩勝秀毓人文映璧躔直陟峯頭舒望眼朗吟声徹九重天

屏風山在戴雲之南形似屏風

雲峯山峯多雲氣在新化里古爲雲峯里以山名也

黄石林山在戴雲山東北

雙芹山在小戴雲東北二十里

鷹獅山在双芹山東北二十里山類獅鷹訛呼鷹獅

赤水格山在大戴雲之北狀如獅蹲山腰爲赤水格市

大尖山在新化里上翰社吉嶺鄉孤峯聳拔山頂有泉久

旱則溢久雨則微麓有龍峯岩亦名雲頂山

雲蓋山在吉嶺鄉山右有十八峯作羅漢參禪狀有水左旋瀉下十八漈吼石奔雷駭人心目

九仙山永福閩清兩縣祖山尤溪之南大江之西諸山所發脉也山勢高廣東為東西里西為湯泉里峰凡有九嵯峨奇恠如芙蓉如攢笋名勝差比武夷相傳昔有隱士九人居此俱仙去詳見藝文古蹟岩寺諸志

明知縣楊文正詩為愛山靈振客衣春光秾適翠霏飛懸崕幻怪天呈巧隐洞尼珠地發機古木齊雲烟嶂合石潭吞日玉壺

肥九仙去〻何時返惟見山僧卓錫帰　永春知縣夏忠詩洞有閟門峰有臺鴻濛穿是五丁開人傳靈異皆芻狗我溪寥天訖始孩入幕群山望氣度憑虛絶險弔奇來一官碌碌身如許選勝于爺百慮灰

雞髻寨峯狀如雞髻勢極險阻湯泉東西里交界中立石門隘

簾幕貴山在東西里形似貴人立簾幕間

大仙崎秀削如抽笋距大戴雲北二十里　国朝舉人林汪遠詩孤峯直上更無前半骨稜〻欹峙天絶頂洪濛胎日月儛風幾陣散朝烟

桂陽山在大仙崎西十里蓮花峰左

蓮花峰五峯齊聳如蓮並蒂因名

嶄山在梅上里層岡疊嶂廣袤逶迤

香林山在曾坂社距縣治八十里香林寺在焉蓮花峰正峙其前明御史凌輝詩香山蒼翠峙湖西高閣崢嶸接漢齊門外潭深龍隱卧檻前檜老鶴來栖昔年曾備東華近今日重瞻北斗低勝業別來經十載幾回々首思凄々

鍾山在梅上里西中坑其山四面石壁形如覆鍾山麓小澗旁有岩洞廣丈餘深二十丈許名蔡岩香林寺僧道徽趺逝於此

姑𡛼嶺在桂陽社彭坑村與鍾山對峙僧道巖𡾋于蔡岩

其姑鄭氏于嶺上哀號尋之因名

仁齊山巒阜巍峩舊有天齊仁聖廟在其麓

吉山　崎山俱在梅上里下有三峯寺

岱山湖極高峻山脊石磴嶔嵌里許中開大坪可容千人

元時劇賊居之既去覘其灶凡十八今呼爲十八灶

湯嶺在梅上里有温泉

蓮花崎在梅中里衆峯尖秀狀若蓮花

泰華山在梅中里淳湖社上有泰華洞

石湖崎山　牛宅寨山　虎頭寨山

梅峯山在梅中里之北上有梅峰寺下有梅峯臨南為唐帽山左為三層揩山右為清從山距縣治東北一百二十里從五古村入永福界

大官嶺在縣西北尤溪界首

獅子山在湯泉里高踞獰猙狀如奇獸攫搏上有獅子岩里人徐士萬詩征鴻肅肅此山經古地頻來問佛靈壘石室中留宿霧篆林深處點踈星步登絕巘疑瑶闕語

吐層臺動帝廷無那光陰
容易過秋風春雨不堪聽

石獅崎在獅子岩之東太湖之北 明庠生張文昭詩爾獅
何處遠飛来化作崚嶒
畫幛開半嶺閒雲懸古樹一天芳草砌高臺岀匕吹風
探石髓蕭匕鮮巒破蒼苔與君十載相攜約還是京華
共看
梅

仙濟山亦名仙砦在小銘社峯巒峭峻頂上平坦相傳有
仙人以牛將石犁去耙復一横一直今有仙牛跡仙人
足跡

太湖山四面崔巍旁列十二峯其頂平凹如船形有池潤

數丈一碧如鏡影涵太空名青草湖其山亦名金碧峯
龍湖寺在焉左為新化里右為尤中里與鑛山崎正相
對 宋特奏黃奎詩一帶廻環底處山勢如飛楫下平川
須知歘到菩提岸好是常懸帆若船纜向龍湖弘利
濟撐從苦海度人天當年普
照如乘斗無復鬚巾撒向前

鑛山崎在尤中里從大仙峯迢遞而南直奔戴雲為郡邑
諸山之祖產鉄鑛有鑛處皆官山採鑛鎔鉄例納邑進
士山租俗呼進士山

牛眠山狀如牛眠

屏山椿松夾翠莫辨四時山形如屏

金鷄山昔人聞山上有雞鳴其陰有金雞岩

酒壜寨山極高險無水泉昔人避寇其上賊圍而困之有女子取酒浣衣以示賊賊疑其有水觧圍去

岩市南山山形峭拔上平如掌有泉一泓清瑩不竭

虎頭山有古寨周七里許中如畫圖外極險峻避兵者依之萬夫莫敵

大仙峯在尤中里雙峯插漢如仙人角髻立于雲表亦名

雲蓋山可望見大田縣上有仙峯岩明大學士張瑞圖詩翹首蒼冥咫尺加大千世界落飛霞九霄丹露承仙掌萬壑晴雲蓋碧紗崱屴峯前開佛國嵯峨岩上散天花分明靈氣通無際謾說蓬瀛去路賒

棟山屛在縣西北界與玳瑁山對峙層巒聳翠

白岩山為縣西南界有太白岩自鑛山至此諸山俱尤中里

雙陽山在縣西和睦場距縣治四十里有大陽小陽望之翠如疊揖郡邑龍脉寔分于此從大陽西北行者為五華為戴雲九仙從小陽南行者為雪山為天馬入于興

泉二郡

八仙崎在上林社群峯擁翠上有大石盤

五代寨山在上林社高險陡絶相傳五代時人避兵于此

斤山一名盖竹根山高五里廣十里峯巒尖秀如文筆

五華山五峯並峙狀如蓮華上有寺唐咸通間僧無晦鑿石築室與虎同居號虎蹲岩今其地有虎跡端午泉在岩側

鷄髻崎山峯頂嶙峋類鷄冠

卓筆山一峯獨聳卓立如筆

金鐘山形如覆鐘金液洞在焉景致幽奇泉水香冽自双陽至

此諸山俱在坊里上林社

舟山山形如舟與雪山接

雪山在邑西南山勢博衍數十里南為永春北為德化高插雲漢冬月積雪其上曦陽數日不消産茶絶佳樹多唐時舊植秋晴登眺可見泉城北山紫帽諸峯國朝貢生黃憲文詩形雲密布六花飄翻背層峦積態皚看到諸峯新霽後宛然天半晒瓊瑤

囷山在英山社峯巒矗大而秀狀如高廩上有石堂石灶石鼎相傳秦漢隱君子居此亦名瓊山見大明一統志

明舉人李雲階詩踏来秋草遥青靄落層陰澗水浮蘿壁山花笑竹林雲問霞半樹天際寺千尋何代隱居者蒼苔石室深

歐山横跨溪坡之側有歐氏世居其下因名

火烽山在歐山之東自舟山至此諸山俱在坊里英山社

高洋嶺在縣南五里嶺半有泉甘美里民陳煒捐留大松以憩行人

金城山山下高洋鄉

羅城山一名豪城形如覆釜四圍峭拔頂上平坦有水泉

大劏山南為大劏嶺高峻而長可七里許屬永春嶺頂立

虎豹関永德交界自高陽至此諸山俱在坊里高卿社

天馬山在蔡徑社雙峯高聳揷天狀如馬其南屬永春

雙桂山在石傑社舊名双髻山狀如黛鬟山頂双桂洞祠

傳有仙人乘白馬来此

大戴崎在双桂山東連城山在双桂西進龍山在双桂北

觀音崎一名白泥岐産磁土碧象岩在其巔

拏雲山在艮泰社頂如丫髻峻絶凌雲傍有筆架山三峯聯聳與拏雲俱名五鳳山

白牛石鼓山有石隆起而伏如牛又有石如鼓諺云石鼓鳴白牛起樵牧者時或見之

龍門山在十二埕鄉兩峯壁立數百仞南北夾峙如關津水經其下曲折十餘里霄光一隙陽曦罕射

水府山林壑幽窈宋藴十萬廟在焉

東濟山形勢崔巍有澗泉瀉流而下自龍門至此諸山俱在坊里茅岐社

石柱山在南埕社一峯聳秀如柱擎雲國朝廩生鄭由吾詩石柱嵯峨滙水邊巨靈伸指探雲烟氤氳佳氣巉岩透飄縹祥光碧翠聯五色紛披容正麗寸膚觸出色澄鮮凌霄壁立東流砥不數江郎欲接天

蟠龍山在薦獅山東南石柱東北相距各二十里

飛仙山兩峯角立懸崖削壁中有瀑布泉數千仞飛流直下濺沫成霧最為奇觀亦名岱仙漈飛仙亭俯臨之毛一夔詩足快尋幽興奇觀豈但泉有山皆入幻無木不先天雲鳥千崕共岩空一宇懸浮生能免事微醉亦飄然

湖山在飛仙山之東

石牛山在清泰里極東距縣治三日程城中望之巍峩插天蒼翠欲滴山頂望見興泉二郡其中幽奇險絕詳見古蹟志上有石洞狀如牛頭故名李道泰詩翠黛望三日遠遙一眺臨應聞霄月嘯未快伐山心洞豁疑無隱梯階恐不深待携康樂伴重與恣幽尋　黃憲文詩紆細直上白雲端躡盡藤梯怪石盤山帶烟嵐晴似雨人沾秋氣暑猶寒彩雲捧日紅滄海玉露凝霜冷劍壇放眼分明河漢近千峰萬嶂子孫看

七臺山在縣正東六十里巉岩聳峙衆山莫偶上平廣有水泉可屯聚

飛鳳山在卯坂社為縣東北界高千仞石筍嶙峋如鋸齒極巔一石形似飛鳳因名相傳有女仙駕鳳來此黄憲文詩

嵯峨天半聳晴空世說靈娥宅此中鳳宿何年成怪石人從遺跡挹仙風松濤傳籟層臺冷海日扶輪古洞紅更看彩霞天際抹恍疑身在蘂珠宮

銀瓶山在清泰里北双峯並峙其一稍低小若瓶

石鼓山有石狀如鼓在銀瓶右

均山在清泰里古為善均里山因里得名

靈山奇峯削壁常興雲氣遇旱禱雨輙應故名

天湖山在登龍社龍山鄉矗起千仞頂上一湖縱可百畝
橫半之無水泉而沮洳塗泥頓足則方圍震動

天平城山在南埕鄉宋蘊十萬屯兵拒元處巍峨阻深前
臨大溪　國初寇聚于此鑿磴為道以入

高漈山在蕭坑社嶮岩險巇東七里許為馬蹄嶺宋陳蔚
統軍拒元既被害所乘馬載之馳歸過邑東南閔身首
分墜遂自奔至此蹄脫復奔至白馬埕奮死

羅城山在蕭坑社長基鄉宋蘊十萬募義兵拒元於此

高發山有石鼓岩石壺張自觀道人修煉於此

雷峯山在峯魁社螺坑鄉

蕉溪山其麓有蕉溪因名

蘊墓山在清太里之南山形如壺其東有蘊十萬墓自石柱至此諸山俱清泰里

論曰德化山號有萬靈跡勝景所在皆是偶舉一邱一壑致之灃鎬鄠杜則柳子所云貴游之士日增千金而愈不可得者乃羣萃僻處於斯徒深選勝者一躊躇耳

水

滻溪在縣治前環抱縣城亦名腰帶水上流爲塗坂溪下流爲董坂溪

丁溪在縣前丁方滻水東流丁溪南注縱橫若丁字發源瓊山下爲九漈溪至羅溪受雪山洋嶺藍田英山諸水再下受火烽山水經張墩鄉紙双魚山舊依山斜流讖云水流丁字官榮自至又云水畫丁羅簪纓宋元符中邑士林程捐貲五十萬買田鑿流會于滻溪一夕雷雨

決成既而程之子楊休由太學登高第吳達老賀以詩云水向丁流逼地脉人從甲第破天荒厥後孫曾皆貴顯邑士亦相繼榮登宗邑令林應龍有詩云水從鰲頂分丁派人向蟾宮占甲科明天啓間沙淤知縣林大儁重濬林汪遠詩戴雲三十里到此聽潺湲筆卓翥峯峙波飛濤岸掀畫丁傳有識折水鑿無痕文字光河洛凡流豈等倫

郭坂溪發源戴雲山之陽爲李山溪經蘊坂東厝鄉合東埔溪水至邱店村合猛虎溪及赤水格以東諸水經郭

坂受新村溪水南下為白泉溪石山溪蘸溪滙于塗坂

蓋竹溪在盖竹鄉發源斤山合雪山金液洞三漈溪水滙于塗坂地多脩竹可消暑黃憲文詩山居三伏候草閣曉晴時纚纚既所厭吚唔亦非宜浩然發遐想清溪良可嬉乃倣柳州興聊為阮子思徐徐尋滄浪步步浥漣漪四面茂林多傍汀菉竹猗入耳細流喧觸目清陰垂繞樹衆蟬鳴兩岸羣鷗隨貪看不覺遠愛景忘其疲盤礴解衣履跏趺引樽卮臨流濯纓冠掬水鑒鬚眉爽氣入我懷清風砭人肌已將塵慮拋更使煩心怡日影倏然西晨光遂已熹扶筇歸別墅月色在茆籬

塗坂溪在縣西五里郭坂盖竹二溪滙于此為漄溪上流

纓溪在縣東二里發源金雞山經龍翰鄉入于董坂

董坂溪在縣東漄溪下流受纓溪之水東下十里許為虎跳港峭石簇立如列樹溪狹水激稍下為溪口受大雲下倉溪水又二十里至于龍門

龍門溪在茅岐社距縣東三十里南北岸兩峯夾峙石壁數百仞溪流一隙水色深藍渟泓湍激逼石而止踰石而怒驚濤噴沫十餘里上流舊有拱橋北岸遺址猶存去水百餘尺

庠生鄭起蛟詩巍然巖嶪激洪流知有神魚鼓浪遊千尺波瀾春正煖一朝燃尾過

龍湫

大通溪在龍門下二十里受蕉溪之水又二十里為舉口

南埕溪距舉口二十里受双芹溪水經石柱倉場至白馬埕受双坑水至赤石口受岱仙漈水下為湖坂溪

湖坂溪在南埕社受石牛山水滻溪之水口也下與湧溪合流入永福達于烏龍江 監生黄守仁詩清流如帶滙長湖掩映雲山入畫圖一葉輕舟時泛月風光得似剣溪無 平湖水碧又沙明錯落人家兩岸生夜静樓頭閑徙倚溪声隱和讀書声 庠生黄好仁詩百里東流又轉南灣環如帶碧拖藍漁舟晚唱前汀去月滿湖山影滿潭 沿溪深處石嵯岈

松竹陰森間野花錯落炯村多傍水西湖風景似非耶

花橋溪在上林社發源和睦塲双陽山至暗林口受五華山水至大屈尺入于白泉溪

大雲溪發源天馬山之陰經石傑鄉受羅城山陰之水至下倉舊志作黄斜溪合高洋溪水南入于溪口

蕉溪在縣東北十五里源出戴雲山之陽為祥雲溪合上洋溪水繞虎貢山東行至蕉口入于大通

双芹溪出戴雲山之陰入于南埕

岱仙漈在石牛山北從飛仙山懸崖直下千仞練白旁青至山半則沫濺瀑飛瀰然不知其為水或猛風飄蕩則水不知其所之令人目眩胆碎旁有油漈石壁如削水小溜直並入赤石口廩生鄭秉鈞賦　龍潯之東石壺之北飛仙山立嶽岑秀卓奇峯陡而欹搖峭壁懸而成削丆广深而還明崒嵂聳而作伏則有清流激湍岩壑奔騰初涓涓其始出繼洋洋其渟泓經村落過仙亭蕩林麓觸砯砰浸溪谷口飛瀉無停遂乃吼若春雷怒如秋風下臨無地百仞溜空劈開石壁雲深斜倚天梯霧霏波濤湧於岸畔泡沫散於林叢疋練掛一隙之澗虹橋駕萬山之中是誠洞天之勝概福地之龍蹤者也當其春和景明晴光搖曳波紋兮斜飛珠簾兮點綴草樹雜而鮮妍風日清而佳麗浮光溢

兮千尋澄素輝兮無際丕若陰雨連綿洶湧噴薄百里聞、殼仰望眩目長鯨高墜兮吸百川虬龍鼓沫兮驚山谷巨靈沸地吐瞿塘屏翳傾盆瀉河洛勢更雄於尋常峽尤溢而磅礴爾其騷人遊子搜奧探奇步仙靈之跡訪真人之遺策扶笻以流憩躡縢屩而委蛇捫絕巘尋曲磵酌清泉而覺爽臨漣漪以賦詩歎焉俯瞰陡然神飛恍似槎乘天半渾若棧過峨嵋石上投兮經時委地水奔流兮倏忽珠璣恨無御風之神有慚列子不必登華之峰羞殺退之踐乎人生有幾足跡難遍洞井岩泉千態萬變名山鵠立美不勝羨則有如九曲之武彝一方一壑飛石之恒山而崖急濺他如泰岱之水簾隨風穿線南衡之舒流一幅白練屈指此與許孰輕而孰賤而顧不只載於地輿徒爾埋沒於僻縣夫豈茲山靈猶歆隱而未彰抑亦在採風急袁章而述撰

李道泰詩

怪崖不可即倚石抱杈枒瀑作千山雨人乘八月槎風樁揉散落渴蝀飲參差倘得凌虛過應驚架百花

里

人毛一夔詩嶺樹含青靄岩天貫白虹仙源應接漢凡水豈鳴空瀉壁飛晴雨奔崖蕩晓風廬山高瀑布論此未能

同

石牛溪發源仙遊九座山頂隨石牛山曲折而来入于湖坂邑水皆散流外縣其受外縣之水者惟此一澗耳

湧溪在東西里發源戴雲山陰曰廬地溪合九仙山東張岩溪水為赤水西溪至上湧鄉合中興坑水入梅上里為下湧溪會坂溪山茶溪香林溪湖頭溪至清泰里為九寶溪受左溪水過螺潭入湧口與滻溪滙達于永福

左溪在梅中里發源戴雲山陰爲黄石林溪經東溪合後宅溪水爲龍潭宋真西山先生禱雨處即左溪上流至九寶入于湧溪

小尤溪在尤中里發源九仙山麓小銘鄉西行爲上翰溪自赤水格以西水皆西行又合倚陽鄉左澗之水經徐洲溪至鞏口入大田界達于延平倚陽右澗則入永春轉安溪達于筍江

古井潭在縣治鳴鳳橋下一石横砥溪水洄漩深不可測

泗洲坝潭在石傑鄉水底明凈不留沙石

大温潭在清泰里蕭坑社侍衛鄉山下自北而南長里許水皆温冬月水族多聚于此

温泉一在清泰里蕉溪橋下南北七泓沸者可宰牲和者可盥浴一在梅上里湯嶺廩生鄭大夏賦以誰向重淵釀春色為韵　龍潯之域蕉溪之湄有泉湧沸欻斯騰斯畤火而煽孰爐而炊氣薰蒸其焱々兮憑温々而探之妙陰陽之鼓橐兮洵不可臆而知尔其湫湙瀲灧沖瀜沆瀁烘々隆々燖和渝暢盡水而涼此何煬々抑人有言羿射九日而墜坱坱得離妃故焞々兮炎上若乃風晨月夕遊興正濃想滌骸垢與整肌容騷人結伴而戾止過客駐車而適從泳游澣濯荷造物之為儂舉烽允為水而不成氷兮解凍凝之鬖鬆其或談今說古比擬湯泉七地散出語本坡仙

廬陵六一題咏流連將軍布疑浣丞相井驚燃李唐曾取以名宮兮又胡為乎明皇更之而不然悵茲泉之僻處兮曷不於通都大邑也而在叢山複嶺之偏遂表識以無聞兮待選勝於名賢羌亭毒之神奇兮獨於是泉而醖釀也毋亦禀性之不栗冽兮蟬鴻溶之異相也若寶積之卓錫兮疑廣州之廉讓也一泓温克兮消融寒漲也爰為歌曰陽燧煦煋大地回春納潤按渠得氣之紀沾濡浥注太和紛綸可濯可湘無勞燎薪搜奇覽勝聊且問津乃賡載歌曰溪以蕉名冶工不識有温其泉萬川之特臨流溯游悅懌無極蕞爾徵區孕靈增色

黄憲文詩人云源石始温泉炎液流黄然不然盥沐無勞烱火力他年應繼七湯傳

論曰德化水不通舟斯為瘠邑矣然高源落自雲間故層岡重阜灌溉有資畚鍤得而及之無遺利焉自雷雨

畫丁而後乂文化成則觀其流泉此地固一奧壼之區
也

橋渡

雲龍橋在賓暘門外龍濤山麓漄溪下流邑治之鎻鑰也
創自五季名通濟更名化龍宋熙寧中邑人蕭唐卿建
于城之東隅慶元己未橋圮知縣事葉益命僧了性募
移今所未訖嘉定中知縣事李端誼命邑人林士元等
成之長三十二丈廣二丈六尺覆以屋凡十九間三十

三極中有亭曰家符邑紳黃奎記歲久附橋居民陰毀之明弘治三年里人林宗源等重建少□□□陳遷記德化邑治之東有化龍橋五季時已載于清源舊志則橋之作久矣歷宋至元尚完固明初猶然後有坊民附橋而居惑于術家言忌其不利於居常陰毀之故洪流從而崩壞之所存者獨遺址耳役大費煩後人莫有倡興復之舉者民之病涉者多歲月矣景泰天順間邑之耆民德茂輩歎爲民舍涉而徒皆有志興復之情乎罔就緒而已至弘治庚戌歲德茂之子曰宗源歎成父志以白金數鎰爲首倡縣典幕劉君謂教諭陳君愷泉州衛旗屯懷遠將軍馬凱福全所武德將軍蔣元啓各捐俸以助之而邑之好義者福塘陳晁桂林賴榮致仕知縣留成鄉磨林敬東西團鄭褘下湧鄭元旺坊隅鄭旺輩無慮百餘人皆克廣德心不吝所有以左右之毛聚塵積合而爲互

十餘鎰延選有材幹者林崇林康鄭紹六林廣大林清鄭明德周膺涂山諸人分理其事運材於山浮石於水及陶瓦磚鈌之務而宗源則始終總其要領也經始於庚戌秋畢工後二年壬子秋九月凡両期歲而功成邑人重其事故承澤黄先生廷魁以吉豐司訓致仕家居與其弟義官廷守為之立石以紀其功而以記文請於余〻聞昔蔡忠恵守泉作橋於洛陽江後世王曜軒邁題其祠壁曰歆知公之忠須讀三諫詩欲知公之恵須讀萬安碑王梅溪賦詩亦有真是濟川三昧手清源遊戲作紅梁之語今宗源一布衣亦能如忠恵之用心成事如此焉知後人無有如曜軒梅溪之詠歎者乎又聞此橋當德化要衝之處而邑之山川氣脉未嘗不關係焉方其完壯時而生齒庶繁四境鷄犬相聞衣冠文物若林揚休藴總亀黄亀朋諸傑接踵而出厥後頽廢則生齒文物亦因之寥落今橋將復成又有白袍曰林真者破天荒而起繼真者又未可量雖云物數之有定然

橋之力亦不可誣也豈徒一時利涉之功而已哉是用爲記

嘉靖十一年壬辰冬橋燬癸巳知縣劉晃里民鄭旺等監生臨高縣丞黃天球全建

莆田司諫鄭一鵬記　德化古志稱龍潯有溪發源于龍潯深處經縣前而之東有一渚自南來會如丁字故曰丁溪往時帷厲揭焉以治庚戌歲坊隅耆民林宗源林康鄭旺等憂民之病涉募衆金築石橋六間構亭於上賁之以彩名曰化龍邑人永豐司訓黃廷魁嘉其績徵文立石以記之嗚呼休哉不幸數盡於嘉靖壬辰燹毀者惧烜全功盡畀煨燼中矣邑士民無不盡傷心龍川劉君晃令蒞邑前首事鄭旺偕林春林鸞等以鼎建上之僉曰俞復授以經營柄會廷魁子天球由國子生授廣東臨高縣丞途經之任悼父光之湮見其舉曰都因計費劉君暨掌教南海黃君與司訓東莞張君泮捐以已之俸黃君天球脫以行之需鄭君旺等

助各有數而慕效樂施者又百餘人費乃脩遂命日援徒還木陶尾琢石以致用經始于癸巳年十一月迄乙未年六月方畢務括費五十餘鎰未嘗取諸帑但見縫尾塗塈枚枚其茨疊石積柴寔寔其址長三十六丈旁之欄檻從其邪長内之丹雘遍于旅楹規模制度多于前功落成之日官民咸稱快焉越三載黃君天球致仕歸與公遊於橋觀而色喜作而曰橋成矣公之功不燬于前火矣吾先君子無以傳繼蹤跡而不落球請捐貲鐫石張大其事以續吾先君子余嘉而嘆曰橋梁乃王政之一事宜為宰者率先之殖財貴能賑施宜好義者之必終其事有子考無咎宜為後者懷幹蠱而不忘劉君晃等陋溱洧之濟為輿梁之脩可謂仁矣鄭旺等貨不必藏己力惡不出于身可謂義矣黃君天球博施用勞前功不佚可謂孝矣一橋立而眾美集斯石也庸以範世也豈徒紀功云哉

萬曆間知縣施汀重脩

教諭劉文芳記畧曰化龍橋重建于

嘉靖乙未迄今萬曆丁亥迨六十年于兹矣頹折朽壞日甚前令秦公霑黃公承贊咨議葺治之後竟以事輟今施君蒞任數月振脩百廢即計費募金又捐俸益之命工量日使巡檢邱天爵督其役而規模工費埒諸作者予聞術家云邑治本龍潯腰落而龍潯轉為左臂横抱之勢少縮化龍橋當要衝接左麓而閑截東流則邑之山川氣脉所繫係焉當昔完壯時生齒日繁衣冠日盛若林揚休蘊總龜黃龜朋豪傑輩出諺云物數有定哉則今斯橋之脩也將畢同未艾而繼昔諸傑行彬彬然起矣是則同其大有造也豈特為利涉之具已哉烏可忘烏可忘施君諱汀浙之吳興人

萬曆己亥秋洪水橋壞庚子冬知縣周佑重建增高更名起龍

郭維翰記

吾邑山既環抱水亦澄瑩其派滙溪其瀦丁溪至城東滙為巨浸有橋卧波偃蹇横截峙龍潯之足而睒双魚之軸北通延津沙尤南走郡城莆陽諸孔道

孟邑治之要衝云橋所由來肇自五季不能遠述自嘉靖乙未邑人黄天球等重建迄今萬曆七十年所烱嵐風雨幾見傾頽而濟人之功載之有永者崑山秦公義烏黄公雲川施公脩葺之力也已亥秋天吴賈怒而橋與基一旦盡壞于是南北兩分褰裳难涉雖里軺之使傳檄来往者猶必有所待而後渡視昔締造之功不為前脩獨擅之美耶抑成虧有定待其人而後行耶庚子冬江右周侯甫蒞茲土化瑟日調報政决旬薦紳文學及諸父老咸知侯之才足以有為而願樹乎不朽之業僉以為言侯曰是興舉之首務而平政之弘畧也遂具徼橋當復狀聞于院道府諸名公咸得請始相基度務量力審時稍緣募及贖鍰之餘若干緡捐俸繼之而博士華君岳沈君孟作尉劉君忠位暨薦紳孝廉文學皆有助而侯日親程督之伐石甃址擬于舊而高且堅市木為梁擬于舊而材為榱桷為棟楹為瓦磚為冶鉄為匠直之屬各有條理擬于舊而廢畚鍤之後匕以公自

謂與邪許其来如子民之劝也侯之倡也更始于辛丑之冬告成于癸卯之秋來往而提携者歡声載道于是薦紳耆廣文學以次稱賀父老忭舞前為壽曰幸哉公之以大利又我也橋存則公之德存烏可以無記乃走書幣徵言于余乜鄉人也喜談鄉事而侯之德在龍潯且洪及焉何敢辭蓋嘗歷覽名都區邑其人文盛衰與其山川氣運相為符合而整頓於賢司牧之手無論元凱之于富平李冰之于華陽即如吾泉萬安者非蔡忠惠奚賴哉先正有言一命之士苟存心于愛物于人必有所濟以侯之仁心為賢宜其所濟者弘也侯又言堪與家謂化龍一橋俞受邑山川之氣文事當興况今落成之日適與賓興期會必有群龍奮起霖雨蒼生獨盛于嚮時者更字橋曰起龍即是而知侯之功于造士舟有賴非但濟人利涉已也侯諱佑别號命初建昌南城人興利除奸愛民下士它日當更載循良傳中不具記特記其建橋之始末若此云

國朝順治三年燬六年知縣王榜鳩建壯麗堅好更名雲龍十六年己亥復燬康熙十五年丙辰洪水石址悉壞六十一年壬寅知縣熊良輔倡建雍正六年戊申知縣金鼎錫繼之俱未就十二年甲寅知縣黄南春建為拱橋六墩五甕高三丈三尺長三十二丈寬一丈五尺翼以石欄屹然巨觀記

邑之東有雲龍橋上木下石為縣城鎖鑰往来通衢自五季而至大清由来久矣康熙丙辰水火交侵遂傾圯馬熊金二使君有志恢復因工大費繁行而終止迄今數十載深厲淺揭望洋而嘆者不知凡幾雍正十一年予奉天子命復宰龍潯不揣綿力勉從父老之請擇吉興脩顧

憲罰項勸民題捐都人士欣欣樂助六十年之頽廢於今復振是橋也長三十二丈寬一丈五尺高三丈三尺六墩五甕左右石欄興工於雍正甲寅落成於乾隆丙辰計其工料糜金錢一百七十萬有奇雖曰人事亦氣運使然繼自今長虹亘駕民無病涉之憂砥柱中流士慶雲龍之會矣是為記　庠生謝祈出詩龍光靄靄現潯東剛喜登雲有路通萬載乾坤樞軸壯一方帶礪鎬扃同勢吞長澗蜒初月影入晴川訝曉虹從此往來廣利濟何人不頌使君功　涂廷觀詩蒼龍蜒蜿卧城東萬里雲程一旦通駕岸鰲金衛背出凴空牛鐵鑄形同半規磴繞分新月萬頃波洄吸彩虹珥筆應教題柱客相將敲韻譜新功

鳴鳳橋在鮮阜門外地甚卑下傍城為岸南北築石墩架木橋滙溪丁溪滙流屢有水患然輿徒要衝時壞時葺

康熙庚午知縣范正輅題曰攀龍附鳳歷任邑令俱有脩建雍正年間知縣黄南春脩建者再乾隆八年知縣魯鼎梅重建

記

邑南門之外有鳴鳳橋背倚雉堞前迎鳳翥卧波拱翠漩水丁溪合流其下寔西南往来要津也地甲岸窄不利石梁自明以来長駕棧道中經水圯迭脩迭廢前令黄君嘗葺之未幾復漸次就頹歲癸亥予初莅邑過斯橋則有傾壞之憂慮其緩之而愈难圖也爰令生員張天溱耆民陳汝度董而新之旁翼欄楯木取其堅工鳩其良經始於是年十二月落成於甲子二月縻金百四十有五兩而行者遂有履坦之安夫芳草洲邊皆横野渡窮崖澤畔亦駕小梁使偶有傾壞則厲揭維艱脩理宜急矣然或地當通衢擁櫂横江往来行人猶可舍陸乘流以濟一時之便至若地處山陬不通商舶則往来行旅專藉橋梁一有傾

壞其不便於民較通邑大都有舟楫之利者為尤甚其修理尤不可緩也德邑地僻人稠山多田少若穀若貨歲取足於他郡者什之二三山溪阻隘水運無由商賈之經由其地者率皆負販而橋適當西南往來之衝通商利民寔交係焉而不可廢頹者此令之所不敢不汲汲以圖也抑尤有慮焉橋地當衝要滙流所經而木脆易朽其不能梁以石而使之久而不敝者地勢使然也不能梁以石而梁以木而能使之歷久常新者人力相繼之所可為也先民有言一命之士苟存心於愛物於人必有所濟是用記其貲之易成之速以望來者

龍津橋在金成門外舊名廣濟宋熙寧中建以藕欽居其側更名雄賢紹興中圯知縣事李嵩建疏水為十三道改名李公橋永春陳知柔銘嘉定間易石址尋燬嘉熙

二年知縣事葉彦琰重脩歲久復圮明弘治八年縣尉劉諤重建

提學副使慈谿楊子器記 德化治前有水曰滙溪循溪而西上僅三十步許舊有木橋名廣濟宋熙寧中縣令李嵩鼎建嘉定間易以石址庚寅燬于火嘉熙戊戌令葉彦琰重建改今名中歷兵革屢燬屢復洪武三十一年洪水猛作民居漂蕩橋亦崩壞景象為之索然以後生民稍復共搆以木至正統中鄧賊流劫入境大肆欝攸之虐而橋又廢不舉會四明劉君諤來尉是邑之明年獨員署事先舉宮坊牌次譙樓廨宇以漸脩葺惟是橋工繁費夥而未之暇及邑之父老張昂鄭真蔭進告于庭曰夫橋為一邑之壯觀利百姓之往來匪直風水所係抑或政令所關也圮壞已數十年未有能舉之者每於春夏淫潦之時溪水漲漫民不得已則假於舟以渡往往有遭其覆溺者蓋不可以一二數也願吾侯俯從民望以為之尉遂即舊址始

捐已俸委所告者二人總其事以司出納之費復募得僧得安持數遍謁于鄉於是輸財樂施之士肩摩而踵接趨事赴工之民蟻聚而雲集若致政留君成太學生陳君旭邑之人郭元旺輩又為巨擘命匠陳汝六等刋石於山運木於陸肇工於弘治三年閏九月既望畢工於弘治八年二月吉日橋成計有四大實覆以屋計二十二楹總其費計銀千有餘兩適于朝覲之秋尉以公去不可留時邑口口口

國朝康熙丙辰洪水石址蕩圮庚申教諭王欽祖捐俸募建木橋旁施欄楯歲久壞今未復

龍濟橋在縣上市水門外明知縣胡惟立建嘉靖四十年遂壺賊呂尚四作亂知縣張大綱燬之以固城守

惠政橋在漣溪上流塗坂溪宋時設石山卯店等鋪官道經此康熙丙辰水圮宋縣尉孫應鳳詩百仞崖邊有此橋地平路穩玉驄驕惠而知政今如此拈起橋名問國僑

樂陶橋在漣溪下流樂陶鄉康熙丙辰水圮溪南一澗乾隆三年庠生陳其遇募建拱橋

溪口橋在樂陶下十里自州治由天馬嶺達于邑北諸里要道溪澗橋險

牛牯橋在溪口下十里石址存

龍門橋在十二埕龍門山舊傳天下無橋高龍門蓋拱橋也興廢莫考今北崖石址懸峭壁間去水百餘尺想其高拱而起横跨澭溪全流結搆危墜眞堪心戰山後有小拱橋

大通渡在龍門下二十里自仙遊西鄉達于邑北諸里要道

石柱渡在大通下三十里

倉塲渡在石柱下三里邑東往永福嵩口要道

湖坂渡在湖坂溪自大通以下溪澗水悍不可梁

高洋拱橋在縣南六里往州治大路

心慈橋在縣北十里心慈嶺下

信笺雙橋在郭坂社距心慈橋十里乾隆九年知縣魯鼎梅重脩

監生葉秉龍記

去邑治西北二十里為郭坂鄉戴雲双溪合流於此有兩橋爲相對如箋即古所謂雙龍橋也創於唐重新於明興廢幾更我
朝康熙甲子洪水漂壞范邑侯捐俸創建經今六十餘載歲久復頹河梁日暮游子苦之乾隆癸亥秋賢侯魯公來莅斯土百廢具興甲子春勸農經此見頹毀過半遂捐俸重脩取材鳩工命龍董之龍深感侯之心於利濟也爰踴躍會同人鄭橙等計日量工不期年而橋成蓋

視舊制完固有加矣繼自今往來河梁者如履康莊無復有日暮之嘆僕之利濟所暨豈獨德之入已哉宜戴德者之欲壽諸貞珉以誌不朽也是役也經始於甲子之冬告成於乙丑之夏龍不文亦私幸董事之庶幾無咎焉因敬爲之記

謝公橋距信筊橋五里明崇禎間邑士謝啓表建毛一夔詩客窓倚水夢难成錯聽溪声作雨般山路厭詢地主姓石橋還記謝公名蛩吟孤枕何曾斷雞促秋天未肯明王事不忘宵一卷前賢多少此中情

會龍橋在上翰社自赤水格西行入大田者經此

雙垾上橋石橋也距會龍橋二十里

雙垾下橋木橋施屋距上橋三里俱往大田要道

錦溪橋在小銘鄉雍正七年里民陳世泮建

大銘橋在大銘鄉雍正八年里民林君寶建

晴橋在赤水格北十里石門嶺下

跌口双橋距石門五里右往尤溪古蹟口左往尤溪念九

都

湧嶺双橋在桂林鄉自路口左出至此十五里

湯頭橋在湯頭鄉拱橋盖亭距湧嶺十里

西城橋在湯嶺下距湯頭十里架木施屋明天啓元年建
國朝順治丁亥燬己亥冬尤溪僧募建康熙乙酉三月
水圮乾隆十一年十一月庠生蘓廷望里人王仕卿周
天作黃國輔募築拱橋長十丈濶一丈四尺高三丈知
縣魯鼎梅建自湧嶺橋至此徃尤溪念九都大路
花橋在上湧鄉虎跳港徃桂陽社經此乾隆九年知縣魯
鼎梅建
梁橋在上湧洋從路口右出至此五里乾隆九年知縣魯

鼎梅建

下湧橋在下湧社距梁橋五里乾隆十一年知縣魯鼎梅建

山茶橋在曾坂社距下湧橋五里乾隆十二年知縣魯鼎梅建

勸捐序

德邑為九閩孔道行旅之由延建以及漳泉者往來必經焉故邑治北自大官嶺南抵虎豹關道路之政孔急余受事四載漸次平治中間溪河險阻成梁數四獨山茶一橋猶有待非姑緩也以其岸高而澗澗中流之柱無所施梁必以石工斯大矣且前有為之者旋興而復廢任事者出於再舉故未能勇肩近採遊聽行道之苦固有舉斯橋以相望者余固不敢不汲汲也爰因奉

例巡行親歷其地進左近之紳士

陳時夏藕殿安陳天麟凌青雲陳殿元凌奎曾居元曾桂山藕廷賢曾聯科等而切計之之數子者皆樂於為善者也然積少以成多積小以致大則又非數子之可獨為用是立之以簿俾里居往来之善士皆得各出金錢以共襄善舉庶斯橋一成而王道之蕩平於吾德邑見之矣若夫修德獲報之說人共知之應無俟余言之贅是

為序

洪坑口橋距山茶橋五里

美洋橋在田地社距洪坑口五里拱橋施屋自梁橋至此往尤溪古蹟口大路

石幢柄橋在縣東南六里往仙遊大路

纓溪橋在縣東二里乾隆九年知縣魯鼎梅建

蕉溪橋距纓溪橋十五里往永福大路康熈間知縣范正輅建石址施屋久燬未復

雙桂橋舊名連波橋在石傑大雲溪上流宋時建石址施屋宋縣尉孫應鳳詩橋前巧匠剪春羅橋上亭亭景物和明夜元宵一團玉連波還解似金波

下倉橋在大雲溪下流石址施屋而高壯

花橋在縣西二十里往小尤中經此耆民林漸謀募建

通丁橋在英山社明邑紳李雲階建記是橋不知閱幾百年適湯蕩爲菖橋

址傾頽僉語予曰葺之未壞易新之既壞难乃募緣而重造之向為堵者四今聯而為一石用舊者十六新者十四費金二十五兩有奇族衆及居民所捐與夫隣鄉之樂施者萬曆壬寅年十一月興工次年二月竣事主者予而分董則繼宗繼明道容道光也以水會於丁溪乃命之曰通丁橋云

九漈橋在英山社九漈鄉

大鄉橋在縣南張墘鄉宋紹興中知縣事林及甃石壩架以木 國朝乾隆十一年丙寅原任南樂縣知縣陳應奎妻封孺人鄭氏建為拱橋

通駟橋在瑶市社龍翰鄉

洞口橋在蔡徑社徐坑鄉

奬溪橋在新化里宋時建今廢宋縣尉孫應鳳詩夕照斜陽柳外鴉杏園衰謝野人家歇尋春色無尋處盡在橋邊野草花

登龍橋在尊美鄉水口乾隆七年監生林峯鍾倡建

潹墘橋在上翰社明弘治閭里民黄舜建

洋中橋在小尤鄉

和樂橋在彭溪社耆民陳洪漣建

上潹橋　從龍橋　羅星橋　彭水橋俱在彭溪社

徐洲橋　虹橋　山坪橋俱在小尤中

左溪龍潭橋乾隆五年里民陳崇高建

論曰兩畢而除道水涸而成梁先王之制也邑斷絶舟航魚鹽悉資負販非有橋渡其何以濟且地多谿壑潦驟生數步之隅望若蓬瀛空山日暮行者苦之則因地制宜随時脩葺端有望於存心利濟者矣

陂

丁溪陂在雙魚山下宋元符中邑士林程捐貲濬溪以應

識復築陂開圳以淮田圳長二里許自縣前南市坂至縣東下董坂皆資其利今猶呼為林厝圳

官陂深一丈濶二丈長八尺　上董坂陂深七尺濶二丈長三丈五尺　鄭陂深五尺濶一丈長二丈五尺　下董陂深八尺濶三丈長五丈　俱在坊隅里

南埕通濟陂深一丈濶一丈二尺長二丈五尺　在清泰里

小官陂深一丈濶一丈五尺長二丈　郭洋陂深八尺濶一丈五尺長一丈五尺　峽頭陂深八尺濶一丈五尺長二丈五尺　漈頭陂深六尺濶二丈長三丈五尺　俱在小尤中團

洪坑口双陂深八尺濶二丈長二丈五尺泗洲前陂深七尺濶四丈長二丈五尺陂頭陂深六尺濶二丈長二丈五尺俱在東西團

園宅陂深一丈濶二丈五尺長三丈山茶陂深一丈濶二丈五尺長三丈留坂陂深二丈濶二丈長二丈俱在楊梅上團

論曰邑田多在高阜陂蓄之所難及惟資山泉浹旬不雨民即苦病傍溪築陂春夏洪流暴激倏脩倏壞屢有增設亦屢有變易諸陂皆宋明舊蹟所臚深廣之數瞭如指掌存之以見前人之留心於水利也邇来依仿建

築下流蟬聯布列殆亦有所由興歟

井

龍眼井在縣治東徑四尺八寸圍一丈四尺四寸俯瞰深洞泉大而甘幹規巨石為之高三尺二寸

羅漢井萬曆志云在縣東羅漢寺前水極清洌寺廢久故老相傳分司内松一株枝幹蒼古勢若龍蟠乃五代時寺僧手植者井無可考今按圖南書院即分司舊址也松壞於康熙十一年夏乾隆十一年知縣魯鼎梅建書

院仍鑿井並植大栢於門庭

雲居井在鳴鳳橋東南山下有泉湧出味最清甘

城內四井明知縣張大綱鑿一在分司前(今廢)一在城隍廟前(今存)一在城東市傍(今存)一在城西南馬路下(今廢改在城西市傍)先是城中無井汲飲溪水嘉靖辛酉永春呂尚四亂驅數萬人圍邑城者七日鑰門闔城苦歛泥漿綱曰予責也寇退亟鑿四井

廨中井極清洌嘉靖乙丑知縣何謙所鑿也舊廨中日用

水皆里甲傭夫挑運歲費十餘金譏一日公餘見有水者趨而進捐其水嘆曰民之膏脂也遂捐俸鑿井

永嘉井在上翰社吉嶺鄉永嘉寨深三十餘丈

造福雙井在西關外泮嶺下地窄民稠賴井資用因附記之

論曰耕田而食必鑿井而飲井養不窮易之訓也邑城既瀕溪鄉多夾澗故井甃絶少然如張令之為民防患何令之為民惜力一事雖微而澤且與井俱長又烏可

或畧耶

物產 附

穀之屬　早稻 有早仔師如早俱六月熟米色白 寄種 附插於早稻之傍至冬乃熟長芒米小而硬色紅又有無芒者俗呼寄種稳米紅白二色 占稻 無芒而粒小湘山野錄云宋真宗以福建田多高仰聞占城稻耐旱遣使求其種一十石使民蒔之三山志謂其有早晚二種邵武志謂其種有六十日可穫者有百日可穫者邑田歲僅一熟早稻寄種已少此種更稀 聖君早 即赤早七月熟 白頭蓮 米色白

雞母稳　富貴稳 亦名赴季 臺灣稳 種來自臺灣 竹梢稳 俱八月熟

徐國稳 即大冬邑惟此種最盛 糊稳 有芒俱九月熟米色紅 赤冬 米色紅

重陽冬　三舫冬　粟穀冬俱有芒米圓白甘美九十月熟以上粳稻

重陽秋　銀硃秋　虎皮秋　火燒秋紅芒　無芒秋俱九十月熟以上粳稻

番稔　畬冬　畬秋以上山畬所種皆米俱香美　大麥麰也俗呼鼓槌麥有類麰而穀稍異者俗呼米麥俱長芒　小麥麳也俗呼麵麥可磨為麪又一種名蜈蚣麥俱無芒

蕎麥稃紅花白寔三稜而黑秋花冬寔　黍有番黍鈎鶵黍又有黍仔種於山畬　豆菽總名大者有黑白二色小者有綠赤白黑數色俱少種

按德化五穀不備歲儉一收諺云半年辛苦半年閒蓋地瘠而民復習于惰也黍豆之屬既稀即二麥亦少種

者俗咸謂其不宜嵐霧不知邑地高寒麥性耐之余癸亥冬刋示勸諭各里社遍種數年来群慶豊登亦足以資民食之什一云

帛之屬

苧布 緝苧為之紡而織者力作之人所衣不紡者以糯糊抽過織之曰糊布又有雜棉紗織之者曰羅布

葛布 緝葛皮為之山間偶有作者甚粗

貨之屬

磁器 泥産山中穴而伐之綆而出之碓舂細滑入水飛澄淘淨石渣頓於石井以漉其水乃塼埴為器烈火煆煉厚則綻裂薄則苦窳罷撓鑵瓿潔白可愛飲食之器多麄拙雖有細者較之饒州所作終不能及

鐵鑛 出鑛山崎採鑛鎔鉄者例納邑進士山租邑原有七鑪供餉然每時興時廢

紙 竹以

穢為之粗者名火紙稍細而厚者名古紙上人用以事鬼又有連四磨邊等紙

藍澱 馬藍葉大叢生莖短有節折其莖以土壅之即生槐藍葉小蔡襄江南月錄云採以器盛水浸除滓梗攪之以灰即成

黑烟 燒松木及竹葉為之點墨所需

香 有松香有楓香吉兆藤香即土降真香少有

茶 產高山上者佳

烟葉 崇禎初年始種之邑田僅一收邇來民稍習勤冬至種麥清明附種烟葉於麥傍麥熟即厚壅以糞大暑後收烟種稻稻更豐收但下年只可種麥與稻以休地力若仍種烟多難活

蜜 蜂小而微黃人家畜以木廚結房作窩有黑蜂食而不作蓋雌蜂也絞出蜜取房練之則成黃蠟

油 有茶油桐油菜油柏油

餅藥 桐子殼燒灰淋汁熬成

石灰 煉石為之

薯榔 莖蔓似薯根似何首烏皮黑肉紅染皂所用

棕 鄉民間于墻下種之以供綯索

苧 產小尤中一科數十莖宿根至春自生歲三劉曰春苧月苧寒苧

黃麻可綯索 磚 瓦

蔬之屬

芥味辛辣其品不一青芥似菘而有毛紫芥莖葉通紫白芥子粗大色白如粱米可入藥又有花芥石芥雞爪芥 萊菔一名蘿蔔其子可入藥俗呼六月菜 白菜種來自北方而味不及 油菜葉如白菜青色根微紫子可壓油冬田間曠儘宜栽種 芥藍葉厚其色如藍 蕹菜蔓生花白莖中虛摘其苗以土壅之輒活本出東夷古倫國番舶以甕盛之故名甕菜能解野葛毒 菠薐又作波稜出西域頗稜國訛頗為波俗呼赤根菜 苦藚詩薄言采芑是也味苦可傳蛇蟲咬傷 莙薘葉厚而柔晒之難乾俗呼厚葉菜莖灰淋汁洗衣極白 茼蒿葉似艾花如小菊性冷微香令人氣滿不可多食 莧紫白二色不宜與鼈同食 茄有紫者白者青者形俱長 王瓜先百瓜生故名微有刺俗呼刺

瓜

絲瓜 性寒老則其中結絲名天羅布

苦瓜 皮皺味苦甚有青有白長可尺餘其瓢初生色白至熟轉紅核如木鼈子而小

菜瓜 長尺許色綠而斑點

冬瓜 益氣耐老除心胸滿去煩熱肘後方云發背欲死取冬瓜截去頭合瘡上瓜爛去更合之未盡瘡已斂小即用膏藥養之

匏 亦名瓠味甘有緣架生者有附地生者大腹小頭老則去穰為器又有葫蘆匏瓢匏俱可為器又一種俗呼番匏形圓而扁肉黃味甘拔火毒砲傷砂子入肉切片傅之立出有極小者名金瓜皮純赤有瓣

豆 菜豆長如箸虎瓜豆刀豆魚藊豆俱以形名紅白二豆有數種架生

芋 形圓而大狀如蹲鴟蜀川謂之芋魁其小者如卵生於大魁之旁又有蕉芋形長而大

山藥 蔓生莖紫葉青有三尖角似牽牛而光澤開細白花結實如鈴生山谷間根細如指白色極緊實

薯 有紅白二種根如薑芋之類大者一枚重觔踰又有寸金薯類山藷而差大長可一二尺

白如玉色味極珍美

番薯 萬曆間閩人得之外國磽瘠山地皆可種莖葉蔓生根如山藷蹲鴟之類味極甘有紅白二種生食熟食晒乾磨粉皆宜亦可釀酒通來栽種甚盛糧糗多資于此又有一種累短而圓肉色純黃者為芋薯

蒟蒻 苗葉及根酷似天南星但莖斑花紫為異耳土人取根大者刮磨入米湯煑之成凍其小者仍種於園中

薑

蔥 胡蔥香蔥也又長生蔥七月種性寒凡杖瘡刀瘡砍截膜未斷取蔥連根擣爛鍋中攤熱敷之皆愈

蒜 本草葫大蒜也久食傷人損目若心痛者用酸醋煑不用鹽取飽頓服之立愈

韭

薤 似韭葉濶多白無寔凡用蔥薤皆去青留白

胡荽 即園荽或謂之香荽最發痘瘄

葵菜 葉圓似葵花俗呼奇菜

芹 荻芹莖之白者可葅赤芹莖葉俱可葅

蕹菜 葉似菔味似芥極辣生於幽澗移種畦圃反不發

苦菜 生山中味甚苦

笋 詳見竹之屬

蕈 亦名菌俗謂之菰畬人斬

木於深山雨雪漸凍而生曰香菰木耳菰生石上者曰石耳菰又有胭脂菰生深林平沃地而鮮紅而光澤其底與莖俱白色雜菰生山中名色不一熟可食生則毒人中其毒者用生脂麻擂酒服之即愈 蕨 蔓生野山中拳芽可茹性微冷取根搗碎用水澄之即為粉可療饑土人以相饋遺 土芮 藤紫葉圓根似芋康熙四年饑民往戴雲山掘取食之賴以全活

果之屬

桃 紅桃白桃鶯嘴桃苦桃又有矮桃樹高者僅三四尺秋熟 杏 花如紅梅而豐艷寔如梅而甘邑少有 李 珠李大如龍眼色青紅味淡而酸粉李夫人李皆少有 柿 重色柿大徑二寸牛心柿圓而長髒柿無核山柿小而多核俱宜晒乾乃溫而補又有油柿可漬汁褙紙 栗 外刺如蝟熟則罅拆 椎 柯樹寔似栗而絶小 梨 有青消梨萊梨狗梨鵝梨 林檎 一名來禽一名花紅寔似梨而小六月熟 枇

杷一名盧橘葉似驢耳狀四時不凋謝瞻賦云稟金秋之青條抱青陽之和煦肇寒葩於結霜成炎果乎纖露

石榴紫榴皮斑赤肉薄核大味酸玉榴皮黃子晶瑩如水精少有

香櫞樹有刺葉大而微厚寔大者長尺餘黃色皮厚而香鬱微酸而苦

柚樹高一二丈葉重甚而大花五瓣而卷寔圓大金黃色皮厚肉小而白味酸

柑鳳柑皮皺不堪食紅柑取外邑柑核種之而生者皮多青而味酸

橘猴橘花葉容而尖寔小如錢金橘樹葉花寔俱小又有一種極小者曰金豆俱不堪充果品僅可蜜煑

酸棗色青而巨核味澁而微酸糜其肉雜似蔗糖可為餌

楊梅木似荔枝葉細陰厚寔生青熟紅白二色俱極酸

白菓狀如橄欖有殼無核

蒲萄一名馬乳

波羅蜜種自荷蘭國移來寔生於樹幹上皮似如來頂剖而食甘如蜜

藥之屬

黃精 二月生苗高一二尺葉如竹葉而短兩兩相向莖梗柔脆本黃末赤四月開細青白花子白如黍亦有無子者根如嫩生薑黃色八月採

天門冬 春生藤蔓大如釵股高至丈餘葉如茴香極尖細而踈滑有逆刺根大如指長二三寸一二十枚同撮

百合 莖高三尺許葉如柳四面攢枝而上四五月開白花長蕊下覆花心有檀色根小者如蒜大者如盌數十片相累如白蓮花可蒸食或以為粉子生枝葉間不附花一名強瞿

天南星 苗似荷梗高尺許葉似蒟蒻長枝相抱花似蛇頭紫色結寔成穗似石榴子根似芋而圓

何首烏 春生苗葉々相對如山芋而不光澤其莖蔓延竹木墻壁間根大者如拳各有五稜瓣似小甜瓜赤者雄白者雌本名交藤因何首烏服而得名

括樓 亦作瓜蔞詩云果蠃爾雅云天瓜本草云地樓蔓生花淺黃色寔在花下亦名黃瓜搗其根作粉名天花粉

茵陳 春生苗秋枯經

冬不死春復因舊苗生新葉故名又一種大葉者曰山茵蔯

茯苓 多年樵砍之松氣味未絕其精氣盛者結為茯苓又多年松脂流入土中變成自作塊不附著根上其抱根而輕虛者為茯神

土茯苓 俗又呼為山萆薢

金櫻子 生郊野中類薔薇有刺開白花寔如小石榴煎膏固精

山梔子 一作支子佛書呼為薝蔔花開六出其寔七稜亦名越桃

決明子 苗高四五尺葉似苜蓿而大花黃白色秋深結角其子生角中如羊腎主明目

蘹香子 亦名茴香葉似老胡荽疎細作叢開花如傘蓋黃白色寔如麥而小

蒔蘿 似茴香而寔差小味尤香洌

蓖麻子 可壓油形如牛蜱

香附子 莎根也

蒼耳 本草作葈耳即詩所謂卷耳一名羊負來

車前子 即芣苢也好生道旁邑無大葉長穗者

薏苡 春生苗莖葉如黍開紅白花作穗寔青白色形如珠而長

枸杞

地骨皮 即枸

杞根

吳茱萸 葉似椿而濶厚寔似椒子嫩時微黃熟則深紫

鹽麩子 葉如橘子秋熟為穗粒如小豆上有鹽似雪食之酸鹹止渴

穀精草 春生穀田中葉細花白而小圓似星又名戴星草二三月採花用

香薷 似白蘇而葉細生山谷石上者尤佳

豨薟 俗呼火炊草

益母草 詩謂之蓷本草謂之充蔚郭璞云葉似荏方莖白花花生節間今園圃田野所產白花者稀淡紅者多宜於孕婦故名

石韋 一名石皮叢生石上葉如柳背有毛而斑點如皮

雞項草 葉如紅花葉上有刺青色亦名千針草根似小蘿蔔枝條直上三四月苗上生紫花八月葉凋其根可治下血

石菖蒲 出石澗葉有脊如劍一寸九節者佳其無脊者名溪蓀生下溼地大根者名昌陽

劉寄奴

猴薑 根生大木或石上引根成條上有黃毛及短葉附之又有大葉成枝面青綠色有青黃點背青白色紫點無花實取根用

本草謂之骨碎補又名胡孫薑生楓樹上者治牙痛甚效 石南藤其苗蔓延木上四時不彫葉可治腰痛 黃連出戴雲山葉如小雉尾草經霜不凋 青蒿常蒿綠色此蒿獨青色 蒴藋亦名木賊即接骨草輕歷無心主續筋骨 馬鞭草其穗類馬鞭又一種名牛托鼻 夏枯草至夏而枯味辛寒 澤蘭俗呼千里吉 艾有大葉者有小葉者 紫蘇葉下紫色甚香夏採莖葉秋採實 薄荷葉尖夏秋採莖葉曝乾 忍冬花藤生繞覆草木上苗莖赤紫色葉上下微有毛花黃白相間凌冬不凋又名金釵股又名老翁鬚俗呼金銀花又名左纏藤 甘菊莖紫氣香而味甘者為真 白蘚皮 海金沙蔓生葉底有金粉俗呼竹園荽 鶴虱俗呼牛舌菜花 金石斛出石牛山味甘平 茜草 蒲公英味苦性平 威靈仙用根去蘆 射干俗呼仙人掌多貼石

壁上生如人掌能治腸痔瀉血　黑丑　扁蓄味苦平利小便　百部　羊蹄秃菜也葉狹長色深綠莖節間紫赤採根醋磨塗癬速效　山豆根俗呼雨傘子根　葛根　土葛

木瓜似香櫞　蟬退去翼脚用治風癇　穿山甲即鯪鯉甲　薑黃葉青綠長一二尺許濶三四寸有斜文如紅蕉葉而小花紅白色根盤屈類生薑而圓　獨脚蓮一莖一葉根如蒜可辟蛇

金不換性熱治風　方正草葉狹而長藍色平分四方攢莖而上其實六瓣可治金蠶蠱

木之屬

松有五鬣者有三鬣者花上黃粉名松黃其節為松明其脂為白膠皮上綠蘚衣名艾納香用和諸香燒之其烟不散　栢樊宗師園銘謂栢為蒼官其子香而可蓺又有葉側向而生者名側栢　檜栢葉松身　杉木類松而勁直葉附枝生若刺針然土人作宮室以此木為上　樟亦名豫樟極高大葉似柟

而尖長木理潤密氣味辛烈熬其汁成腦置水上火燃不息今呼樟腦是也又有禽鳥禽種所生者為鳥樟子可歷油

枏字亦作楠其木直上柯葉不相妨

椿木之壽者折其枝葉置花缾經月不枯一種名竹葉椿其葉類竹

櫧葉如側柏

欏木可為器極耐久

桑

柘與桑異種皆可飼蠶

黃木其色黃

榧子其色赤俱堅而澤

橡亦可為棟宇但易腐不如杉

檉

杉畧似水綿而木理輕鬆心赤色

杜松葉似杉而小尖勁如刺木似松而文細其色赤

水綿類杉脩幹而細葉濱水處多植之

桐葉有三杈結子如胡椒可食者曰梧桐葉圓而末尖二月開淡紅花子可壓油者曰油桐又一種花葉不相見花不結子材可琴瑟禹貢嶧陽孤桐即此俗呼浮桐

梓似桐而葉小花紫陸机云楸之疏理白色而生子者俗呼浮梓用以為木屐

相思木

金荆俱堅而有文

白花梨木理極細膩皮

徽有刺者黃心木理稍鬆柯木脩直可作船粱子名椎苦楒即株木也子名苦榛可食棟東皋雜錄江南自春至夏有二十四風信梅花最先棟花最後冬青其葉常青四時不改唐禁中呼為萬年枝槐葉細而青綠其花可染黃角可入藥檀葉似槐木槵葉如橄欖寔可浣垢俗呼圓墨子皂莢南史云黃塵污人衣皂莢相料理又一種曰肥皂亦可浣衣椒木有刺子朶生顆粒似蜀椒而辛香不及俗呼花椒烏桕葉似梨杏花黃白子可壓油漆邑山瘠無拱抱者故不以取漆椶櫚亦曰栟櫚子嫩未吐者曰椶魚可採充茹楓似白楊葉圓而岐有三尖春發秋紅冬落取其脂可為香土人於上巳日採葉漬米為青飯蘗木如石榴皮黃子赤如枸杞子兩頭尖枝可剝以染黃生山石間柳葉狹長而青枝柯長軟而下垂雖縱橫顛倒植之皆生櫸柳皮如槐檀葉如櫸而狹長生水側水楊葉圓

濶而赤枝條短勁多生水岸

羅漢松 葉長而狭色蒼秀可愛凌冬不凋

吉兆藤 紫色其根為降真香

按德化素號產木之區盖窮岩邃谷水道隔越砍運維艱故得老其材也邇来人稠用雜旦匕斧斤蕘以鈇灶磁窰廣需柴炭幾并萬林而樵之賈木者於是不入矣

竹之屬 戴凱之竹譜竹有生日謂五月十三日移植最宜亦謂竹醉將枯則生花或云劈竹多用辰日山谷詩云夏栽醉竹逾千个又云根須辰日斸

猫竹 性極堅勁可編筏冬笋不出土味最佳春笋乃能成幹初觧籜時砍之漬以灰成穣作紙

方竹 枝葉扶踈外方内圓可為杖笋秋末生

筀竹 生深山者萬竿

挺立性堅色蒼白移植則細小。石竹節疏而平其堅如石。紫竹小而色純紫可作簫。箭竹可作箭禹貢曰篠土人取為弩箭不用雕削。綠竹夏笋甚美土人重之。赤竹。苦竹性堅色微紫一名雪竹四月笋味甚苦。筋竹肉厚而竅小可為弓弩材。油竹肉厚而葉長潤可為鈴中虎即艷。調絲竹節踈性柔絲之以作燈籠。烏竹色純黑。斑竹山間有之不及湘江者。鳳尾竹梢葉森秀。人面竹亦曰佛眼竹其幹與常竹無異惟節間上下向背突起如人面可以為杖。葫蘆竹節大節小。觀音竹高僅尺餘容篠扶踈。箬葉竹葉大可絮舟蓬。淡竹葉可入藥。葢竹本小末大俗傳宋僧普明所倒插牛梢也。千歲竹花黃白寔似橄欖。蘆竹生溪澗濕處叢小葉踈

花之屬　牡丹閩中絶少邑地高寒故宜　芍藥有深紅淺紅淡白三種　蓮紅白二種又有午時蓮生九仙石牛山池中花白大徑二寸浮於水面午開酉苞　菊有數十種好事者譜傳之又一種花深黃色如滴金四月開　蘭黃山谷云一幹一花而香有餘者蘭一幹五七花而香不足者蕙今邑山中所生人家所植俱一幹五七花或十餘花及紫白二種皆謂之蘭又有一種莖葉似馬藍開花成穗而香謂之翠蘭竊嘗考之傳曰德芬芳者佩蘭楚詞所謂紉秋蘭以為佩是也今之所謂蘭葉既無香花雖香亦不過經夕而止果可佩乎古有蘭省蓋以蘭藏之書中辟蠹故名今之所謂蘭果可辟蠹乎草木疏曰蘭為王者香草其莖葉似澤蘭廣而長節節中赤高四五尺今之所謂蘭其形狀果如是乎吳草廬嘗著蘭畹說辨之甚悉　梅有綠蕚梅紅梅碧梅鴉梅山梅品梅一花三寔蠟梅黃山谷謂香氣如梅類女工撚蠟所成因名　桂一名

木犀有丹黃白三色凡色勝則香薄四時開者曰月桂

山茶花深紅色冬盛開單瓣大徑三四寸者曰川茶千葉者曰宝珠茶又有蠟蒂茶花小如錢粉紅色

洋茶有紅有白圓者六角者紅白斑點相間者又有牡丹茶花如牡丹深紅色

海棠有紅有白又有垂絲海棠色淡紅而多葉西府海棠樹高二三丈俗謂之棠梨

碧桃 **緋桃**花俱千葉

榴花有大紅淺紅黃白數種俱千葉

紫薇俗謂之不耐癢花爪其皮則枝幹俱動又謂之百日紅

紫荊木似林檎花深紫可愛

木槿朝開暮落有白者紫者粉紅者

杜鵑一名山躑躅一名山石榴三月盛開有深紅淺紅及紫色俗傳杜鵑啼血滴地而成此花千葉者佳单葉者名滿山紅

繡毬一花衆蕊團簇如毬初青後白其大如盌又一種卉生花青藍色

木芙蓉初開甚白向晚則色轉紅春暮花開至秋

辛夷花初發如筆又名木筆单瓣者紫色

重瓣者粉紅色　**玉蘭**花似辛夷重瓣而白樹高大　**薔薇**枝幹有刺花紅紫色三月盛開如錦又有野薔薇香亦清冽　**長春**枝幹有刺花紅四時常開　**寶相**藤生花類酴醾而秀整過之　**茉莉**夏開白色妙麗而芳郁　**瑞香**一蔟數十蕋外紫中白冬盛開東坡詞云領巾飄下瑞香風驚起謫仙春夢　**玉樓春**又名欲留春即百葉梔子花俗呼水梔子　**棣棠**條生花淡金色梅聖俞所謂韡鄂芸黃殿後花是也　**郁李**一名車下李一名御園李　**噴雪**花細白如雪乱點亦有千葉者通志名潑雪　**金錢**深紅色圓薄如錢　**凌霄**一名兔絲藤生附大木其花黃有毒凌晨仰視花露滴目則喪明詩云凌霄倚樹生樹倒凌霄死勸君莫倚勢倚勢亦如此　**紫花**藤極大蔓延高樹上開花成穗可作茹　**粉蝴蝶**花白色瓣類撚成有黑紫點邉如刻剪　**金絲蝴蝶**黃色心多長鬚　**滴滴金**

葉露滴地而生秋開花黃如金色

漢宮春 花色金黃暑似滴金而美春末夏初開

錦竹 一名石竹叢生高尺許花如錦纈李太白有石竹繡羅衣之句

剪春羅 花淡紅色旁如刻剪秋開者名剪秋羅

秋海棠 綠葉紫紋花粉紅色含吐以次遞開

夜來香

一丈紅 莖高花容攢枝直上

葵 心常向日

鼓子 以端午開又名龍船花

萱 一名鹿葱草之可以忘憂者本草謂花名宜男

玉簪 質素而香詩云宴罷瑤池阿母家飛瓊扶上紫雲車玉簪墮地無人拾化作東南第一花

鷄冠 秋開有紫白黃水紅五色數種又有矮脚鷄冠高數寸即壽星鷄冠也又有垂絲鷄冠其花最大本草云白鷄冠子涼止腸風瀉血赤白痢及婦人崩中帶下

金鳳 花如飛鳳有紅白紫粉紅五色千葉數種

蕉 芭蕉葉長而大老則心中抽幹作花如倒垂菡萏每開一瓣則子駢生附幹凡數十枚生青熟黃又有紅蕉高僅二

三尺莖小開金紅花極豐艷又一種名美人蕉葉小而尖亦開金紅花又名月蕉以其葉生如月之數則花也

老來嬌一名秋紅一名鴈來紅葉初生即純紅　曇花葉類昌陽而絶大花幹挺出葉間如臂其苞其掌開則散垂深紫色

草之屬

仙草搗爛絞汁和麪粉蒸之成凍　鼠麴葉如馬齒莧上有白毛黄花俗於清明採之作糗　茭種泥浦中初生笋可食　藻根生水底葉敷水上　浮萍有大小二種俗謂之薸　茅白花詩手如柔荑即此　芒似茅可為繩索屩屨　菅似茅而光澤無毛根下五寸許有粉者柔韌可為索

苦草　芼松　花瓶草葉如蘭植於案頭瓶中　虎耳八芳草之一也可栽於石上為玩　蘆薈婦人取以代膏　鳳尾　遍地錦俗名花針頭　淡酸草　猪

毋莧　鎗刀草　蔚蕉似葛蒲而大行血散氣　藜莖大者可以為杖　龍鬚草種水中編為蓆利暑　鷄矢藤　金絲五葉藤　貼壁藤　仙巴掌狀如鞋底兩面有刺接疊而生無枝葉

畜之屬

牛黃牛角縮而短悍水牛豐碩而重遲水牛新華其下乳治以充饌名曰乳餅　羊歲兩生息　豬　犬　猫酉陽雜俎云猫名烏圓其目睛旦暮圓及午黑睛如線　鷄　鴨家畜曰鴨野曰鳧　鵝東坡云鵝能驚盜亦能却蛇蓋其糞能殺蛇園池養鵝蛇即遠去一名舒鴈　鶉鴿性甚馴善認主人之居邑俗謂之三損鳥一損穀二損屋三損鄉里和睦故鮮有畜者　月兔月一產三四子　鷺鷀畜之繩繫其頸使捕魚

毛之屬

虎山中間有之　豹尾赤而文黑為赤豹文圓者曰金錢豹　熊類犬豕而性輕捷好攀援上高木見人則顛倒自投地而下冬蟄不食飢則自舐其掌　鹿性驚防分背而食食則相呼羣居則環其角外向　麞爾雅謂之麠章麠其總名也性善驚飲水見其影輒奔走　麂麞類也皮可為履舄勝於衆皮　山羊爾雅謂之羱羊有肋力甚能陟峻生深山岩穴中　野豬亦名山豬似家豬但腹小腳長毛色褐牙利如鐮刄　山犬狀類家犬赤蒼色好食果寔　豺似狗而長尾白頰高前廣後其色黃　獺似狐而小青灰色如伏翼水居食魚　麝　猍字亦作狸口銳身長似猫香狸所過處草木皆香玉面狸面白色九節狸尾有九節筆狸春毛可為筆心　猴胡孫也詩謂之猱性躁而多智　豪豬毛黑如錐鬃有刺怒則奮以射人其刺可以為針　兔礼曰明視　竹䶉俗呼菅豚蒼色如鼠食竹萬根人或竹刺入肉不可

出者啗此物立消 **山貚** 狀如鼠腊而食之甚香美 **鼠狼** 生山野中似鼠而大色赤能食鼠捕鷄

鼫鼢 形似鼠狼蒼黑而小尾多毳善緣藤蘿而走 **鼯鼠** 似蝙蝠而小膏療耳聵 **鼠** 穴虫之黠者善竊晝伏夜動俗稱為耗鼠

羽之屬

喜鵲 禽經云鵲俯鳴則陰仰鳴則晴人聞其聲則喜故云喜鵲 **烏** 純黑而反哺者曰慈烏腹白而不反哺者曰鵶亦名鸒又一種似烏而小多羣飛作鵶聲者曰慈鵶 **鳩** 詩曰宛彼鳴鳩集傳曰鳴鳩班鳩也陸氏曰似鵓鳩項有繡文本草云班鷦又名班鳩春分化為黃褐侯秋分復為班鳩又云黃褐侯如鳩作綠褐色聲如小兒吹竽 **布穀** 詩曰鳲鳩集傳云秸鞠也亦名戴勝 **山鵲** 俗呼山鷓爾雅鷽山鵲注似鵲而有文彩長尾嘴脚赤 **鶯** 詩云倉庚疏云黃鶯又名黃鸝匕鸝黃公黃粟留昌黎詩云麥黃韻

鸝鶊東坡云苦厭黃公聒晝眠歐公云黃栗留鳴桑葚熟

燕 詩謂之元鳥齊人呼為鳦莊子謂之意而陶隱居云胷紫身小者為越燕斑黑而聲大者為胡燕

雀 一名嘉賓言栖宿人家如賓客也又有黃色者八九月飛稻田間多至數百

白頭公 似雀而大頭有白點

鶺鴒 飛則鳴行則搖長尾尖喙背上青灰色腹下白頭下黑如連錢

信鳥 亦名進鳥似鵲而小能為百禽聲忽鳴而過庭簷間其占為有喜

鷦鷯 釋鳥云桃蟲鷦其雌鴂陸機曰鷦鷯也似黃雀而小化而為鵰其喙尖利如錐取茅秀為巢巢至精密以麻紩之如刺韈然一名韈雀一名巧婦一名工雀一名女匠

百舌 似鴝鵒而身差長無幘毛蒼嘴尖朝野雜録云春轉夏止張芸叟詩云學畫百禽語終無自已聲

啄木 嘴尖舌長穿木食蟲

吉弔 畧似百舌羣飛鳴聒如云吉弔因以名之

畫眉 白眉眉褐質善鳴好鬭

鵪鶉 形小而善鬭

鴝鵒 俗呼

八哥似鵒而有幘剪其舌端能效人言又有白點者差小

鷓鴣 形似牝鷄臆前有白圓點背間有紫赤文鳴聲重大若曰行不得也哥哥飛必先南翥

雉 雄者有魁長尾身有文彩善鬭其羽為翟

白鷴 白質黑章紅頰首有冠綬尾長三四尺性閑雅可畜

錦雞 羽毛有白圓點嗉藏肉綬日午天晴則徐舒其綬人謂之吐錦

鴛鴦 雌雄未嘗相離人得其一一思而死

鳧 水鴨其飛甚速

鷺鷥 項有長翰如絲欲取魚則拜之

翡翠 青羽曰翡赤羽曰翠

釣魚翁 如翡翠而小常宿水邊伺魚出而食之

竹鷄 俗呼泥滑滑蓋以其聲似之也白蟻聞其聲盡化為水亦名越鳥

孤鷄 其鳴曰姑惡晝夜不絕俗傳婦以姑虐死化為此鳥其聲故云

杜鵑 一名怨鳥夜啼達旦紅漬草木凡始鳴皆北向啼苦則倒懸於樹說文所謂蜀王望帝化為子規是也至今寄巢生子百鳥為哺其雛尚如君臣云

鳶 鴟類鳴則將風

鵙 伯勞

也以五月鳴應陰氣之動殘賊之鳥也 **鸇** 似鶴青黃色燕頷句喙鸞風搖翅乃因風飛急疾擊爲雀食之 詩曰晨風即此 **鴞** 周禮哲蔟氏掌覆妖鳥之巢注云惡鳴之鳥若鴞鵂也賈誼云鵩似鴞本草云其寔一物入室主人當去此鳥盛午不見物夜則飛鳴又有一種似鴞而小俗呼孤猿

鱗之屬

鯉 當脇一行自首至尾無大小皆三十六鱗ㄴ各有黑點 **鯽** 一名鮒形似鯉色黑而体促腹大而脊隆無大小皆有子 **鰱** 本草作鱮口小鱗細身扁色白種来自江西人家池塘多畜之 **鯖** 俗名草魚種亦来自江西土人畜於池塘飼以草故名 **赤眼** 生溪中如鯉鯖之類而眼赤 **盧鮐** 尾有星多穴於田塍或泥岸中 **鱔** 或作鱓似蛇無鱗漢書鸛雀啣三鱣即此夏出冬蟄 **鰻** 似鱓而腹大 **泥鰍** 埤雅鰌似鱓而短以延自染难握與魚為牝牡 **田瑟** 穴田塍間無鱗有剌蹄人俗謂塗虱 **貼石**

背偃腹平其大如指常貼於溪石中土人抱石取之為腊 鱖 巨口細鱗背上有黑斑文 鮎 本草曰鮧注云即鯷魚也大首方口背青黑無鱗多涎漄溪下流始有之 丁斑魚 生泉水中長僅二三寸善鬬 金魚 有數種俱金紅色畜於盆以供清玩 四脚魚 産高山池中瘦若刀劍有四脚性馴 蝦 泥蝦相傳稻花所變者出田中蝦姑出溪澗中頭大身促前兩足大而長 鯪鯉 似鯉而四足鱗甲堅厚常吐舌出涎俟螻蟻滿其上乃卷而食之即穿山甲也

介之屬 鼈 蟹 生澗田中 螺 田螺溪螺池螺 蚌 字亦作蜯生池澤中

蟲之屬 蜂 其類不一虎頭蜂黃腰蜂窠土中瓠瓠蜂窠樹上土人取其卵以為珍味 蟬 蛻殼入藥

蝶 螢 蠅 蚊 蛇 青竹蛇與竹同色有赤尾若小而不可犯花蛇好入人家捕鼠

簸箕甲蛇長數十節黑白相間蚺蛇蛇之絕大者可食身有斑文如錦纈縵蛇如縵又有泥蛇居泥中食魚不嚙人

蜥蜴 似蛇而四脚尾青碧以五色備者為雄而不偏者為雌又有一種身小而狀似龍生草間俗謂之草龍俱不嚙人

蜈蚣 多足能制蛇亦嚙人

鼃 背青綠色韓昌黎詩一夜青鼃鳴到曉即此又有黃文者謂之金線鼃

黽 大腹而脊青其鳴甚壯一種黑色俗謂之蛤子亦名水雞土人以為珍味又一種名石鱗魚生深山澗中亦名谷蝀其味尤珍

蟾蜍 身促腹大背黑皮上多痱磊跳行舒遲

蝦蟆 背有黑點身小能跳接百虫善鳴

蝙蝠 類鼠而有翼晝伏夜飛一名伏翼一名飛鼠一名夜燕

斑猫 豆葉上甲蟲也甲上有黃黑斑文如巴豆大

螽斯 蝗類青色長角長股能以股相切作聲性和集一生九十九子

螳螂

蟋蟀 雄者背有龍文能鬭

蜘蛛

蜣蜋

蚯蚓 白腹者可

入藥螻蛄　蟻

論曰山川輿欝之氣鍾而為人產而為物不以蕞爾而或異也夫草木蟲魚有資多識豈讀爾雅所能窮歟則漁樵農圃皆問察之藉矣因就所見聞為之臚厥族屬辨其名色聊以備一邑之稽考非敢云訂補圖經也

德化縣志卷之四終

德化縣志卷之五

建置志

城池　公署　壇　倉　舖　坊
附院　堂　義塚

古人建邦啓土疆域既定營建斯興邑雖蕞爾以固封守則有城池以布政令則有廨署以承祭祀則有壇壝斯其建置之宏者歟至若備儲有倉傳命有舖旌善有坊與夫收窮澤枯之所又皆不可或缺者也星羅碁布而邑之規制昭矣志建置

城池

邑舊無城明嘉靖三十六年知縣鄧景武申請建築南臨漈溪東自龍潯山麓環山而上北繞大洋山西抵大旗山巔下達於溪周八百三十七丈高一丈三尺下石上磚開二門東為賓陽西為有年三十九年知縣張大綱改縮西偏城垣截大洋大旗二山於城外存城垣六百六十八丈視舊制增高西北浚濠深丈餘建北鎮樓以資遠瞭東築月城東西二門俱建敵樓

歲貢生陳石記

天下郡邑莫不有城池之設所以固圉衛民也德化縣治建自五季迄今六百餘年獨不城者以縣夙稱樂土故耳迨嘉靖

丁巳邑侯鄧文翁甫蒞茲土奮然以思曰備豫不虞古之善制也一旦召集父老以築城之意告之民皆響應各殫乃力取石於山索磚於陶經之營之幾及一年而功遂告成城垣周圍八百三十七丈石砌於下而磚覆之高一丈有奇形勝東顯西邛誠百雉之壯區也歲庚申倭寇倡亂剽掠永春將尅日唾手德化諜知有城乃遁去時邑侯張衢翁思鄧侯築城之功因喟然歎曰公當其勞我享其逸德化之有城不惟邑人世世戴公余亦陰受公賜矣顧制濶而艱於守可若何乃申改而狹之城之東如其舊西則改從縣後山而下循田中趋西門周圍六百六十八丈高則合東西城皆增之北城及西門建敵樓外鑿濠深丈餘東門城樓視西北高廣過之外築月城登其上屹然金湯次年辛酉夏蓮壺叛民呂尚四率脅從者三萬人環攻十有餘日勢甚猖獗而我師卒能乘勝直擣巢穴蓋以城完而守固也噫鄧侯固有功於民而張侯能成鄧侯之志是亦有功於鄧侯

者也嗣後屢經寇变深山窮谷之民扶老携幼魚貫而入寇退則反盖自有此城而人民以安縣治以固二侯之奇勳偉績豈特彪炳一時哉語曰有功德於民則祀之其張鄧二侯之謂歟

四十三年五月大水壞東西城垣署知縣泉州府檢校謝啟光葺之後屢有水患時壞時葺

四十四年知縣何讓開北門名曰拱辰建敵樓設窩鋪

萬曆十九年知縣丁永祚開南門名曰來鳳侍郎莊國貞記：德化縣泉郡之西北鄙也由五季剏邑治逾六百餘年弗克城城自嘉靖丁巳邑侯鄧君景武始然其時僅為東西二門迨乙丑侯何君讓復建門於其北而南猶闕焉丁侯始至登陟城垣眺矚方隅俛而若有思也已而嘆

曰傳有之南門者法門也在昔聖人南面聽政嚮明而治小之郡若邑大之天下於以布法坊民一也即德化壤地稱小介在萬山中然亦天子附庸國業已周環雉堞矣而門僅三面嚮明之方闕焉弗備其何其示民且也郡於今日人文煥發彬彬才雋每春秋比士列薦書常數十計邑去郡不二百里而寥簡特甚即比士於鄉鮮有應者斯其故豈盡在士或亦德之地脉未開耳夫龍潯山若枕而丁溪水滙於其前若帶固勝區也必山澤通氣而後休祥啓焉文明臻焉今者門制有關南北限艮山澤之氣毋乃猶塞而弗通歟第令更建門於南背接巒嶂面瞰溪流若引諸紆縈之水納之襟裾間用疏達其湮鬱而宣融其文明庶幾有蔚然而起者侯以燕語博士先生諸弟子聞之皆曰侯寔將有大造於我奈何愛區區之力而以煩公帑耶遂相率請於侯侯為躬度厥址授之而又捐俸倡焉經畫已具畚鍤咸集妁於辛卯之二月數旬而功竣

崇禎十四年知縣李元龍增高城垣三尺分雉堞為一千垛重建北鎮樓

國朝順治四年寇燬四門敵樓尋以城北荒寂田地洿湿閉拱辰門

康熙十五年四月十六日大雨溪水暴漲白浪淹城沿溪一帶城垣廬舍盡湮為壑偽知縣葉麗生督民脩築未就偽知縣辜錕繼成之仍舊址改來鳳門為解阜門有年門為金成門並建敵樓東南開水門一西南開水

門二二十五年知縣范正輅繕葺城垣重建賓陽北鎮二樓今北鎮樓廢址猶存五十年知縣殷式訓奉文修理城垣開新門于城之西北隅移教場于學宮後山人文由是不振紳士乃赴憲呈請復舊六十年知縣熊良輔奉文修理城垣

乾隆十年知縣魯鼎梅奉文修理城垣

公署

縣署在龍潯山西南滻溪之北即唐貞觀中歸德場治所五代唐長興四年升場為縣因置廨東西相距前横濶

二十二丈後横濶四十四丈直深四十八丈四尺宗熈寧間知縣事陳居方營繕旁為倉庫吏舍中為大堂後為宅堂紹興十三年知縣事吳崇年鑿山廣其基為室十有二間知縣事蔣雝繼建緼仁堂於廨東辛次膺為之記乾道七年知縣事陸浚建清真堂於廨西又有梅臺及秋香馴雉盍簪緑野緑錦諸亭建年失詳淳熈四年外門及大堂燬知縣事林叔度重建大堂五年知縣事劉隆重建外門十一年知縣事鄭旦之改緑野亭為學道

堂綠錦亭為雙清亭紹熙元年知縣事李元才建中門
紹定三年復燬于火知縣事林倚建中堂黄之望繼營
廳事葉彥琰建重門及鼓樓胡應梅於門内立兩廡東
為吏舍西為倉庫犴獄廳事後西為書院旁為百花亭
淳祐四年知縣事黄忠叟建大門己酉冬吳一鳴於大
門外立宣詔班春二亭新四圍墻垣
元至元丙子至治壬戌縣署兩燬尹翟彬簿李德仁達
魯花赤千奴尹沈思藴尉王良質相繼建修

明洪武間知縣王貞丞余表簿古彥輝大加修葺規制完整正統十三年燬於沙寇鄧茂七典史王志安重構正廳景泰七年廳復燬天順六年知縣李青重建幷建儀門正德十四年知縣張綖重建譙樓

記　泉閩之雄郡德為泉之屬邑群山崒嵂一溪迤邐小澗會溪為丁字之形有文明象而德邑爰立然地廣人稀里户沿革十僅存半縣治儀門之外舊有水門上設譙樓懸鐘鼓以司更瞭望尤庫獄捍禦攸關也余乙亥秋棠授職涖此目其譙樓東西厦圮壓於上級圯於下旋葺旋頹粵丁丑之夏朝覲帰椽飫棟倚頹復過半凡出入啓閉司更瞭望寔維有艱夠隣封流寇蝟集覬覦啓侮用切戰兢而我邑民庶又困於誅求之煩不可以纖毫擾也載思之無何乃自

捐俸及圜夫之餘者三十兩市杉百株尼於上命弗遂營葺日復一日而傾圮尤甚乃僉謀請支公帑無碍官銀七十兩再湊市杉傭匠買料申蒙巡按侍御周命允爰軌戊寅季冬交承興工令民之敦愨耆年者董其事迄己卯孟夏落成焉翬飛高建非藉是誇壯觀寔足以捍患而禦侮矣此後保障有道庶幾無虞乎或曰長府可仍奚庸屑屑為此殊不知惟事事乃有備有備乃無患此古之格言為政之大要也

嘉靖元年知縣胡呈章重建申明旌善二亭始建未詳年代

九年知縣許仁重脩縣廨前為正堂左幕廳右架閣庫兩廊為六房承發科幕廳東為典史廨架閣庫旁為吏舍隣留倉儀門內西為獄外東為土地祠外左為申明

亭右為旌善亭南為譙樓二十七年知縣緒東山重脩
縣署四十四年知縣何謙重建後堂及土地祠
天啓五年知縣桂振宇建寅賓館于儀門之東扁曰虛
受以儀門西為糾察祠
國朝順治三年寇燬縣署六年知縣王榜搆內外堂及後
廨八年知縣何之旭搆獄屋五間
康熙二十六年知縣范正輅捐俸建兩廊六房吏舍修
內外堂寅賓館土地祠舉人謝青鐘記　德尢邑耳規制他無足述舊惟縣署及學宮

巍煥之觀殆與上國齒載諸邑乘詳已　鼎革刎山燹
一炬盡成焦土迨戊子歲王邑侯榜寔始經營然聽事
之堂僅立四壁後宅前樓潦草粗具而已歷任因仍遂
成舊貫及甲午再變而燬攘甲寅再變而海蹯丙辰之
夏天吳肆虐又從而漂蕩之并所謂四壁粗具者傾頹
腐圮駸駸乎不可復問矣今父母范公世冑名科學術
經濟雅有淵源膺　簡命來莅茲邑慨然以百度維新
爲己任勸農桑剔蠹弊讀法課藝興學明倫凡所以整
躬率物者無非本經術爲治理朞年之內百里盡登袵
席乃捐俸鳩工庀材初葺正堂次建兩廡脩譙樓次設
常儲兩倉又次建土地祠寅賓館贊政堂以及庫司架
閣鋪屋獄堂凡昔所有莫不釐備既堅以丹洵美而文
荒陋於焉改觀深山父老咸惟忭感嘆共謂前代二百
餘載隆盛之規廢幾五十年所矣不意今朝復見昌明
景象而不勞民不傷財是侯之仁且能也夫修廢舉墜
不失舊觀古人一燕息嬉遊之所猶且載筆金石以傳

不朽况爲奉法莅民地歟是不可以無記爰叙梗槩壽諸棗梨云

乾隆五年知縣黃南春於廨右再建土地祠

十年知縣曾鼎梅重脩大堂及兩廊儀門譙樓申明亭旌善亭

典史廨在縣署東偏明嘉靖九年知縣許仁脩建三十二年典史關一德捐俸重修

國朝順治四年與縣署同燬於兠典史李潛鱗移建於來鳳門之東康熙十五年水圮十六年冬典史顏志美仍

就縣署東舊址重建前為門中為廳事後為內廨

儒學教諭署在縣治西後宅與縣廨毗連順治四年寇燬十二年訓導林甲繼捐俸建一廳四房先是訓導與教諭同署康熙四年奉文裁教諭十七年復設四十九年教諭陳文海捐俸脩葺堂西建旁舍一所廊房四間周以垣墻五十年教諭力子侗捐俸重脩於堂東建書房二間堂前建露亭改造大門乾隆十二年夏教諭曾晉捐俸脩建知縣魯鼎梅勸捐亭

生民之大經曰教曰養是故聖人慮逸居之無教而董之以師儒之職居之於庠序學校之地所關至鉅也然非其人則政

不舉而事且弗具城闕佻達有由然矣德邑學博曾君銘三以鴻才碩彥英年受職甫至即申明先王之教慨然以造士為己任邑人士靡ㄴ然從之所居講舍不足以蔽風雨曾君念學校之地教所自出不容苟且方具牘請帑以肅冠裳之會而及門諸生謂請業請益之席未可遷延申請重煩寀牘弟之於師古人皆有執贄之義頹與同人醵金而理之或者曰不可吾師式化德邑且朞月矣野處之秀闡風者喁ㄴ嚮往則是舉也誰不願以束修請誨豈其門外麾之歟諸生不能決請于余噫異哉生等之勇于義而曾君之化之有成也由前之說為義之正由後之說為見之大正大而天地之情可見矣序其語弁之丁簿俾吾德邑之俊秀歆挾贄而来學於曾君者得與名馬將學挍振飭而教化彰明養道於是乎有終矣則吾不知善存曾君也夫抑善在德邑也夫

儒學訓導署在縣治西上市康熙二十年訓導李蚤春以
諭訓同署窄狹難居捐俸買置廳一房建門左右為
房二間二十七年訓導方祚隆捐俸築墻於其右建上
下二間
駐防廳在上市新街先是順治五年副將蔡調羮以西門
内民舍為副總府十一年寇燬十四年汛防千總徐登
創於上市北街之南康熙十五年水圮十六年千總馬
虎移今所

附舊署

分司行署在縣治東宋教場地明洪武九年知縣王貞建景泰五年知縣李青修正德十一年知縣張綾重建後廢今建為圖南書院

丞廳在縣治東南沙坂宋建炎三年建明永樂間以縣不蒲萬戶丞罷廳廢

簿廳在縣治西偏宋淳熙二年主簿趙師憲重建廳東之為三友堂紹興十一年主簿黃廷瑞脩明永樂間廢

尉廳在縣治東三百餘步坐南向北宋太平興國間建西偏爲講武亭慶元三年縣尉趙汝巹重修嘉熙間以射主山爲嫌移基於北淳祐七年尉孫應鳳仍舊址重建東爲甲仗庫東偏爲雙瑞亭有池可二畝憑水爲閣尉洪格爲記明永樂間廢

巡檢司一在縣西北東西團一在縣東清泰里一在縣西北小尤中一在縣北楊梅上俱元至元間設後俱廢明洪武二十年江夏侯周德興徙東西團巡檢司於同安縣之官澳其故址爲預備西倉徙清泰巡檢司於惠安縣

之黄崎村其故址爲也倉

高鎮巡檢司在縣北湯泉里明洪武間設後圮嘉靖九年知縣許仁斥東西團劉坑鄉慈濟宮改建前堂　間東西廊二間門樓二間繞以垣墻後移于湖嶺萬曆間裁

巡檢司署廢址猶存

陰陽學醫學俱在縣治西洪武十八年設後廢

僧會司在瑤市社程田寺洪武十六年設

道會司在縣治西南高卿社崇道宮洪武十六年設今廢

龍潯驛在縣治西宋嘉定六年知縣季端誼重建元因之

後廨即今儒學教諭署址

上壅驛在縣西北東西團距縣六十里宋時設元因之後

廨

壇

社稷壇在縣西大旗山下漟溪之北舊即地而祭宋紹興

間知縣林及始甃二壇邑人立庵其側嘉泰甲子知縣

事趙彦灖建齋廳甃壇壝植以松栢更新庵字額曰祐

善淳祐已酉知縣事吳一鳴重修立石為主明洪武三十一年圯于水三十三年主簿古彥煇重甃并建神廚神庫宰牲亭齋戒所後俱廢正德十六年因防寇以其地西偏作教場嘉靖九年知縣許仁請復教場於縣東舊地後竟未復即其地立華表于壇南壇式四方各二丈五尺取大社五丈而殺其半也高三尺陛各三級壇下北深九丈五尺東西南各五丈周繚以垣立四門路由北入壇上樹石為主高二尺五寸方一尺埋於壇南土中

去陛一尺五寸露出圓尖

國朝因之

風雲雷雨山川壇在縣南丁溪之西明洪武六年建三十三年主簿古彥輝重脩後圯嘉靖九年知縣許仁重建立華表於壇南壇式四方各二丈五尺高三尺壇東寬四丈八尺壇西寬五丈今墾田三丈八尺田長十六丈三尺充武廟燈油壇南寬一十丈七尺今墾田七尺田廣六丈七尺充武廟燈油壇北寬五丈周以短垣

國朝因之

邑厲壇在縣西明洪武六年建於縣東妙峯山麓南向十三年知縣王貞拓而廣之壇前建亭壇東立石刻欽祭

文

文曰普天之下后土之上無不有人無不有鬼神人鬼之道幽明雖殊其理則一故天下之廣兆民之衆必立之君以主之君總其大又設官分職於府州縣以各長之各府州縣又於每一百戶內設一里長以領之上下之戢綱紀不紊此治人之法如此天子祭天地神祇及天下山川王國各府州縣祭境內山川及祀典神祇庶民祭其祖先及里社土穀之神上下之禮各有等第此事神之道如此尚念冥冥之中無祀鬼神昔為生民未知何故而歿其間有遺兵刃而橫傷者有歿於水火盜賊者有被人取財而逼死者有被人強奪妻妾而

死者有遭刑禍而負屈者有天災流行而疫癘者有為猛獸毒蟲所害者有為饑餓凍死者有因戰鬬而殞身者有因危急而自縊者有因墻屋傾頹而壓死者有死後無子孫者此等鬼魂或終於前代或殁於近世或兵戈擾攘流移於他鄉或人煙斷絶久缺其祭祀姓名泯没於一時祀典無聞而不載此等孤魂死無所依精魄未散結為陰靈或依草附木或作為妖怪悲號於星月之下呻吟於風雨之時凡遇人間節令心思陽世魂杳杳以無歸身墮沉淪意懸懸而望祭興言及此怜其慘悽故敕天下有司依時享祭在京都有泰厲之祭在王國有國厲之祭在各縣有邑厲之祭在一里各有鄉厲之祭斯神依人而血食人敬神而知禮仍命本處城隍以主此祭

東偏立宰牲廚二間房一間後以東方為生育之地非厲鬼所安嘉靖十年知縣許仁遷今所立華表于

壇南

國朝因之

鄉社壇明洪武六年令各里團每一百户内立壇一所祀五土五穀之神壇式周圍四丈高二尺壇下廣各三丈深四丈六尺繚以牆各鄉少有立者

倉

明洪武二十四年建預備倉四東倉二間在縣西西倉五間在東西團巡檢司故址南倉四間在新化里北倉五

閘在楊梅中圍嘉靖三十七年移西南北倉於縣廨之西萬曆九年移東倉於舊學地後俱廢舊志云按預備二字之義所以備不虞賑凶荒也前朝有憲令將歷年積谷銀兩候冬成買穀貯倉又奉文每年青黃未接散給各役工食或糶下戶貧民其銀扣收在庫漸開徵時從里班之便自認上稱照時估值即以扣收之銀起解則在倉無朽壞之穀在民無飢餓之苦在官無久耗之費典守者不至賠累而倉可常盈民可不擾即著為令甲可也

國朝康熙二十六年知縣范正幹建常平倉四間編湛恩汪濊

在縣治儀門左右

五十二年知縣殷式訓建倉八間編生衆用舒崇墉比櫛在縣廨

西

雍正十年署知縣林興泗建有備倉二間在儀門東偏

乾隆三年知縣黃南春建倉八間（編風調雨順國泰民安）六年建倉四間（編時和年豐）七年建倉四間（編賢親樂利）俱在縣廨西

九年知縣魯鼎梅建倉五間（編仁義禮智信）十年建倉五間（編福壽富康寧）又建倉六間（編孝友睦婣任恤）俱在縣廨西

鋪

宋制以軍士充役謂之鋪兵元因之鋪置鋪兵五人

石山鋪在縣西北二十里卯店鋪二十里赤水鋪在十八都二十里半林鋪在湯泉上二十里湯頭鋪在下湧園二十里湯尾鋪二十里中腰俱在湯泉下達尤溪縣界

明設鋪二在城曰縣前鋪南達永春界者曰高洋鋪離城十里

嘉靖四十四年知縣何讓重建鋪舍

國朝因之雍正十三年以大田縣改隸永春州路經本縣西界添設倚洋鋪在寔豐社大㮣鋪在尊美社苦青洋鋪在寔豐社每鋪額設鋪司一人兵二人

坊

宋

恢義坊在縣治西　仁壽坊在龍濟橋　旌孝坊在縣治西為孝子張興渭立

褐魁坊為上舍優等第一人釋褐蘇總龜立　使星坊宣和中為蘇欽登第立

應宿坊紹興中為陳師文登第立　朱紫坊在儒學前　製錦坊在縣門前

繡使坊為提刑陳師文運判蘇欽立合使星應宿二坊為一　熙春坊

好德坊以市廛富樂民俗淳厚故立　師模坊郡守呂用中為辟邑人張過典教立

明

步瀛坊在楊梅上永樂三年訓導吳仲賢為舉人凌輝立

攀桂坊在楊梅上知縣孫應辰為舉人凌輝立

鍾秀坊在東西團永樂十二年知縣劉謐為貢士蔣應立

登雲坊在楊梅上永樂十八年邑監察御史凌輝為舉人曾灝立

擢桂坊在楊梅上永樂十八年教諭趙琬為舉人曾灝立

常德坊在城隍廟前宣德四年教諭朱希亮為舉人余英立

青雲坊在儒學左知縣何復為舉人余英立

鳳鳴坊在分司西弘治七年府縣為舉人林真立

星郎世美坊 為萬曆間貢士林棟林樞兄弟立

恩榮二坊 在石傑后房街御史陸清源為封承德郎鄭揚及子户部主事沛立 以上坊俱廢

望隆玉署坊 在來鳳門內御史陸清源為翰林院左春坊賴垓立今廢

國朝

昇平人瑞坊 在縣大門左康熙五十三年旌百有四歲老人張岳榮

節孝坊 在上林社橋頭坊雍正六年旌連時質妻陳氏

節孝坊 在上林社甲頭鄉雍正六年旌連弘籍妻陳氏

節孝坊 在高鄉社張墘鄉雍正七年旌陳天桂妻潘氏

節孝坊在梅上里卓地鄉乾隆三年旌陳存若妻蘇氏

壽婦坊在十八格乾隆三年旌百有四歲壽婦林李氏

院堂義塚附

養濟院在西関市頭明洪武初知縣王貞創於龍潯山麓久廢嘉靖九年知縣許仁斥縣東眞君溪祠改建仁和刑部員外郎邵經邦記

惠政有成者竹匡許公令德化而民書之也見任則不書此何以書以見濟院則書也濟院者何存恤孤老國之悪綱公之有事也夫存恤孤老著於令甲月饟歲稽寒有帛燠有絺此常格也常何以書他邑其常也德化其創始也邑處邃谷間制属裁減前令以其減也而行之太簡微公百年亦曠典耳烏得

而無書且夫減者限銀穀省力役寡里甲薄征藝如何
其能改作也當縣郭門之東故屬龍潯山趾曰慈濟廟
非祀典也公得而正之所謂仍舊貫也而又何改作焉
然則公之作者亦多矣里之塾射之圃肄武之場滙溪
之開與夫鄉賢名宦之祠百廢殆皆興也他則何不書
聞諸唐虞為政史臣贊之曰困窮無告不廢文王治岐
孟子稱之曰鰥寡孤獨必先則小民之情猶然也於是
以其言告於庠陳子名伯容周子名瑚困學博黃君名
與以告於仁和郜子郜子曰夫仁者其存之靡其底也
其施之靡其施也由博施濟衆以至匹夫匹婦之所不
能盡而必視如己者豈有他哉天之化物也本以並育
並行而蝡走蠢動一或息焉天無極功矣地之變形也
本以生長收藏而摧殘夭折芥或遺焉地非究德矣司
牧者亦猶是也既已求牧與芻而得之而必視其疥癬
察其肥瘠俾痒痾疾痛切於吾身然後政事有成而禎
祥可致諸福可臻豐年可介庶育可敏教化可成登人

材厚風俗明禮義行王政以上企唐虞有周如斯而已
矣若是迺吾儒分内事而公何取必於書之哉公名仁
字元夫故同里閈且聯姻婭其闡道視念爲先𢽾任也
細而窮閭大而通顯明而臺察觀而僚屬合聲同詞可
無嫌也乃若學博而行亚守繩而執義生平無負顏之
心而通貫肯綮道之旨則鄉評右之所在歸之而𢽾邑
之名宦当不可闕吾
胡可遜也遂爲記

國初燬康熙二十三年知縣傅以履仍舊址始建三間後
四十年毀燬移建今所大小八間
屢增建今一連八間小廳一間外有門墻

育嬰堂在下市東南水門内一廳二房雍正二年奉
旨建

漏澤園　一土名東嶽旁空地嘉靖九年知縣許仁置後廢

一土名垵頭格在薛蘿峯之麓今瑶臺書院墻外貢生蘇重光監生林士品林升麗捐築灰堆

一土名塔兜瀨在縣東南瑶市社　一土名金鎖形在縣南

一土名員山仔在縣南　一土名塔後山在縣南

一土名北門頭在縣北古城外　一土名軍仔山在縣西南鵬都鄉

一土名梅模坑在科榮社塗坂溪頭曾李二姓積年控爭乾隆八年奉按察司批斷歸官

論曰邑當五代以前固未遑議經營之事也宋元之間規制迭興而草創未備有明鄧張諸人出於是城郭宮

室宗廟祭祀之禮需次就緒焉自承平以來政通人和
百廢具興按志而稽可知建置視昔完備矣

德化縣志卷之五終

德化縣志卷之六

民賦志 户役 田賦 屯粮 解司轉解物料 起運 支應 耗羨

賦出於田粟米之征也繇由户口力役之征也我

國家監古定制歲惟正供資經費前代無名誅求悉從蠲

革重墾種豁虚賠均丁徭於田賦膏澤時行窮黎咸蒙

樂利踴躍輸将者殆亦有所由歟與志民賦

户役

唐立租庸調法其賦閩中以錢

五代中偽閩計口筭身丁錢後折變輸米五斗至宋時取官斗較量得七斗伍升令民折價送納嘉祐三年十一月詔以興泉計丁出米最重或貧不能輸主户與減貳斗五升客户減四斗五升為定例

宋役法以衙前主官物里正户長鄉書手課督賦稅耆長弓手壯丁逐捕盜賊承符人力手力散從官給使令至和中知泉州蔡襄極論其弊請照産錢定役已乃更耆役法罷甲頭保正而差役僱役之議迭更元豐八年分

主客户以丁力多寡科差兼論資產自衙前役重供應者輒至破產南渡後詔州縣驗最以生齒多寡為差有司率冒增户口

元定人户為十等立科差法有絲料包銀夫役三項皆視丁力輸辦

明初定閩中即令民以户口自實洪武十四年始頒黃冊式户目凡七（民軍竈匠弓兵鋪兵醫）令各以本等占籍十年則覈其老幼生死而更造之凡科斂物料及差役十年一事

男子年十六以上為成丁丁當米一石事其身貴者老者疲癃殘疾者皆復之不事其役法里甲老人謂之正役均徭驛傳民壯謂之雜役里甲之役籍在坊者為坊長在鄉者為里長歲輪現役專掌錢粮勾攝公事及出辦上供物料後乃以支應官府雜供私饋無名百出正德十四年御史沈灼議行八分法每丁歲徵銀八分以充歲辦等料差役仍十年一事十五年議將通縣費用分正雜二綱以丁四粮六法科派繁靡如故嘉靖十六

年御史李元陽再議徵銀儲庫用有定則但額外支應仍令里長貼辦又雜泛名色猥瑣甚或借辦鋪户全不償價均徭之役最重者庫子似宗之衙前而流弊亦似之心紅紙劄酒席下程傳索不貲嘉靖末除正雜之名止称綱銀以丁四粮六為則其寔差丁米分十叚派編法頗詳明既而加派金華兵餉丁四粮八萬曆初都御史龐尚鵬始議一條鞭之法通十歲中粮税起存額若干綱徭兵站額若干統為一條曰綱銀凡院司府縣供

應祭祀費用生員試賞舉貢進士盤纏牌坊皆統焉曰均徭銀凡諸司祇候隸兵庫子門子倉庫夫壇夫齋夫膳夫斗級禁卒皆統焉民供其入官司其出著爲令甲

國朝定鼎賦役悉照萬曆條編餘盡蠲免邑處山僻會無大役征海軍興供應寔繁里長日期不勝其苦於是移之各社應役者名曰地方社設地方一人甲設小甲一人其初用以覺察非常及是專管起夫各鋪各村排門冗喚海氛告平民始蘇息康熙五年刋行賦役簡明全

書户口人丁開原額収除寔在寔徵十七年又於衛所屯丁新編加增屯户丁粮而丁後帰於畫一

舊志洪武二十四年户二千七百二十七户丁口一萬七千九百丁口嘉靖元年户一千一百九十五户丁口無考嘉靖四十一年户一千一百五十四户丁口五千五百八十丁口隆慶六年户一千七十三户丁口六千三百九十五丁口萬曆十八年户一千八十七户丁口五千五百八十五丁口萬曆三十六年户一千一百一十

户丁口五千六百二十四丁口天啓七年户一千一百
二十一户丁口五千七百二十四丁口
國初户一千一百一十七户丁口四千四百四十七丁口
内　有優免二百八十二丁每丁徵料盐銀八分七厘
五毫五忽五微四沙　無優免一千七百六十二丁每
丁徵料盐三差銀三錢一分一厘五毛五絲九忽九微
三纖三沙　婦女口并不成丁二千四百二十六每丁
口徵食盐課銀一分八厘一毫五忽九微七纖五沙

康熙元年審增男子成丁二百一十五丁食盐課五百九口以後每五年一次清編　二十五年署縣撤啟明條陳里甲偏枯之弊詳請匀編丁米畧云伏查德邑共八里一里轄管十班賦役額載成丁一千二百五十九丁民米五千九十三石遵照憲行清出新丁開除老故每里應編成丁二百八十餘丁尚有清出溢額另行分派每里應撥民米六百三十餘石每班應編成丁二十八丁應撥民米六十三石零丁產相為權衡賦役遞為表裏調劑均平方免偏枯詎現徵冊載有成丁僅百餘丁苗米僅四百餘石為一里者有成丁四五百丁苗米八九百石為一里者有七八丁配米八九石為一班者有五六十丁配米三四百石為一班者有富户米數十石只載冊數丁者亦有無米貧户光丁存冊者多寡懸殊偏枯偏累跡碰

查成丁不淂隱漏老故必要豁除涂舊貫可仍粮户無
事更張並米数無幾冊載一丁情願守户以及貧户先
丁或間有不願開除者俱聽從民便照舊造冊外其餘
照依額数按里按班均匀但茵米裒多益寡之中尚有
已值役未值役之分查前届編撥方今五載十班之中
五班輪過里役五班未經輪役跡截長補短合無將已
輪役五班之米多者即撥補已輪役五班之米少者將
未輪役五班之米少者即於未輪役五班之米多者撥
補自此富豪不淂詭避差徭貧弱或免重複苦累但事
出至公不無恩怨況米多應撥丁少應增多係富豪巨
室米少應補丁多應減皆屬単寒下户保無毀譽出於
愛憎臧否生於好惡詳請憲奪應否照此均匀編審頒
畫批示里甲淂免枯菀等情詳奉分守興泉道冊批申
丁米里班各安均平毋使有偏枯之弊院檄節次嚴飭
靡不如是該縣既秉公力行剔弊清編查其已役未役
裒多益寡八里十班丁米一例原無私徇毋庸計其恩

怨也仰即刻日審竣造冊速報繳蒙布政使司批如詳從公均編勿受賄悶縱有豪猾執法裁抑俾無偏枯之弊如有阻撓指名申究繳又為里甲編枯等事再查得德邑里甲相沿積弊牢不可破如在坊里四甲連慎憲苗米三百石有奇並梅上里六甲蘇鳳與九甲林光顯各二百石零為一甲者如清太里二甲黃勝與苗米一十石零並尤中里二甲郭遠米六石與四甲留仕朝米一石四斗為一甲者多寡懸殊雖現在昇平里甲並無雜派倘遇輪值有公務排年苗多富厚之家得以從容趨事苗寡單寒之户方且傾家不足畢職目擊小民枯菀不均深為惆惻茲蒙有丁米調劑里甲公平之令畢職寔力奉行但慮富家巨室多懷怨尤好惡愛憎阻撓良法業將情形具文詳報隨蒙鈞批如詳從公均編勿受賄悶縱有豪猾執法裁抑俾無偏枯之弊如有阻撓指名申究繳蒙此仰遵憲批隨將通縣苗米五千九十石零除寺租外照八里八十班通盤勻算每班約編

米六十三石左右間有一二班全户不便折散及無零户可添者多寡上下亦不過一二石而已更酌量已輪役未輪役甲分米石杜絶躲避偏累等弊躬親編撥並不假手吏胥現在里甲公平編定册籍申報第恐卑職署事無幾苗多之家百足鑽營舊弊復萌伏乞為窮民作主申飭力行將均平米册發下照徵勒石永著為例庶豪強狡計莫施貧民永保生全等情詳奉布政使司批據詳均編米石務令里甲並勻俾無偏累如有勢力阻撓者指名申究

如詳勒石永遵繳

康熙五十年編審八里寔在人户丁口五千一百九十四丁口內　料鹽丁二百八十二丁　料鹽差丁一千九百七十七丁　食鹽課二千九百三十五口　共徵

銀六百九十三兩七錢七分一厘五毫七絲八忽三微

三纖　康熙五十二年欽奉

恩詔嗣後編審有增盖人丁止將寔數造入盛世滋生册

奏聞永不加賦

雍正二年巡撫黃國材　題准丁粮勻入田粮之內每

田粮銀一兩勻丁粮銀七分八厘五毫三絲二忽八微

乾隆二年巡撫盧焯　題豁邑內無着田粮奉

旨並免勻丁銀五錢九厘九毫

寔在人户丁口共五千一百九十四丁口内　男子成丁
二千二百五十九丁　食盐課二千九百三十五口
共徵銀六百九十三两二錢六分一厘六毫七絲八忽
三徵三織

附載
盛世滋生户口新編寔增益男子成丁九百八十一丁食
盐課九百一十四口共增益一千八百九十五丁口欽
遵

恩詔永不加賦

外屯丁

原額泉州衛在縣屯户九百八十六户康熙十七年奉文

新編加增屯丁九百八十一丁每丁徵銀三錢二厘八

毫八絲二忽九微八纖二沙

乾隆九年奉文豁免缺額二丁

寔在男子成丁九百七十九丁　共徵銀二百九十六兩

五錢二分二厘四毫三絲九忽三微七纖八沙　婦女

口八百一十七口

附載

盛世滋生屯丁新編寔增益男子成丁三百二十八丁欽

遵

恩詔永不加賦

論曰一邑户口之嬴縮一方之氣脉係焉熟觀往代筭身丁加雜泒煩促疾苦率繁增而不足今則後減徭寬丁不加賦林林總總滋生齒而多餘裕倫述之亦可曉

然于盧寔之故矣

田賦

五代僞閩王延鈞亐量田土第爲三等上等給僧道中下給土著流寓科法大率倣唐兩稅加重

宋太平興國中遣使均福建田稅以土田高下第爲五等山田又分三等定出産錢夏秋二稅以産錢爲宗夏稅有折變布稅小麥稃草三項秋米有糙白二米有折變黑豆一項凡折變者並與除本稅

元初賦法徵秋租折其三分之二為鈔元貞二年乃定夏
稅諸路不同
明洪武初令天下田園山蕩等悉書名數于籍田分官民
二等官田起科每畝五升三合五勺民田每畝三升三
合五勺賦分夏秋二稅夏稅徵鈔秋稅徵米官米本折
中半折色米徵銀解京本色米存留各倉民米以十分
為率七分徵本色派倉三分徵折色解京正德十四年
御史沈灼奏官米俱折色解京民米俱存留各倉官米

分四等徵納三斗以下每石折銀三錢六分三斗以上每石折銀三錢三分五斗者每石折銀三錢七斗者每石折銀二錢五分邑官米絶少取民米之折價者補額解京其民米並秋糧鈔米半納本色半納折價每石折銀五錢新增起科米並浮粮米俱全徵折價每石二錢五分凡官民米皆有加耗每官米一斗加耗三合五勺民米一斗加耗七合准備倉厫厲損已復紐入正額其後坐派各倉每正耗米一石又增耗米五升亦作正額

支銷官田折解無繇役民田役重豪民操鬻田者之急券不書畝減米避役鬻田者懸產不推迄于死徙無從究詰是為浮粮又有奸蠹入錢飛詭旁射者亦有山崩水漂田去產存者皆名浮粮後漸墾闢界至相隣彼此互爭訟端繁焉萬曆十年下方田之令均攤浮粮威令峻急鄉民不諳丈法丈手公正之役挨步不論坵數舉田段四隅量為一箕中間墩岸溝藪通作寔田又初發令失定則二字履步時無分上中下則後於局中造冊

乃就紙上形勢以意填註里中浮粮雖賴以除而不均之害滋甚舊志云方田之法非不善行法者不善也刻之以日月守之以撒使籌不及徐議智不暇致詳用之不淂其人主者不能獨立冊籍方成案已至部事体既定重於改更後至者雖知其失亦無如何矣

舊志嘉靖元年官民田地山竹林池塘溪蕩堪一千五十五頃一十七畝四十一年九百八十四頃七十一畝六分四厘四毫九絲六忽隆慶六年九百八十五頃一十七畝五分五厘九毫八絲五忽萬曆四十年九百八十七頃一十四畝七分四厘九毫五絲八忽天啓崇禎間

一千三頃九十一畝四分二厘六毫五絲一忽六微

國朝康熙三年知縣何之旭奉文丈量着各里役僉報公正副丈長弓書算手依司頒弓步自班自丈照上中下則折寔核算寔在　上則官民田二百頃一十二畝五分四厘三毫　中則官民田園池地折寔一則三百二頃七十一畝九分七厘七毫五絲二忽　下則官民地池山蕩折寔一則五百一頃六畝九分五毫九絲九忽六微

康熙五年刊行賦役簡明全書每畝科受民米五升七勺三秒四撮七圭　租稅米一合六勺五秒三撮五粟官米四合一勺九秒捌撮六圭三粟　計積一十九畝七分一厘三絲七忽六微為民米一石帶官米八升二合七勺五秒六撮五圭八粟租米三升二合五勺八秒二撮二圭四粟

共官米四百二十一石五斗六合四勺五秒五撮租稅米一百六十五石九斗五升二合四秒八撮民米五千

九十三石三斗二升八合九勺七撮內　有優免正耗米三百二十一石一斗一升九合八勺六秒每石徵粮料銀六錢五分一厘四絲九忽二微一纖徵官折銀二分八厘七毫七絲八忽六微三纖徵租稅米銀二分一厘二毫一絲二忽六微五纖　無優免正耗米四千七百七十二石二斗九合四秒七撮每石徵粮料銀六錢五分一厘四絲九忽二微一纖徵官折銀二分八厘七毫七絲八忽六微三纖徵租稅米銀二分一厘二毫一

絲二忽六微五纖徵四差銀六錢九分九毫八絲五忽六微一纖六渺八塵七漠　另照萬曆間派徵九厘每畝徵銀九厘　順治十三年通省田米勻派新增顔料折色銀每石米派銀七厘六絲九忽六微六纖六渺八塵　蠟茶銀每石米派銀三厘七絲一忽四纖三渺六塵三埃四沙　課鈔銀每石米派銀三厘二毫三絲七忽三微三纖三渺六塵八埃七沙　蘇鐵翎鰾銀每石米派銀一毫四絲九忽三微八纖九渺九塵二埃　螺

穀銀每石米派銀二毫二絲五忽九微二纖九渺五塵
六埃　弓改牛角併弦箭銀每石米派銀九分七厘八
毫七絲七忽三微六渺五塵四埃三沙　軍器盔刀甲
銀每石米派銀三分七厘七絲五忽四微六纖一渺九
塵一埃五沙　胖襖褲鞋銀每石米派銀三厘四毫八
絲九忽六微二纖二渺四塵八埃三沙
原額官民田地園池塘山蕩一千三頃九十一畝四分二
厘六毫五絲一忽六微内　徵料折增田地六十三頃

二十九畝三分九厘三毫一絲八忽二微每畝徵銀五分三厘一毫九絲六忽四微七纖八沙八埃六渺九漠徵料折增差田地園池山蕩九百四十頃六十二畝三厘三毫三絲三忽四微每畝徵銀八分八厘二毫五絲三忽四微二纖五沙五塵三埃四渺八溪

雍正十三年冊報勸墾料折增田地一頃一十二畝五分五毫六絲于乾隆五年起科

乾隆二年奉文豁免無徵逃亡故絶料折增差田共七

十三畝五分八厘四毫二絲五忽八微九纖一沙
寔在官民田園池地山蕩一千四頃三十畝三分四厘七
毫八絲五忽七微九沙
共徵銀八千六百三十七兩四錢八分九厘一絲八忽
九微八纖六沙八塵六渺四漠
附徵
酒稅銀三兩六錢遇閏加銀三錢　寺租銀三十三兩六錢六
分五厘　炉稅銀八十七兩　續增新墾陞科溢額丁

米銀五十九兩三錢六分八厘九毫五絲　雍正七年
開報陞科田畝溢額銀一百一十六兩一錢一分九厘
四毫二絲一忽七纖六沙二塵八埃六渺四漠
紳衿吏承地丁削免銀一百五兩七錢七分四厘七毫
匀貼顏料不敷銀三十一兩二分一厘五毫三絲五微
六纖七塵一埃三渺六漠

外徵

火紙魚鮭稅銀一十七兩二錢　牛牙稅銀一兩二錢

七分九厘　學租銀一十一兩九錢八分五厘

論曰邑山高水冷田在層阜谿谷間幔迴笠蓋如梯如級塍岸居十之三稻惟一收附邑間有兩熟候水而耕西成所獲率以人力勝也寓撫字於催科其可念已

屯粮

明代屯田制倣自宋衛所軍士以三分守城七分屯種又有二八四六一九中半等例德化屯軍屬泉州衛以四六為率洪武二十年令屯軍種田五百畝者納粮五十

石三十五年定每軍田一分正糧十二石貯屯倉聽本軍支用餘粮十二石給本衛官軍俸粮永樂三年令各屯所収子粒除下年種子外照每軍歲用十二石正粮為法比較將剩餘并不敷子粒通行計筭定賞罰二十年以軍士辦納子粒不敷除自用十二石外餘粮只納六石每屯計田三十三頃六十畝餘粮六百七十二石正統十年准照民間秋粮事例每石折銀二錢五分解京濟邊十四年撥餘丁補種故軍土田每軍各頂三名

邑屯田多在叢山中軍士從他郡調至水土不習漸以逃亡迨沙尤寇發調回俻寇田畝日荒亦撥補種餘丁多係冒頂又報占不審有田一頃重報兩三軍兩三軍共爭一田者有牽紐肥磽苟求具數者有一户之田分報軍民民隱其田而爭於軍者雖云各項三名僅足一名之數　成化初遣官清理除虛稽寔分配貱補務足粮額有正種貼種朋種品搭種等名目率三四五軍併一軍額減於舊每屯之軍多不過四十名少止二十名正種者受田故軍貼種等乃餘丁撥補者　弘治末給事中倪　奉命清查歘得原額多侵民田幾至激變慮妨復命乃將成化中稽寔配補之田分抽一半別作新增

兩徵其租至御史饒　始令停徵後御史屠　奏請開
豁嘉靖中營屯僉事鄭　令屯田聽人請佃屯法遂壞
萬曆十年復行清丈遺失畝分得復而勢豪轉相承充
移瘠換腴增租濫派不可禁崇禎間泉州千户孟應聘
等收租肆虐佃民流離邑令姚遲詳議立石禁革益橫
姚令關詳辭任
畧云德化山高水冷不比隣邑之一歲兩收地瘠民貧恒歎小民之三空四盡
城市背山面水止通東西一街鄉村越嶺踰巔到處人
烟星散錢粮正額尚苦莆斷公務些須亦必加派一遇
旱潦每致流離止幸深山愚民絕無狡詐若以真誠撫
之寔可卧理有何難處之處其所受害者屯田盡歸巨

室取租多係家人凡賢縉紳爾家政者主佃相安未嘗横索間有新進喜事之僕乘此路隔二日僻處山窩瞞主不知遂以德邑收租爲樂境三五成群乘輿而至大斗浮量額外需索收租已畢不肯回家日則賭錢飲酒夜則乘醉圖姦佃户不堪願退不種則又具呈糧舘票提監禁聽以一聞呈告便挈妻子而逃積怨含冤日甚一日卑職初任見父老士民痛哭流涕具呈求申定一規例卑職即問前官緣何不申皆言前官下車毎有一畨控訴但因鼠器之忌不肯爲民請命卑職細思一榜雖卑業叨民社若不爲地方興利除害不惟負君負民并負所學一念勃發毅然申請蓋自文書出門之日早知觸犯衆怒但與其不申而留毋寧申之而去此時蒙道府批示酌議四款大約用舊斗而去浮量用官等而許加一草去各項雜費續蒙准詳卑職遵依嚴督各社地方諭令佃户及時輸租矣先時郡城宦幹見有此中即捏名也丁陳繼賢爲首具呈巡道便有徵餉在邇夫

亂可厭之語設計埋伏里職初料官幹側目必於事外尋題未必事中翻局執知多口沸騰粘貼無名謗帖德民聞知急往興化控告撫院里職嫌其多事呼而戒之曰道府詳行既甦民困何必上控百姓始言郡中見有謗帖言縣官初任不知事詐朦朧妄申又言德民鳴螺結社抗拒謀叛歛金數百衙門使用又言相約共聚于孟千户家專候按院下馬告狀守候縣官到府要與討粮里職初不信也及到府親揭謗帖一紙經送巡道驗看里職歸縣急召各社地方查問原因皆云官幹收租有不遵示仍欲多索者佃户不服願同到官官幹自知理非立批收去寔未厭心回至府城相訂以不收為題即收者亦混言未收形容德民不肯還租其未曾來者遥聽此語信以為然雖稱德民叛亂里職曾寫手諭粘之郡城備有未還里職代為追給里職細查各社屯田若干今來收去租米若干未收若干其還過者各執收批赴驗未收者各開田主佃户挨日挨號逐一躬查而

知收者十八九矣聞有一二未收寔係田主不来非關佃户刁措更有奸巧宦幹設局持呈求批卑職寔心待人即批速還等語伊輩執有批呈不與佃户一看持帰誑主只云縣官雖批佃户不理總是擋爲德民負祖不亂不止之狀其如已收者彰彰在也今將收批造冊申送道府驗外所有未收開列明白但求田主到縣即可清還不過數日便結此局亦無容蜚語造謗爲矣卑職株守之性不善逢世且禀受既薄向有脾病患在濕熱昔年就教河南地氣乾燥舊病小愈今居烟瘴之地日在雲霧中濕熱復發兼以佃户收批遠者不能頓集卑職急於通查徑坐小兜徃取衝風冒露忍飢搪寒遂成噎膈翻胃之症不進飲食自揣學究腐儒以身爲的含沙之時早已見端将来百弩千弓應弦而至昔人謂驅車墟坂擢棹灔澦此其時也即不病亦當遠引况病復苦之自嘆六上公車三遭賞鑑功名限量早已達觀及今不去後日必有不得去者爲此泣訴憲臺懇開檻穽

而縱麋鹿寔慈悲放生之大德也至於德民不叛自有
公論甲職不敢以憐民之念曲為民護但以情理計之
德民向被官幹殘虐或投水或懸頸具悉德民圖畫中
此時含怒吞聲今蒙道府詳行寔ゝ便宜許多則彼懷
恩感德之下誰忍生叛乱之想此情之可據者也德邑
南抵永春西枕大田北貼尤溪東連仙遊東北永福五
方接壤試問有一人言德民叛否五方不言而獨郡城
収租者言之又理之可駭者也此係地方事甲職求去
之人何必瑣瑣但以屯始必以屯終故并為暴白伏乞
老大人俯憐甲職病在心胃寔切性命之憂懇賜休致
庶免曠
官須関

九年六月二十一日邑民周龍珪冦十
六繪圖叩閽本月二十六日勅下撫按審奏民困獲甦

奏狀　切惟祖制一軍一屯就地畊種統以衛官農隙
講武其有獨力难耕即於本地窮民名佃帮作計畝収

租辦粮上納官準斛秤法馬緊無二式加派起科織納自有定額軍民相安共享含哺鼓腹之樂邇來軍無定伍屯沒世豪臣等併居山邑田土軍民參半力作聊生詎意勢豪張威恃屯酷剝有泉州衛逆弁其等不念世荷国恩通海冦受倭金各冐屯三十餘户遇清查則匿名奉稅契則隐漏年享数十萬子粒並不納粮迨至比追誣開佃户呈官拘賠害軍殃民田主之横已極而虎幹之虐更慘乱布馬官斛之祖制擅造加倍等斗勒佃運租盤山越嶺過縣抵溪及上船即航海接濟海冦并集赤棍千餘入山收租騖馬連雲酷索下程土產夫錢斗頭飯米尖量折水至於本色原無起科緊藉部文加派横索十倍正供稍忤虎威喝兇撻楚碎体裂膚仍勢嚇粮館衛經提害收租則為官幹告佃則為府差截送鎖拷酷設水牢禁死丢屍餓楚难堪勒退田屋家業仍復送官賂延不審食尽弃田催刑保家田家作苦邪餘幾何蕩家財鬻妻子露体殍丐尚未了局崇禎六年十

二月內迴死鄒其等數十命黑慘無伸追竄蕭其等數百家哭聲載道吞忍多年莫敢受理幸遇本縣知縣姚遲新任士民哀訴蒙申院司道府軫念民瘼詳議四款俱蒙立石禁革其等怨臣衆推首名造謗設阱計陷死地怨恨縣官申請勢迫閑詳辭任士民涕泣奔赴懇留無奈屈從和處合同任做任爲徑不遵行藐憲禁如弁髮視府縣為木偶逐來斗科等斛酷索更慘套其等賫就佐貳架誣提害家不停差頸不停鎖阻截赴訴莫發盆冤以致田土拋荒則無糧編民死竄則無丁上悞軍国下殘民命闔邑士民本欵相率呼天急救奈途遥萬里閼津嚴多人之禁勢官懷截殺之謀惟臣二人潛身家躲冐死陳冤翼拯萬命恭逢聖明晉照遠察民艱垂念王土王民伏乞勅下本省撫按嚴加舉行復設屯之
祖制立平准之法程禁越籍遠提之暴除額外需索之橫廒国屯木至侵蠹而小民得遂更生臣不勝惶悚激切待命之至

國初設衛守備千總掌屯政歲下縣徵收頂屯之豪倚以剥佃軍逃匿者概令代納設旗甲甲輪一户催收通甲屯粮上下年例頻重後裁衛歸縣民困稍舒旗甲猶沿其舊雍正　年改為單首比旗甲稍輕雍正十年邑民林昌孕等呈准納户自徵雍正十二年知縣黄南春詳照民粮例開造的名粮額按社催徵

舊制每軍授田八十畝有奇歲納粮六石折銀三両一錢八分後奉丈量合邑缺額乃請将屯田五十畝者納本

色徵米四十畝者納折色徵銀
泉州衛在縣屯田地計三十一所
蔡徑屯　石傑屯　溪口屯　后山屯　張乾屯
高洋屯　路尾屯　董坂屯　甕溪屯　石巖屯
南昌屯　葢竹屯　三漈屯　九漈屯　藕洋屯
十二翰屯　後坪屯　前埔屯　山寨屯　東際屯
朱紫屯　鄭地屯　樵溪屯　慶樂屯　溪頭屯
硯坑屯　法林屯　黄坂前屯　湯頭屯　葛坂屯

黄村屯

原額屯田地六百六十三頃三十三畝四分二厘五毫一絲四忽内　折價改折田地四百四頃四十四畝四厘九毫九忽每畝科米一斗一升七合八勺六秒一撮九粒五黍每石折價改折米徵銀三錢四分四厘二絲七微五纖一沙七埃　本色田地二百五十八頃八十九畝三分七厘六毫五忽每畝科徵本色上倉米一斗二升

康熙元年荒蕪田二十七頃二十七畝一分五厘三毫七絲內　折價改折田地一十六頃六十五畝四分九毫五絲三忽　本色田地一十頃六十一畝七分四厘四毫一絲七忽

康熙二年墾復荒蕪田四頃七十一畝二分四厘一毫內　折價改折田一頃二十一畝二分六厘一毫　本色田三頃四十九畝九分八厘

康熙十年墾復荒蕪田二十一頃五十八畝二厘七絲

內　折價改折田一十四頃四十六畝二分五厘六毫五絲三忽　本色田七頃一十一畝七分六厘四毫一絲七忽

康熙四年清丈溢出新增改折田八畝四分三厘

乾隆九年奉文豁免無徵折色缺額流荒共田四十六畝四分八厘一毫七絲　豁免無徵本色缺額流荒共田八畝八分二厘

寔在屯田地六百六十一頃八十八畝六分六厘一毫四

絲四忽内
折價改折田地四百三頃八畝一分五毫三絲九忽
寔徵銀一千六百一十七兩八錢六分一厘六絲六忽二微
三纖九沙六塵四埃一渺
本色田地二百五十八頃八十畝五分五厘六毫五忽
寔徵本色上倉米三千一百五石六斗六升六合七勺
二秒六撮

論曰寓兵於農三代之良法也屯田以田業軍庶幾近

古泉衛之屯坐德邑者甲於諸縣民多賴屯以耕矣官旗之弊既清農有恒業兵有餘粮正不必高言復古也

觧司轉觧物料

辦觧香顔各料價值及水脚銀九十五両四錢三分四毫一絲九忽二繊一沙八塵八埃三渺一漠内　辦觧沉香三觔折價銀三両　本色顔料項下添觧紅銅二十九斤八両共部價銀四両二錢七分七厘五毫　水脚銀一錢四分二厘五毫五絲六忽三微二沙五塵二埃

六漠 折色顏料項下原辦本色黃熟銅一觔一十三兩六錢二分五厘新增黃熟銅一觔五兩六錢五分錫二百四十五斤一十四兩五錢六分銅一十六斤一十二兩六分雍正十二年奉文將銅錫價值改辦黑鉛六百九十五斤一兩六分四厘一毫八絲五忽七微一纖四沙三塵續奉文停辦應解正價銀二十四兩三錢二分七厘三毫二絲八忽一微二纖五沙 銅錫二料原領水脚銀一兩二錢八分四厘七毫八絲七忽一微六

纖六沙三塵六埃二渺　湊解不敷水脚銀二兩七分四厘六絲四忽一微一纖四沙七塵一埃一渺　原辦黑鉛九百八十一觔五兩六錢乾隆四年奉文停辦折價銀三十四兩三錢四分七厘二毫四絲九忽九微五纖三沙九塵五埃三渺八漠　水脚銀四兩七錢四分二厘二毫九絲二忽四微五纖六沙九塵四渺六漠顏料折色銀一十九兩九錢三分九厘七毫四絲五忽八微六纖二沙四塵三埃一渺一漠　本色鋪墊銀一

兩二錢七厘五毫七絲四纖　停解烏梅改折價銀八
分七厘三毫二絲五忽

起運

户工部地丁銀三千一百一十八兩六錢二分六厘五毫
八絲三忽九微二纖八沙五塵八埃三渺四漠

屯丁銀二百九十六兩五錢二分二厘四毫三絲九忽三
微七纖八沙

地丁兵餉銀四千五百七十五兩八錢四分六厘八毫九

絲八微四纖五沙　酒稅銀三兩六錢（遇閏加銀三錢）寺租銀三十三兩六錢六分五厘　炉稅銀八十七兩　續增新墾陞科溢額丁米充餉銀五十九兩三錢六分八厘九毫五絲　陞科田畝溢額充餉銀一百一十六兩一錢一分九厘四毫二絲一忽七纖六沙二塵八埃六渺四漠（雍正七年開報）

裁扣銀二千二十四兩五錢四分二厘三毫八絲三忽八微六纖三沙三塵七埃二渺八漠

新裁站銀三十六兩七錢四厘原編留縣夫給夫廩康熙十七年裁充餉

地丁削免銀一百五兩七錢七分四厘七毫

清丈溢出屯粮銀三錢三分八厘二毫八絲八忽六微六纖五沙二塵六埃八渺二漠康熙四年清丈

勸墾起科銀五兩九錢八分四厘九毫一忽六微八纖五沙五埃三渺五漠乾隆五年起科

右起運額銀共一萬四百六十四兩八分三厘五毫五絲九忽四微四纖一沙五塵六埃四渺三漠外　火紙

魚鮭稅銀一十七兩二錢　牛牙稅銀一兩三錢七分九厘

支應

布政使司進　表長夫銀一兩五錢原編銀六兩順治十四年裁銀三兩康熙十七年裁銀一兩五錢

進貢宴賞銀九錢五分康熙十七年裁十二年復

泉州府拜進　表箋合用紙張綾袱銀三錢八分三厘二毫原編銀一兩五錢三分二厘八毫順治十四年裁銀七錢六分六厘四毫康熙十七年裁銀三錢八分三

釐二毫

本縣知縣俸薪銀四十五兩原編銀六十三兩四錢九分順治十四年裁銀一十八兩四錢九分康熙十七年全裁二十一年復給

儒學教諭俸薪銀四十兩訓導俸薪銀四十兩原編每員銀三十一兩五錢二分康熙四年裁教諭十七年復設二十一年奉文兩員合俸分支乾隆元年加給

典史俸薪銀三十一兩五錢二分康熙十七年裁二十一年復給

本縣門子二名共工食銀一十二兩四錢　庫子四名共工食銀二十四兩八錢　斗級四名共工食銀二十四

両八錢　皇隸一十四名共工食銀八十六両八錢
皇隸學習仵作二名共工食銀一十二両四錢　禁卒
八名共工食銀四十九両六錢　籌傘扇夫七名共工
食銀四十三両四錢以上每名原編銀七両二錢順治九年每名裁銀一両二錢寔給銀六両帯匀閏銀二錢康熙十七年全裁二十二年復給　馬快八名共工食銀四
十九両六錢原編每名工食馬草料銀一十八両順治九年奉文除草料銀十両八錢不扣外每名裁銀一両二錢康熙十七年全裁二十二年復給雍正七年草料銀裁每名給銀六両帯匀閏銀二錢
民壮二十名共工食銀一百二十四両原編五十名每名銀七両二錢

順治九年每名裁銀一兩二錢寔給銀六兩帶勻閏銀二錢康熙十七年全裁二十二年復給續奉裁雍正二年復設七年汛撥廈門海防二十名安海粮捕六名俱乾隆二年裁汛撥本縣典史四名雍正十三年裁

縣前高洋二鋪司兵各三名共工食銀二十兩六錢六分六厘六毫六絲六忽六微四纖康熙十七年半給二十二年全復

孤貧口粮銀三十六兩康熙十七年裁半十九年復給乾隆三年十一月奉旨每名每日加給銀一分年加給銀十兩八錢遇閏按日加給

冬夏衣布銀四兩九錢五分康熙十七年裁半十九年全復

囚犯月粮銀六兩康熙十七年裁十九年復給

儒學齋夫三名共工食銀一十八兩外勻閏銀六錢遇閏

加給原編六名每名銀一十二兩順治九年裁半給康熙四年裁三名十七年全裁二十二年復給三名

門子二名共工食銀一十二兩四錢原編五名每名銀七兩二錢順治九年每名裁銀一兩二錢寔給銀六兩帶勻閏銀二錢康熙四年裁三名十七年全裁二十二年復給二名

廩生二十名共廩粮銀五十六兩外勻閏銀一兩八錢六分六厘六毫六絲六忽遇閏加給原編銀一百六十八兩順治十四年裁三分之二康熙十年全裁二十四年復三分之一

膳夫二名共工食勻閏銀一十三兩三錢三分三厘三毫三絲原編銀四十兩順治十四年裁三分之二康熙十七年全裁二十二年復三分之一

典史門子一名工食銀六两二錢　皂隸四名共工食銀二十四两八錢　馬夫一名工食銀六两二錢以上每名原編銀七两二錢順治九年每名裁銀一两二錢寔給銀六两帶匀閏銀二錢康熙十七年裁二十二年復給

春秋二祭孟夏及上中下元霜降等祭銀一百二十五两二錢原編銀一百六两四錢五分康熙十七年裁銀五十三两二錢二分五厘十九年復乾隆十一年匀增銀一十八两七錢五分內　崇聖祠祭銀六两　文廟祭銀五十四两　社稷壇祭銀四两二錢　風雲雷雨山川壇祭銀十两　孟夏常雩祭銀三两　城隍廟祭銀三两　土地祠祭銀三两　天后庙祭銀四两二錢　名宦鄉賢祠祭銀六两　忠孝節義祠祭銀六两　邑厲壇上中下元祭銀一十八两　霜降旗纛祭銀

二兩

關帝廟祭銀一十八兩乾隆三年新設

文廟香燈銀二兩五錢二分康熙十七年裁半給十九年復社稷山川邑
厲壇夫工食銀一兩二錢康熙十七年裁二十二年復祈晴禱雨香
燭銀六錢康熙十七年裁二十四年復

鄉飲賓二次銀二兩五錢原編銀五兩順治十四年裁半給康熙十七年全裁二十二年復給

新科舉人花幣旗扁銀二兩六錢六分六釐六毫七絲

舊科舉人盤纏酒席銀三十兩五錢　武舉盤纏銀一十四兩三錢五分七厘五毫　歲貢旗扁銀一兩二錢五分俱康熙十七年裁二十二年復給

協濟

興泉永道皂隸一名工食銀六兩二錢原編銀七兩二錢順治十四年裁銀一兩二錢寔給銀六兩帶勻閏銀二錢康熙六年全裁十六年復設本道衙門奉文復給十七年裁二十一年復給

泉州府廣平倉斗級一名工食銀六兩二錢　安海粮捕

皂隸十一名共工食銀六十八兩二錢　泉州府司獄皂隸二名共工食銀一十二兩四錢　泉州府經歷司門子一名工食銀六兩二錢俱康熙二十二年撥協同安縣湊給後奉留縣支應　泉州府推官燈夫二名工食銀一十二兩四錢康熙六年裁雍正五年奉文移解同安彙入地丁解司　泉州府照磨門子一名工食銀六兩二錢雍正五年奉裁移解同安彙入地丁解司

以上奉復留給寔存支應并協濟銀一千一百二十一兩五錢六分四釐三絲二忽六微四纖外　給社師學

租銀一十一兩九錢八分五厘乾隆四年奉文留給雍正十三年添設倚洋大墩苦青洋三鋪司兵共九名工食連匀閏共銀三十七兩一錢九分九厘九毫九絲九忽于大田縣裁缺銀内移解本縣發給

附載全裁款項

各衙門僱募聽撥門皂荅應上司過往使客工食銀六兩　陞遷應朝祭江併回任祭門銀三錢四分　公宴銀一錢六分六厘七毫　修置祭祀鄉飲救護合用家

伙銀八兩　粮餉道公費銀二兩五錢　摠兵府油燭柴炭掾吏廪給等銀三兩六錢九分三毫三絲五忽
按察司脩理家伙幃褥銀一十兩七錢　進表隨船家伙各道各首領官合用紙劄工食銀五兩　上司巡歷及往来經過合用心紅紙張下程等項銀四兩　布按分司府廳等衙門修理併幃褥等項銀五兩　往来使客下程銀六兩五錢三分四厘九毫　士夫帰宴行餞禮幣弔祭銀一十兩五錢　查盤官合用心紅紙張下

程門皀飯米銀三兩一錢七分　站項下銀四百七十
五兩四錢七分五厘八毫四絲五忽　俱順治八年全裁
撫院察衣家伙銀四兩五錢八分　巡海道棹幃銀四兩
四錢七分五厘　興泉道更換棹幃銀五兩　俱順治十二年全裁
左布政使蔬菜燭炭銀三兩六錢四分　興泉道蔬菜燭
炭銀一十八兩五錢一分　本縣知縣油燭銀十兩乘
符門神花燈銀八錢　士夫歸宴行餞禮幣弔祭銀八
兩一錢五分七厘　俱順治十四年全裁　迎送上司傘扇銀一十

兩順治十二年裁銀八兩十四年全裁

本縣知縣俸薪勻閏銀一兩五錢　典史俸薪勻閏銀一兩五分六毫六絲六忽四微　儒學教諭訓導每員俸薪勻閏銀一兩五分六毫六絲六忽四微俱順治十六年全裁

本縣修宅銀二十兩順治十八年全裁

本縣書辦一十二名共工食銀一百二十九兩六錢順治九年裁銀五十七兩六錢康熙元年全裁　庫書倉書各一名共工食銀二十四兩順治九年裁半給康熙元年全裁　典史書手儒學學書各一名

每名工食銀七兩二錢順治九年每名裁銀一兩二錢康熙元年全裁

按院按臨考校生員試卷茶餅銀七兩三錢六分順治十四年裁半給康熙五年全裁

泉州衛帰併支給銀六百五十三兩五錢二分康熙六年裁

料剩抵修城銀二百三十四兩三厘五毫二絲六忽三微三纖二沙心紅紙張銀二十兩　脩理監倉銀二十兩

新宮到任祭品銀四錢四分五厘一毫　鞭春春牛芒神絲杖春宴香燭銀二兩五錢　季考試卷茶餅賞紙

銀四兩七錢　考試生儒進學花紅綵旗銀二兩三錢一分二厘　晉解軍黃二冊槓繶銀三兩五錢俱康熙十七年全裁

本縣造報朝覲須知憲綱錢粮民情各冊籍銀五兩順治十四年裁三分之二康熙十七年全裁　提學道歲考生員試卷茶餅賞花紅銀一十九兩三錢順治十四年裁半給康熙十七年全裁　大比年應試生員併謄録生盤纏銀一十四兩三錢三分三厘三毫三絲順治十五年裁半給康熙十七年全裁　教官二員喂馬草料共銀二十四兩八錢康熙四年裁一員銀一十二兩四錢十七年全裁

正陪貢生員徃省盤纏銀六两　两院助給貢生路費銀三两　歲貢生員徃京盤纏銀二十九两七錢五分倶康熙十七年裁二十一年復二十六年裁

本縣燈夫四名共工食銀二十八两八錢順治九年裁銀四两八錢康熙十七年全裁二十二年復給雍正六年仍裁

耗羡

通縣額徵民屯地丁正雜錢粮額銀一萬一千六百八十一两六錢八分三厘零外　雜稅銀一十八两四錢七

分九厘　學租銀一十一兩九錢八分五厘

應徵耗銀一千一百六十八兩一錢六分八厘三毫零

又每兩并封平餘二分銀二百三十三兩六錢三分三厘六毫零

以上耗羨平餘共銀一千四百一兩八錢二厘零

一解司公費養廉銀五百三十六兩一錢九分五厘零

每年額外孤貧口糧衣布于此項下扣除抵解

一解送永春州州同養廉銀一百二十兩

一存起運水脚一分銀一百五兩六錢七厘零
一存本縣知縣養廉并加增銀六百兩
一撥給本縣典史一員養廉銀二十兩又乾隆九年奉
文加給養廉銀二十兩
論曰先儒陸贄謂聖王立程量入為出治化既替量出
為入民賦固政治之大端也邑自分疆以来户口貢賦
内府及諸司供億爍若列眉至今而日臻上理稽出納
者可以覘遠猷矣

德化縣志卷之六終

德化縣志卷之七

學校志

學宮　崇祀　書籍　泮額　學租　書院
附社學

昔魯侯作泮宮詩人載歌思樂學校之設綦重矣德化學宮自宋迄明遷徙者三迨秦令改建制度宏整而昏椽肆虐蕩爲灰燼藉非迭起而修復之能無歎茂草乎今則翼翼巍巍凡隸於學者皆就理焉盖文治之隆匪一日也謹稽往制而臚陳之志學校

學宮

宋時在縣治之東後遷于縣東南隅沙坂背巽向乾議者謂弗稱南面之義建炎中復建於縣治東淳熙中火知縣事顏敏德鄭旦之梁京季元才相繼脩建紹定二年燬於寇五年知縣事林倚建禮殿黃之望繼成之端平間知縣事葉彥琰建講堂胡應梅復建櫺星門戟門上為御書閣淳祐中吳一鳴繼成之德祐二年復燬于兵元至元三十二年尹翟彬重建禮殿元貞中達魯花赤干奴尹沇思蘊建戟門兩廡講堂齋舍繪塑聖賢從祀

像至元四年教諭林天資建學廳至正二十六年總管泉州路推官蔡嗣宗重建禮殿戟門殿後建尊德堂殿東建學堂及兩齋規模畧備明洪武初知縣王巽王貞相繼修葺三十三年知縣應履平重脩殿廡建櫺星門明倫堂兩齋儀門內鑿泮池架以石橋外建學門臨于通衢復建饌堂號房于明倫堂東建神廚宰牲所祭器房于戟門左宣德二年知縣何復建戟門及東西廡六年知縣陳昱建大成殿七年重建明倫堂及東西兩齋

天順二年塑聖賢像建訓導宅五年鑿泮池成化十六年署縣狄鍾建儀門及學門仍捐貲易臨溪民屋以廣之舊右廟左學弘治十七年知縣胡濳乃易基重建左廟右學

教諭季聰記

治之所先在學校而學校之作新惟其人能作而新之可紀也魯侯作泮宮詩人侈諸歌頌千古一日德化學自宋元至我朝兵火非一次賢令佐繼修非一人科第輩出間亦乏焉亦一時文運之塞歲久寖壞弘治癸亥尹胡侯視篆之初涖學謁廟頓宮牆弗稱無以快具瞻憫人才不利慨然以作新為已任僉謀蓮幕鍾君道司訓陸君惠皆歆為所欲為共贊成之乃計公帑之餘以狀聞於當道允所請遂擇生徒林文等耆氏林宗源等董其事鳩財治工易文廟于左塑繪聖賢神像兩廡戟門櫺星門從而改置焉

易明倫堂于右兩亭齋號膳堂櫺門視舊制有加飭以丹堊翼然煥然露臺甬道甃以石繞以垣至于廚庫射圃祭器之類靡不更新始于弘治甲子春落成于乙丑秋夫為政之道向背於所當先而急者使不知所務則所行皆末也今侯斯舉在一轉移之間不惟聖賢神靈安所棲而師生又得從容於講受之地士因侯之所作新業其中日刮月磨各相淬礪窮之所讀者何書達之所施者何術占龍潯之神秀挹丁溪之漣清科第蟬聯以古人自期待景行先哲蘊伯承之賢林揚休之政不得專美於前矣此侯之所望於諸生者抑豈非諸生之所願學者乎侯名潛字孔昭績溪人

嘉靖七年建敬一箴亭八年知縣許仁創啓聖名宦鄉賢三祠復濱溪地之侵于民者東及學池學池在射圃東邊嘉靖四十二年因防寇築城官賣西抵縣治前臨通衢達

于溪北抵學后山築射圃于學宮之東為諸生習禮之所

記

盛世以禮為治禮備治斯隆矣然禮有重而似所輕若緩而寔宜急者禮射其一也曷為重且急也成德敦化於茲乎係故虞廷聖謨因侯以明殷學曰序明倫攸賴大射賓射行之於上而鄉射則行之于下君臣父子之鵠異取人別士之權懸蓋於焉以觀其德也故懸弧矢於男子始生之日載其說於儀禮戴記之中文義教於小子入學之初古道明於夫子傷時之嘆豈不以武備之設惟力是尚德化之崇禮文斯舉雍容揖遜於周旋升降之時不怨勝己者於下而立飲之際庠序之彥依稀乎克讓沐風墻墻之觀騃騃乎見閑習熟於尚德之美上而備郊廟執事之選賓興之舉以之下而德教式成以罔不遜之行則藏則譽無窮矣胡可瀫忽其繁縟乎惜元狄汚夏禮制斯隳我高皇帝以武射乎之既而育材則禮射是重命儒學悉建圃以習郁郁乎

彬彬乎成周之制宛然復見豈顯以五禮之大著之令甲而已哉聖聖相承內安外攘之盛報名文物之懿超越百王也因宜德邑射圃久廢士志於材藝者罔攸於習予蒞學宮詢閱其地莽焉荒茅亂篠且缺周垣之界凝眸慨焉乃芟乃薙乃築乃垣乃白大文宗赤城高公獲受成命爰撤淫祠式建觀德堂於其北以間計者三堂之東西各翼以屋其間一堂之前甃以臺臺之南為甬道其廣踰丈其袤直抵橫道延至坤隅有門焉其楹則六其扁曰射圃也門堂與壁黝堊隨宜北暫山麓西削岡壓東築脩塘南飾故垣道旁植以杉松檜栢規模整整經始於己丑季冬之望落成於庚寅春正之晦督是役者耆民郭世瑞也又置器物適諸生之游息仁諸焉僭署篆博士蘭江童君璞閱之詔遐邇之民入觀焉諸生陳禮樂之具習禮樂之比志必正體必直弓矢之持必審必固必期其中以成德行以敦禮義之俗德人僻居深山性頗淳厚力本而輕逐末厥近禮之本矣屢

羅兵荒流亡之餘耕商其地者寓民駔儈殆半焉俗漸澆漓鬬狠健訟禮義之教奚容後乎嘗徵民庶之環侍者拭目節文亨嘉之會傾耳讚唱詩禮之和愛慕於中抵標於貌有不自知者何居職夫正直審固之德威儀端肅之則觸其天也否則弦弧則矢治滕以咸天下世泰時豈奚事我然天理非外鑠也天下之道由於性得之於心謂之德體道有德則本然所得之天德全也自然禮儀卒度而安矢發中的而儁成已感人懿德之好夫人天機之自動乎諸生其毋忽之其懋進之以仰副聖朝建圜養士之深意斯於身於鄉於天下之治豈曰小補之我是為記

十八年訓導張洋捐俸率諸生仍建右廟左學建訓導衙教諭秦璹知縣熊堯贊成之莆田知縣吳從龍記

明

天子御極百度惟貞而庠序尤聖慮之所先殫焉蓋參贊化理惟天下賢材為之故自國學以降處要豁之地

莫不祇承德意欽若教條其或僻處一隅學校頹紀綱費振聞亦有之非傑特出者爲之師儒其能整頓作新挽回風化以求無負於朝廷耶德化隸泉舊矣文廟明倫堂與縣治並立于時人材輩出代不乏人厥後司學政者昧于浮議謂明倫堂密邇民居公私匪便遂移之文廟右而人材始弗古若嘉靖乙未秋東莞張君泮來訓是邑閱二載廼奮然諗諸生員陳石等暨耆民郭天德等曰人材盛衰係氣化之升降氣化有未淳者學校之失其地也盍仍故址圖回氣化余願捐俸爲若邑倡僉函厥舉欣然告助者彌旅遂命工改作堂齋號舍惟舊制是循而於前門視昔尤高廣焉其爲邑之文士謀者宏且遠矣嗣是桂林秦君璠來教是邑亦樂捐俸以助之庚子春豐城熊君堯來令是邑凡張君所未備者亦竭力以贊之噫是舉也張君倡之秦君熊君相與成之學校由是復其舊矣學校之復其舊則氣化之淳人材大盛之機於斯肇矣張君等之於氣化默有轉移

之功邑之士他日而科而第寧不知所自耶改仍於巳亥春落成於庚子秋余與張君儒黍師弟誼廼記其始末云

十九年建啓聖祠二十九年知縣緒東山建教諭衙

四十一年知縣張大綱移泮池于櫺星門外隆慶元年

知縣何讓重脩　大成殿明倫堂及諸衙署

萬曆元年知縣秦霑移建於城西北大洋山之陽為今之

學宮中建　大成殿次儀門次櫺星門外為泮池東為

明倫堂又東為啓聖祠次名宦祠前教諭衙西為尊經

閣閣前朱文公祠前為射圃又西為敬一箴亭次鄉賢

祠前訓導廨記

余為德化之明年壬申十月移建學宫於城西北大洋山之陽又明年癸酉九月成先是縣堂與學通在縣治之東褊隘庳側士亦頗年不振余始至謁廟之日諸生首以為言曰理固爾矣而財匱食急時可遽與此乎須之一年養道以理民俗漸飭諸生復以請余曰可矣然群情未諗于是謀之邑謀之野咸曰願與胥成于是請之府請之司請之院咸曰聽於是相土飭材鳩工慮費地取山麓之繫于官者而市民田以廣其不足為畝凡一十有二用金一百三十六兩有奇木取巨植之繫于官者而市民雜植以補其不足公私之數凡三千二百株用金三十九兩有奇工之所需有木工石工金工塼埴之工塗塈之工設色之工凡六等累其直用金八百三十一兩有奇而諸所奔走雜辦之供不與此數合其費蓋一千二百一十兩有奇而所出則鄉先生與博士諸生與一邑好義之民居其半官因自以地斥賣以山給佃以他役後期贖免

者居其半而其素在于官及小民之各以其所産樂輸者不與此數程其日自營始至落成朞年而畢迨已成而加容之授至予不得而觀其終夫學故有而今遷是舊制之一新也不可以無記則已乞之大中丞陳公學之尊經閣是昔無而今有也尤不可以無記則已乞之太史黄公制度規模亦既有名公為之紀録矣而輸財以贊役者衆之力也不可使迹無傳而功不著是予之責也故別為立石以列其名氏嗟乎學之遷予嘗聞昔之圖之三十年矣而事卒不果今迄底于成諸生其謂夙望已酬乎未也夫學匪成之難士誠藉之以昜其業難士匪徒業成之難要以不背聖人之教難彼昔圖之而未能諸士莫不悵焉觖望今幸以成有司者之責塞矣有司不憚勤衆以為士不將於士有望乎民之方亟於財也常征猶患不時入今莫為督之舉欣欣焉相勸以自効何也以為吾邑之材由此而興也則無敢靳焉一邑不靳捐已以為士不將于士有望乎然則學未克

遷望在于士而難在人學既克遷望在於人而難在士今天下稱人文者於藩曰閩於閩曰泉德化泉屬也舊嘗以遐僻自狃今學之新正諸士術業一新之會也而歆吾上下之望何足以難之諸士其自此奮然自新其業以遵聖人之教以顯于天下而共成泉南之盛矣乎則非徒爾士昔日之志不虛而余他日亦與有光榮也故記贊役者之功而因述所期以告我多士

萬曆中知縣吳一麟周佑相繼脩葺天啓八年知縣桂振宇改丹墀鑿泮池于櫺星門內架橋其上廟前立騰蛟起鳳二華表禁廟後山脊行人崇禎七年知縣李元龍教諭郭嶷重脩正殿

國朝順治四年寇燬學宮明倫堂啓聖祠俱爲灰燼順治

八年署知縣孫白孫始營正殿未竣十五年知縣何之旭重撤而建之殿宇巍然康熙十年知縣和盟鼎建儀門及啓聖祠以儀門東為名宦祠西為鄉賢祠訓導林甲繼佐之建兩廡及櫺星門繚以垣墻康熙十八年教諭王欽祖捐俸重脩三十六年教諭薛允浩重脩四十九年知縣王調元建明倫堂邑舉人陳應奎記

人文之盛衰視學校之興廢苟非有廉能之長慈惠之師寔以作興之責為已任安能使彫敝丕否之區樂育有地人文蔚勃咸覩光而丕变乎德邑明倫堂當 鼎革之初與 文廟同遭兇燹自昇平以来 文廟重興明倫堂故址尚鞠為茂草蓋六

十五年於茲矣我邑侯王公涖茲土甫下車禮賢優士詢民疾苦孰者廢當興孰者害當革奬實肅清聽斷明允不旬月風俗一新民歆来蘇焉初謁 廟集諸生徒行眺明倫堂舊蹟慨然曰是地為教化之所托始吾官斯土而使長淪于荒烟蔓草中邑人士何所取以觀法焉爰諏吉日捐廉俸庀規矩程工于匠購材于山閈庀于陶不借助于募金不動費于公帑不煩苦于里社高庳廣狹一準舊制經始于己丑十一月至庚寅四月而落成巍然煥然遠近之望光至止者僉謂六十餘年之廢址今日頓成巨觀非天假我侯之力不及此自茲以往邑人士之登斯堂者誦詩讀書型仁講讓忠孝禮義之心油然以生望翥山之聳秀挹丁溪之淪漣舉彫敝屯否之區一旦改易其心思耳目行見作覩作師甄陶而教育之英髦輩出雲漢為章將彬彬其日盛焉詩曰豈弟君子遐不作人維侯有之侯之懿蹟不與德之山水長峙於不朽也哉爰勒貞珉以誌弗諼

五十

五年教諭力子侗捐俸倡脩正殿兩廡儀門及啓聖祠

五十七年知縣熊良輔捐俸重建櫺星門造照墻 邑紳陳應

奎記 龍潯學宮當有明之末罹于兵燹殿宇煨燼歷任賢牧及秉鐸于斯者次第重建未能悉復舊觀歲久未脩風雨剝落兼以垣門界臨泮橋隔絶欵入廟瞻

聖者趨蹌不前歲在戊戌邑侯熊父毋以天柱名儒鰲峯世學下莅斯土潔操氷清高標玉立仁心惠政載道興歌甫下車入廟謁 聖見櫺星門窄狹登瀛之橋四旁垣墻殘缺喟然嘆興亟議脩治遂捐廉俸擇吉鳩工越五月而成泮水雲蒸學宮霞蔚爽豁輝煌高門有伉瞻 聖而望道者仰門墻之數仞儒林齊慶士類懽騰謹勒石揚徽以紀其盛 雍正八年知縣

嵇岳延重建明倫堂九年知縣齊宗望黄南春相繼成

之十一年黄南春建儀門脩大門乾隆三年重脩學宫邑民有盜葺廟傍者教諭石澄詳院飭縣押遷勒界永禁六年重脩崇聖祠乾隆九年知縣魯鼎梅重脩大門

崇祀

宋真宗封孔子父叔梁紇為齊國公元至順間加封為啓聖王明洪武三年詔封爵如舊嘉靖九年以王係臣爵改為啓聖公令兩京國子監并天下學校各建啓聖祠以顔無繇曾點孔鯉孟孫氏配程珦朱松蔡元定從祀

先是顔無繇曾點孔鯉皆從祀兩廡洪武四年國子司業宗濂上孔廟議言立學專以明倫今回叅伋坐享堂上而其父列食廡間彝倫顛倒所當別議弘治元年少詹事程敏政復以為言俱格不行至是始定配祀啓聖祠

萬曆三十年以周敦頤之父周輔成從祀

國朝雍正二年追封孔子五代木金父為肇聖王祈父為裕聖王防叔為詒聖王伯夏為昌聖王叔梁紇為啓聖王改啓聖祠為崇聖祠又以張載之父張廸從祀

漢高祖始以太牢祀孔子於闕里魏正始間始祀孔子于辟雍隋命府州縣學皆以春秋仲月釋奠唐高祖詔立

廟太宗始令致祭後遂因之
漢平帝封孔子為褒成宣尼公唐高宗贈太師玄宗封為
文宣王宋太祖詔廟門立戟十六真宗加為玄聖文宣
王尋以太祖諱改玄聖為至聖徽宗加冕十二旒服九
章廟門用戟二十四元成宗又加為大成至聖文宣王
明洪武三年詔封爵如舊嘉靖九年改稱至聖先師
漢安帝時始祀七十二子於闕里唐太宗始尊孔子為先
聖顔子為先師配之貞觀二十一年復以左卯明卜子

夏公羊高穀梁赤伏勝高堂生戴聖毛萇孔安國劉向
鄭衆杜子春馬融盧植鄭康成服虔何休王肅王弼杜
預范甯賈逵二十二人配享高宗時贈顔回爲太子少
師曾參爲太子少保並配享玄宗開元間用李瓘言以
顔淵閔子騫冉伯牛仲弓宰我子貢冉有季路子游子
夏爲十哲而以曾參居十哲之次各爲坐像餘弟子悉
從祀兩廡開元二十七年又贈顔回爲兖國公閔損等
九人爲侯曾參等爲伯宋真宗又以閔損而下皆爲公

曾參而下皆為侯左邱明而下皆為伯神宗元豐間以孟軻同顔回配享荀況楊雄韓愈並從祀徽宗大觀間以孔伋從祀理宗淳祐間加周敦頤張載程顥程頤封爵與朱熹並從祀景定間加張栻呂祖謙伯爵從祀度宗咸淳間以顔回曾參孔伋孟軻配祀而升顓孫師列於十哲以邵雍司馬光從祀元皇慶間以許衡從祀至順間加封顔回為兗國復聖公曾參為郕國宗聖公孔伋為沂國述聖公孟軻為鄒國亞聖公而以董仲舒從

祀明洪武十五年詔天下儒學皆立廟祀孔子二十九年罷楊雄從祀進董仲舒成祖永樂八年正文廟聖賢繪塑衣冠令復古制英宗正統間以胡安國蔡沈真德秀吳澄從祀孝宗弘治九年以楊時從祀世宗嘉靖九年詔屏塑像為木主題曰至聖先師孔子神位改大成殿曰先師廟戟門曰文廟之門定四配曰復聖顏子宗聖曾子述聖子思子亞聖孟子定十哲曰閔子損冉子耕冉子求仲子由冉子雍宰子予端木子賜言子偃卜

子商顓孫子師東廡澹臺滅明原憲南宮适商瞿漆雕開司馬耕有若巫馬施顏辛曹䘏公孫龍秦商顏高穰駟赤石作蜀公夏首后處奚容蒧顏祖句井疆秦祖縣成公祖句玆燕伋樂欬狄黑孔忠公西蒧顏之僕施之常秦非申棖顏噲西廡宓不齊公冶長公晳哀高柴樊須公西赤梁鱣冉孺伯虔冉季漆雕徒父漆雕哆商澤任不齊公良孺公肩定鄡單罕父黑榮旂左人郢鄭國原亢廉潔叔仲會公西輿如邽巽陳亢琴牢步叔乘家語

有陳亢琴牢縣亶而史記無之史記有顏何秦冉公伯寮鄭單而家語無之家語有申棖史記爲申黨文翁圖所記又有林放蘧伯玉申棖申黨其木主俱稱先賢某子之位春秋以来諸儒東廡穀梁赤高堂生毛萇后蒼杜子春韓愈程顥邵雍司馬光胡安國楊時張栻陸九淵許衡西廡左邱明公羊高伏勝孔安國董仲舒王通周敦頤歐陽修張載程頤胡瑗朱熹呂祖謙蔡沈真德秀其木主俱稱先儒某子之位申黨即申棖改林放蘧瑗鄭衆盧植鄭康成服虔范甯七人各祀於其鄉黜公伯寮秦冉顏何

荀況戴聖劉向賈逵馬融何休王肅王弼杜預吳澄十三人其后蒼王通歐陽脩胡瑗陸九淵皆增入者隆慶五年以薛瑄從祀西廡萬曆十二年又以王守仁從祀西廡陳憲章胡居仁從祀東廡

國朝以羅從彥李侗從祀康熙五十一年升朱熹位東哲之次五十五年以范仲淹從祀雍正二年詔復祀者六人林放蘧瑗秦冉顏何鄭康成范甯增祀者二十人縣亶牧皮樂正克公都子萬章公孫丑諸葛亮尹焞魏了

翁黄榦陳淳何基王栢趙復金履祥許謙陳澔羅欽順
蔡清陸隴其乾隆元年謚陸隴其曰清獻三年升有若
于東哲列朱熹于西哲復進吳澄從祀

名宦祠祀

宋集賢院學士前德化縣知縣陳靖載宋史循吏傳為宋代循吏第一人
明文林郎德化縣知縣王巽　文林郎德化縣知縣馮翼
按察使前德化縣知縣應履平　迪功郎德化縣縣丞
僉表　監察御史前德化縣主簿古彥輝以上俱萬曆三十二年知

縣周佑纂脩邑志並請入祀　學憲副使熊洽號魚山誠樸率人道腴範士雅有寔學別

無異尚嘉靖三十三年五月閩侯懷三縣學呈申學憲朱行縣製主一體入祀　文林郎德化

縣知縣胡惟立嘉靖三十四年入祀

國朝太子少保兵部尚書閩浙總督范承謨

太子少保兵部尚書閩浙總督姚啓聖

福建承宣布政使司布政使金培生

按古人有願為守令者以其近民澤易下究故所居民

富所去民思生有榮號殁則享祀也昔召公循行南國

民愛其甘棠而不忍傷羊叔子守襄陽民望其碑而墮淚朱邑為桐鄉吏民歲時祭祀不絕勒之竹帛垂之青史視夫貪墨昏庸曾未數年而身名俱泯者相去何如耶後之視今猶今之視昔吏茲土者其知所鑒也夫

鄉賢祠祀

五代唐歸德場長顏仁郁

宋贈朝請郎林程　轉運判官蘇欽　循州知州鄭輪

明中憲大夫按察副使凌輝　以上俱萬曆三十二年知縣周佑纂修邑志並請入祀

儋吉二州知州林茂嘉靖三十八年入祀　四會知縣鄒絅

平樂通判單輔　封臨江府推官郭琛崇禎六年入祀　戸部

主事鄭沛　全椒訓導賴孔教　贈翰林院簡討四會

知縣賴嫌

按古人祭有道有德者於瞽宗又謂鄉先生沒而祭於社鄉賢之祀尚矣蓋化俗導民者非必盡條教之詳法令之密也固有陰感默誘之道焉昔廬陵立四忠一節之祠文丞相少嘗遊之嘆曰死不俎豆其間非夫也厥

後文公果以精忠大節著于天下德化山川秀淑風氣淳樸奮發而繼起者何分於古今瞻其祠論其世而動私淑之慕其在斯乎

書籍

明萬曆間頒發　四書　易經　書經　詩經　春秋傳　禮記　周易註疏　尚書註疏　毛詩註疏　春秋左傳註疏　公羊傳註疏　穀梁傳註疏　禮記註疏　周禮註疏　儀禮註疏　論語註疏　孟子註疏　孝

經註疏　爾雅註疏　經典註疏　文苑英華　三儒
類要　承天大志　大明律　以上俱明季頒發
國朝乾隆三年頒發　十三經註疏　史記　漢書　後
漢書　三國志　晉書　宋書　南齊書　梁陳書
魏書　北齊書　周書　南史　北史　隋書　唐書
五代史　弘簡錄　明史
乾隆七年頒到　朱子全書
欽定四書文

泮額

明制歲科兩試取進入學童生名額以縣上中下為差德化為中學　崇禎間奉文裁汰闔邑鄉紳刑部侍郎丁啓濬翰林院簡討賴垓刑部主事莊尹辰原任直隸揚州府同知郭維翰丹陵知縣李喬楫建陽儒學訓導張九垓舉人鄧孕槐貢士周鼎等公揭畧云則囊惟三成賦肇於禹貢闢門以四嶽俊昭於虞廷惟明主廣為蒐羅斯多士愈加奮勵德化厥賦惟下稱縣居中祇緣田少山多寔則士淳民愿罔敢虛夸以惑衆亦耻飾僞而欺公邇来科目弘開斯文蔚起家弦户誦謹守鄒魯之遺風拔藻摛辞恪循韓歐之正轍欽天子成憲咸願覩上國之光沐累朝殊恩群思効中州之力伏讀明旨原為去偽黜浮爰考士風率皆歛華就寔汰無可汰裁無可裁合懇台臺加意栽培據情詳覆幸仍列于

中等俾共叨夫鴻恩須至揭者

國初因之康熙間改為小學歲試取進文武童各八名科試取進文童八名雍正元年

特恩加文童額一次三名二年奉　文准照中學歲科兩試各取進文童十二名武童仍舊乾隆元年

特恩加文童額一次五名五年總督宗室德

題請廣額畧云德化縣向隸泉郡前取進泮額一十二名外尚有撥入府學二三名不等今屬州轄則無撥入府學之額人多額少不無遺珠且田邑之武童現進十二名德邑只有八名尤當較量請增廣不致偏枯

況現在人文日盛應試文武生童較前加增一倍而德邑又為附州之首縣應請將文童加增三名共取進一十五名武童加增四名共取進一十二名以廣栽培

奉

文歲試武童准加四名為十二名文童仍舊歲科兩試各取進十二名八年知縣魯鼎梅詳請廣額署云遵查德化一邑舊為山陬邇来文運昌明家弦户誦雍正二年定為中學取進泮額一十二名但從前係泉郡屬邑歲科又有撥入府學二三名雍正十二年改隸永春州首縣遂無府學可撥額反減縮乾隆五年經前督院德題請加增泮額三名共取進十五名以廣栽培

部議以府學取進童生統於各屬試卷內較量撥取或多或少原無一定之例遽請增額恐開冒濫等因但查德化從前撥進府學歲科兩試俱各有二名三名不等有案可稽並非無一定者今以改歸州轄竟致除去在泉屬

各邑隐受加增而德化士子明被減少每試童生将近三千人若取進一十五名寔無冒濫云云

學租

學田一十二畝坐北城外北至學後山南至城墻東西至垣墻及民田明萬曆元年知縣秦霑捐置

學山土名大洋山南至學宫北至古城墻西至大旗山頂東至北城頭嘉靖九年知縣許仁申請毀拆淫祠中林院等處地基共七十四畝伍厘估租價聽民認納每年徵銀一十一兩九錢八分五厘康熙二十二年奉文撥給廩生貢生乾

隆四年奉文留給社師坐在坊里双髻山新化里東埔庵山兜池尾湯泉里獅子岩尤井庵竹林庵東西里法林寺感井庵塔口洋中等處

知縣許仁牒學為處官房租銀以作興學校廣育人材事照得新改天妃宮建紫陽書院其講堂兩旁俱有號房以居有志會講生員其門牆外舊有舖店六間當上市之會毀之則縣小地窄难以容日繁交易之人存之民利官便堪以資日聚志學之彥為此本縣仍俟召賃照常起租每間年納租銀六錢准居民張瓚等承賃年共計銀三兩六錢除嘉靖十年下半年者已收公用外自後年分縣事叢集無暇及此合牒儒學掌印官及時徵取以為有志苦學生員充紙筆油燭之用永為定規庶幾市利以興人材以盛一舉而兩得也卷查巡視學校事蒙提學道副使高准本縣申拆毀淫祠若干座及小林院等處祠屋雖毀各祠基地大小皆未差人丈量估第租價任民認納共計若干銀合俟行查明白續牒

併徵以充前費及照歷代皆建書院以明正學俱置學田以養英俊此教化之攸關政體之宜崇者豈徒文具美觀而已乎要在着實舉行不為虛費牒到已後該學置簿用印逐一登記收支數目以備查考歸儒會講務期學明道立風淳俗美人材思齊乎鄒魯彙進於皇朝以樹鴻勳茂績豈不偉哉

萬曆二十七年知縣吳景梅撥鄭牛生鄭惟德陳神呈送絕户田四十七畝一分八厘八毫又撥李德李雪子李福呈送絕户田四十畝蒸田八十七畝一分八厘八毫坐東西里上湧鄉

學山坐東西里上湧鄉土名大偃崎道士洋古董格等處

內給佃種山墾田各量納租共六十九畝零

學田一段坐在坊里珠地鄉載租穀一千八百觔康熙二十二年奉文撥給廩生貧生康熙二十八年産米收入姚興儒户輸納一段坐五華寺載租銀五錢一段坐尤中里陳吳鄉載租銀五錢一段坐獅子岩載租銀一錢

學山坐珠地鄉

康熙二十二年總督姚啓聖捐銀四十兩置學田三段共九畝七毫八絲九忽配産米四斗五升七合四勺八秒

一坐縣城後土名翁仔坂載租穀三百五十觔一坐溪上鄉土名潘㬰格載租穀六百觔二段共田五畝六分一厘七毫二絲一坐石傑鄉土名烏洋寔田三畝三分九厘六絲五忽載租穀四百一十觔知縣王之紀捐銀一十五兩教諭鄭黙捐銀六兩置學田四畝一分三厘九毫一絲八忽配產米二斗一升坐縣垙土名池後巷載租穀七百觔立姚與儒户輸課歲収租穀分給貧生永令領名思義

康熙二十八年邑庠生鄭周禮父仲璞捐田二段共載租穀六百觔坐南關外一土名山尾崙溝尾壠載租粟四百觔一土名肖池雲居壠載租粟二百觔

每歲收貯大比年給助科舉生員盤費
地租共銀二兩二錢五分每歲收存幫貼文武兩闈諭訓
送試盤費一地基貳遷在學署前載租銀二錢一地基一十八進今起蓋十七遷半在南關外石亀載租銀一兩七錢五分一地基在東岳廟下載租銀三錢

書院

圖南書院在解阜門內
國朝康熙二十八年知縣范正輅建正廳一座四房左畔
附屋兩間大門一座門房兩間雍正八年訓導王方英

建後宅三間右畔附屋四間乾隆九年知縣魯鼎梅建

中堂一座堂房八間左右舍十間儀門一座記　圖南

書院者何治之義學也昉此乎前此矣前此則曷為乎記葺其舊增其新廣而屋之故從而記之也古之教士者學校而外黨有庠家有塾義學之設視此矣卜子曰百工居肆以成其事君子學以致其道故所居必有常所習必有業誠以少而習焉其心安焉不見異物而遷焉藉有其地也書院之建重矣哉雖然廢而弗建懼其荒也建而弗廣病其隘也荒則落吾業而隘亦無以廣培夫英材焉治有義學枕龍潯揖鳳翥地靈所鍾宜人文蔚蒸而起余承乏以來公餘校士其中深幸邑之向學者衆也為延名宿掌教焉月再親課第其高下優者獎之不及者導之肄業者日益衆舊舍不足以容歲甲子捐俸鳩工因舍前之地建一堂八室左右旁舍十重門邃宇視

舊制有加異沐浴咏歌其中者少而習焉其心安焉不見異物而遷焉既不病於隘而愈以相勗於無荒業莊不云乎風之積也不厚則其負大翼也無力他日摶風而上于此基之矣司其事者為耆民陳汝度曾道修在工數月勞勩倫至工告竣因記之

雲龍書院在東嶽廟後觀音閣西畔乾隆三年知縣黃南春建

瑶臺書院在瑶市社薜蘿峰之麓乾隆十一年知縣魯鼎梅教諭曾晉訓導蕭國琦捐俸倡建舉人顏瑛貢生蘇重光監生林升麗林士品生員林文華募建記余蓬德之四年

建圖南書院落成每公餘過訪邑人士就學者皆造焉頭英才濟濟方懼宇舍之不足以容屬簦也既而邑孝廉顏君等以治之南鼎建瑶臺書院請余與廣文曾君蕭君往相其陰陽因地勢規方度向中立講堂旁為肄業之室又旁為茶烟之所壁畫既畢各捐清資佐之觀者咸踴躍相慶出泉貝以經營閱月鳩工飭材上棟下宇規模倫具垣墉堅茨漸次就理行見譽髦咸烝淵淵乎弦誦之聲起於圖南者即於瑶臺覘其盛斯文昌明之兆後先焜耀則所望于此都人士者也因濡筆而為之記

紫陽書院在縣治西上市嘉靖七年知縣許仁改天妃宮建今廢

丁溪書院在縣治南丁溪之西山川壇之左嘉靖二十六

年知縣緒東山建今廢

郎中鄭普記

德化寔温陵西鄙之地嘉靖丁未春天官三南緒公来宰是邑公之為政也肅康惠和而不倦故未幾而人阜功濟於是葺紫陽書院構駕雲亭漸復古義社卓卓然歆以天下國家之志盡施於一邑也其復建書院於丁溪之上將群多士而親教之一日邑博方君協邑幕芮君鄉官郭君生員李子輩過余而語焉余嘆曰善乎人文其有興乎方公愕然問其故余曰君其未察於地之理乎夫五星之精照於天發於地而人資之以生也毛黑皙長豐瘠之形莫不隨五行之氣而異矧夫聰明才智之稟乎吉州之東有山斜平如仁字名曰仁山劉氏世居之自文節公而下賢哲輩出皆以仁愿稱德化之有丁溪亦以溪縱橫似丁字也夫丁於五行屬火律曆志曰明炳於丙大盛於丁也邑乘又曰水畫丁羅簪纓則人知其為文明之應久矣然自林揚休登第至於今落落不可多數豈地獨弗靈於此耶嘗稽林揚

休之興也一夕雷雨水決溪形見當時叶咏曰地脉曰
丁泒溪之應甚明矣嗣是則荒蕪堙淤比之殘梗畢湫
而已惡足鍾淑氣而發清材哉緒公深明其理於是撥
其泥而導其脉披其蘙使列巘呈高衆流會深從而闢
以書堂左右齋房數十齋居學者堂則時講習焉夫一
夕雷雨尚能伸汩没為溪之光緒公廓其源流復益以
道德仁義之澤清和之漸貞淑所凝將不有以演嫡泒
之傳而吐龍光之秀者歟君其試觀之哉方君喜以語
諸從學者咸翩翩然有駕空凌霄之志謂溪之名館之
功緒公之德得余一言而赫然于穹宇之内不隨時而
興滅是惡可無言以記耶因共謀予記之余乃次其事
登之石而附之地理志焉噫後有作者其尚徵於斯文

龍潯書院在龍潯山麓嘉靖四十年知縣張大綱建今廢
址猶存

社學

按社學之設倣古黨庠術序之制也明洪武初詔天下里社叔立正統間復勅提學官及州縣收嚴加課督嘉靖九年許令仁請于提學副使責亨高公斥各里團淫祠為之并處置其資用然貧儒衣食於書每輾轉求為教讀而奸巧之徒且以社學與遊士為市漸致廢弛不數年復轉而為梵宮道宇矣姑按舊志列之以見一代之制云

大卿社學在縣南張墘鄉一座五間東西兩廊前三架廊後空地一畝外門樓一座

良太社學在宏詞鄉前臨大溪

濟山社學在英山社一座五間門樓一間

南洋社學在新化里中二間東西各三間門樓一座旁屋二間

朱紫社學在清泰里一座三間前門東西廂房各一間

梅峰社學在梅中里中一間東西各二間前堂一間

三峰社學在梅上里下湧鄉一座三間前門一間東西廂房各一間

桂林社學在東西團貴湖里一座三間東西廂房各一間前門一間

萬峯社學在湯泉里桂林坊一座一間東西廂房各一間
門樓一間

伏虎社學在湯泉里一座三間

瑞科社學在小尤中一座一間東有小廳西有講堂廳後
房二間前有拱橋以上俱嘉靖九年設後俱廢

論曰學校之設原以養育人材使濯磨其中者底於有用也胡安定教授蘓湖弟子數千皆通經義明時務范文正為諸生時便以天下為已任苟第曰能文章取科

第於建學明倫何關焉我
國家崇正學重師儒凡所以廣厲學宮者詳且切矣士子
幸際昌期宜何如鼓舞以仰副培成乎

德化縣志卷之七終

德化縣志卷之八

祠宇志　廟祀　附寺宇　宅墓

秋梁公撫巡江南所在淫祠悉奏毀之而夏禹泰伯季子伍員之廟獨巋然千古非以其功德在人宜廟食百世哉德邑祠宇其載在祀典者巍巍翼翼矣他若白楊青草尚隱幽宮故里荒亭猶存古廟溯所由來皆有禦捍之功不可誣也故詳其地攷其興廢創葺著於篇而釋梵諸宇則附見焉披而覽者亦可以之所重輕矣志

祠宇

廟祀

城隍廟在縣治西宋紹定三年庚寅寇燬壬辰冬知縣黃之望改建於縣治儀門之東明宣德元年知縣何復遷返舊址嘉靖元年知縣胡呈章重建正寢二殿及兩廡中亭大門規制宏整庭植栢樹

國初知縣王寵受脩康熙間知縣和鹽鼎再修未竣二十三年知縣傅以履汎防把總何濱榮仝脩雍正十二年

知縣黃南春重脩乾隆九年知縣魯鼎梅捐俸重脩先是廟無門屏堂廊空曠自北鎮樓廢汛兵借住西畔房廡人馬喧雜及是增設完竅復即馬王廟舊址捐建營房以棲汛兵廟貌乃肅

記

城隍之神土地民人之所倚吡者也自京師以迨郡縣皆有廟祀官其地者下車必謁朔望必謁春秋展祭載在祀典非以神能默相吏治而綏佑一方也哉邑有城隍廟自宋以來代有脩葺予來令此始至之日入廟齋宿見堂廡傾頹規制未備愍然懼其不足以安英靈也爰捐俸庀材斷之礱之丹之漆之殿堂階陛舊者脩缺者建興工于癸亥八月觀成于甲子十月踰年而功始竣蓋不敢以事神之事迫于勞民而崇報之意有必備焉耳夫邑之中令與神皆有事於茲土而民情幽隱令之

刑賞所未及者惟神禍福之天聽崇高令所勞心焦思而為民祈禱者惟神默相之神之功偉矣而可以湫隘囂塵褻之哉記曰以勞定國則祀之能禦大災捍大患則祀之祀之則致敬致敬故盡物則斯舉也還以為吾民祈報于神之靈且使邑之人知善善惡惡此中又有赫赫難欺者在而益加謹焉也廟既成因綴以所見而記之

按城隍古無祀典惟吳越有之漢唐而後天下始為通祀蓋高城深池捍外衛内其英靈之氣當炳為神也明洪武二年封監察司民顯祐伯六年正諸神封號改稱某州某縣城隍之神廟制如公廨設公座几案筆硯如守令俾之監察庶民每歲春秋與風雲雷雨山川並壇而祀邑厲祭則掌印官牒告于廟奉神主之各鄉厲祭里民亦告于神請主其祭

先農壇廟在賓陽門外雍正五年奉

旨建壇高二尺一寸寬二丈五尺壇後建正房三間配房各一間正房中奉　先農神牌高二尺四寸寬六寸座高五寸寬九寸壓分紅牌金字東收貯祭器西收貯耤田粢穀配房東置辦祭品西令看守農民居住周圍築墻買置耤田租八百觔一坐產室頭鄉土名東山洋方泗戶屯田一坐產西墩鄉土名埪號垻仔口莊政戶屯田

關帝廟在縣城內下市舊在賓陽門外後遷今所

國朝康熙十一年夏廟後大松圍丈許忽折壓全廟皆碎惟神座上龕桷具存帝像儼然知縣和鹽鼎重建十五

年洪水蕩圮先是順治十八年知縣何之旭禱于神祈
収捕奸民許于敬功成建新廟于縣治北山巔自舊廟
水圮春秋朔望祭謁皆在新廟乾隆六年知縣黃南春
改就下市舊址畀建邑紳士記漢之季篤生關聖夫子義勇忠貞正氣礴天地其靈
爽千古長昭凡都邑里閭罔不像祀而歷代帝王疊封
累錫典綦重矣迨我 聖朝尤崇隆禮于二祭之外沛
帑嵩祷復追封其三代制殿宇階陛亦皋門與常闕埒
洵千古未有之盛典也德邑舊廟在北山之巔歲辛亥
邑侯黃公蒞茲土朔望拜謁見庭宇湫隘下濕上頹 皇
然不安每於宣講 聖諭時即與士庶商地恢營但山
城橋廟需理者多侯乃壬子建鳴鳳橋甲寅建明倫堂
乙卯成雲龍橋丙辰戊午修東嶽及 文廟己未又葺

鳴鳳橋十載之間不遑寧處辛酉夏相視帝廟舊址令庠士裴震良陳其遇鳩工鼎建殿陛門廡悉遵今制計費金三百餘不三月而聖像廟宇咸覩厥成此固神之默相要非我侯勤政之功曷克臻此繼自今赫聲濯靈保我岩疆祐我蒸民神之靈與侯之德澤當與龍水鳳山並永矣

天后廟在龍潯山麓春秋致祭

東嶽廟在寶陽門外雲龍橋北宋嘉熙己亥建後傾頹明宣德二年知縣何復重脩嘉靖八年知縣許仁申請改爲陰陽醫學惠民藥局奉裁仍復崇禎間火國朝順治六年知縣王鑄鼎建廟後爲觀音閣乾隆丙辰

知縣黃南春重修以觀音閣東爲真武殿西爲雲龍書院

朱文公祠在解阜門內圖南書院之西乾隆七年知縣黃南春建

名宦祠在學宮東

鄉賢祠在學宮西

忠義孝悌祠　烈女節婦祠俱在學宮之西雍正元年奉旨建春秋致祭

土地祠在縣治儀門東康熙三十年知縣范正輅建

南昌朱文公祠在新化里屏風山麓明弘治間建

國朝乾隆八年里人陳鵬南募脩

忠應廟在石傑鄉祀唐帰德場長顔仁郁宋乾道二年賜額忠應侯廟淳祐二年加孚祐忠應侯誥云德邑泉屬也爾神嘗為長於斯生愛其民殁而福之宜也然天時水旱蟲蝗疾癘吏請於神而得其效若吏之昏懦貪墨以害吾民而有司不能舉者神豈得不疾去之以称吾意乎翊衛二神一為莊賦永春人明侍郎莊夏之祖郁為長時賦左右之宗紹定間以驅寇

功封協祐侯一為鄭昭祖邑石傑人初祖仁賓繼郁為長官終郡司馬里人祔祀之昭祖復能惠愛其鄉又嘗勸閩王歸順衆為立祠于忠應之側請于朝封翊順侯知縣事陳居方為記略曰于時僭據瓜割豆分惟神忠義凜凜知天命在宋力勸閩王上圖民無干戈之擾生聚晏然其氣節尤為昭著不特肸蠁有靈而已故表而出之

水府廟在茅岐社水府山地勢阻深宇基寬廣宋蘊十萬拒元戰歿于此里人祠之

統軍廟一在南關外双港頭原天后廟地今並祀天后一在東關外嶽

尾街祀宗統軍陳蔚明嘉靖四十年呂尚四倡亂遣其黨林文煥夜劫德化至龍潭嶺望見東南関一帶火光燭天因遁去人以為神之功

英顯廟在桂林鄉神一名謨一名烈姓失傳宋紹定三年以捍汀寇功賜今額　國朝雍正間庠生賴必捷募脩

小尤廟在尤中里神一姓章一姓林名俱失傳唐末人避黃巢之亂居于此歿而有靈鄉人祀之宋紹定庚寅汀寇自尤嶺来忽皆遁去人謂神驅之云

福安廟一在尤中許卿鄉一在赤水格嶺尾宋大中祥符間有麻姓兄弟覬五公八公者嘗追賊至尤溪縣姜溪賊散後歿而爲神治平元年鄉人建廟祀之

仙砦廟在尤中里仙濟山祀宋義勇朱姓忘其名里人涂榮四建元末寇亂鄉民零星投砦流寇望見砦内煙火甚盛不敢犯盖神力也

三賢祠在舊琳宵塔下祀明署知縣泉州通判開人宗望知縣林大儁桂振宇萬曆間建今廢

丁公祠在三賢祠右祀明太僕卿丁啓濬萬曆間建何喬遠記見藝文志

姚公祠祀明知縣姚暹崇禎間建郭維翰記見藝文志

傅公祠在城隍廟中亭東祀
國朝知縣傅以履汛防把總何演榮康熙間建乾隆十年知縣魯鼎梅重修

寺宇附

程田寺在瑶市社五代唐僧行端脩真于此邑人程國知

施田建寺宋天禧中賜今額寺多松竹夏月納涼暑氣頓消西為栖蓮室爽塏幽寂　國朝康熙間僧三檀建

明歲貢黃自勉詩尋幽結伴訪僧伽到處逍遙步晚霞風動綠陰松子落恍疑空際散天花　國朝訓導陳長周詩松竹青葱恍畫圖偶從蘿逕躡双鳧但因沉實思麗蘊不待鋪金問給孤貝葉重翻新淨室曇花時繞舊緇廬一生好結東林友不佩芳蘭佩苾芻

戴雲寺在新化里戴雲山唐袒膊和尚名智亮者居此後化於泉州開元寺之院居其徒泥肉身于殿旁先是智亮嘗自言曰身在紫雲顯在戴雲廼載歸而祀之慈感

智亮之師也駐錫此山亦化去泥其身與並祀寺居山之中麓頂址上下各十五里梁開闢二年造宋端拱二年僧懷整重建明□□□詩卓錫真僧去灵通俗尚傳每從呼吸地忽轉慘舒天雲自岩頭合雨於山上懸神功都寂若慰滿畫桑田　知縣楊文正詩雲間峽屼盡难圖朝夕暉陰氣象殊洞壑留寒長護雪松蘿抱石欲侵途佛國何年遺隻履龍潯今日躡雙鳧眼前風物流傳舊好向如来證法符

香林寺在梅上里平地臨溪先是為桂陽林姓墳塋五代末僧守珍建寺於湖山之北宋天聖元年僧了他別擇吉地為林祠墓移寺今所舊名西林二年賜額香林明

宣德元年里人林貞等募衆重脩國朝進士林模詩寺隱叢林裡層樓一望懸晨鐘驚客夢夜雨滴花鮮溪漾千峯影雲生萬樹煙高僧塵外侶握手別經年

龍湖寺在新化里太湖山亦名金碧峯宗紹定間僧自超建明嘉靖間燬里人林正旺施田捨山募衆重建寺極宏敞多奇花異木明大宗伯田一儁詩湖內問天星宿低花成紫蓋雪成泥今朝咫尺通龍座下土羣山伏馬蹄佛國如駁金作界神仙有鳥鶴同樓樓頭日輦真甚捧直到上方第一梯

五華寺在上林社五華山脩竹茂林四山環拱唐咸通間僧無晦結庵與虎同居號虎蹲岩後坐逝邑人斂寺祀

之寺側有端午泉

九仙二岩在九仙山左爲靈鷲右爲仙峯唐開元丙辰僧普惠無比掘靈鷲岩柱礎梁棟皆以石爲之後無比化于山頂普惠寂于岩中因並祀焉宋元香火不治明萬曆間重新岩前立石坊知縣楊文正題曰一方淨土永春知縣夏忠題曰勝跡維新仙峯岩興廢莫考萬曆間重建詳見古蹟志

明舉人李雲階詩遊子尋真興未闌相將步履入雲端迴巒蹲虎如曾伏古木盤虬可耐寒卓錫已驚泉脉湧雨花又點客身單扶鋤鷲嶺人千古玄度重来自羽翰

歲貢王雍詩憑

凌絕壁倚層空恠邐珠花傲雪紅半縴龍池神物伏千尋彼岸鐵橋通鳥文印石封苔古鴻筆下霄望氣來卻喜頭陀茶供禮瀟瀟兩腋自生風　歲貢周鼎詩千岩競秀似浮杯選勝人從天外來琪樹含烟呈翠碧玉蓮噴水映池臺歸僧月下双眉白遊客尊前兩屐頹惆悵仙人不可御浩歌一曲出雲限　監生林焌詩劈石崔嵬般若臺千峰匝地沒烟埃曉天珠樹聯雲起午日香蓮出水開峭壁洞中摩寶像萬林道上謁如來最憐丹鼎浮花座石似江郎幾片裁　國朝庠生賴元吉詩飛袈立刹幾何年靈鷲岩開別有天洞口冰桃含露熟池邊雪藕帶香妍松蒼每引海中鶴僧老閑如地上仙夜靜虛堂鐘幾點塵心敲破歇罔禪

永安岩在九仙山南亦名莳菜岩宋僧雲濟涅槃時囑其徒曰我大叔未盡化後懸我骸於大椿杪六十年後則

永安于此至期椿杪毫光燭天遂像其骨而祀之易今名旁有小澗題曰法水流香又有會仙室勺泉瀉出石壁間清曠爽塏縱目無際明左史賴廷槃詩永安有禪室亦傍九仙山竹與僧俱淨雲將客共閑空中一鳥下谷口萬花斑不盡香泉水涓涓流出關　舉人李雲楷詩室於深谷隱人自九仙来禪寂閑花雨僧孤涅鏡臺何時香蒔綠應共碧蓮開未得無生訣寧論濟世才　監生張士賓詩禮佛空中室宜人方外山高天浮沆瀣曲澗漱潺湲尊對荼蘼綠盘行蒔菓斑因多微尚意谷鳥語閒關　庠生凃重光詩紺殿倚嶕嶢山花屢見招池蔬曾供酒澗竹若鳴簫萬象佰雲近千峯帶雨遥岩前有怪石醉月幾清宵

通仙岩在九仙山麓一名竹林庵與永安岩皆僧無比藝

圍處　國朝康熙間里人賴享達立鄉厲壇祠于其左

獅子岩在湯泉里以山形似故名岩依大石丁為室巍峩幽窈宋淳熙己酉僧妙慈趺逝于此岩頂一洞深黑相傳有山魈出入岩前石上仙人跡與九仙山相對　明宮坊賴垓詩丹崖聳峙蔚藍中四海人天望不窮眼潤練光来疋馬山高嵐色貫長虹佛留宝蓋千年日客擁蘭臺萬里風盤石開襟霄漢近攀躋端不羨崆峒

大仙峯在尤中里山坪鄉高凌霄漢雲烟縹緲岩壑清幽有小武夷之目元末僧真宗日宗肅宗同寂于此　明大學士

張瑞圖詩翹首蒼冥咫尺賒大千世界落飛霞九霄丹露承仙掌萬壑晴雲蓋碧紗崱屴峯前開佛國嵯峨岩上散天葩分明靈氣通無際漫說蓬瀛去路賒

龍峯岩在新化里吉嶺鄉大炎山昔有崔道居此化後里人建岩祀之岩前有池多年時蓮峯頂有泉冬夏不竭生四脚魚

岱德岩在吉嶺鄉雲蓋山岩前山形如筊右十八峰左十八漈宗僧靈惠化于此

金雞岩在新化里宗僧普明擇居于此化去

虎賁岩在新化里虎賁山明崇禎間僧惶裒建國朝進士李道泰詩誰削奇峯作虎蹲鳳山雲寨未須論猶疑委宛探幽穴却認異花藏去春坐不施蒲類聚葉徑因就石每穿筠數聲磬發空林杪茶罷僧床月照人

湧光岩在虎賁山麓李道泰詩窈潭石罅更幽迢屐齒不須叩仄橋文鷹法音呈一部紫櫻步障展千條多因寒地鋪雲絮似欲烘天動野燒未許溪僮尋此景猶言燈火是前宵

碧象岩在觀音嶠之巔明邑庠生陳至言里民邱逢源藕馥吾顏鍾臺孫鳳栖林則宇吳麗孚仝捨田山建祀大士吳濟川像山產磁土鄉民挖取戕損勒界禁之其麓

有仙跡石庠生陳鳳鳴詩何年碧象靈岩栖踏碎瓊瑤畫作泥燁匕寶光開佛土晶匕白氣壓丹梯天花散滿山花爛竹影參差雲影齊欲覓仙踪歸覺路空餘片石漫留題

蔡岩在梅上里鐘山澗旁石洞廣丈深倍之距香林寺三里許宋天聖間僧道徽自雕木像置其中後趺逝于此下有清泉自石竇瀉出境甚幽異

河溪岩在小尤中科山劉姓墓域也嶢岩幽邃臨溪懸崖上有巨石若倚若墜清水和尚来此建為岩

董佛岩在七臺山頂險峻逈隔人烟昔有董公蜕化于此

伏虎岩亦名金鷄岩在清泰里梨坑鄉宋時有道人黃姓者騎虎至此鄉人神之建岩以祀真身尚存

大白岩在縣西南界白岩山宋嘉定間僧圓通證聖頓悟同坐化于此有虎爲衛因號虎硿

天馬岩在天馬山之陰

石壺洞在石牛山上一石似牛頭上疊爲棟下疊爲址深廣可二丈宋紹興間張蕭章三道人降魔于此國初時刼火洞頂傾半下有岩宇明崇禎庚辰建國朝康熙甲子修李道

泰詩遠結三山侶来開絶壑天魔軍容易退木客更知禪泉散千溪水松同萬石年野僧無稱晦桐與種芝田散髮懸崖際精靈長守壇朝華吞海日秋爽數林巒雲柱龍三尺僧寮石一盤鑿空入縹緲直上已生翰

金液洞在上林社景幽泉冽元至正間道人吳濟川徐友山同化于此　明□□知縣王真詩金液洞天山萬重洞門無鎖白雲封龍光長現秋池劍鶴夢偏驚曉殿鐘五夜丹霞明絶壁四時蒼雪落長松飈輪風馬羣仙至會送幽人出翠峯　庠生李元定詩仙人化處白雲重石磴縈紆碧蘚封海鶴近鄰金洞籙山猿慣聽飯厨鐘霞邊棃棃三花樹澗畔英英五岳松疑有吹笙王子晋天風駕上紫雲峯　國朝庠生徐光闕詩登臨霄漢迴道侶恍盧山蒼樹人烟外白雲古洞間鐘声敲佛國液水渡禪關丹鼎今猶在浮生羨等閒

紫雲洞在高洋鄉羅城山麓吳濟川長子曰景陽者脩真於此一日謂其徒曰吾道成矣遂示寂洞頂常有紫雲蒸蔚因名庠生謝祈出詩紫雲梵刹入雲端俯仰崆峒眼界寬嶺峭斜穿門是石峯廻遶拱谷如盘寺鐘曉和書声響佛火宵陪客話闌洞古仙靈騰紫氣乾坤一望等彈丸

泰華洞在梅中里淳湖鄉泰華山巔舊傳石壺章道人將徃金沙經此見石下藏怪乃以指書石鎮之深入寸許有佛法僧三字可辨餘皆蝌蚪文庠生鄭張綸詩仙篆昭然在石臺縱橫蝌蚪印蒼苔道人訪道今何處洞口閒雲自去来

雲峯寺在尤中里棟山屏之麓

法林寺在東西里上湧鄉

天王寺在梅中里祀宋香林寺僧遵徽了他

西華室在縣治西大旗山頂 陳長周詩隱匕禪栖郭外山松蘿披盡俗緣删紫峒蒲地香浮篆翠色生衣竹映関廠逐風塵爲客久且将杖履覓僧閒拈邀更躡峯頭㑥吐納乾坤一粟間 里人毛一夔詩草徑横雲没山溪過雨渾僧孤恒閉户客至自呼門品水清留酌傍松静對言豆瓜皆手種素食足邱園積有西華與玆行亦快遊空山黄葉寺野逕白雲秋鐘過松皆赤人閒鳥更幽圍僧忙接客花下放鋤頭

崇寧室在縣治西北大龍山巔 陳長周詩緑繞青圍萬壑低上方鐘磬古招提晴峯

客過衣猶濕秋院僧　佛共棲飛帛半空盤石鼠承塵十笏根莎雞任來戲擲　盧敖杖手倚天門挽綵霓一逕蒼茫到絕巔白雲深處問金仙參差城郭朝煙外蕩漾林峦夕照前色界幾人称白足香臺為我吐青蓮蒲團坐擁飯依久但學天龍一指禪

西天室在科榮山

懸燈室在李山社祀真空和尚門逕清雅左有巨石矗立如柱刻擎天字右有石榻可坐十數人　庠生陳元斌詩　硿砑石洞柱擎天鼇徑攀蘿步翠煙俯睇千家春樹裏一燈長向碧峯懸

山和室在湯頭鄉有烟雲竹樹之勝

青雲室在梅中里雲溪鄉高峯上歲貢林鳳翀詩縱月雲溪錦繡鋪青雲有路未全誣開山移石根偏細伴月翻經影自孤渺渺晨鐘頻喚夢迢迢歸鴈亂呼奴此生未了詩書債白髮巾中誤廢儒

大仙室在東西里大仙崎山頂

濟山庵在瓊山之麓澗水瀠其左繚曲幽清有雨花亭明萬曆間建明舉人郭維翰詩古刹幽偏稱新亭逼寺門松篁連野色花雨落天根黃鳥催人至青苔印屐痕何時叅小品超脫已忘言

溪頭庵在梅上里桂陽鄉

東埔庵在新化里洋坑岩下東埔尖

香林院在蕭坑社黃栢村高山盤谷樹林陰翳多生芝蘭
到處聞香宋時有胡僧來此民跪迎之

湖山大士閣在清泰里前臨湖水右繞斗溪雙流交滙水
石清幽　賴垓詩凴虛四望靄煙收携手天風快壯遊高閣晴開千嶂曉寒潭清逼一亭秋佛光初放林霏藹客舫頻移樹影流鄭重主人能選勝置身同似在滄洲　國朝庠生黃宗仁詩峻嶒寶刹聳雲逐一鑑澄清瞰兩川洲白溪閭時宿鷺松蒼天半每藏煙源頭曾泛桃花飯渡口猶行太乙船不信湖山風景好玉堂佳句尚依然

安土廟在縣南瑶市社明永樂三年建萬曆三十六年冬燬三十八年重建　國朝康熙甲午重脩

纓溪宮在縣東瑶市社溪上有老松二十八盤欝蒼古泉石幽佳宋永安岩僧雲濟曾結庵于此監生李彝詩楓枝相葉換山容落盡寒崖晚後鐘最是開人顏色處都帰二十八株松石門不捲夜明簾水閣松陰盡覆檐却訝日来非此地稚川一幅景初拈

大鄉宮在縣南高鄉社明知縣俞思冲有記見藝文志

崇道宮在縣西高鄉社

道士宮在東西里上湧鄉一名通濟宮

通興宮在梅中里葛坑鄉

按泉南古稱佛國華刹遥祠山僧野覡無處無之宗志載德化五鄉寺占五十一所淨居天宮妙峯三際儀林五華中興龍安七院在永豊里神平相安二院在新化里清平靈福戴雲三院在雲峯里羅漢程田千福普光四院在靈化里大興大雲皈明翠峯觀音塔頭六院在歸化里洪聖東林長慶三院在惠民里長興為山二院在安仁里慶樂龍興香岩長興寶積五院在嵩平里尊勝院在清泰里乾福院在善均里雲峯皈聖二院在小尤團小三峯院在中團興龍資化小中峯禪林雲峯五院在黄認團法林卧龍二院在東團地藏建興二院在西團大三峯院在下湧香

林院在椶梅上天王院在中園大中峯院在下園湯坑法林卧龍寶藏四院在湯泉下廟占九所威惠廟靈濟廟在縣西三十里忠應廟在歸化里英顯廟在半林舖顯應廟在嵩平里囤山廟小尤廟在縣西小尤園孔太尉廟在嵩平里喬將廟在新化里入明以來長民君子間漸毀之嘉靖九年竹厓許公請於提學副使貢亨高公盡斥各里團寺廟改為社學毀拆宇基聽民墾種充作學租士民咸喜邪正盛衰于焉見矣故萬曆志僅載十寺程田戴雲儀林相安龍湖獅子五華中興香林雲峯四廟東嶽忠應英顯小尤按東嶽廟嘉靖九年亦改為陰陽醫學惠民藥局今茲所臚視昔幾倍而各鄉神宮佛壇無慮數

百固未暇縷敘也特摭其著名於遠近者以竢後之反經而正焉夫跌化飛昇非所以為訓顧時俗所傳皆在唐宋之世毋亦以其荒遠莫稽而姑妄稱之歟不然胡以近數百年來概乎未之有聞也若愚民倡為神佛生日之說陳樂侑觴每歲新春粧扮神像稱侯稱公沿途迎演旗鼓喧嘩飲食侈靡多者費百金少亦不下數十金此又誣神惑民之甚所當亟加禁絕者也

宅墓附

五代

唐

歸德場長顔仁郁宅在石傑鄉

馬家墓在新化里卯店村載地理全書俗呼馬王塚不知何許人嶺上有石廣丈餘墓之主龍自嶺而去後人鑿龍嶺二字於石

宋

轉運判官蘸欽宅在縣西龍津橋南今廢

丞相墓在新化里石山溪頭山上丞相曾公亮祖葬此常

来祭掃宿路旁山庵因名相安寺寺今廢

穮十萬墓在清太里之南穮墓山之東山以墓名

明

訓導曹縉墓在瑶市社薛蘿峯縉山西蒲縣人由貢七来任三月卒與其子二柩不能歸庠士為瘞于此歲有泮池租以供祭掃

國朝

千總王世爵墓在南關外接官亭上員山順治十四年世

爵死寇難塟此乾隆十一年知縣魯鼎梅脩

方謂大墓在薛蘿峰大古田人訓導方祚隆胞弟隨隆来任康熙三十七年卒塟此歷任訓導以署西房屋兩間係其所起盖歲撥學租粟壹百斤供祭掃

論曰祠宇之載在祀典者固與日月爭光矣乃顏長官藕十萬諸人亦得廟食一方與祠祀同垂不朽良以其人能自立于天壤也若螺坑一戰青草城南遂得長有其墓又志士仁人之明效大驗矣夫入廟生敬過墓生

哀人心之所敬所哀豈無謂也哉

德化縣志卷之八終

德化縣志卷之九

禮儀志

慶賀　接詔　迎春　耕耤　救護日月
祈禱　鄉飲酒　鄉約　祭祀

安上全下莫善於禮以洽幽明以昭軌物儀斯著焉邑處山陬前乎此者就簡因陋典制闕如當明倫之世品節精詳禮之緣義起者莫不秩秩乎若綱在綱有條不紊矣志禮儀

慶賀

萬壽聖節

前期三日知縣率僚屬齋沐具朝服迎
龍亭行三跪九叩禮每日昧爽各官朝服分東西坐班本日各官朝服入司班唱序班樂作贊禮生唱跪叩首行三跪九叩禮興平身樂止贊禮生引知縣出班詣香案前祝
聖復班再行三跪九叩禮如前坐班後三日各官俱朝服坐班禮畢於大門外跪送
龍亭

千秋令節前後各一日各官朝服坐班本日具朝服叩賀

儀同

聖壽

元旦冬至俱先一日各官具朝服迎

龍亭本日祝

儀同

聖上

接

詔

詔書至知縣率僚屬具
龍亭綵伏鼓樂出南關外接官亭迎接朝使下馬捧
詔書奉
龍亭中南向朝使立於亭東各官具朝服北向跪迎鼓樂
前導朝使上馬同各官隨亭後行至縣堂奉
龍亭于堂上各官分東西序立朝使東立西向贊禮生唱
衆官排班樂作行三跪九叩禮朝使捧
詔授展讀生展讀生跪受詣開讀案前宣讀衆官皆跪宣

畢展讀生捧
詔書授朝使朝使捧奉
龍亭中各官行三跪九叩禮禮畢退班朝使捧
詔書交知縣頒行

迎春

預期塑造春牛并芒神于東郊外立春前一日知縣率
僚屬俱穿蟒袍補服至春牛所通贊導至拜位唱就位
各官俱就拜位上香鞠躬拜興拜興初獻爵再獻爵三獻爵讀

祝文讀畢通贊又贊兩拜禮畢簪花各官俱簪花上席酒三巡屬官先行長官次之春牛隨後迎至本縣頭門外土牛南向芒神西向

本日清晨備牲醴果品各官具朝服通贊導至拜位唱就位鞠躬拜興拜興初獻爵再獻爵三獻爵讀祝文讀畢通贊又贊兩拜興導至土牛前各官俱執綵杖排立兩傍通贊贊長官擊鼓凡三擊遂擂鼓鼓手自擂贊鞭春各官擊牛者三揖平身通贊導至芒神前揖平身禮畢

土牛胎骨用桑柘木身高四尺按四時長三尺六寸按三百六十日頭至尾長八尺按八節尾長一尺二寸按十二月鞭用柳枝長二尺四寸按二十四氣土牛色以本年為法頭角耳用年天干身用年地支蹄尾肚用納音天干甲乙屬木色青丙丁屬火色紅戊己屬土色黃庚辛屬金色白壬癸屬水色黑地支亥子屬水色黑寅卯屬木色青巳午屬火色紅申酉屬金色白辰戌丑未屬土色黃納音如甲子年立春納音屬金用白色餘倣此籠頭拘索以立春日日干為籠頭色說見上拘用桑柘木索孟日用麻謂寅申巳亥日仲日用苧謂子午卯酉日季日用絲謂辰戌丑未日造牛以冬至節後

辰日於歲德方取水土甲年東方甲位乙年西方庚位丙年南方丙位丁年北方壬位戊年東南方戊位己年東方甲位庚年西方庚位辛年南方丙位壬年北方壬位癸年東南方戊位

芒神服色用立春日支辰受尅為衣色尅衣辰為繫腰色如立春子日屬水衣取土尅水用黃色繫腰取木尅土用青色餘日倣此頭髻用立春日納音為法金日平梳兩髻在耳前木日平梳兩髻在耳後水日平梳兩髻右髻在耳後左髻在耳前火日平梳兩髻右髻在耳前左髻在耳後土日平梳兩髻在頂直上罨耳用立春時為法從卯至戌八時罨耳用手提陽時左手提陰時右手提從亥至寅四時罨耳或揭或掩寅時揭從左邊亥時揭從右邊子丑二時全戴蓋寅亥時為通氣故揭一邊子丑時為嚴凝故全戴鞋袴行纏以立

春納音為法逢金木繫行纒鞋袴金行纒左關懸在腰左木行纒右關繫在腰右水日俱全火日俱無土日著袴無行纒鞋子老少以立春年為法寅申巳亥老子午卯酉壯辰戌丑未

纫身高三尺六寸按一年三百六十日

耕耤照雍正五年頒行

每年禮部頒曆預擇日期本縣合屬前期致齋二日

祭品　帛一青色　羊一　豕一　鉶一　簠二　簋二

籩四　豆四

農具赤色牛黑色耔種箱青色所盛耔種照本縣土宜

祭日知縣率僚屬俱穿朝服赴
先農壇通贊生導詣盥洗所盥手凈巾畢通贊唱執事者
各司其事主祭官就位就拜位陪祭官各就位瘞毛血迎
神通贊生導主祭官陞　壇就位就神前位唱上香又三上
香畢通贊唱跪陪祭官皆跪行三叩禮興復位復拜位安
神行三跪九叩禮興進帛進爵行初獻禮通贊唱詣酒
尊所主祭官詣酒尊所通贊唱司尊者舉冪酌酒詣
先農神位前就位跪通贊唱陪祭官皆跪獻帛獻爵叩首

興詣讀祝位跪讀祝文讀祝者取祝版跪讀祝曰維　某年歲
次某干支某月某干支朔越某日某干支某官某名敢
昭告於
先農之神曰惟　神肇興稼穡粒我蒸民頌思文之德克
配彼天念率育之功陳常時夏茲當東作咸服先疇洪
惟　九五之尊歲舉三推之典恭膺守土敢忘勞民謹
奉彝章聿修祀事惟望五風十雨嘉祥恒沐于　神麻
庶幾九穗双岐上瑞頻書夫大有尚　饗讀畢三叩首興

復位行亞獻禮通贊唱詣酒尊所主祭官詣酒尊所通

贊唱司尊者舉冪酌酒詣

先農神位前就位跪通贊唱陪祭官皆跪獻爵叩首興復

位行終獻禮儀同亞獻徹饌送神行三跪九叩禮興讀祝者

捧祝司帛者捧帛通贊生導詣燎所焚祝焚帛復位禮

畢

午時行耕耤禮知縣秉耒佐貳執青箱播種耆老一人

牽牛農夫二人扶犂九推九返農夫終畝耕畢知縣率

僚屬暨耆老農夫望
闕謝
恩行三跪九叩禮
救護日月
凡日月薄蝕欽天監推算分秒及圓復時刻行文到縣前期傳集僧道屆期結綵于大堂及儀門設香案于露臺上置金鼓于儀門內兩旁設樂人于露臺下設各官拜位于露臺上下陰陽生報初虧各官俱穿素服通贊

唱排班班齊唱跪樂作各官行三跪九叩禮畢樂止知縣上香畢通贊唱跪各官俱跪知縣擊鼓三聲衆鼓齊鳴再上香樂作各官俱暫起立陰陽生報食甚食及所推分秒各官仍排班樂作行三跪九叩禮如前儀陰陽生報復圓鼓聲止各官俱朝服通贊唱跪樂作行三跪九叩禮樂止禮畢

祈禱晴雨邑多山田潦不為害祈晴少舉

凡遇旱即停徵息訟禁屠沽設

龍王神壇于　城隍廟　牒告　城隍官民朝夕拜禱

鄉飲酒禮

順治初令京府及直省府州縣每歲舉行鄉飲酒禮設賓僎介主酒席於存留錢糧內支辦凡以申明　朝廷之法敦叙長幼之節遂為定制云

每歲正月十五日十月初一日于儒學行鄉飲酒禮前一日執事者于儒學講堂依圖陳設坐次司正率執事習禮至日黎明執事者宰牲具饌主席及僚屬司正先詣學遣人速賓僎以下比至執事者先報曰賓至主席率僚屬出迎於庠門之外以入主居東賓居西三讓三

揖而後升堂東西相向立賛兩拜賓坐執事又報曰僎
至主席又率僚屬出迎揖讓升堂拜坐如前儀賓僎介
至既就位執事者引賓僎介東向行三跪九叩禮謝
恩畢執事者唱司正揚觶執事者引司正由西階升詣堂
中北向立執事者唱賓僎以下皆立唱揖司正揖賓僎
以下皆揖執事者以觶酌酒授司正司正舉酒曰恭惟
朝廷率由舊章敦崇禮教舉行鄉飲非為飲食凡我長幼
各相勸勉為臣盡忠為子盡孝長幼有序兄友弟恭內

睦宗族外和鄉里無或廢墜以忝所生讀畢執事者唱司正飲酒飲畢以觶授執事執事者唱揖司正揖賓僎以下皆揖司正復位賓僎以下皆坐唱讀律令執事者舉律令案於堂之中引禮引讀律令者詣案前北向立唱賓僎以下皆立行揖禮如前讀畢復位執事者唱供饌案執事者舉饌案至賓前次僎次介次主三賓以下各以次舉訖執事者唱獻賓主起席北面立執事者斟酒以授主主受爵詣賓前置於席稍退贊兩拜賓答拜

訖執事者又斟酒以授主主受爵詣僎前置於席交拜如前儀畢主退復位執事者唱賓酬酒賓起僎從之執事者斟酒授賓賓受爵詣主前置於席稍退贊兩拜賓僎主交拜訖各就位坐執事者分左右立介三賓衆賓以下以次斟酒於席訖執事者唱飲酒或三行或五行供湯又唱斟酒飲酒供湯三品畢執事者唱徹饌候徹飲案訖唱賓僎以下皆行禮僎主僚屬居東賓介三賓衆賓居西贊兩拜訖唱送賓以次下堂分東西行仍三

揖出庠門而退
主席知縣位於東南大賓以致仕官為之位于西北僎賓擇鄉里年高有德之人位于東北介以次長位于西南三賓以賓之次者為之除賓僎外衆賓序齒列坐其僚屬則序爵司正以教職為之主揚觶以罰諠譁失禮者賛禮以老成生員為之

鄉飲酒方位圖

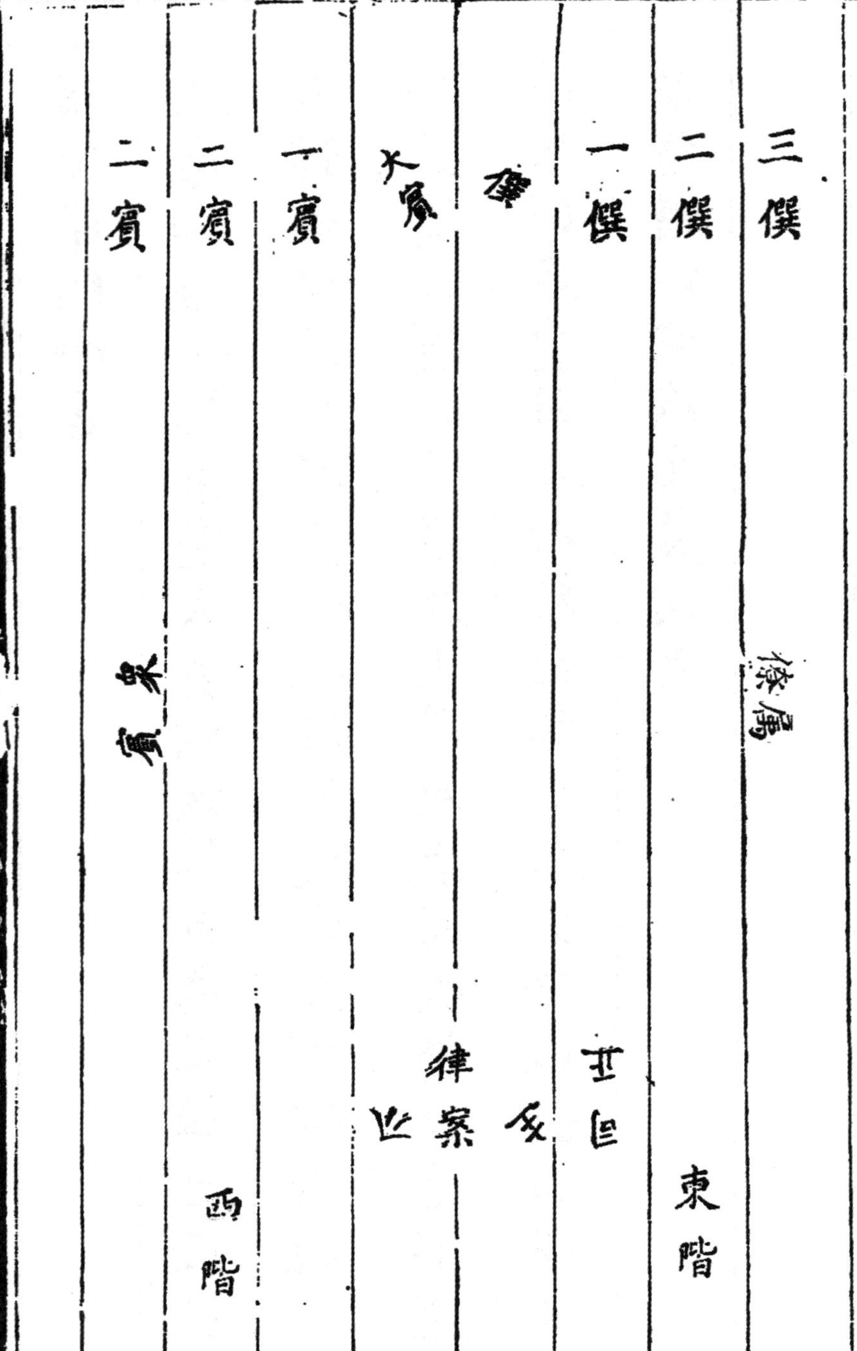

鄉約講讀

聖諭

每月朔望知縣傳集紳衿耆庶于公所奉

聖諭牌行三跪九叩禮畢分班序立現任官居東鄉紳居西諸生耆老列于兩旁兵民立于庭下設講案于庭中木鐸老人振鐸高聲宣

聖諭十六條

一敦孝弟以重人倫　一篤宗族以昭雍睦

一和鄉黨以息爭訟　一重農桑以足衣食

一尚節儉以惜財用　一隆學校以端士習

一黜異端以崇正學　一講法律以儆愚頑

一明禮讓以厚風俗　一務本業以定民志

一訓子弟以禁非爲　一息誣告以全良善

一誡窩逃以免株連　一完錢糧以省催科

一聯保甲以弭盜賊　一解讐忿以重身命

宣畢鳴講鼓約講立講案前高聲逐條講解兵民肅恭

拱聽講畢分班團揖而退其各里社縣官不能遍到則社中紳衿董之

祭祀

社稷壇

春秋二祭俱用仲月上戊日祭前三日齋戒將祭之前一日省牲治祭物潔籩豆掃除壇上下及設幕次中門外是夕獻官以下就幕次宿本日獻官以下俱夙興執事者陳設其壇坐南向北設社位於稷之東設稷位於社之西每位羊一用匣盛貯未啓蓋居左在籩之北豕一用匣盛貯未啓蓋居右在豆之北籩四盛

棗栗形鹽藁魚居左在羊之南豆四盛韭菹菁菹醓醢鹿醢居右在豕之南簠二盛黍稷居籩之左簋二盛稻粱居豆之右鉶一盛和羹居中在籩豆之南帛一黑色長一丈八尺用篚裝貯未上別設一小案閣祝版香炉居壇正中各官具朝服執事者捧祝版至幕次僉名僉畢捧置案上執事者取毛血盤置神位前牲案下寘酒於尊加冪在壇下東北置水於盆加帨在壇下西北焚香燃燭明炬通贊唱執事者各就位陪祭官各就位獻官就位引贊引獻官就拜位通贊唱瘞毛血執事者以毛血瘞於坎在西北隅啓牲匣蓋通贊

唱迎神跪叩首叩首叩首興平身名官俱一跪三叩興平身唱奠帛

行初獻禮司帛者捧帛司爵者捧爵各立以俟引贊贊請盥洗所獻官詣盥洗所

執事酌水進巾獻官盥手帨巾贊請酒尊所獻官詣酒尊所司尊者舉

羃酌酒注酒於爵贊請社神位前獻官陞自左階至神位前贊奠帛捧帛者自

右進於獻官獻官受而舉之仍自左授於執事者奠於神位前贊獻爵儀同奠帛贊俯伏興

平身獻官俯伏興平身贊請稷神位前儀同前贊請讀祝位獻官詣讀

祝位贊跪獻官跪贊衆官皆跪贊讀祝讀祝者取祝跪讀於獻官之左祝曰

維某年歲次某干支二八月某干支朔越某日某干支某

官其名敢昭告於
本縣社稷之神曰惟　神奠安九土粒食萬邦分五色以表
封圻育三農而蕃稼穡恭承守土肅展明禋時屆仲春秋
敬修祀典庶丸丸松栢鞏磐石于無疆翼々黍苗佐神
倉于不匱尚　饗讀畢通贊唱俯伏興平身獻官以下唱俱平身
復位引贊引獻官降自右階復原位通贊唱行亞獻禮儀同初獻但不奠帛不讀祝
唱行終獻禮儀同亞獻通贊唱飲福受胙執事者設飲福位
在壇中稍北執事者先於社位前割取羊左脚置於盤及於

酒尊所酌酒於爵同立於飲福位之右以俟引贊引獻官詣飲福位贊跪獻官跪贊飲福酒一人自右跪進爵於獻官獻官飲畢一人自左受虛爵以退贊受胙一人自右跪進胙於獻官獻官受訖一人自左跪接捧由中門以退贊俯伏興平身獻官俯伏興平身通贊唱復位獻官降自右階復位唱跪叩首叩首叩首興平身獻官以下俱一跪三叩興平身通贊唱徹饌執事者各詣神位前稍移動籩豆通贊唱送神唱跪叩首叩首叩首興平身獻官以下俱一跪三叩興平身通贊唱讀祝者捧祝進帛者捧帛各詣瘞所獻官陪祭官離位分東西班立俟捧祝帛者由中道而過通贊

唱望瘞引贊贊詣望瘞位引獻官至望瘞位執事者以帛焚於坎中焚畢以土寔坎通贊唱禮畢

社神　香炉　帛　爵　爵　爵　羹
棗　栗
鹽　藁魚　羊
黍　稷
稻　粱
韭菹　醓醢　豕
菁菹　鹿醢
西
陪祭　官位

南　祝　獻官位　北

稷神　香炉　帛　爵　爵　爵　羹
棗　栗
鹽　藁魚　羊
黍　稷
稻　粱
韭菹　醓醢　豕
菁菹　鹿醢
東
官位　陪祭

山川壇風雲雷雨城隍附

春秋二祭俱於仲月上旬擇日行禮郡縣多用上巳日祭前三日齋戒前一日省牲治祭物俱如社稷儀其壇坐北向南執事者掃除壇上下設各官幕次於壇中門外是夕各官宿幕次設風雲雷雨位於壇正中設山川位居左城隍位居右祭之日獻官以下夙興執事者設風雲雷雨位帛四山川位帛二城隍位帛一帛七段俱白色丈尺與社稷同用篚裝盛末上每位各羊一豕一鉶一籩四豆四簠二簋二陳設俱與社

稷同（但品物在其品之南者當改作在其品之北）各官具朝服僉祝版執事者寔酒於尊加冪置水於盥施帨（在壇下東南）焚香燃燭明炬通贊唱執事者各就位陪祭官各就位獻官就位（就位如儀）執事者先以毛血瘞於坎通贊唱迎神跪叩首叩首叩首興平身（獻官以下俱一跪三叩興平身如儀）引贊引獻官詣盥洗所（盥手帨巾如儀）次詣尊酒所（執爵捧帛如儀）次詣風雲雷雨神位前（先奠帛次奠爵）次詣山川神位前次詣城隍神位前（俱奠獻如儀）次詣讀祝位在風雲雷雨神位前祝曰（年月具官如式）惟

神贊襄

天澤福庇蒼黎佐靈化以流形生成永賴秉神機而鼓盪溫肅攸宜磅礴高深長保安貞之吉憑依鞏固寔資捍禦之功幸民俗之殷盈仰神明之庇護恭修歲祀正值良辰敬潔豆籩祗陳牲幣尚饗讀畢復位亞獻終獻同前但不唱奠帛讀祝次飲福受胙如社稷儀其胙取風雲雷雨神位前羊一脚次徹饌次送神次望燎俱如社稷儀但改望瘞為望燎

北

東　　　　　　　　　　　　　　　　西

本縣山川之神
帛二
爵　爵　爵
羹
棗　鹽　黍
栗　藁魚　稷
羊
稻　韭菹　菁菹
梁　醓醢　鹿醢
豕

風雲雷雨之神
帛四
爵　爵　爵
羹
棗　鹽　黍
栗　藁魚　稷
羊
稻　韭菹　菁菹
梁　醓醢　鹿醢
豕

本縣城隍之神
帛二
爵　爵　爵
羹
棗　鹽　黍
栗　藁魚　稷
羊
稻　韭菹　菁菹
梁　醓醢　鹿醢
豕

陪祭官位　　祝　獻官位　　官位陪祭

南

常雩乾隆十一年新頒

孟夏擇日行常雩禮知縣率僚屬具朝服赴

先農壇致祭　社稷　先農　山川　風雲雷雨之神用

羊一豕一各帛一白色鉶一簠二簋二籩四豆四行三跪

九叩禮三獻俱如祭社稷山川儀　祝曰年月具官如式恭膺

詔命撫育羣黎仰體　彤廷保赤之誠勤勞勸稼俯惟蔀

屋資生之本力穡服田　令甲爰頒肅舉祈年之典惟

寅將事用申守土之忱黍稷惟馨尚冀明昭之受賜來

牟率育庚俾豐裕于盖藏尚　饗

文廟

春秋二祭月用仲（取時之正）日用上丁（取文明之象）

正獻官知縣　分獻官殿上兩廡俱學官

執事人數　監宰（凡牛羊豕為正牲鹿兔為脯醢宰殺之時務使潔淨其毛血先存少許以告於神其餘及腸胃皆以淨桶盛之置諸庫房以俟埋瘞）監洗（凡鍋釜罍爵籩豆之屬與夫一應器皿俱監臨洗滌潔淨）監造膳羞（為餅餌及製造脯醢之屬）收發祭器（凡祭器一發一收皆檢視明白不可遺漏）提調幂次　通贊　引贊　司罍洗香燭　司

爵　司帛　讀祝　飲福受胙執事捧酒一捧胙一胙肉先令宰夫割取

祭前三日獻官陪祭官及執事者皆沐浴更衣散齋二日各宿別室致齋一日同宿齋所散齋仍理庶務惟不飲酒不茹葷謂葱韭葫蒜不弔喪不問疾不聽樂不行刑不與穢惡事致齋惟理祭事

祭前一日執事者設香案於牲房外獻官常服贊者唱詣省牲所唱省牲牛羊豕鹿兔省之謂看牲數有無齊足肌體有無肥瘠毛色有無純正省畢唱省牲畢乃退　凡宰牲必取血以告殺取毛以

告絶以盆盛毛血少許入置神位下

祭器

牲匣 以木爲之所以盛牲者底蓋朱髹各高六寸長三尺三寸廣二尺二寸兩旁釘銅環四兩端二 登 範金爲之所以薦太羹者 鉶 範金爲之所以薦和羹者 籩 以竹爲之所以薦棗栗菱芡榛脯鹽魚餅糗者 豆 以木爲之所以薦菹醢脾析豚胉者 簠 範金爲之所以盛黍者 簋 範金爲之所以盛稷者 篚 編竹爲之朱髹所以盛帛者 爵 範金及磁爲之所以受酒者 尊勺冪巾 尊所以盛酒者勺所以酌酒者冪巾所以冪酒者 盥洗尊盆勺帨 尊用磁盆銅錫隨用 案 祝案一高一尺二寸廣二尺三寸長三尺朱髹置正殿中以閣祝版尊案一高二尺七寸廣一尺五寸長五尺案面剜孔三下盛以木版朱髹置丹墀以閣酒尊爵帛案一尺四寸與酒尊同置丹墀以閣爵帛 香案

香炉　香合　牲盤　祝版以梓楸木或柏木為之高八寸廣一尺二寸別作一架閣之用白紙書文貼版上祭畢揭焚之藏版與架再用　燭龍卽蒲堂紅俱用銅鐵線結龜綱不用糊紙及紗絹其底畧以鐵葉皆防焚燭之虞

祭物　太羹周禮注羹肉汁不和　和羹周禮註肉汁加以五味　黍結穗如稻散垂而不毛高而似蘆者非　稷禮謂明粢乃粢之不糯者　稻今水田所種粳米　粱似粟而大有青黃白三種以上四品俱揀擇圓好滚湯泡澇成飯　形盐周禮盐人掌形盐散盐註謂形盐刻為虎形之類　薧魚周禮魰人為鱻薧註謂鱻生魚薧乾魚今製用鮮魚薄醃乾之臨用溫水洗酒浸片時　棗栗榛俱陸果　菱芡俱水果菱卽今菱角芡卽今鷄頭以上水陸諸果皆揀潔淨圓好者　韭菹周禮七菹

謂醃菜為之菹今製截去本末取中三寸淡用

醓醢 醢肉醬也醓醢之多汁者今製背細切豬膂肉拌油鹽蔥振蒔蘿茴香為之

菁菹 菁蔓菁菜頭似蘿蔔色微青今製用湯淪過作長段淡用

鹿脯 周禮腊人掌乾肉脯即肉之乾者今製切鹿肉作塊酒醃炙乾用之

鹿醢 切鹿肉作小塊用油鹽蔥椒蒔蘿茴香拌勻為醢

兔醢 製法同上

芹菹 芹水菜也如治菁菹法

筍 乾筍今製法煮熟揀淨切作長段用

魚醢 如造鹿醢法

白餅 用小麥麵造

黑餅 用蕎麥麵造以上俱用砂糖為餡印作圓餅子

糗餌 用粳米搗粉梔子水浸之蒸熟印作餅子

粉餈 用糯米搗粉蒸熟杵成餈為六方塊待冷切作小塊用

酏食 用糯米飯以和羊膏及蜜同熬

糝食 用白粳米飯細切牛羊豕肉同熬

帛 官制每段各長一丈八尺旁織禮神制帛四字禮为量帛謂量度其長短為之制也

陳設

文廟正殿制帛一端(白色)白磁爵三牛一羊一豕一登一鉶二簠二簋二籩十豆十酒尊一香燭

四配每位制帛一端(白色)白磁爵三羊一豕一鉶一簠二簋二籩八豆八酒尊一香燭

東哲(五案又升配有子一案)制帛一端(白色)白磁爵各一豕一鉶各一簠各一簋各一籩各四豆各四豕首一香燭

西哲與東哲同(五案)

東廡制帛一端（白色）銅爵各一豕三每案簠一簋一籩四豆四香燭

西廡與東廡同

崇聖王祠（五案）制帛五端（白色）白磁爵各三羊各一豕各一鉶各一簠各二簋各二籩各八豆各八酒尊各一香燭

四配（每位一案）制帛二端（白色）豕首一銅爵各三簠一簋一籩四豆四豕肉一方香燭

兩廡制帛二端（白色）銅爵各三簠一簋一籩四豆四豕肉

一方香燭

設酒尊所盥洗所於丹墀之東南尊寔酒施羃盥置水施帨各有司之者

設埋瘞所於廟之西北丹墀東西及露臺上各設炬兩

廡長廊各設燈

凡祭

文廟必先

崇聖祠夜四鼓與祭畢集祠中鼓一通陳設俻具各官具蟒袍補服鼓

再通庭燎畢舉鼓三通引贊各引獻官至通贊唱執事者各司其事

唱分獻官就位唱正獻官就位唱瘞毛血執事捧毛血出正祀由中門配祀由邊門通贊唱迎神引贊贊跪叩首獻官行三跪六叩禮興平身通贊唱捧帛捧帛者正祀由中門入配祀由邊門入詣各神位之左唱奠帛行初獻禮引贊贊詣盥洗所獻官盥手畢唱詣酒尊所司尊者舉羃酌酒執事者注酒於爵捧爵者在獻官前行正祀由中門入配祀由邊門入詣各神位前引贊導獻官進殿左門贊詣

肇聖王神位前贊跪獻官行一跪一叩禮興平身唱奠帛獻官接帛拱舉立獻畢執事跪接帛進於神前案上司爵者進爵於獻官引贊贊獻爵獻官接爵

拱舉立獻畢執事跪接爵進於神前案上引贊贊跪獻官行一跪一叩禮興

平身引贊贊詣

裕聖王神位前贊跪如前儀贊詣

詒聖王神位前贊跪如前儀贊詣

昌聖王神位前贊跪如前儀贊詣

啓聖王神位前贊跪如前儀贊詣讀祝位獻官至香案前唱跪通贊

唱衆官皆跪唱讀祝文讀祝者取祝版跪讀祝曰維　其年歲

次某干支二八月某干支朔越某日某干支某官某名敢

昭告於
肇聖王 裕聖王 詒聖王 昌聖王 啓聖王孔氏之
神曰惟 王奕葉鍾祥光開 聖緒盛德之後積久彌
昌凡報教所覃敷率循源而溯本宜肅明禋之典用申
守土之忱茲届仲春秋聿修祀事以 先賢顏氏 先賢
曾氏 先賢孔氏 先賢孟孫氏配尚 饗讀畢捧祝
版跪安案上帛盒内通贊唱叩首獻官行三叩禮興平
身引贊贊詣東配

先賢顔氏神位前贊跪贊奠帛贊獻爵叩興平身如儀贊詣西配
先賢曾氏神位前贊跪如儀贊詣東配
先賢孔氏神位前贊跪如儀贊詣西配
先賢孟孫氏神位前贊跪如儀贊復位引獻官從西角門出至原位朝上立
通贊唱行分獻禮引贊引分獻官至盥洗所盥洗畢贊詣
先儒周氏神位前贊跪贊奠帛獻爵叩興平身如儀贊詣
先儒張氏神位前贊跪如儀贊詣

先儒程氏神位前贊跪如儀贊詣

先儒蔡氏神位前贊跪如儀贊復位引分獻官從西角門出至原位朝上立

通贊唱行亞獻禮引贊引獻官從東角門入不用詣盥洗所贊詣酒尊所司

尊者舉冪酌酒先詣　肇聖王次　裕聖王次　詒聖

王次　昌聖王次　啓聖王次　配位儀同初獻但不奠帛不讀祝

復位通贊唱行終獻禮儀同亞獻通贊唱飲福受胙引贊贊

詣飲福受胙位位在讀祝所進福酒者捧酌進胙者捧盤立於讀祝案之東又二執事立於案之西引贊贊跪飲福酒東執事捧福酒跪進於獻官西執事跪接爵置於案上引贊

贊受胙（東執事取羊肩置盤上跪進於獻官獻官受胙訖西執事跪接由中門捧出）引贊贊

叩首興平身復位通贊唱跪叩首獻官行二跪六叩禮

衆官皆同興平身通贊唱徹饌（執事者各於神案前品物畧移動）通贊唱送

神引贊贊跪叩首獻官行二跪六叩禮興平身通贊唱

讀祝者捧祝司帛者捧帛詣瘞所（執事捧帛捧祝正祀由中門出配祀由邊門出）唱詣望瘞位引贊引獻官各詣望瘞位贊望瘞贊焚

祝帛引贊贊復位禮畢

文廟中鼓初嚴殿上兩廡諸執事者各燃燭焚香丹墀及

露臺上皆明炬各官具朝服鼓再嚴各執事者畢集鼓三嚴執事者薦羮及啓牲匣盖以湯澆牲體使氣上升各引贊引各獻官至戟門下北面立通贊唱執事者各司其事司盥洗者各執盥洗司瘞毛血者俟瘞毛血凡有司者各司其事唱陪祭官各就位各照官銜品級就拜位康熙四十九年詔天下武員把總以上皆得入廟陪祭分獻官各就位正獻官就位隨引贊就拜位唱瘞毛血執事者捧毛血正祀由中門四配東西哲由左右門出兩廡隨之瘞於坎唱迎神跪叩首正獻分獻陪祭俱行三跪九叩禮興平身通贊唱捧帛執事者各捧帛盤正祀由中門進配哲由

左門進西廡分東西進詣各神位之左鞠躬旁立唱行初獻禮引贊二人導正獻官行贊詣盥洗所獻官盥手畢贊詣酒尊所司尊者舉冪酌酒執事者注酒於爵捧爵者在獻官前行正祀由中門入餘由左門入詣各神位前鞠躬旁立引贊贊詣至聖先師孔子神位前獻官隨引贊由左偏門入至神位前朝上立贊跪贊奠帛捧帛者西跪進帛獻官拱舉執事者接置神案上贊獻爵司爵者西跪進爵獻官拱舉執事者接置神案上贊叩首興平身贊詣讀祝位獻官至香案前唱跪通贊唱衆官皆跪唱讀祝文讀祝者取祝版跪讀祝曰維

其年歲次其干支二八月其干支朔越其日其干支正獻官某分

獻官某敢昭告于

至聖先師孔子之神曰惟　師德隆千聖道冠百王揭日

月以常行自生民所未有屬文教昌明之會正禮和樂

節之時辟雍鐘鼓咸格薦乎馨香泮水膠庠益致嚴於

籩豆今茲仲春秋祗率彝章肅展微忱聿將祀典以

復聖顏子　宗聖曾子　述聖子思子　亞聖孟子配

尚饗讀畢讀祝者將祝版復置神案上通贊唱叩首獻官行三叩

禮興平身引贊贊詣

復聖顏子神位前贊跪贊奠帛贊獻爵俱如正祀儀唱叩首

興平身贊詣

宗聖曾子神位前贊跪如前儀贊詣

述聖子思子神位前贊跪如前儀通贊唱行分獻禮另引贊各

引分獻官詣十哲及兩廡俱如正祀儀今東哲多朱子一案禮亦如之引贊贊詣

亞聖孟子神位前贊跪如前儀贊復位引贊引獻官及分獻官由西角門出

復于原位朝上立通贊唱行亞獻禮俱如前儀惟不盥洗不奠帛不讀祝文獻畢

唱復位通贊唱行終獻禮如亞獻儀獻畢唱復位通贊唱飲

福受胙引贊贊跪飲福酒東執事進爵獻官飲訖西執事接置神案上贊受胙東執事進胙獻官受訖西執事接胙由中門出贊叩首興平身復位通贊唱跪叩首正獻分獻陪祭各官俱行三跪九叩禮興平身通贊唱徹饌徹訖將神案上品物畧移動通贊唱送神引贊贊跪叩首正獻分獻陪祭各官俱行三跪九叩禮興平身通贊唱讀祝者捧祝司帛者捧帛各詣瘞所正祀由中門左右配哲由左右門兩廡各隨班俱詣瘞所唱詣望瘞位各獻官詣瘞位唱望瘞唱焚祝帛唱復位通贊引贊同唱禮畢

正殿陳設之圖

文廟正殿

帛

爵 爵 爵

和羹 太羹 和羹

白餅 黑餅
菱 芡
榛 栗
棗 鹿脯
形鹽 藁魚
黍 稷
稻 粱
韭菹 醓醢
菁菹 鹿醢
芹菹 兔醢
筍菹 魚醢
脾析 豚胉

羊 牛 豕

四配陳設之圖

四配

每位

帛

爵　爵　爵

羹

蔆	榛	棗	塩	黍	稻	韭菹	菁菹	芹菹	筍菹
芡	栗	鹿脯	藁魚	稷	粱	醓醢	鹿醢	兔醢	魚醢

羊　　豕

東西哲陳設之圖

東哲五案又升配有子一案每案帛爵羹

西哲同

棗　栗

盐　鹿脯

黍　豕首

稷　豕

菁菹　鹿醢

芹菹　兔醢

兩廡陳設之圖

東廡三案每案帛爵羹

西廡同

東　栗

盐　鹿脯

黍

稷　豕

菁菹　鹿醢

芹菹　兔醢

文廟祭畢乃祭

朱文公祠用帛一羊一豕一簠一簋一籩四豆四祝曰年月具官如式惟　公道宗鄒魯學繼濂洛註述六經啓發萬世今茲仲春秋謹以牲帛醴齊粢盛庶品用伸虔登尚饗

次祭

名宦祠次祭

鄉賢祠次祭

忠義孝弟祠祝曰年月具官如式惟　靈稟賦貞純躬行篤寔

忠誠奮發貫金石而不渝義問宣昭表鄉閭而共式祗
事懋彝倫之大性摯義蔦克恭念天顯之親情殷棣蕚
模楷咸推夫懿德　綸恩特闡其幽光祠宇維隆歲時
式祀用陳尊簋來格几筵尚　饗次祭
節孝祠祝曰年月具官如式惟　靈純心皎潔令德柔嘉矢志
完貞全閨中之亮節竭誠致敬彰闈内之芳型茹氷櫱
而彌堅清操自礪奉盤匜而匪懈篤孝傳徽　綸綍特
沛乎殊恩祠宇昭垂於令典祇循歲祀式薦尊醪尚饗

各祠盥瘞奠獻俱如儀但只穿補服迎神送神只一跪三叩

附釋菜禮

每月朔旦行釋菜禮用兔為醢（醢前一日為之）菁為菹（禮樂圖謂用菁菹八兩）果用棗栗（禮樂圖謂各重四觔）香燭隨用

先師一案爵三（左右二爵先注酒中爵行禮時獻上）品物四中二品左兔醢右菁菹東西二品左栗右棗四配東西各一案陳設與

先師同十一哲東西各一案爵三（儀注同上）品物三中菁菹左

栗右東西廡東西各一案陳設與十一哲同

通贊唱排班（獻官以下皆序立丹墀內）班齊（唱）闢戶（禮生開殿門）通贊唱跪叩首叩首叩首（獻官以下皆跪叩首二跪三跪同）興平身（皆興平身）引贊詣獻官前贊詣盥洗所（獻官隨引贊至盥洗所盥手帨巾如儀）贊詣酒尊所（獻官隨引贊至酒尊所司尊者舉冪酌酒以俟）贊詣

至聖孔先師神位前（捧爵者三各先行奉先師者由中門入奉四配者由左偏門入獻官隨引贊亦由左偏門入至神位前向上立）贊跪贊獻爵（捧爵者由左跪授獻官一爵獻官受少舉之轉授捧爵者置神位前）贊俯伏興平身（獻官俯伏興平身）贊詣

復聖顏子神位前贊跪贊獻爵儀同前唱詣

宗聖曾子神位前儀同前贊詣

述聖子思子神位前儀同前贊詣

亞聖孟子神位前儀同前通贊唱行分獻禮獻官行禮將至亞聖孟子前通贊乃唱行分獻禮引贊各詣東西哲及兩廡分獻官前贊詣

盥洗所酒尊所東哲西哲東廡西廡神位前獻爵如上

儀贊復位獻官以下各隨引贊退原位通贊唱禮畢

附大成樂

樂器　麾

金部　大鐘　編鐘　鎛鐘　歌鐘

石部　特磬　編磬　歌磬

絲部　琴瑟　竹部　鳳簫　龍笛　洞簫　雙管　篪　匏部　笙　土部　塤

革部　鼖鼓　鞉鼓　懸鼓　搏拊　楹鼓　田鼓　足鼓　相鼓　木部　柷　木鐸　敔

舞器　旌節　翟　籥

迎神奏咸平之曲　有樂　無舞

大哉至聖峻德弘功敷文衍化百王是崇典則有常昭茲辟雍有虔簠簋有嚴鼓鐘

初獻奏寧平之曲　有樂　有舞

覺我生民陶鑄前聖巍巍泰山寔予景行禮備樂和豆籩惟靜既述六經爰斟三正

亞獻奏安平之曲 有樂有舞

至哉聖師天授明德木鐸萬世式是羣辟清酒維醑言觀秉翟太和常流英才斯植

終獻奏景平之曲 有樂有舞

猗歟素王示予物軌瞻之在前神其寧止酌彼金罍惟清且旨登獻既終弗遐有喜

徹饌奏咸平之曲 樂作舞止

璧水淵淵崇牙業業既歆宣聖亦儀十哲聲金振玉告

蓀將徹䉤假有成羡牆靡愒

送神奏咸平之曲 樂作舞止

煌煌學宮四方来宗甄陶胄子暨予徵躬思皇多士膚

奏厥功佐予烝清三五是隆

望瘞樂

曲同送神 有樂無舞

關帝廟

歲凡三祭五月十三日前殿照常用帛一牛一羊一豕一果品五盤後殿不用牛餘照前殿其春秋二祭前殿帛一牛一羊一豕一簠簋十豆十後殿帛各一羊各一豕各一簠簋各八豆各八

前殿祭日引贊引承祭官朝服進左旁門贊詣盥洗所盥手帨巾畢通贊唱執事者各司其事引贊贊就位引承祭官就位通贊唱迎神司香者捧香盒立香炉左引贊引承祭官詣香

炉前司香者跪引贊贊上香承祭官將炷香接舉插炉

内又上塊香三次畢引贊贊復位承祭官復位引贊贊

跪承祭官行三跪九叩禮興平身通贊唱奠帛行初獻

禮捧帛執爵者將帛爵捧舉各就神位前引贊贊奠帛

奠帛者跪獻畢行一跪三叩禮退贊獻爵獻爵者立獻

畢退贊詣讀祝位讀祝者至祝案前行一跪三叩禮將

祝文捧起立承祭官之左引贊贊跪承祭官及讀祝者

俱跪贊讀祝祝曰年月具官如式敢昭告於

忠義神武關聖大帝之神曰惟 帝浩氣凌霄丹心貫日扶正統而彰信義威震九州完大節以篤忠貞名高三國神明如在徧祠宇於寰區靈應丕昭薦馨香於歷代屢徵異蹟顯佑羣生恭值嘉辰遵行祀典筵陳籩豆几奠牲醪尚 饗讀畢捧至神位前安盛帛盒內行一跪三叩禮退引贊贊叩承祭官行一跪三叩禮興平身通贊唱行亞獻禮儀同初獻但不奠帛不讀祝通贊唱行終獻禮儀同亞獻通贊唱徹饌執事者詣神位前將籩豆等各少舉唱送神引贊贊跪承祭

官行三跪九叩禮興平身通贊唱讀祝者捧祝進帛者捧帛司饌者捧饌恭詣燎位引贊引承祭官退至西邊立俟捧祝帛過畢復位引贊贊詣望燎位引承祭官至燎炉前贊焚祝帛贊禮畢引承祭官退

後殿

祭日引贊引承祭官蟒袍補服進中門贊詣盥洗所盥畢通贊唱執事者各司其事引贊贊就位引承祭官就位通贊唱迎神司香者捧香盒立各香炉左引贊引承祭官詣　光昭公香炉前司香者跪引贊贊上香承祭官將炷香接舉

揷炉內又上塊香三次畢引贊引承祭官詣　裕昌公香炉前同前上香畢引贊引承祭官詣　成忠公香炉前同前上香畢引贊贊復位承祭官復位引贊贊跪承祭官行二跪六叩禮興平身通贊唱奠帛行初獻禮捧帛執爵者將帛爵捧舉各就神位前引贊贊奠帛贊獻爵儀俱同前殿　先光昭次裕昌次成忠各獻畢贊讀祝詣讀祝位在光昭公前儀同前殿　祝文年月日官如式　致祭於

關帝之　曾祖光昭公　祖裕昌公　父成忠公之神曰

惟
公世澤貽厤靈源積慶德能昌後篤生神武之英
善則歸親宜享尊崇之報列上公之封爵錫命優隆合
三世以肇禋典章明備恭逢諏吉祇事薦馨尚
饗讀畢
通贊唱行亞獻禮儀同初獻但不奠帛不讀祝通贊唱行終獻禮儀同
亞獻唱徹饌儀同前殿唱送神引贊贊跪承祭官行二跪六叩
禮興平身餘悉同前殿

天后廟

春秋二仲月擇吉致祭用帛一羊一豕一籩八豆八

三月二十三日　誕辰有司蟒袍補服到　廟拈香

祭日清晨引贊引承祭官蟒袍補服進中門贊請盥洗

所盥畢通贊唱執事者各司其事引贊贊就位引承祭官就位通

贊唱迎神司香者捧香盒立香炉左引贊引承祭官詣

香炉前司香者跪引贊贊上香承祭官將炷香接舉插

炉内又上塊香三次畢引贊贊復位承祭官復位引贊

贊跪承祭官行二跪六叩禮興平身通贊唱奠帛行初

献禮捧帛執爵者將帛爵捧舉就神位前引贊贊奠帛

贊獻爵贊讀祝讀祝畢贊行亞獻禮贊行終獻禮贊徹
饌俱儀同關帝通贊唱送神引贊贊跪承祭官行二跪六叩
禮興平身引贊贊詣望燎位引承祭官至燎炉前贊焚
帛焚畢贊復位禮畢

邑厲壇

歲凡三祭春清明日秋七月十五日冬十月初一日每
祭用羊三豕三飯米酒紙香燭隨用先期三日主祭官
齋沐更衣用補服備香燭酒果牒告本處城隍通贊行一

跪三叩禮興平身詣神位前跪進爵獻爵奠爵俯伏興

平身復位又一跪三叩興平身焚告文禮畢

本日設城隍位於壇上祭物羊一豕一設無祀鬼神壇

於壇下左右書曰本縣境內無祀鬼神祭物羊二豕二盛置於器同

羮飯等鋪設各鬼神位前陳設畢通贊唱執事者各就

位陪祭官各就位主祭官就位贊行一跪三叩禮興平

身主祭官詣神位前跪三獻酒俯伏興平身復位讀祭

文讀畢又一跪三叩焚祭文並紙錢禮畢

旗纛

每歲霜降前一日本縣汛防官率兵士盛裝鎧仗迎請旗纛到教場張幕劄營至霜降日五鼓以帛一白色羊一豕一行三獻禮禮畢放砲揚威撤幕束裝整伍回汛歸纛於武廟

禜祭

祝文年月具官如式致祭於城門之神曰詔命臨民職司守土惟兆人之攸賴並藉神功曁四序之常調羣蒙

福蔭必使雨暘應候爰占物阜而民安庶其寒燠咸宜共慶時和而歲稔仰靈樞之默運聿集嘉祥襄元化以流形俾無菑害尚 饗

論曰昔聖王之制禮也自朝廷邦國下逮閭巷之間有治教即有禮儀況大同之世車書一統倫物彰明矣而舊志所載闕畧不詳義例亦異豈風教有殊亦考訂之誤也故備稽而詳著之俾行禮者率循孔易焉

德化縣志卷之九終

武衛志

兵制　險要　汛塘　教場　附盜賊

克詰戎兵慎固封守所以綏靖我人民也設險據要為未雨綢繆之計誠保障者所有事矣德化山谿阻阨而閩道達於五州汀延漳廣間狡焉思逞者輙走集焉附載前車用以示鑒志武衛

兵制

宋初收天下精壯於京師為禁軍留本州鎮守者為廂軍

禁軍就糧各州者仍稱禁軍德化屬泉州有澄海威果
全捷廣節指揮名號時迭更易營地分駐各縣額軍之
外有土兵亦曰砦兵巡檢領之大中祥符間置巡檢寨
于雲峯里（今新化里）邱店村元豐三年遷額管土兵一百二
十五人守之又籍民為邏警弓手隨産户催募嘉定間
泉州守真德秀請置平盧隘于東西團以左翼軍兵一
百人更番屯戍

元初調揚州湖州軍戍泉州後乃設萬户府與土軍相參

德化置巡檢司四有巡軍有弓手並隸巡檢司至元丙子高平章立伏虎隘于湯泉里撥軍守禦

明制泉州永寧二衛有歸附軍有投充軍有謫發軍有改調軍或為正管軍或為帶管軍設指揮千百户統之入則守城謂之見操軍以時訓練出則守寨謂之出海軍按季踐更俱為征操軍又有屯旗軍奉紅牌及操田事例之屯軍也有屯種軍糧出於所種田而以餘糧輸官為不支糧屯軍德化屯種軍凡三十二所詳見民賦志

洪武九年以邑民為垜籍留守衛二十年江夏侯周德興經畧海上刺德化民抽丁充永寧衛防倭戍守民逃亡者過半

洪武二十年江夏侯周德興置高鎮巡檢司括民丁統於巡檢為弓兵本司額設七十名往役者復其家弘治間以田賦定差役而民間僱值倍之嘉靖季閩中被倭軍門議各司弓兵多逃亡始減兵數僱值徵贏充餉高鎮巡司弓兵只存十二名

洪武初立民兵編成隊伍以時操演有事用以征戰事平復還為民有功者一體陞賞正統十四年命本地官司率領操演名曰快手十年一代景泰間議設機兵天順元年命鞍馬器械悉從官給復其本户丁粮弘治二年選取民壯須年二十以上五十以下精壯之人（州縣七八百里者里二名五百里者里三名三百里者里四名一百里者里五名）德化舊額一千八百有奇率以下户僉充春夏秋月操二次至冬操三歇五六年令官司私役民壯者以私役軍餘例罪之正德七

年始更其法以一縣丁粮通融編差丁六丁米三十九石編一名嘉靖三年又除官吏優免外丁三丁米三十九石編一名後又以米專編驛人丁專編機兵皆慣徒攬之三十六年改將丁米對編每名倍追工食銀一十四両四錢内以一半團練每名給工食銀十両八錢一半防守每名給工食銀七両二錢剩銀充餉三十八年改以丁四粮六編每名給銀七両二錢照舊倍追四十三年又以丁米對編每名工食銀十両八錢内對與自

取銀七两二錢餘銀充餉四十四年題派丁四粮八專備餉銀民兵通免倍追又添編抽取民兵徵銀仍解充餉嘉靖間德化額編機兵一百二十名内一百五名每名給銀十两八錢一十五名每名給銀七两二錢餘銀充餉頻年被倭軍門於其中選為標兵隷麾下奏增機兵之直而减其數收贏充餉隆慶以後復遞減扣工食充餉萬曆間寔存機兵八十名

嘉靖三十七年都御史王詢行令各縣添設鄉兵專備城守萬曆間裁按機兵額設工食選驍勇精壯慣習捕盗者為之掌印官提督操演儘可得其用命

鄉兵不給工食養之無道教之無素強令掾戈寔滋擾害耳

按嘉靖之季倭奴入寇調到廣西向武州等處客兵未嘗與賊一交鋒供給賞予徒糜帑財億萬及福寧福清永寧崇武所在城池相繼失陷則餽賄免禍之費又有不可勝計者府縣庫藏因之窮竭迨興化城陷始銳意經略以巡撫譚綸至而鄰省總督胡宗憲遣參將戚繼光率所練義烏兵八千人自浙來援倭寇蕩滅民賊殲除地方獲寧于是當事者遂以土著之兵為不足練衛

所軍餘又多餒弱故閩中善後預備防禦之兵率歲調于金華而兵餉之徵由此無巳自嘉靖三十六年倍追機兵工食又有加派均徭之議至四十四年都御史汪道昆題將通省丁糧以丁四糧八派追軍餉而倍追機兵加編均徭悉議停罷尚以其不給也乃留料鈔鹽鈔魚課屯所諸銀又以其不給也乃添編抽取民兵仍徵其銀充餉又以其不給也仍減巡司弓兵只存十二名餘皆徵銀充餉又以其不給也乃榷坊市酒稅乃抽見

存寺稅乃扣各倉折價猶以其不給也至減預備倉軍儲倉夫斗級而追其工食以湊餉用今考嘉靖四十五年以後所徵軍餉之數著其大都而一時郡縣之利害可槩覩矣附萬曆志載德化縣觧充兵餉項下丁四米八銀五百二十四兩六分四厘　料鈔銀一百三十八兩四錢四分七厘　鹽糧銀八十三兩三錢二分二厘　扣觧機兵銀三百七十八兩　扣減弓兵銀四百二十九兩二錢　酒稅銀三兩九錢　寺租銀二十兩七錢九分三厘　永寧倉本色餉銀一千八百一十兩三錢五分八厘　永寧倉折價充餉銀七百六十六兩三錢七分七厘　倉夫銀二十兩

國朝革明代戍卒之弊專置綠旗以重鎮守各縣城鄉分

立汛塘星羅碁布陸路提標後營以千把總一員輪防德化縣汛兼轄嶽尾高洋溪邊南埕水口郭坂赤水格美洋等塘領馬步戰守兵一百名內馬戰兵二名步戰兵二十名守兵七十八名分駐各汛塘一年一換

康熙五十一年提督楊琳

題設山坪頭汛以千把總一員輪防本汛兼轄王春孫頭倚洋十八格等塘領馬步戰守兵一百名內馬戰兵二十名步戰兵二十名守兵六十名分駐各汛塘一年一

換乾隆元年總督郝 以山多瘴氣咨准部覆将弁兵
移駐内洋改山坪頭汛為山坪頭塘

國初原編民壯五十名每名給工食銀七兩二錢地方官
率領操演康熙十七年裁二十二年復設續奉裁雍正
二年復設七年派撥厦門海防二十名安海糧捕六名
俱乾隆二年裁派撥典史六名雍正十三年裁今存二
十名每名給工食銀六兩帯勻閏銀二錢本縣知縣調
遣訓練又額設馬快八名專司緝捕盜賊

險要

虎豹關在縣南二十里大劇嶺上極高險永春州分界明

為劇頭隘知縣李元龍易今名

國朝順治六年撥兵駐鎮十年罷先五里置高洋塘

蘈坑隘在縣南二十里通永春州界明時設

天馬格在縣東南二十里通永春州

塔嶺隘在縣東南十五里通永春往仙遊明為蓋福洋隘

今置溪邉塘於其下

半林格在縣東南清太里離縣治八十里通仙遊先二十
里置南埕塘
張地嶺在縣東清太里離縣治八十里通永福先十里置
水口塘
蛇嶺隘在縣東北梅中里離縣治一百二十里通永福
大官嶺在縣北梅中里離縣治百里通尤溪宋立官井關
明設油竹隘於嶺下先十五里今置美洋塘
湯嶺隘在縣北梅上里離縣治百里通尤溪念九都宋為

湯尾關明重設

尤床隘在縣西北湯泉里離縣治百里通大田明時設

蕉嶺隘在縣西尤中里離縣治百里通大田明時設先三十里今置十八格塘又先二十里為雙翰鄉山谿險峻民居稠密

雙峯隘在尤中里山坪社離縣治百里道出兩峯之間大田縣分界通五州要路宋為巖市關紹定淳祐間泉州守真德秀顏頤仲嘗欲置寨不果

國朝置山坪頭汎以千把摠一員帶兵輪防乾隆元年移
駐内洋離山坪頭十里仍置山坪頭塘分兵守之

長安隘在黃認園明時設後劃屬大田縣

伏虎隘在湯泉里離縣治一百二十里元至元丙子高平
章以地接汀延二郡置隘撥軍守之後廢明重設

赤嶺隘在尤中里離縣治一百一十里通大田梓溪明時
設先二十里今置王春塘又先三十里置漈頭塘

上窑格在縣西寔豐社離縣治六十里通永春先五里置

倚洋塘

儒山石牌格在縣西上林社離縣治三十里通永春再去

五里為上漈隘明時設今屬永春州

三縣寨在縣北新化里邱店村離縣治二十五里宋大中

祥符間本路提刑奏請置巡檢寨始議叙于永春後以

德化湖嶺下五州輻輳乃建于此主擇德化永春安溪

三縣要路明時廢先五里今置郭坂塘

石門隘在縣北東西里離縣治四十里宋為平盧隘嘉定

問泉州守真德秀申請置寨畧云照得本州永春德化二縣與汀漳南劍三州接境紹定三年汀寇既破龍岩長泰遂由漳徑犯永春德化兩縣適其荼毒至今瘡痍未瘳某自到任即據寄居士人陳述利害謂合於永春縣衝要之處創置一寨以左翼軍兵百餘人屯戍庶可弭患未然某旋加訪問衆口一詞俱稱利便見委官同本縣知縣陳梲相視形勢及牒左翼軍統制齊敏預加揀選畢倫甾成外但欵造寨屋發遣官兵不無費用本州目今困於宗子俸給委是無可那融契勘交承錢內有修城官會四萬六千貫文擬欲權行兌用養官兵出戍浦城縣等處其生券錢米係通判廳於官錢內支給具申朝廷劄下從其所申於永春縣置寨一所差左翼官兵一百人更番出戍仍於權將撥管收成官會兌用別具細數申乞降豁及劄下本通判廳官錢內支給生券錢米伏乞指揮施行

明重設亦名平盧闗先五里

今置赤水格塘

汛塘

德化縣汛輪防官千把總一員外委火器把總一員汛兵分駐北鎮樓東城門南城門西城門自北鎮樓廢借住城隍廟西畔房廨乾隆七年知縣魯鼎梅就上市新街巷馬王廟故址捐建上下二廳四房左右二間其各城門俱有營房敵樓分駐如舊

嶽尾塘在東闕外

高洋塘在縣南十五里安兵　名

溪邊塘在縣東南十五里安兵　名

南埕塘在縣東六十里安兵　名

水口塘距南埕十里安兵　名

郭坂塘在縣北二十里安兵　名

赤水格塘距郭坂十五里安兵　名

羨洋塘距赤水格五十里輪防外委把總一員安兵　名

内洋汛輪防官千把總一員外委火器把總一員乾隆元年咨准自山坪頭移駐於此山坪頭塘在縣西百里太田分界安兵　名王春塘在縣西九十里安兵　名漈頭塘在縣西六十里安兵　名倚洋塘在縣西五十里安兵　名十八格塘在縣西北七十里輪防外委把總一員安兵　名

教場

宋教場在縣治東後廢明洪武九年建為分司行署今闢南書院地正德末因防西寇暫借社稷壇致齋所為之在縣西嘉靖九年知縣許仁請于巡按御史施山管屯僉事姜儀

允復縣東舊教場地竟未復今仍在社稷壇之西

盜賊附

宋紹定三年汀邵盜晏彪等分黨破龍岩長泰遂由漳境徑犯德化及永春招捕使陳韡遣偏師擒其酋歸所擄掠人有更生之喜建祠泉州行春門外與真西山並祀

明正統十四年沙寇鄧茂七遣賊將陳敬德攻陷縣城燬縣治結寨山谷出寇永春復分寇諸縣遠近望風降附將至郡城知府熊尚初請調衛軍未下自提民兵與晉

江典史孟常陰陽正術楊仕洪拒戰于城南古陵坡被執皆死之

弘治五年漳平盜温文進攻陷安溪縣分掠德化泉郡騷動副使司馬垔督官民兵討平之

正德元年廣東盜入閩寇漳州盜不滿九十自南靖流掠長泰所過俘虜男女索金帛官兵不能禦遂至安溪永春德化剽掠而去

九年汀漳盜流入永春德化肆掠而去

嘉靖元年秋廣東汀漳盜流掠南安安溪德化遂入永春二年元日癸卯賊至自德化掠永春官兵邀之花石嶺戊申覆鼎鄉兵設伏以待賊突圍去他賊聞覆鼎有備奔安溪官兵亦以是日敗之于加胡隔辛亥泉兵與賊戰於高坪泉州衛經歷葛彦被擄乙酉漳泉合兵復戰於霞村漳州通判施福被擄俱贖回賊僅九十三人狡而狠六月賊復至七月入興化殺掠甚摻興泉合兵數千攻之一交鋒輒敗相持數日我兵不能獲其一矢

飽欲而去三年冬十月寇永春初四日知縣柴鑣敗之于高坪十一日戰于小姑御史簡霄檄按察司僉事聶珙督諸縣兵擊之二十二日知縣南安顏容端德化梅春安溪龔頴同安周惟會永春柴鑣之兵追至雞母岫龍溪知縣黎艮亦以所部兵來會是日賊自雞母岫奔入邑之小尤中團二十四日官兵追及賊窮奔入里民黃舜大家遂圍之邑義士涂洪三度其當夜遁獨持短兵伺于要路截殺無遺

（舊志載是時楊梅中張永成督義勇勦殺有功附記之）

四十年五月汀漳盜自永春崎安流入德化小尤中而去是年程鄉河埧汀漳諸賊首藾阿普廖銑賴宗藩等連屬出沒無有寧日一月抄掠四五次廬舍焚燬一空民死不可勝計田地荒蕪每米四升銀錢一盐三觔銀錢一永春叛民呂尚四糾林文煥張時睦等黨與三萬餘人將攻永春警聞永春紳士各捐金募兵四百餘人日操夜守賊避之五月二日從間道趨南安於是永春各都民兵一千五百餘人皆来應典史侯爵調度寄約

德化尅日搗巢適知縣林萬春到任性怯力主招撫立散民兵賊聞悉黨乘虛攻之以十七日黎明陷永春城擄林萬春燆典史廨大殺市民而去是年夏賊褚鐸攻南安城弗克千戶王道成招撫之不聽執道成去尚四與鐸合所過地方殺掠倫憸遂由仙遊入德化石傑以五月二十二日攻縣城至二十七日賊黨大至分布城外焚燬民廬連營數十處知縣張大綱出戰斬賊數百次日賊造牛皮車竹筏竹梯緣城蟻附復以火銃毒矢

破之戒壁嚴壘乘機出戰屢有斬獲六月三日乘勝直
搗賊巢尚四棄妻子率親黨二十餘人投倭為人所殺
褚鐸亦為永春人所擒

南安探花黃養蒙記

德化泉之屬邑也依山為固舊未有城先令鄧君景武始議築之然經始之初草創未備規制失於低薄民守病其曠濶居於中者凡遇警報則危懼之甚己未冬衢坡張侯来涖茲邑作興人文惠愛百姓尤以城郭為重從而改築焉客歲辛酉春余將命南行道經其邑見其造月城營敵樓崇堞浚濠視向益堅年来倭夷匪茹六邑咸受其毒而德化獨幸安堵者以侯恩威素著與其城堅而守完也迨夏五月永春蓮壺呂尚四等乘倭倡亂鄰比之民脅從者不可勝紀遂刦質其縣新尹及泉衛王千户假以就撫為辭而欵我師蟻附日衆聲勢益張行署都鄙私相部署是月癸丑遣賊

鹿喬華率衆數千攻我南安新城戰於九日山賊敗夜遁復保尚四以二十七日丙辰悉衆入圍德化維時張侯飭守備振兵威分命教諭李君燁嚴於廵守而自統兵出擊西戰金城寨斬首百餘級東戰窪頭山斬首三百餘級次日賊以竹筏雲梯天車四面攻城侯以火銃毒矢擊之賊又取草數千束謀為火攻夜則絶人於城外一炬焚之仍遣兵奪其所據橋斷其餉道俘斬賊數百復出兵東西合戰城上鼓譟賊衆奔潰其黨尤萬化等百餘人棄戈就縛所不死以報効時六月庚申也侯料賊必退保遂壺將乘勝追勦又以二賫在賊中恐為不利乃募壯士夜取以出釋尤萬化歸為内應翌日身先士卒直擣賊巢殲主畫王渠騰呂尚四華二百餘人坐致黨魁趙天麟張時睦等百餘人其餘脅從者並釋歸田完師凱旋則是日壬戌也方尚四倡逆叛者響應其心非止於一方計窺金雞之水截洛陽之流衡山海米穀以坐斃泉州又慮德化之躡其後也故先率所部

猶南安而身圖德化于時郡邑震驚莫知所措以一德化居民不滿三百官兵不滿六百欲求外援則比邑之令與握兵之帥既已被執當道者意在招撫專城者圖在自保向非侯之決策破滅攻焚巢穴則賊勢蔓延竟莫誰何非侯之威望素隆人心思奮又安能以小為堅以弱為強耶是逆寇之平非特一方之幸寔七邑之大幸侯之平寇匪直昭於德邑寔七邑永賴之奇功自是永福上杭羣盜絶至其境即遣兵勦捕靡不聞風逃竄而四郊之民依城為樂土者又悉區處官地以止居此撫字之仁與干城之勇侯之所以並著而見稱也德之鄉先生陳君石林君榕李君景春等以士民荷保障之恩而思所以章侯於不朽乃備述其偉績請記於余余既稔侯之賢又嘉其功而幸吾泉之並受其休也不敢以不文辭而叙録之云侯諱大綱字立卿號衛坡廣之龍川人由鄉貢進士為今官新任典史胡君文章碑亭工力重有賴焉因并書之

武衛

四十二年十月倭寇千餘入德化至下湧攻寨半月餘弗克倭乃扶傷出郭坂時方築寨基高四五尺鄉民集其上負竹籬屋門以禦矢石竟日不避倭亦重傷歸營民乃下拾戰具次早倭見之輒去過邑西門徃攻仙遊五十餘日總兵戚繼光援至倭遂潰

崇禎十五年郡城官幹收租虐民南安民聚衆華斗樅賊因以起魁林良順率黨五千餘由永春入德化英山後格等處焚擄時承平久聞賊皆驚竄無敢禦者知縣

李元龍遣署捕督兵戰于後格失二人賊益張入邑草吉壚有黃舉和尚老張六合等賊應之遊擊黃日昇提兵追捕殺黃舉和尚老張六合于小尤上格良順復出陷山湖寨攻火烽寨仙遊賊林隆復起掠永春湖洋流入大地等鄉時南埕鄉民有勾通者勢宦索之急遂拒捕宦逼知縣自督兵勦之竟勦一寨邑民皆洶懼總兵鄭　為撫諭之乃安

國朝順治四年二月尤溪賊王繼忠夜襲縣城各官俱逃

匪民家一日夜援兵始至繼忠搜掠奔回九月南安寇
莊廷書張益率衆萬餘圍縣城燬　文廟焚譙霄塔雲
龍橋割禾為糧沿鄉派餉城中食罄茹草時太邑皆有
嘯聚援兵難行守將棄城遁知縣黃琮遂遇害群寇入
城擄掠廨署民廬焚燬靡遺邑逾年無官賊亦自相屠
殺各鄉皆練鄉勇以自保五年冬提督馬得功統兵恢
復張益莊廷書等相繼授首有林忠據雙坑寨攻之不
下六年遣副将王　滿　韓　築圍困之夜突圍走復

據南埕洞屢出刼掠十一年泒餉於各里社十二月令
其黨陷縣城十二年秋議投誠置人于通衢強抽貨稅
尋復叛千總王世爵與戰于螺坑死之十四年始歸順
出其魁黨百餘人或授官或歸農邑乃靖
十五年叛民許子敬本富家兒見有以招撫得官者歆
效之時有賊魁李高嘯聚於大田尤溪永春德縣山谷
間于敬陰與交通遂刼東厝寨結巢吉嶺大尖山知縣
何之旭請提鎮遣副總王　督兵捕之敬奔從李高於

永春之四五都明年正月何之旭自率鄉兵攻之復奔入德化追之益急遂迎戰殺傷相當逼之反為所乘失數十人復遁於十八灶鄉兵日夜尾之投誠總兵林忠遣人誘令由永春赴泉州投降縣白提鎮殺之

康熙十三年三月十五日靖南王耿精忠反傳檄至泉十九夜提督王進功焚崇陽樓搜掠郡城二日二十三日德化防守千總李雲龍刼掣知縣何際美挾取庫銀數百將大掠會檄至安民乃止六月海僞招討將軍鄭

經。兵據漳泉分遣偽總兵康熊偽知縣林惟榮入據德
化八月邱巖塗坂蕉溪等處鄉民合兵號為義武分五
營屯駐心慈嶺拒賊時有偽官三十餘人帶劄入湯泉
里募兵雙翰鄉民殺之十二月初八日偽總兵黃雲率
賊攻義武營民兵與戰敗績賊乘勝從塔仔崎追至佛
嶺格民兵死傷甚衆賊沿途抄爕邱岩石山等處民屋
無存初九日黃雲率賊三千攻塗坂寨盡爕寨外民屋
發棺棄屍寨内不滿五十家練總李寅球等固守砲無

虛發賊多死傷攻二十日不下各鄉十一寨合兵來援
賊退之奔潰寅球等乃納款二十日偽知縣林權榮病
回以葉麗生為偽知縣十四年海賊派各邑富户助餉
刑拷慘毒議遣偽餉官入德人心惶惑武舉李公培寄
糾各鄉兵圖恢復聞者雲集培分設部伍寄約城中居
民為内應十月初四夜率五千餘人行至半途舊病暴
發死次早餘兵至城下城中有備潰去於是公培九族
株累不堪言矣十五年五月偽知縣葉麗生病回以辜

鯤爲僞知縣十六年二月　大兵克復泉州十一日僞
知縣辜鯤逃歸海上十七年六月僞都督劉國軒陷海
澄賊勢復張攻泉州預設僞官分據七邑有白頭賊數
千遥應之攻安溪月餘不克分黨掠德邑邑遭水災之
後城内空虛知縣王之紀與千揔馬虎往仙遊將乞師
於省七月十四日劉國軒遣僞將葉明僞知縣唐用率
兵二千餘至德化白頭賊由十八格分掠大田九月巡
撫吳　將軍劉　分道大援泉州巡撫吳　至永春白

鴿嶺遂分遣仙遊知縣領鄉兵同王之紀恢復德邑葉明等聞國軒退走夜棄城奔清太里刼高漈寨不克遂沿途抄掠由小徑達漳埽海而白頭賊竄大田者亦被鄉兵擒殺殆盡郡邑告平

四十九年歲洊饑十一月漳平盜陳五顯聚衆二千餘入德化刼赤水格街攻陳吳寨擄人勒贖官兵追索數十日至尤中里漈頭洋與賊遇總統戴　馳據高阜發砲賊亦發砲我兵有大松數十為蔽知縣王調元率鄉

兵合戰賊多死傷涂家寨正臨其右連發百子銃數門擊之遂奔潰遁入安溪之天湖岩勢窮就撫械送
京師伏法
六十年五月臺匪朱一貴倡亂有奸民陳洛鄭堅等聞警竊發嘯聚於永春石鼓岩遂流掠德化近山諸村落知縣熊良輔請官兵捕之復親率鄉兵窮追賊勢遂蹙俄而臺灣告平賊黨旋散執獲賊首解赴泉州府梟示自是德邑永寧

論曰德化封疆四暨蹊徑旁達各處逃民間作不靖每潛蹤于崇山邃谷中故防衛視他邑為尤重宋時五路戍守明設四関一十三隘亦云備矣

本朝威武奮揚汛塘聯絡嚴譏察而遏亂萌比年萑苻息警猶且衣袽日戒按志而稽久安長治之道昭于遐壤矣

德化縣志卷之十終

閩臺歷代方志集成·德化縣志·第4册

福建省地方志編纂委員會
德化縣地方志編纂委員會辦公室 整理

［乾隆］德化縣志（二）

（清）魯鼎梅修，（清）王必昌等纂
乾隆十二年（一七四七年）刻本

社會科學文獻出版社

[illegible]

[illegible]北縣志（一）

[illegible]

[illegible]・第[illegible]號

德化縣志卷之十一

秩官志　文職　武職

自古在昔設官分職要以親民有吏可為國家宣化敷猷也為憶庭栢棠陰來也冀暮去也緊思風徽尚矣德邑紀官自宋始兵燹屢經紀載多闕然其名氏可考者炳炳烺烺未可畧而弗登也夫畱封百里天下之大計係焉長佐之官文武之職詎虛設哉為稽其更替次厥後先志秩官

文職

唐分天下縣爲赤畿望緊上中下七等

宋除赤畿外有望緊上中下德化爲下縣設知縣事一員

丞主簿尉各一員巡檢一員宋史職官志云縣令掌總

治民政檢水旱災祲以分數蠲免獎孝弟行義以勵風

俗丞簿尉皆佐巡檢閲習武藝以防盜賊

元定江淮以南三萬户之上者爲上縣一萬户之上者爲

中縣一萬户之下者爲下縣德化爲中縣設達魯花赤

一員縣尹縣丞主簿縣尉典史各一員儒學教諭一員東西團清泰里小尤楊梅團四巡檢司巡檢各一員元史百官志云縣設達魯花赤並監縣事勸農尹為司判正官亦掌縣事

明設知縣一員縣丞主簿各一員（永樂間裁）典史一員儒學教諭訓導各一員高鎮巡檢司巡檢一員（萬曆間裁）陰陽醫學僧道司各一員百官志云知縣以下職掌大畧同古

國朝知縣一員典史一員儒學教諭一員（康熙四年裁訓十七年復）

導一員　生員廪膳二十名增廣二十名附學無定員　陰陽學　醫學

宋知縣事

劉文敏　建隆元年任　吴仁辨　開寶五年任

王愈　天聖元年任　趙稱　天聖元年任

陳從愿　天聖八年任　李檢　明道二年任

黄蟠　景祐三年任　李思剛　景祐四年任

鮑安上　寶元二年任　李昭用　慶曆間任

温宗質　皇祐元年任　劉誠　皇祐五年任

吳知章　至和三年任
常宗仁　嘉祐三年任

鮑朝儒　嘉祐五年任
吳仲謨　嘉祐七年任

張翺　治平元年任
陳居方　熙寧元年任

徐伯琋　熙寧四年任
楊處愿　熙寧七年任

吳居倚　熙寧十年任
蕭諤　熙寧間任

邱司　元豐三年任
李處道　元豐四年任

李顗　元豐七年任
祖謹脩　元祐三年任

周純　元祐間任
陸如岡　紹聖三年任

方安道　元符三年任　　林天若　元符三年任
王恂　崇寧元年任　　呂深　崇寧三年任
曹三錫　崇寧間任　　吳銓　崇寧五年任
陳與京　大觀三年任　　王交　政和元年任
劉正　宣和三年任　　陳熊　宣和七年任
胡禹　建炎三年任　　柯若褆　建炎四年任
高頵　紹興四年任　　馬陞　紹興七年任
叚彥贇　紹興十年任　　吳崇年　紹興十三年任

葉琰紹興十八年任　林及紹興二十年任

李則紹興二十一年任　楊烝紹興二十五年任

蔣雝紹興間任　李嵩紹興三十一年任

趙不琢乾道元年任　陳彭夫乾道二年任

陸浚乾道六年任　謝之佐乾道九年任

陳阜淳熙元年任　林叔度淳熙三年任

劉隆淳熙五年任　顏敏德淳熙七年任

鄭旦之淳熙十一年任　梁京淳熙十四年任

季元才 紹熙元年任
吳汝舟 紹熙四年任
趙彥逵 紹熙五年任
林寅 慶元三年任
葉益 慶元六年任
趙彥潚 嘉泰四年任
江應
季大器
季端誼 嘉定六年任
林季孫
陳槪
卓然
林應龍
楊震孫
謝適
趙汝瑲

林倚 紹定間任
黄之望 紹定間任

葉彥琰
胡應梅 俱端平間任

趙崇櫨
黄忠叟 淳祐四年任

康淵 淳祐六年任
吴一鳴 淳祐九年任

宋主簿

宗譚 天聖七年任兼尉
藉環 天聖七年任兼尉

陳廸簡 建中靖國元年任
蔡覺 政和四年任

胡義問 紹興二十一年任
馬文仲 隆興元年任

李獻紹　乾道七年任
趙師㤅　淳熙二年任
鄭輝　淳熙三年任
陳元通　淳熙五年任
黃扆
柯謙宗
蕭駱
陳玉
林尉
舒德彰
葉莫
盧琳
沈焯
薛復之　嘉定五年任
林伯順
林子貴

林彥章 俱嘉定間任　林洙 寶慶元年任
麥國用　楊沖
趙汝彰　黃伯龢
王夢有　趙粹卿
柳德驥 嘉熙四年任　黃廷瑞

宋縣尉

陳靖 開寶中任縣尉叅議軍事有平賊功後再知泉州　祀名宦
杜公 景祐四年任　高締之 元祐間任

徐膺 建中靖國元年任　劉陞 政和四年任

曾貢 紹興間任　上官敦實 紹興二十一年任

郭桂 隆興元年任　陳登 淳熙三年任

方壽曾 淳熙五年任　黃鍾

留儀　黃麟

黃儼　張致中

陳光祖　蔡朝端

趙公籛　趙汝邕

趙師徵　邱閭

鄭勳　鄭灝

李脩 嘉定六年任　曾夢傅 嘉定七年任

吳利見　阮享讓

周武孫　黃萬

潘逵 俱嘉定間任　趙崇傷 寶慶元年任

王震 紹定三年任　趙彥詠

趙押夫　朱珪

陳子昂 淳祐間任　孫應鳳 俱淳祐間任　洪格

宋時重邑宰間以京朝官知縣事丞簿尉多進士為之三百餘年間通志府志所載邑宰凡八十四人籍貫不具年代互訛而簿尉皆闕其以宦蹟著名祠祀者惟陳尉靖一人耳紀載失傳可勝惜哉今考舊志補入簿凡三十六人尉凡三十八人

元達魯花赤

合只　千奴

八扎　萬家奴

回回俱至元間任　烏馬兒大德間任

火底任至大間任　僧家奴

亦不剌金俱延祐間任　伯顏

撒都魯丁　阿撒俱泰定間任

搭出　迭里迷失俱天曆間任

阿里思蘭　咱法兒沙俱後至元間任

忙古歹　剌馬舟俱至正間任

元縣尹

張世英至元三年任　翟彬至元三十三年任

劉喜嘉　卜瑚

王靚　浣思蘊

王茂　徐眀孫

鄭世英至治間任　朱沂天曆初任

雷杭　李宗仁俱至正間任

元主簿

黄鑑　朱彰 俱至元間任

李德仁 至元二十三年任　鄭宜 將仕郎

潘麟趾　朱箕 大德四年任

沙的 大德間任　胡汝楫 至大間任

楊椿 延祐間任　方卜脫 至治間任

王佐　林楚

林孔碩　王珪

宋鑑　何楫

趙煥文　方忭桓

元縣尉

夏昭　王祐

李知本　王良質

余伯顏　王佐

張安仁　李子良

元時職官姓名莫譯續攷無聞故府志槩置弗録今考

通志叅舊志得達魯花赤十八人尹十二人簿十八人

尉八人

明知縣

王　巽　洪武六年任　祀名宦

王　貞　洪武九年任　傳見宦蹟

劉德善　洪武十九年任

石德讓　洪武二十二年任

馮　翼　洪武二十六年任　祀名宦

應履平　洪武三十一年任　祀名宦

孫應辰　永樂三年任

李　勉　永樂七年任

劉　謚　永樂十一年任

孔宗嗣　永樂十七年任

毛道信　永樂間任

何　復　宣德元年任　傳見宦蹟

陳宗全　宣德十年任傳見宦蹟

陳昱　宣德間任

王志安　正統間任

李青　天順六年任傳見宦蹟

王彤　成化元年任

曾昌　成化四年任

邱恭　成化十五年任

蕭鏞　成化十六年任

戴元脩　成化二十三年任

許彧　弘治元年任

鄭浩　弘治三年任

王冀　遂溪人弘治四年任

黎獻　廣東人弘治五年任

楊澄　弘治九年任

任順　弘治十四年任傳見宦蹟

胡潛　弘治十七年任傳見宦蹟

王禮 直隸人正德二年任

倫燮 南海人正德四年任

周寔 湖州人正德八年任

張綬 璽山人正德九年任

時行 彭澤人正德十四年任

胡星章 新會人正德十六年任

梅春 仁和人嘉靖二年任

何士鳳 嘉靖五年任

許仁 嘉靖七年任 傳見宦蹟

劉褒 吉安人嘉靖十年任

劉晃 龍州人嘉靖十二年任

何琠 博羅人舉人嘉靖十三年任

熊尭 豐城人舉人嘉靖十七年任

譚文采 永興人選貢嘉靖二十三年任

緒東山 嘉靖二十六年任 傳見宦蹟

胡惟立 嘉靖三十二年任 祀名宦

黃　釜　餘姚人舉人嘉靖三十五年任
鄧景武　嘉靖三十六年任傳見宦蹟
張大綱　嘉靖三十八年任傳見宦蹟
何　讓　東莞人舉人嘉靖四十三年任
黃　經　隆慶二年任
綦　霑　隆慶六年任傳見宦蹟
曹汝裘　貴池人舉人萬曆三年任
黃承讚　萬曆八年任傳見宦蹟
鄭同寅　香山人舉人萬曆十年任
周　洵　臨海人舉人萬曆十二年任
施　汀　烏程人舉人萬曆十四年任
丁永祚　萬曆十八年任傳見宦蹟
錢光宇　東莞人舉人萬曆二十年任
鍾夢寅　泰和人貢士萬曆二十二年任
范　乾　鄞縣人選貢萬曆二十四年任
吳一麟　賓州人舉人萬曆二十五年任

周　祐　南城人選貢萬曆二十八年任

俞思冲　仁和人進士萬曆三十三年任

徐時用　奉新人貢士萬曆三十五年任

毛　沖　賀縣人舉人萬曆三十九年任

賴良佐　進士

楊文正　南昌人舉人

林大儁　萬曆間任傳見宦績

桂振宇　天啓五年任傳見宦蹟

史　管　鳳陽人貢士崇禎間任

王立準　貢士

程思稷　貢士

徐日乾　衢州人貢士俱崇禎間任

姚　遲　崇禎六年任傳見宦蹟

楊虞官　秀水人舉人

李元龍　崇禎間任傳見宦蹟

金麗澤　崇禎十七年任傳見宦蹟

陳元清 蘇州人貢士

明縣丞

王用名　劉宗

袁伏涇 俱洪武間任　余表 洪武三十一年任祀名宦

周轍 永樂間任

明主簿

尹子文　劉宗

戴景宗 俱洪武間任　古彥燁 洪武三十年任祀名宦

表禮 永樂間任

明典史

藍淵禮 洪武三十年任
陳靈威

梁區堡 俱永樂間任
李昌

張巖 俱宣德間任
王志安 正統間任

方祖
李貴 天順元年任

李信
湯淳 成化間任

呂信
李勝

陳寧　費瑋　俱成化間任

張岩　劉謌

趙信　林文

趙泰　鄧通

鍾道　張卓　俱弘治間任

涂璽　蔡墻　俱正德間任

鍾錦　萬元達

詹權　葉范

郭文英　　周森

蔣世遇　　周熹

芮濟　　關一德

王綵　　胡文章

梁用賢俱嘉靖間任　　鄧輔明隆慶二年任

楊訪萬曆元年任　　方一義萬曆五年任

蘇廷榜萬曆十二年任　　徐大經

潘可大　　李夢龍

麥聯登　　程世良

劉忠位萬曆三十年任　　林得暉萬曆三十三年任

宗名臣萬曆三十六年任　　張文奎萬曆三十九年任

羅弘宗　　張秉賢

盛顯爵　　喬弘道

陶際恩　　劉永亂

孫承憲　　楊如雲

趙文銘　　周夢龍

余思遇　陳鳳鳴

郎一元

明教諭

吳仲賢　甲戌進士初為新城令坐事謫岳州拔教諭洪武三十二年任

潘同　開化人洪武三十三年任

謝源

龍澄　化州人

潘吉　宜興人俱洪武間任

范宗道　會稽人

趙琬　武進人俱永樂間任

劉偉

姚玉

朱希亮　餘姚人俱宣德間任

陳愷　臨川人

郭琋　弘治十五年任

饒自成　正德二年任傳見官蹟

梁京　龍泉人嘉靖間任

葉相

秦璾　桂林人舉人

王渠通　安福人貢士俱嘉靖間任

董許　溫州人正統二年任

王福　俱弘治間任

季聰　臨江人弘治十八年任

陳驥　順德人正德九年任

唐卿　嘉靖三年任

黃興　南海人嘉靖九年任

許信　陽江人貢士

梁木　新會人貢士嘉靖二十七年任

胡兆　安福人　嘉靖三十年任

李富　龍水人　嘉靖三十九年任

張介　分宜人貢士

林良策　福清人　萬曆三年任

陳湖　莆田人貢士　萬曆八年任

劉文芳　漳浦人舉人　萬曆十一年任

魏雲璜　莆田人舉人　萬曆二十年任

揭燵　歸化人貢士　萬曆二十九年任

張仕文　歸善人貢士　嘉靖三十一年任

曹傑然　全州人舉人　嘉靖四十四年任

林雲興　莆田人貢士　俱隆慶間任

吳一貫　南靖人貢士　萬曆六年任

黃孚　廣州人貢士　萬曆十年任

龍希簡　望江人貢士　萬曆十六年任

張潮　萬曆二十四年任　傳見宦蹟

華嶽　諸暨人貢士　萬曆三十一年任

吳光祖　羅源人貢士萬曆三十二年任
温德基　清流人貢士萬曆三十七年任
陳學海　連江人貢士
袁文紹　建陽人舉人
林茂春　傳見宦蹟
王元順　貢士
黃煒禎　傳見宦蹟
張應期　福州人貢士

袁　絡　宜春人萬曆四十四年任
郭淡水　龍溪人貢士萬曆三十九年任
歐陽誼　順德人舉人
王大覺　字愚公寧縣人舉人
范文學　青田人貢士
宋尭天　福州人貢士
郭　嶷　福州人貢士

明訓導

董許

鄭士良 南安人 俱洪武間任

童添 西安人

程頫 俱永樂間任

余宗衍 奉化人 宣德七年任

涂亨

包溥

潘嵩 俱成化間任

李珪 弘治間任

包麟 弘治十四年任

陸惠 弘治十七年任

漆希賢 湖廣人 正德五年任

潘祥 南海人 正德十年任

羅俊 嘉靖三年任

李輔 嘉靖三年任
張泮 嘉靖十三年任 傳見宦蹟
康集 順德人
方繼睿 平陽人
華鑰 海寧人
范承恩 秀水人
楊守沂 江華人
林昊 番禺人 俱嘉靖間任
皇甫震 衢州人
曠效忠 南安人 俱隆慶間任
朱驥 延平人 萬曆二年任
車彩 博羅人 萬曆五年任
李藩 長汀人 萬曆十一年任
李培 永慶人 萬曆十三年任
梁藻 順德人 萬曆十四年任
陳瑞麟 莆田人貢士 萬曆二十一年任

沈盃作 永定人貢士萬曆二十七年任

許顒學 南靖人貢士萬曆三十二年任

鄧繼尹 宣化人貢士萬曆三十七年任

歐世康 順德人貢士

李永傳 興寧人貢士

王國楨 傳見宦蹟

曹縉 山西蒲縣人貢士

林紹宗 福州人貢士

尹憣然 漳州人貢士

甘天毓 廣東人貢士

戴秉諧 漳州人貢士

明縣令通志載七十四人考舊志補入何士鳳許仁黃經三人丞五人簿五人通志府志俱載典史通志載二

十九人據府志補入十八人據舊志補入十六人凡六十三人教諭五十五人據舊志補入王元順一人訓導四十一人通志府志俱載

國朝知縣 署縣附

黃琮 江寧人拔貢 順治三年任

王榜 寶應人進士 順治五年任

孫白孫 河南人通判 順治八年署

王寵受 順治八年任 傳見官蹟

傅嘉謨 浙江人貢士 署

崔越 順治十二年任 傳見官蹟

朱世昌 理問 署

何之旭 蘄水人拔貢 順治十五年任

王澤洪 康熙五年署 傳見官蹟

和鹽禺 康熙六年任 傳見官蹟

何際美 河南人進士 康熙十二年任

王之紀 康熙十六年任 傳見官蹟

劉永蒼 晉江縣丞 署

撒啓明 署 傳見官蹟

佟世清 興化通判 康熙三十三年署

佟世男 惠安知縣 康熙三十九年署

趙希仲 泉州經歷 署

張嘉善 北直人進士布政 使司都事 署

鄭天倫 遼陽人康熙十 六年三月署

姜立廣 署 傳見官蹟

傅以履 聊城人貢士 康熙二十二年任

范正輅 康熙二十五年任 傳見官蹟

嚴居敬 上元人供事 康熙三十四年任

王延慶 興化同知 康熙四十年署

王一導　康熙四十年任　傳見宦蹟

王延慶　康熙四十二年、再署

朱瑞圖　仁和人　康熙四十三年任

康兆元　泉州通判　康熙四十三年署

趙文彬　吳縣人貢生　康熙四十四年任

辜文麟　安溪知縣　康熙四十八年署

王調元　康熙四十八年任　傳見宦蹟

韋一杉　晉江縣丞　康熙五十年署

殷式訓　成都人舉人　康熙五十一年任

張弘祚　興化通判　康熙五十七年署

熊良輔　康熙五十七年任　傳見宦蹟

邱鎮　安溪知縣　雍正元年署

王禼　大興人癸卯進士　雍正二年任

于翰翊　永春知縣　雍正四年署

宋鍠　黃岡人歲貢　雍正四年任

蘓石麟　朝邑人進士雍正五年十二月署

金鼎錫 雍正六年正月任 傳見官蹟

繆燦 宛平人丁未進士 雍正六年六月署

劉埥 新鄭人副榜雍正六年十二月署

齊宗望 江夏人舉人 雍正七年二月任

李調元 南安縣丞 雍正七年七月署

嵇岳延 德清人生員 雍正七年八月署

齊宗望 雍正九年正月回任

黃南春 雍正九年十月署

林興泗 孝感人監生 雍正十年署

黃南春 雍正十一年回任 傳見官蹟

許齊卓 合肥人拔貢 乾隆三年署

黃南春 乾隆四年回任

景墦 雲夢人舉人 乾隆七年署

梁明德 五臺人癸丑進士 乾隆七年十月任

岑堯臣 大興人監生乾隆 七年十二月署

魯鼎梅 江西新城人壬戌 進士乾隆八年任

國朝典史

郎一元　李潛鱗

梁允巍　王選

馬霖俱順治間任　顏志美康熙間任

蒙光猷康熙十八年任　周之英直隸人康熙二十六年任

孫日昇莒州人康熙二十九年任　張允達山陰人康熙四十年任

李簡通州人康熙四十八年任　周鳳朝房山人康熙五十二年任

田有槐長清人康熙五十五年任　王懷仁會稽人雍正二年任

姚兆熊（宛平人　雍正七年任）
魯如岳（宛平人　雍正十三年任）
陸兆龍（秀水人　乾隆六年任）
王　佐（宛平人　乾隆九年任）

國朝教諭

方日章（浙江人）
盧敏政（漳州人　舉人）
林潤芝（傳見官蹟）
李日昇（汀州人貢生　俱順治間任）
李光駿（康熙十七年　總督委任）
王欽祖（康熙十八年任　傳見官蹟）
鄭　默（建安人貢生　康熙二十年任）
陳　表（閩縣人舉人　康熙二十八年任）
薛允浩（康熙三十五年任　傳見官蹟）
程雲鵬（康熙四十五年任　傳見官蹟）

陳文海 永安人貢生 康熙四十九年任

力子伺 康熙五十四年任 傳見宦蹟

祖士瑩 甌寧人拔貢 雍正三年任

林允猷 閩縣人副榜 雍正五年任

卓如杕 莆田人副榜 雍正十三年任

石澄 龍岩人拔貢 雍正十三年任

林中楊 晉江人恩貢 乾隆七年任

林厚載 侯官人副榜 乾隆十年任

曾晉 邵武人舉人壬戌會試 明通榜乾隆十一年任

國朝訓導

胡其臣 歲貢

鄭梓 福州人 歲貢

李正標 傳見宦蹟 俱順治間任

李如蘭 壽寧人 康熙間任

林甲繼　福州人　康熙九年任

吳元昇　大田人　康熙十八年任

李蚤春　建陽人　康熙二十一年任

房祚隆　古田人　康熙二十四年任

陳長周　永福人歲貢　康熙三十九年陞

鄭紹紳　福清人　康熙五十四年任

余明玠　龍溪人　康熙五十七年任

張侃　政和人歲貢　雍正四年任

張龍御　壽寧人歲貢　雍正五年任

王方英　長汀人　雍正七年任

謝坦　南平人歲貢　雍正十一年任

林夢龍　古田人歲貢　雍正十三年任

鄭士豪　壽寧人歲貢　乾隆四年任

蕭國琦　惠安人舉人　乾隆十一年任

武職

宋初置土兵巡檢領之又籍民為邏警弓手

元至元間設巡軍弓手並隷巡檢司

明洪武初立民兵正統十四年命本地官司率領操練

洪武二十年江夏侯置高鎮巡檢司括民丁統於巡檢

景泰間設機兵弘治二年又選民壯充之嘉靖三十七年都御史王詢行令添設鄉兵萬曆間革俱掌印官提督操演

國朝專設綠旗陸路提標以後營千把總一員輪防德化縣城兼轄高陽赤水郭坂溪邊南埕水口美洋等塘汛

康熙十五年以前冊籍無存志自十五年始

康熙五十一年提督楊題請山坪頭添設千把總一員防守乾隆元年總督郝玉麟咨准部覆將弁兵移駐內洋兼轄山坪頭倚洋漈頭王春十八格等塘汛

德化縣汛千總 俱康熙十五年以後一年一換

馬虎 陝西寧夏人將材

劉養性 陝西長安人行伍

吳斌 同安人行伍

李煜 籍貫失詳

陳金 漳浦人行伍

王起鳳 晉江人行伍

黃得勝 浙江人行伍

林嘉謨 廣東人行伍

紀建璟 福州人行伍

張文燦 江西人行伍

陳信 廣西人行伍

朱之傑 湖廣荆州人功加

李良 泉州人行伍

孫榮 閩縣人行伍

胡元海 晉江人行伍

蕭永吉 詔安人行伍乾隆十年任

把總

張國柱 晉江人行伍 乾隆十二年任

德化縣汛把總 俱康熙十五年以後一年一換

王家才 宛平人 行伍

任可玖 廣東廣州人 行伍

李枝華 山西利民堡人 行伍

闞玉龍 河南汝寧人 行伍

何濵榮 廣東順德人 行伍

王起鳳 籍貫同前

王得鳳 泉州人 行伍

丁文韜 晉江人 将材

江虎 宣府人 行伍

王耀麒 陝西人 行伍

陳國佐 山東人 行伍

楊世明 籍貫失詳

林炳　南安人　行伍

王得陞　泉州人　行伍

趙成才　陝西人　行伍

陳良　閩縣人　行伍

沈兆龍　杭州人　行伍

張發　浙江人　行伍

林義　漳州人　行伍

劉元龍　江寧人　行伍

陳奇　泉州人　行伍

鄭華　泉州人　行伍

陳孔榮　福清人　行伍

陳勝　漳浦人　行伍

薛萬均　泉州人　行伍

林聯　龍溪人　功加

龔喜　晉江人　行伍

林士太　晉江人　行伍

柴維棟 北直赤城人 行伍　　洪信 晉江人行伍 乾隆十一年任

山坪頭汛千總 俱康熙五十一年以後一年一換

陳信 籍貫同前　　李秀 晉江人 行伍

山坪頭汛把總 俱康熙五十一年以後一年一換

張發 籍貫同前　　陳良 籍貫同前

劉元龍 籍貫同前　　林義 籍貫同前

陳奇 籍貫同前　　郭華 籍貫同前

張進生 泉州人 行伍　　黄秀 本姓李 籍貫同前

陳三英 福清人行伍　　陳勝 籍貫同前

張淵 泉州人行伍　　薛萬均 籍貫同前

林達 晉江人行伍　　林聯 籍貫同前

內洋汛千總 俱乾隆元年以後一年一換

鄔廷瑞 浙江鎮海人辛卯科武舉　　戴勝 晉江人行伍

林士太 籍貫同前

內洋汛把總 俱乾隆元年以後一年一換

戴勝 籍貫同前　　薛萬均 籍貫同前

林　聯　籍貫同前　　　洪　信　籍貫同前

王　功　晉江人行伍

論曰名所以覈實也秩官僅志名歟邑之人披牘而譏之以爲某也鞠我育我某也虐我讐我後之論今亦猶今之論昔也顧與列是篇者敬與愛俱法與戒集

德化縣志卷之十一終

德化縣志卷之十二

科目志　甲科　薦辟　掾吏　封典　任子

取士之法首重科名然蒐羅不廣滄海歎遺珠焉春秋兩闈文武並録厥典皇哉而明經則登成均薦辟以徵獨行途何廣也德邑山川靈淑毓為人文自宋迄明科名日盛

國家聲教覃敷雖巖棲澗處絃誦不輟宜秉時黼黻者後先踵起也循覧題名應深踴躍志科目

甲科

隋建進士科唐因之

宋制禮部貢舉設進士及九經五經三史三禮諸科皆秋取解明春禮部考試合格者列名放榜於尚書省上親策於廷唱名賜第有升有黜至開寶舉進士諸科不中閱貢籍會經十五舉以上終場者試論一道皆賜本科出身謂之特奏名景祐以後其法漸恕進士三舉諸科五舉雖試文不合格亦與出身又熈寧三舍法士由外

舍升內舍內舍升上舍縣升州州升辟雍辟雍升太學司成率其屬稽其籍考其成升其尤者命之官三年大比策以當世之務別其等差唱第釋褐而任使之

明洪武三年五月詔各行省鄉試福建解額四十人洪熙元年增為四十五人正統六年增為六十人景泰四年增三十人為九十人鄉試中式者送禮部會試又中式則進之殿廷上臨軒策之第其高下為三甲傳臚賜宴

國朝順治二年丙戌詔行鄉會試如明制

明制武舉惟取武弁一途正德初劉忠宣大夏始疏廣其選凡鄉試武場俱準文場以十月行之鄉舉必歷中三科方得聽用會舉則高第者即授都司守備把總餘皆授所鎮撫以次遇缺推用

國朝順治五年鄉試武舉罷歷中三科之例中式則赴京

會試

宋元符二年令諸州推行三舍法州許上舍一人內舍二人歲貢入之京師其上舍即附太學補外舍試中補內

舍生通上試不升舍者進還其州其內舍免試至則補為外舍生崇寧元年蔡京請天下皆置學州學生每三年貢入太學為太學生學校貢士自此始

明洪武十六年十二月初令天下府州縣學歲貢生員每一人二十一年令府學一歲州學二歲縣學三歲各貢一人厥後制令迭更正統六年定州學三歲二人縣學二歲一人府學仍舊其恩選則為不時之遭

國朝因之選援定十二年一次舉行雍正元年改為六年

一次府學二人州縣學一人寧缺毋濫乾隆八年復以十二年一次爲例德化貢宋元無可攷志自明始

宋進士

林揚休 重和元年戊戌科

蘇欽 宣和六年甲辰科祀鄉賢

陳廷傑 淳熙五年戊戌科

蘇權 淳熙十一年甲辰科通志闕

林洽 淳熙十四年丁未科傳見治行

林瀛 洽弟慶元二年丙辰科傳見治行

黃龜朋 圭姪嘉泰二年壬戌科傳見文學

鄭輪 嘉泰二年壬戌科祀鄉賢

黃霆發 嘉定七年甲戌科

徐雷聞 寶慶二年丙戌科

蘇國蘭寶慶二年丙戌科　陳霆震紹定二年己丑科

林汝作淳祐七年丁未科内舍乳源簿

特奏名

蘇祥政和二年壬辰科　郭體紹興十二年壬戌科

林格紹興十二年壬戌科　章竑紹興三十年庚辰科

吳欽若淳熙二年乙未科通志闕　蔣勵淳熙八年辛丑科

楊要慶元二年丙辰科　黄圭慶元五年己未科第二人海豐簿

林鸞嘉定元年戊辰科　陳言寶慶二年丙戌科通志闕

陳雷煥 紹定二年己丑科府志載安溪人 吳桂 端平二年乙未科

林棐 嘉熙二年丁酉科 鄭軫 輪弟淳祐四年甲辰科

釋褐

吳異 紹興二十七年丁丑科

蕭總龜 欽姪紹興三十二年壬午登極恩上舍釋褐 傳見文學

童子舉 舊志載二人年代訛舛姑存其名以俟考

張可封 蔣明紀 舊志載七歲能誦詩說經𢇁大衍數工五七言詩

右宋進士一十三人特奏名一十四人釋褐二人

明進士

凌　輝　永樂十年壬辰科江西副使　祀鄉賢

丁啓濬　萬曆二十年壬辰科太僕寺卿　晋江籍

鄭　沛　萬曆二十六年戊戌科戶部主事　祀鄉賢

莊尹辰　天啓五年乙丑科　晋江籍知府

賴　垓　崇禎元年戊辰科由平湖令召對稱旨擢檢討轉右春坊　傳見治行

舉人

凌　輝　永樂三年乙酉科　見進士

蔣　應　永樂十二年甲午科　傳見隱逸

曾灝　永樂十八年庚子科

余英　宣德四年己酉科第五人傳見文學

楊澄　成化十三年丁酉科通判

林潤　成化十六年庚子科通志闕

林真　弘治五年壬子科

鄭絢　嘉靖四十三年甲子科四會知縣祀鄉賢

紀廷譽　萬曆十年壬午科

丁啓濬　萬曆十六年戊子科見進士

林際春　萬曆十九年辛卯科德慶知州傳見文學

鄭沛　萬曆二十二年甲午科順天榜見進士

洪啓哲　萬曆二十五年丁酉科

李雲階 萬曆二十五年丁酉科順天榜吉安同知傳見治行

郭維翰 萬曆二十八年庚子科揚州同知傳見治行

張鵬翅 萬曆三十四年丙午科

莊尹辰 萬曆四十六年戊午科見進士

賴垓 天啓七年丁卯科順天榜見進士

張穰 天啓七年丁卯科以訓導登河南榜

鄧孕槐 崇禎三年庚午科御史傳見治行

涂紹泰 崇禎六年癸酉科

黃中炅 崇禎六年癸酉科

賴天與 崇禎十五年壬午科順天榜

林鵬搏 崇禎十五年壬午科武定知州傳見孝友

武舉

李乘龍 崇禎九年丙子科
郭王倜 崇禎九年丙子科

恩貢

單輔 隆慶間平樂通判祀鄉賢
鄭沛 萬曆間見進士

李雲階 萬曆間見舉人
賴垓 天啓間見進士

拔貢

林榕 嘉靖間縉雲訓導傳見治行
賴天與 崇禎間見舉人

歲貢

陳榮 洪武間衛知事
蔣德高 錦衣衛倉官

鄭慶 教諭　鄭環慶 知縣
莊進 衛經歷　鄭肅 衛經歷
劉德進　陳敞 按察司檢校
劉公孫　蔣雲
鄭縁　陳福 俱洪武間
李玆 永樂間　林翥 主簿
鄭昭 主簿　陳公春 主簿
張才　李蔭 主簿

陳伯昌
蔣伯起 縣丞
張恂
蔣廸
林盛
李禎 主簿
歐陽仲 俱永樂間
梁義 宣德間
陳敬 縣丞
賴福 南昌通判
張善 府照磨
張源 俱宣德間
林茂 正統間儋吉二州知州 祀鄉賢
林錫 府照磨
趙瓊 知縣
李廷憲 知縣

劉宗青　　張隆

范傑教諭　　張懋教諭

林泉州判　　蔣文保衛經歷

陳善俱正統間　　李遇春景泰間州同知

連成新建主簿　　蕭紹俱景泰間

顏真天順間鴻臚序班　　賴興曾城主簿

連碧博羅主簿　　陳治星子主簿俱天順間

林敬成化間廣州照磨　　陳旭

張絢　林洪新城知縣
留雖　李勝按察司照磨
林新　陳佐德慶州同
留成曲江知縣　張崇
陳灝從化訓導傳見治行　黃廷魁吉豐訓導俱成化間
張亮弘治間西淮運司經歷　陳瑀
林俊　涂福勳陽訓導
范克仁劍州吏目　陳文江西教諭

劉鴻 陽春訓導署縣篆　陳軒 靖州訓導

張石璘　曾瑞

張進紀 仁和主簿俱弘治間　林文 正德間

黃球 訓導　林揆

林清 洪江教諭　范克智

鄭介石　莊憲

黃天錫 會同訓導　楊澄玉 訓導俱正德間

曾光 嘉靖間教諭　陳中立 仙居訓導

連良　　林賢 訓導

王甫政 訓導　　莊如愚 晋江籍知縣

涂允寬 蜀府紀善傳見治行　　郭麟 慶遠教授

陳衍恭 訓導　　莊守愚 晋江籍

陳天夔　　陳侑容 南豐知縣傳見治行

黃保 訓導　　林景春 縣丞

陳石 電白訓導傳見治行　　王策 教諭

林濟　　鄒經 王府教授

李宜居　章邱教諭
林球　曾城教諭

莊啓愚　教授
吳天祐　程鄉訓導

蔡克熙　晉江籍　教授
紀京華　晉江籍

黃自勉　永福訓導
陳廷表　晉江籍訓導　俱嘉靖間

林珀　隆慶間州學正　傳見文學
周普觀　從化訓導

陳洪謨　教諭　俱隆慶間
林宗勝　萬曆間教諭

徐思可
葉光中　晉江籍　州同知

張文誥　通判　築鳳翥峯
林棟　樂會知縣　傳見治行

周榛 石城訓導　林樞 南陵知縣 傳見治行

賴孔教 全椒訓導 祀鄉賢　賴光 瓊州教授 傳見義行

王雍 雲和知縣 傳見治行　郭以璣 漳浦教諭

梁可弘　章時學 教諭 傳見治行

董子芳 晉江籍 訓導　陳王道 崇安教諭

周桐 永定教諭　陳一桂

柯應鳳 連江訓導 傳見治行　黄龍御 教諭 傳見文學

易象炳 平樂教諭　歐陽煒

朱光山 訓導　　紀廷舉

林熺 東安知縣傳見治行　　陳叔揆 訓導

張穰 河南訓導見舉人　　張輔昺 俱萬曆間

黃拱參 天啓間　　黃懋耿

賴極 俱天啓間　　張九垓 崇禎間建陽訓導

賴嬚 四會知縣見封典祀鄉賢　　周昺 松溪訓導

周墀　　李大秀 漳浦教諭

林檟 傳見文學　　鄭湜 貴溪知縣傳見文學

鄧瀌 見封典傳見義行　徐圖南 福清訓導

周日崇　林滄升

歐陽濬 集賢館貢士

右明進士五人舉人二十四人武舉二人恩貢四人拔貢二人歲貢百五十一人

宋太學生

林揚休 見進士

蕪總龜 紹興十六年上舍優等第一人 見釋褐

林瀛 見進士　陳文叔 上舍優等傳見文學

鄭起東 傳見文學

明太學生

張紳 按察司照磨陞縣丞

賴埰 恩授訓導

張士賓 涿州州同

黃天球 臨高縣丞

凌雲彩

陳標 巴州州同

林焌 廪例傳見文學

蘓僖

李喬霖 上林苑丞

曾經

林煠 廪例縣丞

劉五倫 廪例通判傳見文學

鄭克明　周任

陳天彝　李景春

歐陽成廩例州判　賴鑣

周獬　馮維楨

涂峻登

俊秀例納

林實卿海盐主簿陞衛經歷

鄭燿奉化主簿陞衛經歷

右宋太學生可考者五人明太學生二十一人俊秀二十一人

國朝進士

李道泰　順治十八年辛丑會試第六十一人殿試三甲第三十六人開化知府傳見治行

林　模　康熙十二年癸丑會試第六十三人殿試三甲第四人普寧知縣傳見治行

鄧啟元　雍正五年丁未會試第九人殿試一甲第二人翰林院編修傳見文學

王必昌　乾隆十年乙丑會試第二百四十九人殿試二甲第六十二人

舉人

鄧熤 夏鑄孕槐子順治五年戊子科 傳見文學

李道泰 藿思治易順治八年辛卯科第一百一人 見進士

林汪遠 涵蒼治詩康熙五年丙午科第二十九人 南部知縣 傳見治行

林模 靖若治詩康熙五年丙午科第二十五人 見進士

甘重熙 治詩康熙十一年壬子科第二十四人

謝青鏞 斐草治易康熙十一年壬子科第三十六人 瑞安知縣 傳見治行

徐其璘 康熙二十年辛酉科漳州教授

蕭弘樑 穆亭治易康熙一十六年丁卯科第一人 傳見文學

王維斗　蓼思治易康熙二十六年丁卯科第二十人
臨漳知縣　傳見治行

張志學　康熙二十六年丁卯科丹陽知縣

陳應奎　廣東治詩康熙三十五年丙子科第四十八
人南樂知縣　傳見治行

陳元捷　兼三治易康熙三十八年己卯科第三十一
人

顔天球　象巖治禮記康熙三十八年己卯科第　十
人興寧知縣　傳見治行

曾清漪　景河治詩康熙五十二年癸巳
恩科第　十　人

王繼美　貽亭治易康熙五十二年癸巳
恩科第四十人東陽知縣

黄士招　孝貴治易雍正二年甲辰科

鄧啓元　幼季治易雍正二年甲辰科順天榜第二十一人見進士

林應祖　孟簡治詩雍正四年丙午科第四十九人

林　星　容卿棟子治詩雍正七年己酉科第六十二人

王必昌　後山五經雍正十年壬子科第十三人見進士

顏　瑛　繩俚五經乾隆元年丙辰科第二十七人

温廷選　萬侯治易乾隆元年丙辰科第四十二人丁巳會試明通榜古田教諭

會重登　其巖治春秋乾隆元年丙辰科第五十三人壬戌會試明通榜武平教諭

李志星　就亭五經乾隆三年戊午科第八人

曾西元 尚軒，治春秋，乾隆三年戊午科第八十三人，壬戌會試明通榜，建寧教諭

武舉

王斌全 康熙五年丙午科第二十八人

李公培 康熙八年己酉科，傳見義行

鄧士垓 康熙二十六年丁卯科

鄧士坡 康熙二十六年丁卯科

林大豐 康熙四十一年壬午科第二十六人

許應曜 雍正二年甲辰科第二十九人

徐天攀 雍正十三年乙卯科第四十九人

許寶三 乾隆元年丙辰科第二人

副榜

黃翼蕙 康熙十一年壬子科

李雲文 康熙三十八年己卯科

郭宏猷 康熙四十一年壬午科

李淑度 康熙四十七年戊子科趙州州判傳見治行

林聽耀 康熙五十二年癸巳恩科晉州州判

吳超英 康熙五十三年甲午科瀘州州判　賴源 康熙五十六年丁酉科傳見孝友

鄭熊詔 乾隆元年丙辰科　蔡文瀹 乾隆元年丙辰科

徐高明 乾隆三年戊午科萬承州州同傳見治行

恩貢

賴鉞 順治間通判傳見義行　林岱 康熙間

陳錫華 康熙間

李献馥 康熙間傳見文學

朱遴選 雍正間

王致遠 雍正十三年乙卯科

拔貢

林次瑛 康熙間知縣

郭宏猷 康熙己卯科見副榜

鄧啓元 雍正元年癸卯科見進士

李宸鏗 乾隆五年庚申科傳見文學

歲貢

陳素蘊 順治間通判傳見文學

徐爕昂 漳州教授

曾為履 知縣

丁檣 興化教授

方今泰 傳見文學　郭孕嶷 州判

李其纘　林鳳翀

張佺　甘九疇 古田訓導

李喬鍾 傳見孝友　王為都

鄧孕楷　丁煒 湖廣按察使 俱順治間

温舜華 康熙間崇安教諭 傳見治行　黃中夔

黃翼鑾　鄭振世 傳見文學

林勃　林岳

呂筠奏　丁士鼇
曾楚材　丁舉
張巖　鄭生洲
陳澍康熙丙子科傳見文學　曾耀
李翔　鄧國對
張其羽　李蘸成
連登瀛康熙丁亥科　陳栻康熙己丑科
鄭應驥康熙辛卯科傳見文學　黃緒昌康熙癸巳科

林 昺 康熙乙未科 傳見義行

呂士銓 康熙丁酉科

賴 銓 康熙己亥科 永安訓導

陳 櫕 康熙辛丑科

丁奇崑 雍正癸卯科

鄧際美 雍正乙巳科

鄭 暹 雍正丁未科 傳見文學

顏嚴良 雍正己酉科

劉元鏞 雍正辛亥科 傳見文學

蘊 濼 雍正癸丑科

温玉斗 雍正乙卯科

林志楝 乾隆丁巳科

賴德宣 乾隆己未科

連如璋 乾隆己未科

徐 瀕 乾隆辛酉科 傳見文學

鄭惠琇 乾隆癸亥科

陳開材 乾隆乙丑科

論曰士之服儒服誦儒言者遍邦域矣書升論秀其得與於選造之數者可按籍稽也登斯版者固足膺其遇之通亦將求其寔之副也宜何如自勉歟

薦辟

明

陳仁山 湖岳二州魚課提舉司 傳見文學

蔣伯起 以孝廉舉新喻縣丞

李宗厚 以明經舉麗水縣丞

賴以仁 以明經舉沂水縣丞

黃震 以明經舉新喻知縣

張賢 以人材舉登邁知縣

涂宗仁 以人材舉平樂知縣

論曰明代專重甲科而薦辟弗常行盖上以賞求下以名應不疑於私則失於蔽舉人者與舉於人者兩受其責故難之而輙廢之然其法固古鄉舉里選之遺也德邑膺薦者七人表之以見明初取人之典

掾吏

明

李天叙 嘉興典史　凌高 衛經歷　王國範 彭城衛倉大使

李熙卿 威遠衛經歷　周行 江西大庚典史　李茂 加納知事

王閩臣 贛縣丞　周昺 寧波衛經歷　凌雲彬 縣丞

凌永 主簿　李茂春 鄒縣典史　凌衮 主簿

陳高 吏目　李日英 如皋典史　蘇鑾 典史

李蕙 青神典史　張鸞 南昌典史　陳機 巫山主簿

蘇鸞 巡檢　林大標 崇善典史　陳文卿 金堂典史 巡檢

周可久 單縣主簿　林繼盛 清溪巡檢翁源縣丞

郭應文 梅頭巡檢　劉五經 徽州府經歷　連雲冲 平定州吏目

周璽 四川經歷　劉五雲 臨淮典史

論曰有明入仕之路廣矣而銓衡資格牢不可破邑之以掾吏仕者秩皆弗顯績亦無聞豈安小就者畫地而趍耶抑官人者預為之畛域雖有長才末由表見歟

封典

宋

林程　以子揚休貴贈朝請郎　祀鄉賢

明

凌天德　以子輝任監察御史贈文林郎　傳見孝友

鄭揚　以子沛任户部主事封承德郎　傳見義行

郭琛　以子維翰貴封文林郎臨江府推官　祀鄉賢

李 繁 以子雲階貴贈奉政大夫
傳見孝友

賴 燫 以子垓貴封翰林院檢討
祀鄉賢

國朝鄧 濂 以子孕楓貴封監察御史
傳見孝友

李廷佐 以子道泰任開化知府贈中憲大夫

林朝薦 以子汪遠任雲和知縣贈文林郎
傳見文學

王嘉賓 以子維斗任臨漳知縣贈文林郎

陳文灼 以子應奎任南樂知縣贈文林郎
傳見孝友

鄧 熾 以子啓元貴封翰林院編脩
傳見隱逸

賴　異　以子銓任永安訓導贈修職佐郎　傳見孝友

陳高策　以子義爔任宣城主簿贈登仕郎　傳見孝友

任子

宋　蘓　洸　以父欽蔭知州　傳見治行

明　丁　檝　以父啓濬蔭都察院照磨　丁　檠　以父啓濬蔭入太學

論曰尚攷漢書封典無聞惟傳太尉張酺之父自田里詣京鄉郷僚奉觴上壽而已蕭育馮野王席以父蔭垂稱唐李德裕亦由任子起家自宋迄明典制昭焉我

朝覃恩屢沛比曩代加隆光前緒而庇後嗣疇敢不勉圖

報稱哉

德化縣志卷之十二終

德化縣志卷之十三

人物志

名宦　鄉賢　官蹟　忠烈　治行　孝友
義行

山川不改疆域依然而能使過其地者仰焉慕焉低徊不能去焉必其中大有人在也德邑流峙鍾奇代產人物景芳躅溯遺風民獻老成光幽德潛其事其文可以彪炳冊書而鼓舞後起者枚舉不一謹光昭厥美類而分之得十有三帙志人物

名宦

宋

陳靖莆田人開寶中與黃觀請兵于漕版授泉州德化縣尉叅議軍事賊平以前資官例赴闕補許州陽翟縣主簿再知泉州累遷江南轉運使江南有李氏横賦於民凡十七事號曰沿納靖極論之詔罷其尤者數事歷事三朝以秘書監致仕著有經國集十卷勸農奏議三卷熙寧元年諫官以勸農奏議上下篇奏聞詔藏中書後復索經國集進呈特贈左僕射宋史郡志俱載

明

王巽洪武六年知縣時當兵革後公私凋敝規制草創巽至慨然以興舉廢墜爲任葺學宫修縣署建壇壝役民不勞資財不傷三年間政平俗化論者謂大統初集極得安静畫一之脉

馮翼山東德平人洪武二十六年知縣倜儻平易留心民隐先是邑以抽軍故民盡逃移死絶者過半田荒而粮額仍懸百姓賠累不堪翼涖官廉得其詳嘆曰瘡痍不

寥何以施梁肉哉掾白以軍餉無所給恐獲罪不聽即以狀奏聞特詔蠲稅額至今民受其惠

古彥輝廣東長樂人洪武三十年爲邑主簿性敏決精吏事識大體盡心勸課不尚苛察凡有令出民咸懽趋三十一年溪漲民居蕩圮公撫之民忘其災視黌宫廨署規制湫隘相地鳩工廣而新之橋梁道路莫不繕理九年秩滿民將赴闕奏留會監司保任擢監察御史

應履平浙江奉化人洪武三十一年知縣廉謹平恕時邑

文運未開履平勸獎士類有向學者輒優禮之自是邑
之人士多登科第考最遷吏部郎中歷官按察使

余表廣東化州人洪武三十一年縣丞奉職廉慎撫字有
方役均訟簡民咸戴之卒於官郡守胡器遣祭以旌其
廉

胡惟立江西高安人舉人嘉靖三十二年知縣廉介自持
常賦外不取加耗勤慎莅事案無留牘門隸久慣者去
之刁健屢訟者懲之均賦役恤困窮邑人懷德卒於官

士民共請入祀

論曰令者民之司命也遺愛在民去尚攀轅歿寧不奉祀歟五代以來官此者若令丞若簿尉宦蹟所載盛矣而祀僅七人何其少耶夫時當清晏君子固無所樹奇功自嘉靖後兵荒洊至繕城池立學校興利除弊捍患禦災功可不謂偉歟而槩未舉祀毋亦表章者寡也尚論往古洵有俯仰興懷不能自已者矣

鄉賢

唐

顔仁郁字文傑為歸德場長號顔長官時政荒民散郁撫之一年繈負至二年田萊闢三年民用足有詩百篇傳於民間至今邑人歌之立祠於石傑鄉歲俎豆水旱疾疫必禱焉

宋

林程楊梅人慷慨尚義廣収圖史延宿儒合族子弟廩而誨之舊傳邑治有水流丁羅簪纓之識程捐家貲買邑

前瀨溪之田數十百畝具畚鍤開濬一夕天大雷雨溪
岸洋溢決流丁方子揚休重和元年成進士贈程為朝
請郎休子興宗為錢塘令宗子洽瀛皆登第洽子延賞
瀛子士英相繼貴顯四世簪纓一時稱盛
蘓欽字伯承善均里人第宣和甲辰進士除江西帥屬值
贛卒叛為帥漕畫策平之擢守巴州高宗諭之曰巴去
朝廷甚遠卿務鎮靜存撫百姓欽對曰臣當宣布朝廷
寬大之恩上首肯之州舊例有脚乘錢三十緡欽曰未

能補公家豈敢費私帑悉封還代民輸賦改知閬州首陳利病六事復却例錢互送錢諸司以治最薦得旨再任未幾除利州路轉運判官時吳璘屯重兵於興元深加敬愛餽遺甚厚又條時政五事上之卒於成都所著有兩漢提要十卷慶元間修高宗寔録索其行狀家集奏疏并御筆進之子洸孫權國瀾從姪総龜熹孫稟相繼登第五世簪纓

鄭輪字景行翊順侯昭祖裔孫也第嘉泰二年進士尉保

昌時獲强盗不肯論賞曰人命可易官乎遷龍南令邑上鄉隣山峒民嶲不輸租一日數十輩以長鎗挈錢而至吏驚惟詰之曰聞有好長官願爲王民秩終民愛之遮送塞道再知南城縣會盗發諸邑擾動輪悉意拊循無一附賊者甫代去而邑被兵人謂行善之報歷廣東運司主管文字辟知循州卒

明

凌輝字邦輝幼穎悟過人永樂壬辰進士任廣東道監察

御史尋以風采改河南道端謹持憲擢江西按察副使儆官邪明法度振飭風紀民安俗正屢從文皇帝征伐與修大明一統志兩廣諸勅復纂修德化縣志明代邑之登第者自輝始

林茂字盛之坊隅彭坑人正統八年由歲薦知廣東儋州民愛戴若父母為之頌曰茂林無虎豹儋海有鳳鸞丁内艱服闋補廣西吉州知州值己巳之變蒙難輸邉死於王事

鄒絢嘉靖甲子舉人廣東四會縣知縣人稱丁溪先生

單輔號巖泉高洋鄉人少力學從李文節遊由恩貢授廣東合浦知縣清介自矢執法不阿履任六年不取合浦一珠陞平樂通判解綬家居無臧獲妻自炊客至使子傳茶飯李文節高之為舉鄉賢其在合浦也奉文丈量多代田豪家餽金數千請半丈不聽悉丈之朝廷按盜珠事下縣戮祈免潛入珠盈斗不受以寔報竟誅其黨其志節可概見矣

郭琛字世深號奇園在坊駟高橋人多財好施嘗出遊獲遺金待其人驗寔還之如是者二造龍津橋旋燬於火復傾囊再建道路有傾圮者砌築之以子維翰為臨江府推官膺封典年九十無疾而逝

鄭沛字原甫號渭初聰敏沉潛垂髫遊泮即恩選入 都萬曆甲午魁麟經戊戌成進士選請曾給歸省親見邑先輩及同學讓沖敦摯絕無新貴容初任管崇文稅課蕪四門諸差茹冰櫱惠商民清德著聞與當時立名者稱

天下六君子焉嗣督昌平糧儲及客主兵餉護陵寢供湯沐時詘極苦心經營志操彌厲年三十二卒於官朝野惜之太常李鳳岳誌其才通敏而心甚虛氣沖粹而骨甚正宫庶黄九石述其胸羅象緯而無上人之心貌若處女而有擔當之勇在朝則竭誠骵國斃而後已在野則敦本勵節歿而愈光皆寔録也入學特舉祀郡鄉賢

賴孔教湯泉人事親言色無忤與兄合爨不忍析以歲薦

司訓全椒愛士若子諸生新進有貧者反贄資之喪不能成禮者割俸助之殯于官昜簀時囑以棺資公子姓櫬歸號送者二百餘人

賴燫號四表孔教子年少篤學性至孝隨父任全椒父卒于官扶櫬而歸擗踊哀毀行道為之墮淚食貧教授不倦由歲薦司訓尤溪遷四會知縣出五冤獄不避權貴以子官春坊遂解綬歸

論曰鄉賢之有祠祀亦隆矣哉生於斯長於斯受尸祝

于斯非有功德在人能膺祀典于勿替乎邑自顔公以下十二人居鄉則典型桑梓登仕則霖雨蒼生厚德豐功壽諸彝鼎光於俎豆稱曰鄉先生寧有愧歟

宦蹟

知縣

明

王貞浙江永嘉人洪武九年任謹身正已一清如水涖民如撫嬰孺待士如接賓客一時風化淳穆好娱情山水

公餘援琴賦詩悠然自得人謂有子賤遺風

何復河南柘縣人宣德元年任邑之令簿自應古後代匪其人百凡廢墜復循序經理之規制煥然一新民不知勞政尚簡易廉平正大為當道所推重

陳宗全廣東　人宣德十年任明恕廉介為政有方立綱紀崇教化士民信服未期年境内大治

李青廣東石城人天順六年任敎政平恕人目為李佛子公餘襪履巡行郊野有不勤農事者召而諭之朔望入

學宮為諸生講論終日無惰容莅任九年百廢具興民修其業士修其學邑以大治秩滿當去士民丐留三年

任順南直隸常熟人弘治十四年任性果斷多才能每編賦稅徭役令下民輒稱便有曾姓者好告訐號鷹兒素為民患順化之以德久不悛乃實之罪惻然遺之曰爾何不為嘉禾而為稂莠乎自是德教蒸被獄空虛

胡潛字孔昭江西績溪人弘治十七年任居官三年廉潔自持水利橋梁廨署當修葺者恒割俸以助民力訟者

常勸化之使自省鞭朴不施老幼因繫不加貧苦以奔喪去民相弔如失父母

許仁字元夫號竹厓浙江仁和人嘉靖七年任毀淫祠創社學設學租築射圃復教場甃壇壝濬丁溪修春波樓繕廨署建名宦鄉賢祠置漏澤園養濟院善政纍纍不勝書詳見建置學校諸志嘉靖十年改調同安縣

緒東山號三南廣西馬平人嘉靖二十六年以舉人来任嗜學工詩文訟清政簡公庭無事日與諸生講論建丁

溪書院俾習業其中置學田贍之搆鶯雲亭復古義社
邑士民祠于龍潯山之麓

鄧景武號文齋江西德安人嘉靖三十六年由貢監生来
任邑舊無城比年寇警民遭屠戮群結寨于縣後大龍
黄龍二山武乃度地營城正南臨溪東自龍潯山麓以
上環山而北包大洋山西抵大旗之巔下達於溪雉視
列邑未幾吕尚四亂後令張大綱憑城爲固賴以破之

張大綱字立卿號衢坡廣東龍川人嘉靖三十八年来任

前令鄧景武築城新就慮其低薄遼濶即改縮增高適
永春賊呂尚四合徒萬餘流刼攻城綱身親督戰擒斬
無遺自是上杭永福諸盜不敢犯境詳見黃侍郎記尤
惠愛百姓作興人文創建書院於龍潯山之麓
秦霑蘄州崑山人隆慶六年以舉人來任經畫區理洞悉
大計以學宮卑陋遂獨斷遷于城外大洋山之陽費不
煩而事集廟貌巍煥人文以起諸生德之為立去思碑
與緒令並祠

黃承讃浙江義烏人萬曆丁丑進士先任武進抗忤權勢為邪中傷調德邑勤修職業以文風未盛集諸生朔望會課面評高下行賞有差一時士類振起後武進事白陞南京刑部主事

丁永祚江西南昌人年十九領鄉薦英韶警敏洞悉物情至則豁監稅絕關提抑豪強邑民尚氣涵濡漸化之不怒而威民俗以淳見人才寥落慨然曰邑無南門故也南為離方文明之位奈何闕焉捐俸築之建樓其上以

祀文昌改調福清猶不忘德之士民後令錢某縣試濫
収冒籍庠士赴督學鳴其事錢令文致申詳衆懼不測
祚聞知即以是馳告督學皆直之錢令因論去冒籍徹
清人文蔚起後歷知州府官至湖廣憲副使德與福清
並祠之
林大儁號惺非廣西隆安人萬曆辛卯亞魁簡易寬厚潔
已勤公隆禮待士建獅霄塔於邑之巽方以象文明濬
丁溪故道以符古讖兼署永安二篆所至課士口授耳

提甄拔名流時譽翕然歸之子光第英年發解人謂禮士之報

桂振宇號蓋我江南石埭人以明經来任慈惠和易勸民藝麥而給以種教民醫療而濟以藥鼎建祝聖寺修學宮鑿泮池創寅賓館築春臺置糾察遺愛二祠葺城隍甃龍津鳴鳳二橋成巽方墻綜理有條百廢具舉復釐剔侵没學田以資膏火庠士王秉乾貧不能婚資金代聘楊經臨貢而殞貧無以殮為棺衾而塟之旌孝友崇

節義禁炫服戒侈靡飭男女別途之禮令士民習官音捐金給老人使朝夕振鐸於路唱明六訓凡所設施善政不可勝紀尋掛冠去士民攀轅不獲立祠尸祝之

姚暹號若麓浙江秀水人崇禎癸酉由舉人来任風節稜稜胸懷坦白待士民如同儕時泉官勢熾泉屯之在德者屯丁貧困悉免勢官收租酷剝民不堪命繪圖叩閽事下撫藩臬府按驗暹力為民剖析寃狀反覆數四痛哭流涕當道感動上其事旨下嚴禁歲省德民額外横

索萬餘金遂中忌者以去百姓立祠祀之頌曰姚天

李元龍江西玉山人由舉人来任坦易真誠不飾邊幅工詩善行草偶寓僧寺道衣繋縧巡廊廡間人莫知其為縣令也恂恂然與物無忤民咸樂其慈祥

金麗澤字石可江南武進人崇禎十七年以拔貢授邑篆精神烱烱顧盻凛然下筆如飛片言洞人肺腑邑初有疑獄甫至即牒城隍神決之豪家屏息適京師告變大綱解紐閩郡勢豪橫恣猾民跳梁德晏如也擢漳州同

知旋陞知府躬親撫剿盜賊望風歸化晉階憲副指揮
所及秉鈞握符者莫敢與爭時有鄭勢金石之謡明年
十月　大兵克漳死之

國朝

王寵受號濯陸北直寧晉人順治已丑進士事母至孝八
年来任節儉慈愛而有威舉止進退有儀寡言笑邑遭
兵燹之餘流離未定城市坵墟受下車撫凋敝詢疾苦
會土寇充斥設法聯絡山砦親為訓練鄉勇捐俸犒士

悉力禦之常舉行鄉飲酒禮遠近翕然十年以憂去

崔越字肅逸號秋濤山東平度人以歲貢授縣職俊偉豁達不露圭角廉靜慈和不事峻絕聽訟曲直無遁情而不喜鞭杖時征剿海寇徵檄紛馳常匹馬入郡計畫事辦而費省及大兵克復泉州邑之巨寇歸順猶置人于通衢私抽貨稅越力捕置之法尋復叛戰于螺坑王千總遇害親督鄉兵禦之嚴禁交通賊黨懼始決意投誠竟以憂勞致疾寔授

命下已捐館矣貧無以殮適兄布政司經歷崔起遣子來

侯因經紀其喪道路聞之皆爲流涕

王澤洪北直人泉州通判来署邑篆時遭寇亂後城治蕭條洪按户籍令民移市入城架屋嚴爲之期而稍聽其自限悉力經營人煙輳集去任猶施餘澤爲邑民雪寃

和鹽鼎字巖夫湖廣城固人順治丙戌舉人寛弘藹吉承前令猛酷之餘故族士類皆蕩產傾家喘息重足鼎痛革弊政嘗與紳士參酌利病竟日無惰容比聽斷必反

覆辯論務得情寔不肯輕置之法貴賤咸得歡心陞大理寺評事去之日遮送百里莫不涕零旋擢北城御史溯遺愛者至今嘖嘖焉

王之紀瀋陽人由筆帖式隨征入閩康熙十六年委知德邑耿逆初平泉郡新復瘡痍未起紀簡靜鎮撫不事紛更平訟獄省興作民甚便之二十二年擢行人司行人去之日士民攀轅泣留如和令云

姜立廣泉州通判康熙二十二年署邑篆明敏練達物無

適情蒞事未數月民咸思之

撒啓明山陽人以莆田丞署邑篆公正明決下車奉文編審丁苗憫賦役偏枯不避嫌怨詳請均攤由是富者不得詭避差徭貧者不至重派苦累八里稱平

范正輅字載瞻浙江鄞縣人丙午舉人康熙二十五年任禁溺女勸種植舉鄉飲建義學設常平倉葺賓陽北鎮二樓繕堂廡置寅賓館築橋梁刊邑乘類有可紀卒於官

王一導號惕齋湖廣黃岡人康熙丁丑進士四十年任慈惠廉明邑舊例有節禮銀八百兩為上官交際之資里甲輪供多至蕩產又有屯田硃價銀每甲一兩導惻然曰竭小民之膏脂供一己之周旋為民父毋顧如是乎即出示除之聽斷平允案無留牘履任一年以內艱去
王調元字燮公遼陽義州人正白旗監生康熙四十八年任果毅正直不避權勢明倫堂久廢鼎建之適外郡奸匪陳五顯抄畧鄉村飛報收捕境賴以寧

熊良輔四川蒼谿人康熙己卯舉人五十七年任和易慈
祥待士以禮撫民以恩外邑奸民陳謀嘯聚山谷急請
會擒親督鄉兵進山協捕民得不擾捐俸建櫺星門造
照墻又倡建雲龍橋工將就緒適以事去
金鼎錫號卜菴浙江仁和人康熙癸巳進士雍正六年自
壽寧調任德邑洞悉民情廉平不苛催科折獄有古循
吏風方葺治雲龍橋會憲委往外買穀旋以能員調南
靖縣

黃南春字硯石號生菴廣東鎮平人監生雍正九年由古田調署德邑十一年引見得寔授以屯粮納戶散拆徵輸兩難詳請歸社各造的名推收如民粮倒民甚便之倡修　文廟及東嶽廟造鳴鳳橋又繼前令築雲龍橋宏整壯麗乾隆三年委護永州四年回任移建　關帝廟鼎建　朱子祠再造鳴鳳橋詳見學校祠宇諸志前後涖任九年告終養歸

教官

明

饒自成廣昌人由貢士司訓陞邑諭方正清儉日温經史月立課程提誨諸生獎優恤貧復捐俸修理祭器當道重之

張泮東莞人由歲貢司訓持身廉謹課士有方學宮圮壞捐俸葺之詳載吳從龍記中

張潮羅源人以歲薦司訓泉州陞邑諭勤課督精品題所取士多掇科第時推氷鑑胸襟灑落沐陶淑者如坐春

風焉

王國楨字錦榕閩縣人以恩貢選司訓到齋手不釋卷明于幹濟不露鋒穎當路器重列薦剡陞為粵西桂平尹

林茂春浙江青田人由台州司訓來掌邑教氣槩豪邁分齋曹緇自山西蒲縣來官甫三月而卒囊槖如洗子女繼殁春為殯瘞于薜蘿山設粗以供祭掃復請于當路護其眷屬使歸真古道也

黃偉禎字若木莆田舉人學富才高氣節自命教諭德邑

諸生勵志力學者愛慕有加紈褲膏粱不稍假以顏色
風裁嚴峻學校肅然士習以端

國朝

林潤芝延平人順治間以舉人署教職閎雅博物尤工詩
律善書法風度彬雅士林重之

李正標順昌人順治間以歲薦司訓淡泊寧靜風度藹然
喜慍不形至有關學校公論者則義形于色侃侃秉正
尋鐸龍巖多士矜式不能忘云

王欽祖閩縣人康熙十八年由例貢司邑教慷慨好義在庠寒士多所推解捐俸百餘金修　文廟重建龍津橋造梅上里道中亭士論高之

薛允浩閩縣人康熙三十五年由貢士任教諭倡修學宮煥然一新

程雲鵬莆田人拔貢生康熙四十五年任教諭師範端方接見諸生雖盛暑必衣冠淹博著名尤善行楷論文講學亹亹不倦爲所拔者多聯翩去卒於官

力子侗號知菴侯官人康熙五十四年由貢士司鐸德邑

見學宮兩廡剥落捐俸倡修黝堊輝煌置祭器手輯

聖廟祀典四巻復刋課士録鼓勵生徒榜眼鄧啓元進士

王必昌舉人林應祖皆其所培成也才識練達凡有關

學校者毅然肩之雍正元年改授兖州嶧陽縣丞

論曰官以名稱從其績也無績可紀將等諸曠官又何

名之有邑自五代置縣秩官姓氏且闕弗可攷固無遑

問績矣宋時官斯土者志若列眉而三百四十年中名

宦僅傳縣尉陳靖一人斯其缺畧可勝道哉夫盤根錯節所以別利器也德固岩邑自明迄

國初幾經兵燹繼以水旱疾疫非賴有馮鄧諸人生聚教訓於其先崔和諸人維持調護於其後歟予繙閱舊志因博訪故老按其政績之卓卓者得若而人或以慈祥稱或以廉平著或以才幹顯或以文學彰要皆大有造於斯土者以云名宦庶無愧矣紀録之餘心焉儀之猶想見當年卓魯諸君子也

忠烈

五代 唐

鄭昭祖碩傑人繼顏仁郁為歸德場長官遷郡司馬力勸閩王歸順宋興封為翊順侯知縣事陳居方為之記配祀顏長官祠

宋

蘇十萬善均里人欽之裔孫宋亡破家募義兵拒元屯駐天平城羅城諸山後戰敗于水府被刺挺立不仆血漬

石上朱殷不滅邑人建水府廟祀之降乩題云不負心頂天做去大丈夫
一呼十萬何妨稱兵稱賊稱霸稱王邑進士李道泰為
對云肯回首立地便成好男子百鍊千迴自是可鬼可
人可仙可佛邑令曾鼎楙弔以詩云十萬橫磨劍氣吞
英雄成敗未須論一拳石染生前血幾筆乩遊死後魂

陳蔚清泰龍山人統軍與元兵戰敗于永春龜龍橋既被害猶奮身馬上馳歸至南関墮其首過東関身滾馬下兀立邑人即其地各立廟祀之

國朝

黃琮江南江寧人順治三年由拔貢來任知縣明年九月

南𤨏莊廷書張盃率衆萬餘圍困縣城焚掰霄塔雲龍
橋燬學宫城中食罄茹草守将棄城遁琮不屈死之
王世爵榆林人提標後營千總順治十四年三月與後提
誠總兵林忠戰于螺坑力盡死之　楚南關外接官亭上員山邑令魯鼎梅修
其墓
論曰爲臣克忠分也詎以死生論哉而見危授命士之
大節立焉邑之以忠烈著者或勦逆効順或尚義勤王
生而爲英死而爲靈宜其廟食勿替也若黄令君節比

睢陽王千總屍裹馬革其身雖死其氣猶生表而章之
與日月爭光矣

治行

宋

林洽字濟叔事親盡孝有文名淳熙丁未第進士知福州
閩縣政尚廉勤通判鎮江府未至卒

林瀛字廣叔洽之弟慶元丙辰以明經第進士初知莞州
東莞縣政蹟最諸邑以薦召除監左藏庫遷國子監簿

知汀州卒

蘓洸善均里人以父欽廕補官爲趙汝愚張栻所重歷知雷州百姓歡迎歌曰蘓使君来何晚使我夜不寐朝不飯秩滿尋移封州首請減放丁米及經制無額之徵改辰州致仕

明

陳灝字達州邑尤中陳吳人成化二十二年由歲貢司訓曹州丁艱服闋補從化縣訓肅學校定課程所取士多

登第志行廉潔致仕歸囊橐蕭然長子中立學問淵奥
嘗從蔡虚齋講易膺嘉靖三年歲薦授仙居訓導師範
端嚴人稱喬梓儒宗
涂允寬字畏吾小銘人由拔貢授江西武寧訓導尋陞巴
東教諭課士有聲擢四川夔州府教授署大寧知縣兩
載愛民如子宦橐風清齋厨供給外惟左右圖書而已
陞王府長史卒於官
陳伯容字仁卿尤中里人嘉靖歲貢入南都授潮州府訓

以課士最績遷江西南豐教諭捐俸葺學宮造祭器列
憲嘉之陞南豐縣令氷檗自矢年老解綬歸足不履公
庭以壽終
陳石字陽東大卿鄉人以歲貢司訓電白練達精敏有匡
濟才邑舊無城屢經寇亂民遭荼毒石請於邑令鄧景
武築城保之培科榮鳳翥二文峯勸教鄉族讀書自是
邑多文雅
林榕瑶臺鄉人以援貢授縉雲訓導性廉介樂周人急時

庠士樊應科童年貧困榕賞識厚待之後樊巡按本省往候之著苧衣公服門不為通榕俟其出呼之曰樊斗山樊驚喜下輿迎入父事之贈遺俱不受有殞人者餽伍千金關節榕叱之曰殺人坐償律也能為女免乎樊為表其坊曰高雅儒宗

林棟字隆甫邑中夏林人天性篤孝父濟領歲薦入北雍歸卒于邳州棟方童稚匍匐號哭迎喪歸葬煢苦讀書就試屢冠多士邑令延而賓之不私干請以明經得選

令時相歆為營好地笑而謝之竟得樂會縣值粵寇猖獗抗守孤城設奇布伏巨魁殲焉當道妄叙要功棟嚴捍禦手釋平民千餘命全境獲安竟以抗忤被逮得白欽賜金五兩陞荆府審理正不赴歸囊橐蕭然閉户著書杯樽接客林下二十餘年壽八十

林樞字中星棟胞弟少有氣節多材藝歲薦入都相國王錫爵申時行許國見而奇之咸延教子弟有事咨焉授南陵令置驛傳建橋梁却倒金恩威並著上童而下愛

之有驪歌集致政歸杜門課子與親朋吟咏有一處篇

子七人熺焌最知名

王雍字在雲清泰紹鄉人受業李文節甚重之以明經宰

浙之雲和清慎自矢五載調富沙所首取士悉登第時

服得人歸田里二十餘年為鄉祭酒邑有利病輙親別

白於令復自置義租數千觔以供宗祀

李雲階字太堂繁之子也生階晚愛之戒勿苦讀階竊置

燈幕中終夜不輟又不欲令離膝下竟竊負笈從王都

昌學繼師李文節成名士萬曆丙申應明經丁酉登順天榜始宰華容至則捐俸建劉忠宣祠恤黎公淳後各爲置祀田若干頃出寃獄按巨憝侃侃不撓歷四薦主爵已署部竟以多口量轉吉安同知鄒蘭皐郭青螺極器重之署府攝邑篆者凡九皆大著聲績盡却例金又出宦俸爲民償逋及代湖關使者復却例金五千餘臺司交薦以忤時不樂仕歸課子立社會文評論不倦有書十種行於世子喬楫英山知縣次子喬霖上林苑丞

六子喬鍾最知名庚子歲貢

章時學字爾行萬曆丁酉明經任紹興府訓導端士習正文骵尋陞雷州徐聞縣教諭課徐猶課紹興也道憲稱其德量汪涵曾署徐聞縣事有白以用機智者正色曰國家以無事為福机智何為後陞教授辭不就職賦詩見志

郭維翰字屏叔號鍾西萬曆庚子舉人初任臨江府推官署四縣篆所至皆有聲秩滿課最陞廣西慶遠府同知

尋補揚州府同知廉節端謹陞岷府左長史晉階觧綬

林下締友賦詩懷宗登極詔天下為䰟不仕者超遷三

級翰與焉當事趣其行懇辭風疾不起壽七十有三

柯應鳳湯泉人賦性恬淡篤志攻苦與人交渾然不露圭

角以歲薦任連江司訓課士衡文群推氷鑑事上接下

咸有矩法諸司道亟稱之卒於官

林爃字伯基樞之長子敏達寛厚德量汪涵試輙冠軍以

明經授長洲司訓長洲故名士淵藪爃所甄別與論翕

然文震孟稱為天下長者歷東安令矢志中立不阿權貴大著風采罷歸杜門不與外事年七十七卒有茂苑雜記都荔山房詩集

賴垓字宇肩天性孝友九歲能文淹貫經史由恩選捷北闈第南宮以才名為天下重初任浙之平湖縣矢志冰檗新學宮甄拔寒畯却湖稅濫額銀節省海塘濫費汰冗役五十名峙義廩十四所復修梁庄創備囷置義塚以草火化陋習釐剔私鹺四十萬覈清軍產百餘畝紓

民贍士吏治文學獨冠兩浙召對称旨擢翰林院簡討
轉右春坊命侍東宫講學給假省親得冊藩之役晉階
宗伯學士未及還朝值　鼎革遂結廬瓊溪徜徉詩酒
當事交聘堅以疾辭因自聯山樓以見志云皎月高懸
蘿薜夜蒼天長放蕨薇春有文集若干卷子二　鈖鉞

國朝

鄧孕槐號台生前明庚午舉人年二十五
熈朝定鼎授京李治獄明慎多平反慈惠廉直有古人風

擢御史按江南上江利病纖悉皆上言輒得
俞旨按畿南督屯田時真定等十四州縣兵乱之後逋逃
者多丁產貽累乃上痛哭一疏得
旨蠲免民獲更生以龍圖稱之內艱歸年甫服官而卒世
咸惜之
李道泰字子交號藿思縣東沙堤人博學善古詩文下筆
千言立就皆出人意表第順治辛丑進士授建昌令奬
孝行振寒素革陋規蒲鞭示儆而民化之康熙甲寅軍

政倥偬建昌水陸衝遂聯船過馬備極勞勩吳逆倡亂嘯聚廹附泰身率兵壯設法驅逐城賴以完量移郡丞冷署氷廳家人團笑如寒士因闢地結茅于紫霄峰顛曰白厓時論方之白李草堂嘗賫俸過鄱陽逆浪折舵胥役鼓小艇請避却之曰同舟共濟豈吾獨安耶竟不動及擢滇之開化下車即除供應捐金砌路爲吏民建義學時邊徼新拓鎮營火伴及里中養卒多湖南孩童掠賣者泰惻然詳請報冊放歸仍量給以資斧楚人至

今尸祝之卒於官所著有纓溪文集又集古十八卷曰
籜書詩有響草剩園四草南州耳鳴集滇行草諸篇
温舜華字啓姚科禜人學博行修由歲貢司訓羅源署永
福學陞崇安學教諭苜蓿自甘殫心課士貧乏者賙之
所至羣沐其德教年七十九著有蓬萊亭集
林汪遠字希士號涵蒼桂陽人與堂弟模同登康熙丙午
鄉榜嗜學績文力追古雅尤工聲律
國朝詩選多登其作宰浙之雲和政簡刑清毎與諸生課

藝賦詩嘗繪　文廟植檜重榮圖序而頌之遒鬱高古
丁内艱服闋補四川南部知縣慈惠明允以老致仕著
有大學兒說燕回閣史詩删各集
林模字靖若號周木年二十一舉於鄉二十八成進士歸
值耿逆倡亂賊黨横行掠殺模集鄉族諭以大義築砦
據險約束戒嚴里社以安選授湖廣興寧縣精勤廉敏
力為百姓造福以憂歸士民勒石謳思服闋補廣之普
寧庚午鄉闈分校所獲皆知名士群賀得人模曰藝文

末事耳吾儒寔用貴澤被蒼生也在任規畫大小必親
踰年以勞瘁致疾卒於官年四十六性聰頴工諸書尤
精盡事片鱗寸羽人悉珍之著有四書講章詩書易解
義
謝青鍾字字東號斐草邑東侯池人少頴悟博覽群籍下
筆如有神尤善草書康熙壬子舉於鄉授浙江瑞安知
縣革加耗省徭役却苞苴一以清白自持六載卒於官
宦囊蕭然士民哀慕立祠祀之著有越山十嶧怪齋史

誤詩詞文集

王維斗字樞生號蓼思東西園人康熙丁卯領鄉薦任河南臨漳令苞苴悉絕獄訟持平凡有利於民者力請行之加惠孤寡嘗代贖難女數十人捐俸拓學宮基恢其舊制科名振起列憲嘉之考最遂解組歸杜門却掃風節清高

陳應奎字婁先號壁東高鄉墨園人工藻翰精岐黃登康熙丙子鄉榜任直隸之南樂邑例有塡瓮并菓蔬銀盈

千奎至却之悉以鼎新學宮復葺濫泒邪有奉公採買使民自供絲毫不染寒者衣之病者藥之捐俸置漏澤園數十畝歲乙未亢旱請憲緩徵者再明年又苦蝗齋素以禱蝗乃緣稈盡斃民得有秋嘗運米通州賑濟力爭高概大斛事聞憲蹕之命如護發賑寔惠廣沾溢任七年無死獄士民繪像以祠課最內陞投簪終老年七十八著有清音文集武夷紀遊等編

顏天球字嗣圖號象岩瑶市人康熙已卯舉人忠誠淳慤

授湖廣興寧知縣猺苗雜處素梗化球以誠撫之首革重耗苗民率服旱魃為虐露宿以禱甘霖並沛解任之日士庶遮道扳轅

李淑度字延策東漈人康熙戊子副榜授直隸趙州判公餘與諸生論文賦詩陶然自得州多盜奉署州篆弭之有方民賴以寧卒于官年五十八

徐高明字恒總號克之儒山人乾隆戊午副榜授廣西萬承州同甫至除九甲濫派禁歛俗男女答歌者以和姦

論親死焚尸及鼓樂者以不孝論夷民向風知義奉委
欵安南貢私献悉謝絶卒於官

論曰士當窮居草茅坐誦書史恒恨不見用一行作吏率碌碌無所表見豈盡言易而行難大都以官為家而不留心民瘼也邑之學古入官者敦古處尚廉介自立朝迄外任風節治績翼翼隆隆嗚呼可謂不負所學矣

孝友

宋

張興渭楊梅上蒲澤人性至孝母楊氏病篤百藥弗治乃籲天割股雜粥以進病立愈淳祐六年里人狀其事於縣立旌孝坊表之祀忠孝祠

鄭師孟字醇沖操履端莊事親教子睦族賙鄰咸爲鄉人法三世同居不求聞達

明

王三聘清泰紹坑人家素貧對親必怡顏溫語母吳氏病瘧醫久罔效乃焚香祝天割股一臠和粥進之母怪其

味聘蹺衙使盡母疾頓愈後行徵跛人方知其故僉請于縣旌之曰孝誠能格祀忠孝祠

凌天德楊梅上團人敦孝友鄉稱長者洪熙元年以子輝貴贈監察御史

涂應昌字肖吾邑庠生四歲失恃隨父夔州長史名寬歷任江西湖廣四川十餘年父卒于官繼母許氏巴東女也懷娠三月有以迯遥惑之者昌泣慰曰天祚母德必生弟繞膝有双兒矣竟與母千里扶櫬歸色養五十餘

年弟殁視姪猶兒胞叔之嗣以父事之訓子重光孫有
洛有泮皆遊庠萬曆二十三年邑令鍾夢寅教諭張潮
請加冠帶贈扁曰望重龍濤
周大烈邑庠生天性孝友色養父母老而彌篤嘉靖間胞
叔檀被寇擄秘計出之訓子孫成名享年九十有二
李繁在坊英山人性仁厚富而能施析箸時讓肥居瘠友
于著稱鄉里待以舉火者百數十人有叩門糴粟者繁
方食投箸而起子弟請俟食畢曰人猶待粟而炊吾獨

忍飽乎嘉靖間緑林竊發繁被獲禮而歸之好善不倦獨淡視功名李文節嘗目為羲皇上人為作李公傳以予雲階貴而膺錫命孫九人彬彬文學壽九十

林謖字泰心榜上桂陽人風度恬如篤志好學食餼後八子皆令讀書不屑治生產尚義樂施節用所餘多推恤家近千指雍穆藹吉無間言子孫群列庠序每誡之曰若輩後貴慎無多收僮僕第五子鵬摶膺鄉薦孫汪遠模同登 國朝丙午榜模舉制科模子昱亦登科

國朝

徐瑾字覲甫在坊儒山人有聲庠序母林氏病篤刲股調羹以進病立愈永春令駱起明以孝友流芳褒之知縣王寵受請於憲獎為奇孝可風祀忠孝祠

鄧瀕號濟寰新化塗坂人少英敏移居入郡就學每試冠軍事繼母撫諸弟以孝讓聞交友然諾不苟郡邑以德行推之次子孕梓患瘓設饌以祭夜中恍惚若有所見者尋聞報曰公厚德次君無恙也其行誼信於鬼神如

此歲薦後即杜門以子孕槐貴贈監察御史年七十卒
林鵬摶字潜卿敦友于兄弟皆為庠士摶獨代管家政壯
年乃勵志讀書入泮大著文名屢試第一掇科後益懋
行誼和易謙冲人號為菩薩丁亥戊子之亂盗賊不犯
其鄉閭里賴以安　熈朝授武定州以水災去任官槖
蕭然不能為歸計青齊縉紳争客之數年霍憲副来聞
始擕之歸晚工詩精於理數以客遊碁酒為適年七十
自撰行寔髙吟五言律一章而逝

李喬鍾字彭又幼穎悟父雲階嘗集庠士與子弟校藝文完即送入閱鍾時方七八歲默記其文與評點出以示人聞者歎異成童入泮就試學使三壓其偶丁戊之亂賊屯瓔山夜取其父柩賫金鍾中宵挺身就賊以死求贖賊義之護其柩令歸一時郡邑名士皆樂與遊後多貴者鍾處之如素詩文行誼有古人風膺歲薦第一年甫五十而卒人皆惜之

謝猶龍字飈儒少貧輟讀治陶猗業致素封旋感憤復學

博涉群書補弟子員天性孝友經紀所得與兄弟共之知縣金鹿澤扁其堂曰克敦天顯二兄歿撫諸姪子姓數百指不析著仲兄子擄于賊拷餉慘虐龍入營泣求身代賊義之得釋知縣王寵受嘉其行誼將請諸學憲拔其子入泮龍曰有伯氏長子在竟以與姪好施濟順治末遷民流離傾貲以賑多所全活太史賴垓武定守林鵬摶詩酒相過甚重之卒年七十七子青鍾舉於鄉

林朝陛字俞卿謏第八子孝友無間學博甘天毓扁其居

曰孝友堂大宗伯龔鼎孳題荀龍薛鳳四字贈之性仁厚持躬接物恂恂恬退臨大事輙義形於色　鼎草時叔掠者過其鄉相戒曰此仁人里也毋驚犯適都督蔡調羹來邑鎮撫民多觀望畏縮陛毅然登堂侃侃言論羹為動容加禮于是遠近望風歸服甲寅耿變陛以大義曉里族立條約無一人入偽黨者文學淵博嘗輯元墨三十餘卷教子模成進士著有四書詩經蒙述編老嗜易兼通内典及星曆諸書云

劉鉦字式侯尤中里上格人順治己未海氛起随父自明
僑居田邑父為賊所擄禁於西山頭寨鉦傾家集鄉勇
三百餘人將攻賊有以無濟止之者鉦曰吾父命懸賊
手不濟即以身殉耳遂於七月初七夜乘賊聚飲攻之
竟出其父于賊禁中人咸稱其孝

黄家焆字慎齋清泰湖山人年十二父廪生遂権應試三
山母林氏病焆焚香叩禱衣不解帶者三閲月一夕母
病急幾死焆泣抱號天母頓甦曰適有一女人教以當

歸附芎可治遂如方服之果愈迨父母歿售産以辦喪
事每風雨輒號哭于墓邑令和鹽鼎贈扁曰山谷遺風
連城琀字玉楨甲頭人翹机子出繼於其叔翹柱事嗣母
鄭色養終身居喪絶葷哀毀壽七十七
徐士萬字咸甫儒山人康熈甲寅海寇據永春派餉以千
計者徐姓七人萬叔姪居其四乃獨往拷掠無完膚僞
知縣鄭誘之曰呼爾叔出吾免爾萬佯諾而密令諸叔
遠遁越日鄭恠其不至萬厲聲曰其已在網中安可令

諸叔同入死地乎其但以身死耳鄭歎其義釋之

陳文灼字貞甫高鄉墨園人父素蘊口不言阿堵物每省試及北上灼計所費分厘銖兩大小包裹以供携取父病侍湯藥衣不解帶者經旬母老喪明日含藥舐之復能視生平居心寬恕而嫉惡甚嚴里有不善者常恐灼聞之人謂其有太邱風年八十四無疾而逝以子應奎貴贈文林郎

賴源字繩其翰林院右春坊垓之孫也動必以禮性尤孝

謹事母黃氏朝夕必問安凡膳飲躬治之不假手家人出告反面雖溽暑必盛飾父墓近道旁過之輙登拜不因風雨懈也以康熙丁酉副榜應順天試卒於京聞者感歎

邱孔威邑南關人家貧服賈孝養父歿日夜哀毀母陳氏老沾蠱脹卧床十載百藥弗效威椎心泣血計無所之寢與室李氏持香祝天割股調羹以進脹旋愈復享壽十餘年乃卒誠孝所格蠱亦不能為害邑人至今稱之

賴異字同人父暑被寇擄挺身請代賊始歎并因之感其孝放回乃厚予賊金贖父歸濟人窘殆無所恡惜以子銓貤贈修職郎

鄭由吾字展英石傑人邑廩生少失恃父鍾愛之善事繼母長兄早逝撫孤姪及異母弟愛養有加嘗以厚貲付次兄外賈本蝕盡無問焉雍正丙午赴鄉闈夢家懸靈座痛哭即歎馳回同人固止之出闈父凶信至星夜奔歸號慟血下居喪斷葷不入卧內者三年竟以哀毀骨

立數載而終

陳南金新化里人篤友于弟歿弟婦繼亡撫三歲姪如己子比長令援例入雍割腴產與之自居其瘠又充丁銀以廣祀田邑令黃南春延爲鄉賓壽七十九

章文燝字延明尤中路口人天性純孝盤匜必躬奉親歿哀毀逾節塋祭竭誠墓近道側往來則具衣冠泣拜孺慕獨犖事死如生里人韙之

陳高策字夙苞邑庠生少失恃事繼母鄭終身孺慕與異

母弟太學生開楚式好怡怡温陵按察使陳高翔嘗與
遊甚重之卒年五十一以子義熾封登仕郎
論曰孝悌之道根於至性發爲至情即孩提能之固庸
德也極其至則通神明光四海雖堯舜亦不外是誠爲
仁之本哉邑乘所紀居常則萊衣姜被和順藹然有故
則泣血椎心致死奔救所遇不齊其孝友一也書之於
冊足以見孝子悌弟之用情矣若夫刲股之行聖人弗
尚然憐其愚原其志傳其事亦足以愧夫自私其身而

不顧父母之養者

義行

明

張觀盛字虛谷湯嶺頭人少遊庠不窺城市者三十餘年有江右書客宿其家遺金二十七兩張於晒床時拾之不啓封藏之後二年客復來詢其踰年不至之故以失金告按其封數與所拾同悉還之不受謝客泣拜而去歷舉鄉賓辭不就至九十有五歲始應之壽九十七

林宗源在坊瑶臺人幼失怙恃姊長娘承父命撫之遂不字終其身源事姊如母慷慨好義邑雲龍橋圮人苦病涉捐金二百兩倡建詳載雲龍橋記又助建永春東關橋遠近咸嘉其義子球以明經司訓曾城

涂洪三尤中寔豐人勇畧邁衆嘉靖初汀漳盜流刼各縣到處殺掠賊僅九十三人猖獗莫禦三年冬各縣督兵會勦賊奔邑之小尤中團官兵追及賊適入民黄舜大家洪三度其當夜定獨持短兵伺于要路盡殲之知縣

梅春以狀聞授職指揮洪三卒賊祟小尤鄉人迎其櫬
葬以鎮之祟遂滅今歲時享祀焉

歐陽發新邑治人宅在北門之外知縣張大綱移城時新
父監生成請於官厚犒其工彎拱廻抱後秦令霈欲以
其宅為學宮成猶不忍請於上臺成卒發新以田地十
二畝餘並輸學宮今春秋頒胙其家復以舊泮池改田
一坵畀歐耕佃示優恤焉

賴光宇　孔教從姪以歲薦司宣城訓遷仙遊教諭尋

陞瓊州府教授署儋州府篆九月不携一錢所至有報其在瓊也有府官為憲斥去不能歸將鬻妾光出俸金二十兩助之家居三十餘年明修煉釋黃庭刋感應篇壽八十無疾而終

鄭揚碩傑人昭祖裔孫敦孝友勵志節子沛登第之後益矜名義不肯私蔭親族以累鄉里人多德之為立生祠封户部主事年八十終

陳一經字仰溪彭溪社人勵志節尚名義時賦役繁重里

民多逋欠經傾貲支撑鄉閭以安邑令桂振宇稔其事以奉公勤王扁奬之

曾澠字鯤海早歲遊庠慷慨有遠識邑民半佃屯以耕時泉郡豪幹收租肆虐百姓流離有草斗栳之說南安鄉民聚衆以争澠聞之曰是將鄰於亂不如訴以上聞捐貲助佃民周龍珪冠十六等叩閽事下撫按審奏患由是息各佃歲省浮費數千石乃買地壽畲明旨於碑建府縣生祠計澠前後費千金矣未幾南安民果不靖邑以

寃伸安堵如故人咸稱其葺弊之功尤服其有止亂之智

周龍珪邑藕洋鄉人與霞寮人歲十六氣義相高會郡城官幹收屯租額外酷剥會滙議訴於朝當得白衆莫敢往者惟龍珪與十六奮身赴京繪圖叩閽極陳肆虐流亡之慘朝廷為之感動下其事於撫按由是屯法一清民害以息當二人之同赴京也關津萬里潛身微行惟恐懷謀截殺衆寃仍沉追事理龍珪幾死僅免而歲十

六竟遭害屍首無存于今受屯而耕者猶感泣二氏之
功云
國朝
王業煐字韜光天崇中海氛肆起自同安高浦所棄家産
入德囊携千金有告貸者悉予之清泰洑口諸鄉咸稱
長者高陽義士章毓材見而奇之妻以女　鼎革初邑
令綦廉其殷寔勤充庫吏是時縣官諸日用費皆取給
于庫若錢粮起運不敷輒借觧不必盡償居三日遽呼

筴賬燠叩曰庫無一錢可算吏止現銀百債劵千盡則
請配徒耳令領之即日放歸燠持劵焚于雲龍橋之塔
岍祝曰非能市義但祈免禍後有来償者却弗受緣是
落魄好施不倦賊陷縣城東門磨石嶺屍相枕藉燠密
荷畚往埋數日屍腐難近減食募隣同往有告賊使收
燠者燠笑曰死者有靈吾知免矣鄰不敢與俱燠仍獨
往賊亦不之罪

賴鉞字　道義自凛足跡罕至公庭由恩貢授別駕著

葺學宮煥然一新乙卯邑遭寇亂族衆瀕危鉞捐貲營救室廬墳墓得以無恙焉

鄭振郁字崇斐在坊石傑人仗義輕財甲寅之亂山海嘯聚破貲集鄉勇捍衛村井遠近數社悉賴以安時率義勇防護邑城有劉姓者為仇人所縛乘亂將殺之郁聞挺身往諭不解自持百金以贖又有泉郡人見擄于賊聞郁好施詭稱有銀寄郁家賊令往取值郁外出郁妻陳如數與之得不死比郁歸知其偽也則曰救人不妨

匆問既清晏邑令啓當道欵叙以官辭不赴秉性孝友父母安厝後日必省掃墳墓與兄文學振嶽弟明經振世篤愛所置産悉均分無入私橐晚年邑令高其行請赴賓筵壽八十三

周士極小銘人順治戊子緑林蠭起躬率義兵勦殺鄉閭以靖蔡韓兩鎮以俠復縣城極與有力欵宴之當王傳二令時邑有許姓者負重罪賫千金求救極為營解獲脫却弗受謝人稱其義

許雲祥字奕唐高卿人太學生慷慨好義江南提學邵嘉亂兄弟徵時曾泊其家厚款半載康熙甲寅海偽鎮攻塗坂寨四顧無援祥赴偽爲質周旋輸餉寨賴以完邑令和鹽鼎擢大理寺去值閩變道梗内眷留邑四載祥常供饋芻米丙辰邑遭水患募埋溺屍二百餘義舉足稱邑人能道其詳

李寅球塗坂人有勇畧康熙甲寅海偽鎮黄雲率衆二千餘攻塗坂寨時寨内不滿五十家各寨来援者又多觀

望球力守孤城砲無虛發雲兵死傷二百餘人攻二十
日不下後以各寨援兵潰乃納款以安鄉閭

連宏揆字時叙上林甲頭人沉機善應值閩變山海交訌
揆連絡十一寨指揮有方賊不敢侵諸寨倚之海偽鎮
逆派廹逼揆挺身赴賊營請緩賊為改容施禮尊美有
寡婦欠餉賊將梟以威衆揆憐而贖之不問誰氏其義
氣如此

李公培字望子縣東沙堤人康熙己酉武舉仗義任俠不

矜曲謹乙卯歲海寇索餉遣僞官重刑追呼民不堪命
培毅然奮臂大集各鄉義兵分設部伍密約城中居民
為內應行至半途舊病暴發而卒論者惜之
李緑字儲奎藍田人康熙初與族人遊邵武遂家焉寅卯
之亂邵武縣令某為賊所脅緑力護之致多米贍其家
總兵樂燦招安有萬年寨堅拒焚之逃出二百七十餘
人燦恐復叛將盡殲焉緑與燦有瓜葛聞知奔救得免
又嘗救其臨斬部將二員兵丁一人有持金謝者悉卻

之後挈家歸行李蕭然

陳繼賢字復敬尤中人甲寅耿變集鄉勇拒之大田有林姓者請為援偶值濱砲殞其丁壯林懼以金五十自贖賢正色曰死生命也可取財乎鄉之惟令備棺衾以殮人咸服其公正

賴暑字俞佩桂林人邑庠生好施濟湧嶺鍾山之間道路崎嶇捐金築砌康熙寅卯山寇高成才肆虐擄蔣志廷等十數人暑與焉暑啗寇以利且出義不忍獨歸乃代

蔣等納金於賊皆得釋人高其誼

徐奇勳儒山人邑庠生布德好義康熙庚申米貴食客到門勳禮款四月餘無倦意嘗過南洋見餓仆者給棺瘞之又嘗出仲春村粟三百石以周鄉隣之無告者

徐為鄰字秉書上林儒山人太學生揀選州同積厚而能施鄉閭待以舉火者數十家康熙丁丑歲饑餓莩載道邑令施粥以賑鄰捐米穀繼其不足累月嶺邊及溪頭林羊腸崎嶇鄰闢砌之易險為平至今往來稱便

張隆騰字麗珍高鄉上岩人邑庠生康熙丁丑邑多飢人煑粥賑之丁溪橋水圯無常屢修之築砌道路以便行人族叔伶丁為之婚娶他如施棺焚券義行甚多

林昺字煥文邑明經慷慨好推解有告乏者輙助之子丑薦飢鄉人多菜色昺慼然曰人飢而吾獨飽桑梓安在力賑恤之至不能支復轉貸以濟全活甚衆鄉人德之卒年五十有五

賴鼎濬字紉瞻邑廩生好施與貧乏無告者入其門皆濟

之修理橋道施棺木未嘗少靳排難解紛人皆允服鄉

評重之

陳洪圖字若龍郡庠生康熙辛卯漳盜陳五顯率黨三千

剽掠鄉廬鄉民逃竄有二人為賊所獲圖傾貲贖歸賊

擁攻永鎮寨六晝夜設奇防禦殺賊甚多及賊潰散邑

令王調元詳憲咨部給銀一百二十兩旌其功

陳洪璉字若琪尤中里陳吳鄉人敬禮師儒賙貧乏施棺

衾無悋惜意和樂溪險出鏹築橋以濟又砌石搆亭於

太保嶺徃来稱便焉壽七十有五無疾而逝

連士僚字隆師上林甲頭人邑庠生邑修文廟建雲龍橋當途每委重焉僚盡心董理罔辭勞瘁不足者捐貲補之閭里貧乏多所周給壽七十七

論曰馨囊利物輕生濟人游俠之道也苟行之而當則有無相通患難相濟太平親睦之風於是焉係古道也俠云乎哉邑之尚義者不乏其人或揮千金而不惜或出死力而不辭高義雅懷桑梓賴焉若夫拾遺而還焚

劵而却則又矯矯乎廉讓君子也緩急人所時有傳其
慷慨之行足砭鄙吝之俗云

德化縣志卷之十三終

德化縣志卷之十四

人物志　文學　隱逸　耆壽　列女　僑寓　方技　釋道

文學

宋

蘇總龜字待問欽從姪紹興十六年太學試中上舍優等第一三十二年孝宗登極恩賜釋褐授衡州教授累遷參淮東議幕歷廣東提舉歸再奉祠有論語解及大學儒行篇詩文雜著行道南正派與黃勉齋陳北溪齊名

黃龜朋字益甫清泰承澤人嘉泰壬戌進士除廣西朝陽縣簿歷梧州推官廉州教授所著有周易解若干卷

張元德精於易以六十四卦再重為易書繇彖大小象爻辭繫辭說卦雜卦皆其自作筮法以土作地盤匏為天斛中刻木八面畫八卦初撼得之為下卦再撼為上卦視其爻辭以斷言凶悉驗

陳文叔字元彬清泰里人博物洽聞文詞豐贍名冠太學中上舍優等後學宗師之未祿而卒著有西笑遺筆

張應辰字紹卿通經史負笈從學者不遠數百里一時名流黄霆發徐雷聞林汝作鄭起東皆受業焉有禮記解雜著若干篇

鄭起東字子震入太學明經鄉校師範肅然時論高之

明

陳仁山楊梅中人洪武壬子由薦舉任湖岳二州魚課提舉司尋致政歸恬淡瀟灑咏歌寄興人稱其有趙子昂之風著湖山野牧行於世

余英靈化里人幼聰穎日記千言輙通大意年十二補邑弟子員督學奇之難以經史隨叩立應領宣德己酉鄉薦第五人典試者賞其詞鋒若夙構謂必老成之作及赴鹿鳴宴見之方總角耳衆咸歎異邑先達淩侍御期以大就庚戌公車劬縵其行未幾歿于家聞者惜之

林珀字伯器新化尊美人幼輙嗜學隆慶中歲貢初任連江訓導庠士吳文華試屢蹶珀首拔之士論譁然吳家貧復賙之竟捷南宫官至兵部尚書人咸服其藻鑑陞

龍川教諭尋授羅定州學正署州篆致仕歸巡撫孫琛
奬其性資誠篤行檢清修年八十二卒三子遊庠有聲
林焌字仲謨樞次子容儀修偉頎盼烱然氣節豪邁廣交
遊以廩例入南雍就試祭酒溫體仁首拔之名噪一時
應選州佐棄不就歸著有南再草松鱗草吹吷草諸詩
黃龍御字道孝號新陽邑西関後塲人食貧攻苦勵志下
帷有左癖善書法工韻律曠逸清高以歲薦授壽寧訓
導陞教諭所著詩若干篇傳於世

林際春字宇彝清泰朱紫人砥行端莊賦性恬退口不道人過短學有淵源善對偶之文尤精行楷萬曆辛卯登賢書名震都下授崇義令陞德慶知州置祀田數千畝以公子姓族人德之

劉五倫字炳日尤中科山人沉潛篤學甫成童通鑑綱目皆成誦弱冠補弟子員旋食餼好古文詞嘗與太史賴垓武定知州林鵬摶詩酒往還以恩選入太學歷試優等授州判年五十五卒

林檟字觀甫棟之從弟早歲為諸生篤志力學不喜嬉遊氣度閒雅雖匆卒無迫遽容不事家人生產萬曆以後士子多背傳註易義尤荒檟精思十餘年著易經正解折衷本義闡明精蘊有功後學明經歲薦廷試貧不能赴年八十餘卒

鄭湜字宇澄沛從弟以明經司訓汀州署永定所至多造就學者咸宗仰之陞貴溪令以內艱歸際　鼎革家居三十餘年不入城市屢推賓筵不得已而應之老益康

矍日讀性理嘗語子姪曰聖人慕猶學易況吾儕乎年
九十一卒

國朝

鄧爀字夏鑄孚楒子幼聰穎弱冠入泮順治戊子登賢書
為閩泉開運首舉折節嗜學無貴介氣好苦吟寒暑不
輟性靈索盡卒以不壽人謂有長吉之癖云

陳素蘊字思泰號賡熙高卿墨園人博學強識寒暑手不
停披遇試輒居首社草試牘傳誦海內性廉潔不談阿

堵物獎誘後進有片善讚揚不去口一時名士林鵬搏謝青鍾皆出其門首領　熙朝恩薦考授通判退老不仕年七十五卒孫應奎康熙丙午登賢書

林朝薦字受卿謖之六子也垂髫就試邑令林大儁拔冠德軍遊庠敦孝友與兄鵬搏論文考義互相師資喜引掖後進執經問字者輕百里而來自是深山僻壤皆知讀書復與弟朝陛結廬潛山著潛山樓詩文行世年甫三十六相傳得異人授以丹預知死期無疾而逝妻莊

氏矢志撫孤次子汪遠康熙丙午舉於鄉

方令泰字士亨螺坑人潛心學古弱冠餼於庠試每前茅善行楷喜吟咏所過名勝多留題有倣洛草若干篇膺歲薦部檄銓選辭不就寅夘之亂巨寇嘯聚南埕遠近震慴泰素有譽望恒見禮焉鄉民被掠携餉有賴其周全者

鄭振世字崇猷石傑人有文名在庠兩舉德行物望歸之領歲薦署令張嘉善表為理學儒宗

李鼎字梅子道泰子幼負別腸肆力於古博極羣書補弟子員屢試奪茅恩選入監肄業三載學益進不就職歸每探奇選勝輙拈韻揮毫玄意渺旨大有晋人風致著塵松編燕吳遊草匡廬近草集詩話若干卷行世才華品概時論推之

蕭弘棨字允聽號穆亭英山霞鄉人幼而穎慧弱冠入泮壓其偶制義力追三唐歲科屢冠全軍庠中推為領袖康熙丁卯發解闈省庚辰會試首薦房考俞長城不欲

令居第二竟遭抑為梓其文傳播輩下生平著述極富
尤精青烏家言嫺曆學未第而卒士論惜之
陳澍字霖甫在坊大卿人博涉群書工制義康熙乙亥選
明經課子擯栻俱膺歲薦家學淵源時人每以三蘓目
之
鄭應驥字延勳振世子垂髫有文名奇於數逾壯始遊庠
試五歷偶康熙辛夘膺歲薦于輯宗祠祭禮善草書老
而不厭臨筆精神烱烱壽九十

李獻馥字嗣升英山藍田人善屬文學使汪棣園極賞之
康熙癸巳領恩薦行誼端方鄉推祭酒

鄭暹字展咸振世孫幼慧博涉彊記過目輒不忘才贍而
斂每拈一題立就數藁不加點試皆前席詩古文辭自
成一家言歲薦明經晚精堪輿星曆醫方著有醒集

劉元鏵字幼立小尤中人讀書過目成誦眈載籍遇異本
輒倒囊棄畝以購之文規先正見賞于汪棣園丁酉鄉
闈已入彀因原卷不獲置之竟以明經老署令少府康

兆元扁其齋曰業紹青藜以蚤失怙故每誦哀哀劬勞
之言因自號曰慕莪
鄧啓元字幼李邑西塗坂人慧根夙賦手儀秀偉安溪李
文貞公見而奇之曰此子眉如韓元少當大魁天下年
十四遊庠家學淵源沉酣古典涉筆淵博奥衍不可繩
覊雍正癸夘舉明經入京
聖主請雍勸學獻賦
欽定第二人甲辰順天鄉闈填榜唱名宗伯蔡文勤公喜

謂同考曰此吾閩佳士九歲即能背誦十三經者今日
入彀雖囊頴脫矣丁未以南宮第九人應 殿試
欽賜榜眼及第授翰林院編修
武英殿纂修奉職維謹壬子典試湖北通經學古之士咸
走相慶闈中落卷數千逐加評點曉夜忘疲竟成血疾
榜發羣賀得人還 朝值將纂輯三禮刻志編摩秘書
閣中一燈熒熒視寒窓困學猶將過之卒年纔三十有
四都門鉅公皆哭弔焉

黃憲文字簡亭清泰湖山人少孤力學師事仙遊舉人彭
帝時弱冠府試冠軍督學汪棣園拔入邑庠經史淹博
勤于著述工詩善書所遺有西山小草省齋外編選歷
科墨萃閩海元燈元明詩雋又著家訓十則膺薦退老
居鄉恂恂非公不至歷任邑令每過訪焉

徐灝字秉造儒山人領乾隆辛酉歲薦律躬以道績學能
文著有諸子片玉四書備考玉川詩集壽八十

李宸鏗字元音號和亭英山人美丰度工詩文整暇雍容

澄心鏤刻隻字未安中夜數起垂髫遊庠與科榮曾志沂相友善沂能對客揮毫鏗常閉門覓句每歲科互奪前席時稱聯璧乾隆庚申鏗舉明經克內監堂課俱一等宗伯李穆亭御史李韋園延為西席太史官石溪尤器重之鄭言壽其母券以大就壬戌沂卒于家癸亥鏗卒于京人並惜之鏗有歷試草京行草栖菉偶吟沂亦有歷試草

林德龍字龍伯桂陽人少攻舉子業出語戛戛去陳其父

汪遠鍾爱之期以大成援例入國雍學益篤博覽載籍叩以疑難其應如響工書尤長於詞賦所著若干首風韻不減晉唐年六十八卒

林易字羲文桂陽人弱冠食餼名噪庠序每一藝出人多傳誦康熙辛卯鄉試幾得而復失遂淡視功名鍵户著述年三十五晝夢有招遊蓬島者遂無疾而逝既殯顔色如生

連雲階字玉徽甲頭人天資醇篤嗜學好古六經諸史皆

通習之師事邑廩生甘可怡青藍濟美下帷岱德山房著豢漢集子天然髫年食餼試屢冠軍

李志易字及崇藍田人生有異稟自知力學以幼童見取于李芝麓學使收入郡庠手寫五經尤篤於易嘗自言曰天人性命之學後世罕有知者其志大如此年三十五卒

鄭大夏字星御石儀人八歲能雒誦五經稍長搆藝磊落英多揮毫立就屢以五經義入試奪前茅詩辭律賦尤

多見賞書法神似張確菴惜不永年以廩餼終

論曰文學至西漢作者林立其時如石渠天祿諸英校輯經傳詞學鴻博作為文章其書滿家故理學于宋為多而儒林莫盛於漢丁溪龍潯秀淑所鍾文人學士震蔚而起訪藏書于名山攷宿儒於故里學問淵源老而益明久而愈光約舉其人已見一斑矣

隱逸

宋

黄公懋靈化里人三舍法行升名于州以不喜王氏三經字說退隱教授所著有和泰隱君詩百篇不娶食於從弟自知死日届期盥櫛盛服遺僕謝其從弟而逝

藴紹成委業于泉州天慶觀今元妙觀後隱于北山朱文公重其有德嘗造其廬書廉靜二字與之且銘其琴曰養君中和之正性禁爾忿慾之邪心乾坤無言物有則我獨與子鈎其深載宋郡志

陳有仁字有德嘗為湖北帥機後隱于邑西鵬都黃冠逍

遥深明脩煉殁而有靈鄉人名其塚曰真人墓

明

蔣應東西團人登永樂甲午鄉榜與御史凌輝友善屢勸之仕不應隱于傅卿鄉教授窮約終其身

林彛號歆起新化里人篤寔謹恪不炫文華不嗜財利故老相傳爲高士云

涂允昭字士達少聰頴遍覽群書萬曆閒補弟子員試每前列執經請業者甚夥應陪貢督學勉之曰子當以甲

科顯及充正貢辭不赴與其兄三峯逸山偕隱于南陽別墅左史顏廷榘題其小照云少小悅詩書適壯躭泉石瀟洒無俗塵一見如曾識

國朝

涂漢登湯泉里銘山人嗜古力學經子詞賦星曆醫卜皆通習之尤善談易教授鄉里耄而不輟舉人林汪遠進士林模曾受業焉

鄧熾字夏明號伏公新化里塗坂人沉毅好學幼即誦詩

書易三經十歲授左氏春秋復業三禮爲文陶鑄經傳杼軸予懷年三十五以科試遊庠學使汪棣園評其卷曰似此文品吾再過冀北始解苧衣有愧伯樂矣徙居安溪之湖頭弟在塗坂每歲時輙来言歡累月乃去常曰軒冕之榮孰與提挈襟裾之樂由是賓興不與終老山林年七十餘猶孜孜日課兒孫閱寒暑無廢三子啓元以誦十三經舉明經雍正丁未榜眼及第膺

封典次子其鷗壬子舉於鄉

毛一夔字曰舞清泰里人和易公正里有不平事請質之咸慰解使去淡於榮利隱處林泉中風晨月夕朗咏高吟騷壇獨擅所著半吟集一草亭編梅花百咏膾炙人口纂述尤富有名文觀止藝苑彙觀詩學朝宗各若干卷子恩盛字湛若遊庠食餼歲科試聯冠邑軍者三工詩善酒有醉月軒詩集

徐光世字恒高儒山人邑明經嗜書喜酒嘗劖竹搆亭顔曰御風吟嘯其中每陶然獨醉翰林李光墺進士徐霞

彩時與遊甚重之

論曰古稱逸民若夷齊者千古莫及矣至如羊裘老子五柳先生希夷之白雲野心和靖之妻梅子鶴又豈多乎哉邑之隐士若蕪蔣諸人其不求聞達亦可謂翛然遠俗抑余嘗聞瓊山之上有秦漢隐君子惜弦其軼行而終不可得也嗚呼所謂隐君子者伊何人伊何人哉

耆壽

明

周　瓚　湯泉里銘山人狀貌魁偉睦族恤鄰謙恭好客族黨稱之壽九十有九今呼其宅里爲百歲翁云

凃有源　壽八十有八

連思慶　字可祿在坊里甲頭人性寬厚每以貲貸人不計息或盡負之不與校壽百歲郡守孫朝讓邑令姚暹各贈匾額

國朝

張岳榮　清泰里西山人樸誠端謹里族穉式百有二歲時目猶能辨蠅頭小字知縣殷式訓詳請具題奏旨賜金三十兩建昇平人瑞坊旌之大學士李文貞公延訪舊聞贈以匾額壽百有五

陳宗煥　字允望高洋人邑庠生嗜學好義砥行潔脩口不
道人過短老而彌康嘗攜抱其玄孫登山舒嘯壽
九十
有二

郭靜生　名載滏駟高橋人慷慨尚義　國初時邑苦寇嘗
集鄉勇請于縣追擊之甲寅閩變里族賴以無恙
推為祭酒壽
八十有二

涂禹闢　字于思小銘社人性謹厚絕迹公庭隱處南陽顏
所居曰存畊堂取但存方寸地留與子孫畊意也
知縣殷式訓贈以
匾額壽九十有三

林鍜九　桂陽人壽九十有五

林鏘五　桂陽人壽九十有五

鄭廷麟　字延立石傑人邑庠生孝愛雍和早喪母撫教
幼弟有成佐父為保練趨義急公壽八十有五

王廷儼　字欣望號雅文邑城西人家貧嗜書見異本輒市
以課子年七十襁其十歲兒應試泉郡果成名人
謂苦志之報
壽八十有一

鄭廷理　名于燮石傑人鄉飲賓行誼醇謹耄而能勤
壽九十

童偉登　新化里上洋人質直淳慤鄉論所推
壽九十有七

林起文　上林社人樂善好施　恩賜八品冠帶
壽八十有六

鄭秋卿　石傑人　恩賜八品冠帶
壽八十有三

盧為昇　名垓鵬都人勤謹樸寔
壽八十有九

陳元齊 彭溪社人，壽九十有四

陳縉五 彭溪社人，壽九十有三

葉為裕 壽九十有二

涂克修 壽九十有一

吳日仰 壽九十有三

吳鄒亘 壽九十有四

陳圭蕊 樂陶鄉人，壽八十有九

郭爾徽 名孕岳，駟高橋人，壽九十有四

林子遠桂陽人壽九十有三

林子雍桂陽人壽九十有三

林子鯤壽九十有二

涂聖積壽八十有八

陳介玉名應琰高卿墨園人　恩賜八品冠帶天資淳樸未嘗一至公庭壽九十有八自知死日含笑而逝

劉泗字魯侯尤中里上格鄉人壽九十有八

劉潸字晋侯泗胞弟壽九十有三

曾寅嵩名嶽科禁人　恩賜八品冠帶壽八十有九

陳珍譽 新化里人性孝友謹慤端方重然諾壽八十有四

黃華璋 壽八十有四

郭復馨 静生子温和坦直為鄉祭酒有父風壽八十有二

連隆祚 甲頭人儒脩端篤鄉推祭酒壽九十有五

陳玉珩 李山社人邑庠生今年九十有五

連隆普 甲頭人今年九十有二

李雲從 字世見塗坂人邑庠生性至孝能色養親歿哀毀逾節斷葷不除要絰者三年掬土築墳指甲每見血篤愛二弟式好無間教授鬐齓不少懈今年八十有九弟麒今年八十有七麟今年八十有五

郭復華名孕棣駟高橋人今年八十有六

論曰德化山高雲深處其間者酣泉石而飽烟霞得静

機馬其多壽考宜也我

朝重引年之典冠帶有錫帛肉數頒垂白之叟優游化日

以樂天年矣

列女

宋

蔣氏名九娘耆民三慶之女年十八歸劉惟義越六年惟

義死家貧甚蔣忍饑寒日夜紡織奉養舅姑撫二幼兒成立舅姑歿喪塟如禮勤苦三十九年始終一節祀節孝祠

明

張氏名珠娘曾阿原妻年二十一生子儀僅數月而夫歿家素饒族人之強者利其嫁而圖之張抱儀泣誓曰天不墜爾宗使爾得長大我之志不堅天地鬼神寔鑒臨之後儀為邑諸生年二十四又歿張乃以夫姪恕為嗣

撫若已出竟以節終祀節孝祠

李氏桂陽人林兌一妻歸未期而夫卒年纔十九矢志守節遺腹生男撫之成立孝養舅姑經營家計備極勞勤壽八十有一鄉人欽之祀節孝祠

林氏夏林人庠生易象廣妻年二十六而寡鞠養三孤食貧茹蘗舅姑早歿待舅妾樂氏愛敬有加父母既亡弟幼賴其撫育年六十六卒三日顏色如生衆咸嘆異邑令以貞烈足風奬之祀節孝祠

邱氏大田人歸銘山周位年二十一夫歿號慟誓以身殉瀕死者屢父諭以撫孤存宗祀復取白綾與之曰是不可湔洗也答曰無能玷污跪受之遺孤尋殤哀痛服毒數次不死水漿不入口者九日又不死遠近聞之皆為涕零族長以服姪濂為之嗣濂克盡孝養年六十餘卒孫曾蕃衍文學彬彬殆天以報苦節也祀節孝祠

郭氏庠生郭載伊女適庠生林寅圻年十八而寅圻歿遺腹又生女父母舅姑使人探其意答曰叔生子婦子之

則夫猶有後也無異言矣年三十六卒通詳呈舉節孝

按院批云松筠植操氷蘗爲心十有八而喪所天忍死

以待承嗣之子三十六而從所志捐生以隨物化之魂

仰縣立祠旌表（祠在縣東門内今廢）江南省元桂伸題其門曰節

孝無雙品春秋足萬年祀節孝祠

林長娘在坊耆民德茂女也貞淑孝友天性卓越早失母

父死時有弟宗源甫八歲而長娘年十七矣臨盡謂之

曰汝能不字爲我撫而弟使成立乎長娘泣誓願守父

命父既殁長娘撫宗源成克家子竟不字終其身壽八十有一猶然處子也宗源倡建邑之化龍橋長娘嘗出儲金二百兩又嘗捨金助建永春東關橋

國朝康熙十五年邑遭洪水林族瀕溪以居祠宇淹没長娘木主獨存寨上流挂壁閒卓立不仆可以表其貞正之氣矣祀節孝祠

林氏名金娘凃鵬搏妻年十九而夫殁家貧守志荼苦備嘗教子成立事舅姑以孝稱卒年七十有四長孫孟昆

妻余氏年二十七亦寡課其二子有成善事舅姑卒年七十有三人謂氷玉聯徽云

劉氏湖嶺人周舜欽妻年二十八欽歿督二子成立孫曾有聲黌庠壽八十六邑令奬為節堅烈日里人稱以女中丈夫

徐氏許忠宇妻能執婦道年二十五而寡事舅姑以孝課孤子以嚴貞操自守三十五年壽六十

蘓氏銘山人周瓏妻年二十九夫歿族人諷令改適答曰

吾棄二孤而去是棄所天也不如死之久矣完節六十餘年壽九十孫曾彬濟多文學焉

陳氏章時階妻年二十夫病瘟歿遺腹生男永檪自矢老舅在堂克盡孝養年七十卒

方氏名三娘貢生令泰妹年十八歸高洋陳持系越三年老舅病篤每夜持香籲天願減巳筭救之不愈乃割左股和粥以進舅病果痊里族狀其事於縣製匾旌焉

任氏夏林人林熛妻二十八歲夫歿家徒四壁子璽鎣皆

幼舅姑在殯耕鋤紡績撫育二子安厝三柩縣詳憲允題旌未上値　鼎革二子事之以孝聞享壽八十有四人謂節母宜食其報云

涂氏吉嶺鄉人庠生許瑞岳妻年十九歸　岳纔一歲而孀守舅姑矜其志以夫親侄嗣之值寇亂家橐蕭條氷玉自持三十餘年雖家宴不肯與妯娌問故曰吾未亡人也何心酒食年五十六卒

嚴氏尤溪人桂林賴嘗祐妻年二十四守節卒年八十

張氏楊梅人桂林賴克致妻年二十五守節卒年九十三

淩氏田地人桂林賴碧峯妻年二十四守節卒年六十一

以上節孝

宋

黄氏名桃娘清泰里人姿顔淑媛年十六適陳得琛期年琛以服役卒於外訃至慟絶誓無獨生屍既歸塟毋憐其年少無子昇歸冀改圖之桃娘度不能免一日托以澣衣出門指溪水嘆曰吾心瑩徹亦如是水豈可爲泥

淖所溷今得死所矣遂投之鄉人皆為流涕祀貞烈祠

明

黄氏陳璿九妻嘉靖辛酉八月流賊突至與璿九抱週歲兒逃匿山中為賊所獲賊見其姿美乃免其夫而欲辱其身強不可刃其兒黄撫兒慟哭罵賊甚厲遂被害年二十有五祀貞烈祠

陳氏耆民輝一之女鄭仲妻歸仲兩月而仲病事仲半載而仲亡哀慟七朝慷慨就義死邑令製匾奬之祀貞烈

祠

以上貞烈

國朝

陳氏邑治龍池人王起初妻年二十二孀守貞操無玷以耆壽終邑紳士為之讚曰比桃則年比松則冽紡教所聞凈於氷雪祀節孝祠

林氏上林社人適塗坂李文脩逾年文脩歿遺腹生男孀居慎飭乳姑盡孝甦舅之日躬懷木主跋涉險巇哀報

震野順治九年鬮學舉呈知縣王寵受申請按院朱必

簡給匾旌之

陳氏甲頭鄉連時贇妻年二十二而寡撫二孤當海寇擄

邑派餉逼追陳捐巳貲以緩里族之徵父被擄盡脫簪

珥贖歸舅老患脚疾親奉湯藥二十餘載艱辛萬狀始

終不渝壽六十七雍正六年旌表入節孝祠

陳氏甲頭鄉連弘籍妻年二十二夫殁遺孤一遺腹五月

孤子繼亡遺腹生男又殤陳煞以立後存祀爲志堅守

二十餘年始得繼嗣宗祧賴以不墜卒年六十七雍正
六年　旌表入節孝祠
潘氏高卿社陳天桂妻年二十四夫亡忍死撫孤截髮自
誓值寇亂百凡艱難勵志彌堅事姑不懈姑歿喪殮盡
禮訓子成名壽七十有六雍正七年　旌表入節孝祠
蘇氏卓地鄉陳存若妻年二十四夫病蘇靜夜爇香致禱
求以身代及夫歿誓以身殉老姑慰諭之遂飲泣吞聲
忍死奉姑茹荼鞠子卒年六十有五雍正十三年　旌

表入節孝祠

賴氏名兗娘涂天經妻年二十七孀居遺孤二長甫三歲次未踰月夭志苦守勤紡績以養舅姑訓督二子不少寬貸壽七十有六孫會濟濟

林氏郭坂葉殿履妻年二十六夫亡孤幼遺腹匝月家貧躬自負薪敬事舅姑奉養無缺善教二子式好無間食指既繁不忍分異壽八十五卒孫至仁亦娶於林年二十八至仁殁矢志撫孤今年五十有四

鄭氏高卿社陳應瓚妻年二十九夫歿勵志守節嘗檢篋中有質券召其人還之曰幼孤兒不可使責償歛怨也後值兵荒率二子耕鋤力作孝養舅姑朝夕罔懈卒年七十有九

辛氏名蓮官庠生伯潁女歸郭載淇年十七載淇卒守志撫其三子成立卒年六十有六

王氏名七娘儒山人庠生徐應聘妻康熙甲寅閩變聘出練鄉勇為亂兵所害王聞訃昏絕甦四以姑老抑哀守

節勤紡績丙夜督令三孫端立讀書雖盛暑嚴寒不使少休長勲次琳俱為邑諸生壽九十

連岳娘甲頭鄉人許配洋中鄉林振雍未及于歸而姑顏氏病篤恐不起使人請于連欲見之連父母携岳娘往俄而姑痊復携回以俟成禮閱月而振雍死訃至岳娘衰服奔喪入門號慟將與同死林族驚異慰以立後岳娘許諾夫堂兄即取週歲子嗣之岳娘孝事舅姑終其身衣被幃帳皆用素寢房自以白紙密糊雖侍婢不敢

輙入卒年五十有一

許氏名純娘銘山周昭甫妻居宅依山康熙丙辰暴雨山崩舉家壓歿許抱四歲兒伏户间得不死遂矢志撫孤以延一綫宗祀因之不絕苦守五十六年壽八十三

陳氏名玉舍南樂知縣詹奎女歸石傑邑諸生鄭巽事舅姑與大舅倫得歡心年二十七姑與夫俱病卧床經年陳侍湯藥衣不解帶每夜露香致禱願捐已壽以救竟不起遂誓斷晚餐撫三歲孤惠琇丙夜紡績惟啜杯水

事繼姑尤孝謹每節臘輒嗚咽不飲食卒以勞鬱而歿
琇乾隆癸亥舉明經

周氏庠生蘇奡妻年二十三夫歿將以身殉脫金珥咽下俄而嘔出家人見之大愕因密防之得不死及遺腹生男乃矢志撫育克成名卒年八十有三

徐氏名傳娘溫于御妻年二十六孀守孝事舅姑撫教二子壽七十四終孫廷選乾隆丙辰登賢書

陳氏名麗娘永春人歸霞坑蕭森英事舅姑及大舅姑咸

稱其孝夫歿號慟瀕死者再遺腹生女乃以夫弟次男正選爲嗣苦節不渝卒年六十四

施氏名章娘藍田李髦士妻年二十五夫歿遺孤五歲誓死弗二父之其父令歸將圖改適即步回見諸姑潸然涕出嫂氏怪之搜其袖則途中所採斷腸草也因力慰諭護使還家以完節終年五十有五家故赤貧事姑勤子皆取給于紡績云

鄭氏永春仙溪人歸邑東門謝帝美蚤寡無子夫弟寵侯

妻死一子甫三歲鄭抱之哭曰吾夫無兒柰何幼姪復無母也遂辛勤鞠養歷二十餘年得孫為繼知縣熊良輔敎諭力子侗製匾奬之壽八十有八

鄭氏甲頭鄉連隆鼎妻事繼姑克孝蚤寡無子以夫姪玉恬為嗣娶林氏恬又妖無子復以姪孫為嗣姑媳孀居兩世立繼宗祀竟賴以延鄭年七十七卒

林氏章元岷妻夫歿遺孤一撫之比長娶涂氏育二子孤復歿姑媳以氷蘖相勵筠節同堅林年六十八卒

方氏名冬官螺坑人歸鳳洋監生曾浩漪蚤寡翁姑在堂二子方穉褓辛勤百務婦道母教藉藉里黨子殿選殿榮俱克成立卒年六十五

嚴氏桂陽人林德馨妻德馨死無子嚴年二十二慟哭毀容以舅姑在堂勉為色養寂守空閨未嘗踰閾經十餘年以夫弟監生德龍之子為嗣旋殀又十年德龍復以幼子仕家繼之苦志課督孀守五十餘年無笑容至得孫乃稍開顏卒年七十有五

張氏名七娘螺坑方為班妻年二十七守節卒年九十

黃氏名亥娘英山冦興龍妻年二十三守節卒年六十三

林氏名亥娘儒山徐寔甫妻年二十五守節卒年八十二

郭氏章應廣妻年二十四守節卒年八十九

蔡氏黃天添妻年二十六守節卒年六十

林氏名末娘涂御伯妻年二十四守節卒年八十三

林氏名五娘上斡社許惠廸妻年二十二守節卒年七十

劉氏郭旭在妻年二十四守節卒年五十四

曾氏登龍社陳光愛妻年二十三守節卒年六十九
謝氏周子培妻年二十二守節卒年六十
易氏李山社陳元式妻年二十七守節卒年五十七
鄭氏張倫妻年二十三守節卒年七十二
鄧氏名勤娘下寮怨紫科妻年二十七守節卒年五十五
林氏名端使鄭舜慕妻年二十七守節卒年六十
陳氏郭坂龔霞騰妻年二十五守節卒年七十二
賴氏田地人凌德涵妻年二十二守節卒年五十二

許氏郭坂葉巖妻年二十五守節卒年六十
林氏清太承澤鄉黄元玉妻年二十二守節卒年五十四
陳氏登龍社江玄敬妻年二十二守節卒年六十三
謝氏下市人邱佰通妻年二十守節卒年四十七
盧氏英山社董瑞猷妻年二十三守節卒年五十
林氏葛坑社監生陳朝標妻年二十五守節撫二孤事翁
姑克盡婦道卒年五十五長子讓為邑諸生復殀婦藴
氏年二十四無子立嗣孀守事姑甚謹今年六十三

黃氏名坤娘南埕社毛咸若妻孀居念夫兄乏嗣以長子繼之次際泰甫四歲勤謹守志撫訓成名鄉人欽其德操今年八十有四

凃氏瑶市社黃天景妻年二十三寡一子岳甫五歲哀毁骨立誓不獨生姑諭之曰吾老矣若勿以死累我也凃受命孀守勤織紝供姑恒不足則減己食食之訓子有成孫必捷弱冠遊庠著聲今年八十一

余氏高卿張寅鑾妻夫殁姑老家貧日負孤兒耕鋤樵採

以供朝夕苦節五十餘載今年八十

陳氏許德溥妻年二十一守節今年七十七

林氏葛坑社黄樸有妻年二十八守節今年七十七

賴氏李仲淼妻年二十七守節今年七十四

呂氏英山社人鄭世取妻年二十七守節今年七十三

賴氏下湧郭子陽妻年二十五守節今年七十二

鄭氏賴斯權妻年二十六守節今年六十九

林氏名緞娘瑶市蘓茂日妻年二十八守節今年六十九

林氏許茂士妻年二十四守節今年六十八

林氏郭兆愈妻年二十四守節今年六十七

陳氏蘇啓東妻年二十九守節今年六十六

莊氏李山社陳榮畧妻年二十二守節今年六十五

徐氏名意娘鄭業文妻年二十四守節今年六十三

范氏郭坂葉達仁妻年二十三夫歿煢煢一孤性孝謹舅
姑愛之復以堂叔子益其嗣每朔望齋素禱祝延舅姑
壽今年六十二

郭氏劉泓来妻年二十一夫歿祖姑在堂孤兒甫乳奉養
鞠育備極勞瘁今年六十二

曾氏名催官良太徐季耳妻年二十五守節今年六十二

陳氏郭坂葉守仁妻年二十七守節今年六十二

章氏名正娘涂文良妻年二十四守節今年六十二

周氏邑東門人謝天岑妻年二十四守節今年六十一

康氏名新娘儒山徐春權妻年二十六守節今年六十一

曾氏名孫娘石傑鄭起鰮妻年二十守節今年六十一

鄭氏名明娘永春蓋福洋人歸良泰謝祈如祈如應童子試三冠邑軍不獲入泮忿懣而歿鄭年二十三遺腹六月家徒四壁藉織為活生男天申撫訓之有聲庠序今年六十

林氏名玉娘茅岐李廷禮妻年十八于歸甫五月而寡夭弟以男嗣之撫育有成今年六十

劉氏山坪社庠生郭之屏妻年二十三夫應試歿於泉州氏痛其不侍湯藥也一慟而絕家人救甦慰以藐孤在

抱當撫之使紹書香乃勵志貞守子觀光餼於庠

林氏章亦恕妻年二十六守節今年六十

王氏新化陳珍愷妻年二十八守節今年六十

林氏李山社人陳光博妻年二十五守節今年五十八

王氏高鄉張天志妻年二十五守節今年五十七

周氏陳釗妻年二十四守節今年五十二

馮氏名麗官良泰陳一基妻年二十四守節今年五十一

以上節孝

易氏湯頭人張鍾毅妻順治丁亥與鍾毅避賊山寨賊入寨易匿鍾毅於倉中而自以身當之賊將縶以出乃紿賊入室具飲食遂投繯死賊大駭而去鍾毅竟免於禍知縣和鹽鼎表其廬祀貞烈祠

黄氏尤中科山人庠生劉六龍妻順治甲午賊陷縣城分黨派餉入科山寨男子皆走避黄恐見辱遂自經死賊入室義之爲解其繩以厚紙覆其屍取木片插于屍前大書貞婦二字而去

章氏科山人庠生劉奘妻賊入其鄉擄掠派餉章走匿山中見賊登山遍索恐不免遂投身絶崖死大田知縣張鳴珂經其地弔以詩有百尺崖頭悲碎玉千秋閨内見純金之句

陳秀娘新化東厝鄉人年及笄許姨姑子鄭涵委禽有期而涵死訃至秀娘淚涔涔下請于父母欲奔喪父母止之遂自徹簪珥不飲食家人知其不欲生也防之密久之有氷人諸含議再婣秀娘謂家人曰吾身已許鄭矣

生許之而死背之乎家人不之顧具酒食款氷議者秀娘黙然回身入房追氷議者將即席而家人報秀娘雉經死矣解繫顏色如生

章墀娘庠生秉讓妹年十八許配大田張姓婚期伊邇一日蚤起告其祖母曰吾夜夢張病俄而病信至越數日又夢張死果死訃至遂易服欲奔喪父母力阻之竟絕粒死聞者歎異葢其從一之志通于神明矣

林氏名寅娘徛洋人陳昌妻年二十七夫歿家貧殮葬之

費皆出借貸兄謀奪志寅娘盡取衣飾賣以還債畢娶
者方至門寅娘投水死

以上貞烈

論曰從容就義慷慨赴死自昔韙之予觀古来孝女貞
婦或徹環瑱而不嫁或纏飛燕以盟思以至剪金封髮
海可填石可化蓋志之所至氣亦至焉邑之節烈自宋
明迄
國朝凡若而人皆卓卓可表者若邱氏之受白綾長娘之

守父命岳娘之聞訃奔喪舉娘之符夢絕粒其尤炳炳彤管者歟是足以範閨閫而光星岳矣故悉表之用以維風化且備輶軒之採焉

僑寓

明

林文俊字汝英莆田人來遊德化值雪夜投宿尤中里梁散軒家梁款留之以教其二子越兩載歸舉正德丁卯鄉試第一辛未成進士官至南京禮部侍郎轉吏部卒

俞大猷泉州衛百戶少為諸生工易學乃習武經嘉靖乙未舉京闈第五人擢正千戶以將才薦破海寇擢廣東都司僉書時邑歲貢林珣任廣之羅定州學正署州事與相友善後以平倭屢著奇勛為閩中名將第一歷官南京右軍都督僉書改福建摠兵嘗偕其子過訪林珣于尊美社因館焉珣姪構亭為額之曰花然并為之序

詹仰庇字汝欽安溪人嘉靖乙丑進士授南海令以卓異徵入為御史穆宗初仰庇官臺中八閱月而疏四上多

指斥中貴為中貴所齮齕廷杖黜為民神宗登極復起
為廣東叅議抵任閱月乞疾歸徜徉林壑十有三年布
衣葛輿流連德化山溪間後遷刑部右侍郎甫數月引
疾乞休得請家居與二三同志重訪舊游邑之名勝多
留題晉接恂恂僮僕慎飭兒童走卒皆羨頌焉
黄克晦字孔貽惠安人少從父客永春善畫後發憤學詩
遂以詩名愛德化山水奇勝蠟屐數經嘗薄暮乘輿與
邑令張大綱左史顏廷榘往遊戴雲夜二鼓方至邑人

傳為佳話

李廷機字爾張號九我晉江人微時遊學至高洋鄉畢輔禮款之相得甚懽後至英山李繁命子雲階從之遊後以禮部尚書拜東閣大學士致仕家居聞畢輔令合浦帰不携合浦一珠亟来訪之見其清苦逾常遂薦之入祀鄉賢又嘗為繁作傳

何喬遠字穉孝晉江人垂髫即工古文詞萬曆丙戌成進士選比部轉儀部郎以疏救言官降廣西藩幕假帰家

居幾三十年嘗至德化覽勝過小銘訪邑庠生周文臺
促膝談文久之始去光宗即位甫八日命典試山西歷
户部侍郎告歸後陪推南少司空特旨起用未幾引年
致仕學者稱為鏡山先生

國朝

卲光胤浙江紹興人順治丙戌偕弟嘉胤友人董其音来
閩至德化值寇亂道梗寓監生許雲祥家復入湯嶺夏
甸鄉病困里人王熙時款之留两載歸壬辰同登進士

第光亂知古息縣擢知府其胥知府嘉亂以兵部主事
任江南學道

論曰寓者偶也偶爾停駐卜隣浮家似無足紀然古今
流寓而名湮滅者不可勝數唯倜儻非常之人稱焉秦
公緒萬松研石朱晦翁一覽題洲名流寄跡地以人傳
往往然也德化山陬僻處僑寓者稀而屈指數之某地
某人之所棲托某水某邱某人之所經遊餘韻流風猶
可挹也舊志置弗録毋乃缺乎

方技

宋

陳朗字子晏楊梅中人遇仙授以草履受而著之行疾如飛百里立至精察地理擇其家之當發積者為之造塋輒驗邑中稱為陳朗仙今葛坑山石上有陳仙跡

明

連惟深坊隅人白眉皓齒嘗遇異人授以青烏書遂精陰陽地理之術

國朝

李興禹字簡軒藍田人少孤力學以二親未塟往遊江西習地理得楊廖之傳歸遂善相塚

鄭琪字君瑱以畫名山水人物皆一筆書而神致栩栩氣色老蒼所寫大士影達摩折蘆渡江圖人多寶之

毛熹字晦若一夔子隱處清泰之嵩山以山水為娛每作畫潑墨淋漓了無痕跡倫得烟雲罨靄之趣雅自珍惜不輕與人詩亦瀟然脫俗

凃雲琳字程若銘山人喜作畫竹石花卉皆有真意蘆鴈尤神似性脩潔衣履不惹纖塵一時稱為雅人深致

陳洪疇字若錫尤中陳吳鄉人工醫術急於濟人雖寒風晦雨有以病來告者輒往治焉鄉人德之

王致遠字震毅邑治人舉止莊嚴笑言不苟善奕而不自矜奕遨之則奕不較高下與迭勝負俱一二子不過五莫能窮其技邑令某嘗與對局未終適有公事遂告退越月令偶言彼時當有妙著以不終局為悵遠取子覆

布之不差令大歎服又善酒斗石如主人之量強之自飲則否或卜夜更代對酌以困之終不醉雍正乙卯以明經膺　恩薦卒年八十有三

陳原字振有陳吳鄉人善繪山水禽魚尤工小照有頰上添毫之技自號墨顛

陳雷字汝殷高卿墨園人少聰穎續學明醫奇症異疾治之悉効鳳洋鄉曾某患譫語囈間輙自言曰渠要話喉中汩汩然咏謳酬答論古談禪皆其生平所不習者

已復如常覆問之則不復記憶如是者半載餘延雷視
之雷伺其譫語時與談藥性隨叩隨應及詢雷丸龍膽
之方病者忽云渠不敢對矣遂取其方治之立瘥一日
謂其子曰吾當為永春後埔境主以某日行境主者邑
俗祈報之神也至期果卒

林揚進良太蔚蕪人善圖繪凡山水翎毛鱗介竹樹花卉
點染綽有神氣寫照傳真尤臻工妙子良鼇能世其業

論曰古人一藝專家遂名當時傳後代非苟而已也莊

生云用志不分乃凝於神僚之丸秋之奕養由基之射
梓人削木輪扁斲輪神而明之存乎其人小道可觀於
斯益信

釋道

唐

無比姓鄒氏沙縣人来居九仙山嘗傭力牧牛藝圃開元
丙辰與其徒普惠叙靈鷲岩歎悉以石為之普惠曰是
使後人無功乃石其半脩亘于天然室其右有石洞中

一石貌果老群仙日夜奏廣樂厭其聒耳欲雕彌勒仙樂遂息後坐化于靈鷲山巔普惠見之亦示寂岩中今並祀焉

祖膊和尚名知亮始居泉州開元寺東律巷冬夏常袒一膊行乞於市後與其師慈感（或云祖膊為正覺智廣法門弟）来結廬于戴雲山累月不火食堆厥而坐有虎馴伏其側人叩之雨賜輒驗陳叔幾舊名則夢亮謂之曰子改名研籍永春當貴顯陳如其言果登第再至泉州適郡守祈雨亮

謂當無雨守怒暴之烈日中乃嚙指以呼其師忽黑雲起自西北雨隨至大中十二年趺逝于開元之院居其徒泥肉身載婦戴雲慈感亦化去泥其身與並祀邑人禱雨多奇應

無晦姓陸氏蜀人咸通間煉真于五華山結庵與虎同居號虎蹲岩鑿井數仞得泉語人曰吾化後每歲端午日井水當溢至欄已而果然塑像中藏偈云當年學道白雲邊這點靈光徹後先五朶華開金布地一源泉湧日

中天遺像岩頭神自遠全真石上虎知禪古今荒老乾
坤在薪火相傳無晦然
行端陳姓脩真薜蘿峯下每于石上坐禪天祐閒化身于
山後井上邑人程國知捨田建寺像而祀之六月十五
日乃其誕晨每歲是日必有霡霂沾洒街衢人謂洗市
雨宋紹興十一年贈太師賜號慧慈復加真濟淳祐丙
午夏霖雨溪水漲橋壞幾蕩民廬縣尉孫應鳳東向遙
拜僧持辦香禱告忽見座東逝輪香几躍出數步俄而

寺後山坍積土於空寺宇無恙少頃雨霽水退

國朝康熙元年大松仆壓龕座俱碎塑像無損

宋

了他號智雲俗姓許葛陂人祝髮香林寺三十二年不澡浴人嗤之答曰形骸外物元豐間年九十七趺坐寺前龍潭磐石上噉生猪首幾盡而逝肉身不壞三十年後爪髮復長可四寸許或刺其臂出血三日今其徒奉之猶如生云

道巖號慧海梓溪人鄭氏子了他法門弟也嘗遍歷泉南諸名山有神人告之曰爾福地在鐘山下蔡岩遂還自雕木像置岩中後趺逝于此其姑覓之不獲於嶺上徒来哀號今為姑栖嶺踰旬得之神色不變乃舁歸香林寺真身猶存

張自觀閩清人煉性于蕉溪山石鼓岩見石牛山夜火晶熒知有魍魎因往其處魅方於人家迎婦與徒甚盛覘出掌令人從指縫窺之魅悉現形乃幻為女妝坐輿中

群魑舁之入石壺洞與之門懸崖上下趾踵入石輾轉數十處髮尻鞭劍之迹如刻畫竟奪其洞坐化鎮之至今英靈如生魑常眩匿遊人衣物告於神則立出山頂有劍揷石上可揺不可拔又有鉄杖長四尺許不假錘鍊以手攝成指痕可數

妙慈姓陳李山人生時香霧濛山淳熙已酉示寂于獅子岩其身不壞遺命六十年一更塑迄今肉軀自如

國朝康熙間岩頂有巨石將墜擭憂僧人令先扶像出俄

而石墜

僧圖通俗姓黃嘉定間與僧證聖（俗姓徐）頓悟（俗姓鄭）同趺逝于大白岩有虎衛之明嘉靖三年汀漳賊九十三人流刼郡邑官兵不能禦十月二十三日夜宿岩中穢褻其像援夢義士涂洪三持短兵伺于要路二十四日賊夜走盡殲之

自超姓林氏（舊志作張道源又名克勤）遇異人於九寶溪使負之渡乃曰我泰山佛傳汝心印自是靈通嘗夜夢異人導往泰

湖山見古木流泉迴非凡境乃登山創龍湖寺居焉時紹定庚寅歲也後示寂

雲濟姓史氏晉江人經領薦棄之祝髮爲僧結庵纓溪後湟槃于荇萊岩囑其徒曰我大叔未盡可懸我骸於椿樹杪須六十年乃永安于此至期椿杪放光因取其骸飾像祀之明嘉靖間邑令緒東山迎以驅蝗有應

普明詹氏子童時牧牛金雞山每令同牧諸童瞑目隨之入城觀劇以竹梢畫界牛不越逸多累小石爲塔仔風

雨不仆迄今礌磈倒揷竹梢輒成林本小末大嘗手刻小像納樟木蠹孔中後茶見於金雞岩鄉人取樟雕像聞木言高下長短如其言取之雕至臍下而小像露今猶存

李泗潦頭人法力奇幻延平府旱召巫祈禱泗至衣衫襤褸群巫慢之泗乃鳴角角著壁搖之不動群巫大驚白郡守命禱雨泗取水盥洗畢撇水洒空遂成雨

元

徐友山名權行號廣應儒山人生時異香滿室比長負持戒行父為納室不受一日磕睡遽呼曰偶失足延壽橋圯矣俄而橋壞人咸異之與吳濟川同結廬于金鐘山之黃村脩真證道二十八載至正丙午正月別濟川至金液洞磐石上趺逝濟川欲與俱友山曰子有五男二女債未畢也後果如其言

吳濟川九溪人與徐友山相友善友山既逝乃自隱金液洞中蓬首垢面鍊液養真日惟飲水一盞洪武癸丑十

月沐浴端坐而逝其徒將飾像患無匠經數十日肌體如生神往莆田見塑匠曰我德化金液洞徐友山也請塑真人像汝第先行吾亦隨至匠來其徒問曰誰相召匠以其名告衆大驚異今直身猶存驅蝗逐疫其應如響所至降靈必有風雨隨之弟隱山亦坐化長子景暘寂于紫雲洞五子凱陽受符鎮魃陷于鬼硿

明

陳甫一尤中人生不茹葷能于木杪鼾睡家貧負販過永

春錦斗鄉值造石橋取巨石數十人不能致者獨力運之將寂告遠近積薪趺坐自焚烟焰中聞誦佛聲不絕鄉人收其骨塑像祀之時崇禎十五年也

國朝

江士元清泰長基鄉人幼學吳濟川道法濟川降神其家授以符籙能召役鬼神治妖捉怪康熙丙子夏旱邑令嚴居敬命禱雨元取大碙貯水揷栁燒鉄淬之須臾疾雷轟礮黑雲四合甘霖大沛

論曰化色五蒼修習四禪類多遨遊方外曾何補於世哉若其梅子熟後黃粱夢回遂能以入神出化之功利濟人間斯足多耳邑之山水奇奧仙釋栖靈若慈感之禱雨濟川之驅蝗其爲功於邑民者赫赫耳目間記曰能禦大災捍大患則祀之歲時崇報宜矣

德化縣志卷之十四終

德化縣志卷之十五

藝文志　詩　賦　序

文以載道言為心聲古今文人其得之心而筆於書者美則愛愛則傳雖歷千百年而不壞韓文公所謂李杜文章在光燄萬丈長也夫不朽有三立言其一德邑詞人自昔稱盛清辭麗句已散見山川古蹟諸志復擇其辭之工而有關名教者登之志藝文

詩

唐

閒居　　歸德場長　顏仁郁

柏樹濃陰護竹齋罷燒藥灶縱高懷世間多少閑中景雲繞青松緑滿堦

諭農　　顏仁郁

夜半呼兒趂曉耕羸牛無力漸艱行時人不識農家苦將謂田中穀自生

戴雲山二首　　僧知亮

戴雲山頂白雲齊透頂方知世界低異草奇花人不識一池分作九條溪

人間謾說上天梯萬轉千迴總是迷曾似老人岩上坐清風明月與心齊

望九仙山　　僧無晦

拄杖尋芝术西来眺九山頗知閒歲月雲水共開顏

宋

九仙山　　主簿陳元通

九仙曾住九山頭仙去山空歲月幽爲愛遍尋方外侶乘閑便向洞前遊蒼苔斷處踪猶在玉局殘來子未收換骨丹砂應幾轉吾生結得此緣不

九仙瀑布泉　　主簿　柳德驥

白雲深處是仙鄉石澗飛流瀑布長天挿一泉聲漱玉地高六月夜凝霜烟霞極目浮孤嶼蘿薜牽衣出上方明發陰晴誰借問虛名終愧夢黃粱

蕉溪溫泉　　貢士　顏克宗

陰陽炭兮天地炉融液好景人間無木酸火炎而不用清流自沸跳明珠何當揚波激滄溟大塊不許氛翳生何當翻波涮酷吏羣黎坐使心眼明堯舜君民均一視匹夫匹婦皆使祓洗除煩苛不擇地奚止一泓而已矣

湯嶺温泉　　柳德驥

化工何事起炎凉偏使山中泉作湯地氣爞〻燒石乳水香欝〻噴硫黃暄波常湧無冬夏熱溜長澌歷雪霜聞道驪山有温谷豈惟神女爲秦皇

五日登五華岩　陳元通

来此逢端午山間薇蕨肥盈虧看井脉消息驗玄機飢辦胡麻飯寒供薜荔衣俗緣今覺盡繞到已忘歸

端午泉　柳德驥

有個靈泉在翠微我来問訊水方肥盈虚嘿順陰陽氣消長先知天地機金井祥開波有縠銀床冷廹石生衣浮名不值一杯水滿酌𩰪毿拂袖歸

遊登高山　縣尉黄麟

直上登高眼界寬窣陀僧舍富琅玕天雄峻塔凌穹漢澤瀉巍階護鉄欄虎腦已回仙枕夢雞頭寧媿國香蘭登臨豈止黃花日川練常隨夜月寒

虎岩紀遊

縣尉 孫應鳳

月出山越高雲行月益忙樹影遍空白疎星避月光總非往者見不從意内量聰明些一進境界因文忘深坐庭露淹山僧促廻廊鼓鐘奏天樂經行重山堂暮戢動朝梵初日升屋梁佛心光見日林暉洞八方細雨霏日中飛煙青

逐黃出門遶山逕兩道夾修篁著根千百个却於山隈藏徑深見奇巘云與戴雲望因之曳竹杖集伴凌高岡他年記此際風花帶天香

宿儀林寺

邑特奏主簿 黃圭

探幽適興訪儀林休聽春蛙說雨深翠竹黃花新猷若青山綠水舊知音禪盟藕縉情相契酒戀淵明醉且斟此去雪峯應不遠肯容杖履謾相尋

明

戴雲山　　知縣 李青

縹緲戴雲第一峰璵璠削出白芙蓉極天砥柱烱霄外滿地山河礪帶重海内乾坤非縮小眼中世宙更從容清虛一氣還開闢漫向神州說岱宗

登駕雲亭三首　　知縣 緒東山

幾為憑欄啓行旌謾向雲亭一振纓山色還連春色好溪聲爭似鳥報清望中烟樹千村曉吟外松楸萬古情得到上頭須着意要知滿眼是蒼生

昨夜城頭兩浥塵烟雲好似畫圖真溪山自有天成險花木何須鳥報春題不盡詩因境罷耕無遺地為民貧武城從古多豪俊管取弦歌次第新

樹杪樓臺墻角雲溪山城郭不須分橋拖虹影中流見烟帶鐘聲隔嶺聞萬疊峯巒成保障一川花柳自迴文春光到處人知惜野老扶犂到夕曛

駕雲亭和韻三首　訓導　方繼馨

喜向岩城建一旌雲亭勝日會簪纓山粧春色晴偏好風

逅松韻曉更清屐履逍遥靈運興江湖悵望仲淹情登臨每囑樵和牧亭外休傷梧檟生

樓臺高起净無塵望裡雲山令覺真虹影低垂跨二水花枝長發鬥三春釀泉滿酌能同樂玄草盈箱未信貧此日四郊傳盛事文明氣象喜生新

新作危亭號駕雲天光野色歆平分春来鋪綉千山映夜静鳴鐘萬壑聞遠眺嵐烟連海角仰攀霞彩動星文不妨公暇時登覽幾度遊人醉夕曛

宿永安岩

知縣 張大綱

聞說仙人不可招空餘佛室結層霄半山微雨侵衣冷絕磴行雲挂樹饒秋色到門花冉冉涛穀繞澗竹蕭蕭脚根猶喜能扳踂呼取村醪醉一宵

九仙山

知縣 黃承讚

符懸半竹閒棲息一眺高山石徑仄琪樹名花曳我衣入天双眼芙蓉遍指點千村縹渺間桑麻畝畞負山膱何時餌术與飡霞白日山中生羽翼

遊妙峯庵　　知縣　施汀

清明好箇養花天手挽藤蘿拂石眠竹葉無多偏美影松梢雖小解藏烟雀雛久立聽僧偈蜂隊重来結佛緣獨向山頭一長嘯恍疑雞犬盡升仙

登九仙山　　知縣　俞思冲

九山侵碧落一水引漣漪坐看清宵月行傾濁酒巵岩將蘿薜慢簷傍斗星移猿鶴空相憶滄霞未有期

遊九仙岩　　知縣　毛翀

因公初出郭便向此中遊雲散千峯午涼生五月秋坐来心地浄踏破石門幽勝境何遼隔應嫌與俗儔

将遊九仙先過永安岩

知縣 楊文正

九仙山外客星来喜傍岩亭紫氣開日滿蒼林移鳳影泉潑碧澗映蓮臺行題立石雲生硯坐對孤峯露湿杯境寂僧閒思止止玄風應與夔先回

九仙覧勝

楊文正

選勝歷層山探秘窺仙室石盤蒼嶺巑峰隐翠微欝突兀

伴烔霞荒涼捐蓮簞琪花晚故鮮玉液光拖月谷闇飛錫來山廻布金容芘㓕會野僧梵唄分薌乙佛照圖林間玄風入屠律因賡招隐詩差快壯遊佚吸水蒸雲漣看山夙魔出以予牛馬至極目鳳皇屋洞邃南北開岩危今古一五丁鑿矣徂二酉難為述蕣苔坐世賢籃輿轉童蹕自分菟裘臨亦參大阮慨流景驚韶光凡情等崖蜜歆問玄珠藏窀須婚嫁畢山遊白雲封傲吏銷魂陘牛斗不全孤蹥息還自覔

過龍湖寺　　知縣 李元龍

登山云是舊龍湖僧去千秋雲水孤三代紛然空過鳥一官淡若從飛鳧經花色色歡同寂禪意深深有若無即向九仙峯頂去只懸片念湛氷壺

小春梅信 課士日示諸生　　知縣 金麗澤

岫老雲荒翠色沉一枝聊復見天心非貪日午烘晴煖翻爱霜嚴表節深東閣詩家將有興孤山處士欵微吟莫言春色尚遲我看取清香次第尋

戴雲山

會元祭酒田一儁 大田人

天下無山高戴雲低吟猶恐九天聞煙霄此去不盈尺塵世看来總絶羣七邑扶輿鍾地脉千年苞孕闡人文丹梯認得登天路月窟平林桂子芬

宿永安岩

田一儁

岩據蓬萊勝地兼竹樹幽雲衣青靄合山色晚烟浮僧老無机械樓閉可酢酬遊踪原不定一宿故人留

遊香林

田一儁

性僻耽幽寂閒行興獨乘青崖一以眺紫氣若為層樹暗晴陰散烟含夕照凝浮生無住着一笑别山僧

宿永安岩

侍郎詹仰庇 安溪人

拄杖山將夕祇林晚暫扳門關青竹裡犬吠緑蘿間入榻泉報泠凭欄客意閒空庭月自照僧向小銘還

遊九仙

詹仰庇

謾道神仙不可求且来寶地一探幽洞從混沌何年闢人共逍遥出世遊翠壁摩空遲日月蒼松盤石老春秋羣公

逸興相招引雲自無心任去留

登龍湖寺　　詹仰庇

萬壑天風足下生緣崖攀磴一僧迎金峯歷〻皆秋色碧水淙〻是處聲雲外香臺留佛骨湖邊青草得龍名山靈不負十年約五岳今方屬尚平

遊蒔菜岩即永安岩　　太常卿李開藻永春人

危峰百折訪僧伽流水淙淙石逕斜蒔菜參差香自遠松杉寮歷影還遮空樓一榻聞齋磬五夜何人演法車不是

同穀能載酒勝遊應隔十年賒

遊九仙　　左長史顏廷榘永春人

九峰矗立九仙名何代開山作化城浮出玉蓮人不識飛來金粟道初成白雲岩際留僧影清夜空中聽梵聲明發相將緣覺路龍池風雨不須驚

遊龍湖三首　　顏廷榘

不慕僧真愛道真金峯碧水映千春龍宮髙起三天界華蓋遥臨八座人河近斗牛懸几席境幽蘿薜挂衣巾共言

汗漫遊方外莫笑年来老大身

金碧峯頭青草湖龍眠水底月明孤真仙為塔千花纍曼叟䏲山一杖扶白日凌空天共遠清宵對榻夢應無妙香不斷青蓮淨倒浸星辰在玉壺

我從方外結閒緣逆遍尋遊已耄年福地布金惟長者高情何意得諸賢穀来好共香厨饌酒至如添玉井泉興盡下山回首望白雲片片水潺潺

宿永安岩二絶　　黃孔昭 忠安人

岩前相對誰竹冷裳衣湿人自戴雲来又向雲頭立

山山翠露垂樹樹黄鳥語問僧何處帰從宿山下雨

遊瓊山二首　大學士　李廷機　晋江人

今日徃瓊山山朋過我扳朝来猶厭浥水去自潺湲伐木丁丁響懸崖轉又湾只縁山有約故爱野藤攀

亦既至瓊山凳移為榻巧園芋僧始蒸堂粥人皆飽此地聳然高諸山環更姣胡為細雨来祇使我心攪

金液洞　李廷機

牟尼歸去久蜕骨在空山錫杖風塵表爐烟疑似間無人將舊鉢有客扣玄関但解此中意忘機心自閒

過永安岩　　進士王際達 晋江人

隱約山光接馬蹄九峯矗立萬峰低雲横埜徑人誰掃日静空庭鳥自啼境寂恍疑身上世岩虚真覺佛同棲探奇未盡登臨興莫是仙源去路迷

戴雲山　　邑進士御史凌輝

凌霄直上矗層巒放眼乾坤一掌看疑吼春雷晴亦雨洞

留頑雪暑猶寒虬枝倒掛蒼龍偃仙室高懸玄鶴搏我歆
乘風登絶頂雲関何事阻飛翰

永安岩

封主事　鄭揚

共道仙山好秋高天更清躋攀山是主縹緲客為星樹古
披雲欝泉幽出澗鳴幾將高隱事暢此傲遊情

九仙覽勝

邑舉人知州　林際春

迢遥百里間仙踪步入幽岩勝九重僧向空中飛錫鶴人
從天外跕芙蓉丹崖不記何年鑿石井猶餘勺水淙到此

同期生羽翰可容咫尺白雲封

西郊遊集押薇字　林際春

宿病孤村初觧帷言尋曉翠濕春衣浮游双眼韶光轉俯仰百年心事違逕入重門開緑野床横短檠集玄暉何當迢遞陪登容分面玉郎笑紫薇

遊九仙岩　邑進士主事　鄭沛

尋幽良未暇雲凝偶相過山靜寧須月池平不作波岩扉依樹隱石磴着苔多肯負山靈好他年捫薜蘿

遊龍湖寺二首

邑舉人同知　李雲階

萬仞峯頭有洞天，丹崖蜕骨幾千年。望來廻合芙蓉落，踏遍巉岩荔薜牽。鳴磬猶懸山外日，披衣曾掛竹梢煙。招遊半是神仙侶，一任清宵共醉眠。

化城幽傍碧湖開，喜拉高人杖屨來。繡佛長齋偏送酒，友生合趣更浮盃。夜闌梵語空中落，興劇新詩雲外裁。藉令瀛洲堪共老，寧辭拚醉恣徘徊。

宿紫雲洞

李雲階

清宵月色滿空山遂裡梅花點點斑孤刹一鐘天際落雨生半榻梦中閱疑從桃水通漁入應有緱山跨鶴還會得此時真覺路飛昇秘訣總堪删

龍潯山小春煙景

邑舉人 同知 郭維翰

獨向青山閱歲華小春有脚到天涯閒看烟靄蒼茫色睇望雲巒掩映斜碧緑寒輕仍放蕋李桃葉瘦又開花平原何事拚餘醉盞底流光迅似車

駕雲亭讌集

郭維翰

亭子高高宿曉雲客来空翠落紛紛溪光掩映人烟接虹影低横浦樹分暫借伴閑看變局共拚一醉對斜曛搔頭莫問驚人句謝眺當年已不羣

李膺平邀陪俞明府遊濟山庵　郭維翰

愛客龍門眼自青飛来凫舃集郊垌花承委珮銀魚綰竹引清風緑玉亭喜伴江州能作賦恍如天竺共譚經名流並是奎婁侶太史無勞奏聚星

重九遊靈鷲岩　邑歲貢知縣林樞

塵世殼名不可求丹崖盡處一岩幽歆超情識繁華境好作湖山汗漫遊僧老坐忘重九日松蒼猶自閱千秋同来俱是逍遥侶野鶴何曾問去留

遊龍湖步韻　　林樞

冉冉雲光繞足生祇園深處數峯迎山因秋霽連天碧泉為風高作雨聲百尺龍湖惟有月千年佛骨亦虛名共遊拚得香山老依永猶然紀太平

西郊遊集押薇字　　林樞

江南春半蕨芽肥連袂西郊問野薇樹古蒼髯邀别鄰人
閒白髮對斜暉徵隂同就風生席一醉初醒月上衣踏遍
溪橋帰路杳數聲玄鳥逐花飛

靈鷲岩晚眺　邑貢生 教授 賴 光

石磴盤空路轉邪招登眺遠夕陽斜岩頭樹色含烟古洞
口花香待月華幾片雲光流眼底數聲鐘韻出天涯仍餘
杯酒多遊興無那啼猿作暮笳

遊靈鷲岩　邑歲貢 知縣 王 雍

採藥逍遥六十秋風塵撇盡此瀛洲蓮峯湧出諸天合靈鷲飛来萬壑收極目螢光揺竹杖問津桃水映漁舟阿彌應笑相逢晩為我披襟暗點頭

步和楊明府九仙覽勝　王雍

古人紀名山崧高有太室誰數閩中區仙山更崒嵂回憶十年時挂冠帰蓬篳尋山直穿雲鳴鷄見海日笙鶴閒往来雲物倏踈寮盤石虛爛柯龍池浸太乙未須雕蟲吟風壑自成律振衣上々頭飄然忘遺佚君侯自公餘单騎城

西出省耕念方殷豈遑探幽歴舉目鷲華嵩宇宙間非一忽起覽勝心長篇難具述飛旌出層巔招摇青鸞蹕偓佺若會逢梅溪隱真㤀却笑塵中人腹刀口加蜜山靈喜侯来三祝猶未畢名藉侯愈高侯亦差徵圣詩成藏此中千古任相覔

西郊遊集押薇字　　王雍

青青草色半晴霏婀娜春風曳客衣龍幹參天鱗甲動鳳岡鳴日羽毛輝園當星聚開吟勝杯為花深返照微出處

雲霄憐白髮伊誰共採北山薇

荇萊岩

邑歲貢
教諭　周桐

九仙南麓半古刹隐松筠法水牵青荇玄關扃白雲庭陰崖樹合野色洞霞分自古嵁岩下偏宜養豹文

靈鷲岩

邑歲貢
教諭　黃龍御

陟上幽岩欵白雲還看峭壁半曾分蔦蘿垂緑牵風轉松栢生秋絶蹬聞禪鳥不知鳴歆散祇林何事畏同群清遊細與山靈約學士銀魚早已焚

西郊遊集押薇字　黄龍御

春事如何半已違西郊繚繞啓園扉行遊不厭同尋樂坐肅無妨便息機山放晴光遥入座日多暖氣薄𠱄衣東風自是長爲主次第開花到紫薇

登大戴小戴　邑歲貢　朱光山

芙容削出両峰来縹緲雲山雨半開故步劚登天可尺凝眸低望水並迴蒼郊冥漠烟浮樹古刹清虚月映臺静對上方塵世隔閑将猿鶴共徘徊

九仙岩二首　朱光山

萬疊峰巒聳招遥結勝遊輕烟籠古樹凉月映深秋怪石天成巧崇山客探幽飄然身世外兀坐與僧儔

古寺風塵隔烟霞繞翠微静看諸凡了轉覺百年非洞峭嵐侵席苔深露點衣登臨同有興搔首未言歸

登九仙絶頂有懷　邑歲貢知縣林爔

崚嶒絶巘倚天開百轉藤蘿石徑栽風撼洞門山鬼嘯口蒸雲氣海蜃来人誇八座星辰近客賦三都杖屨廻極目

芳林凝暮靄却憐猿鹿卧蒼苔

夜登金碧嶺　　林熺

昏黑上丹邱迢迢憐舊遊龍從巨壑隱湖傍銀河流樹外諸天近空中一洞幽攀躋山欲盡呵笑在雲頭

遊化臺　龍湖寺　　林熺

晨起問靈異緣崖披薜蘿傳言留佛骨空此聽樵歌興盡山中日歸忘手上柯一塵今未了回首白雲多

九仙岩　　邑監生 縣丞 張紳

磊磈岩高敞北山琪花瑶草異人間野猿夜嘯凡塵隔靈
鷲西来佛日閑石伴棋殘雲半護洞穿樹古雨留斑久歆
閬苑遲遲步歆拾烟霞滿袖還

和林伯子天下無山高戴雲歌 邑貢監 州同 張士賓

天下無山高戴雲無橋高龍門古人有語誰能述我在山
中今始聞龍門萬丈比天高足跡平生未肯遭石橋搥碎
懸崖嘴奔流聲帶風雷起嶄岩突出戴雲尊三島十洲相
匹倫時有真人捧海日騎鶴往来烟霧窟身挾崖巖下碧

天口飡松术漱流泉壯年我到空門去猶記山頭九溪處洞天福地迥难週尺咫蓬萊應可遇吳越風波櫂不停岱恒車馬日鏦錚兩都巀嵲倂雲霄紫氣西山看獨饒居庸鴈門雄華夏一統憑陵天設者桃源謬作秦人家武夷不獨閩中誇野性惟躭山水遊屐齒蹁躚經幾秋塵氛相逐鬢髮稀稍厭驅馳非已非脱巾拽屣山中来雲戴山頭朝暮開傍有九山仙作名鏜鼓猨猴晦朔鳴予家其下隔春水時有杖藜伴我行龍湖獅子列東南雲水瀟條禪可叅

石牛金鷄邱鋞存五華金液林木繁環峙龍潯丁水湄老少農桑知四時風俗但傳好紙筆登山涉水携琴瑟偓佺子晉何須求玉壺美酒是丹邱戴雲高兮龍門長聽君歌兮意飛揚山深百歲無炎熱可以供吾之相羊

宿靈鷲　張士賓

一鷲飛来翠壁間烟霞色色故留攀千年雲鏁初平石五月寒生支遁山客意但隨芳徑轉禪心凈與碧蓮閒歸遊已覺今朝是醉我空門衣露斑

半閒亭　張士賓

嶄岩高處半雲封作意尋仙到幾峯絶巘風生喧野鶴浮空春暗亂芙蓉虛亭坐石烹新茗斜磴沿池信短笻老衲倶閒談勝果喃喃天際撫孤松

宿永安岩和韻　張士賓

初地猶聞水荇香可堪供客醉壺觴相過翠竹雲光繞應接青山雨色涼秋攬松梢天籟動泉敲石齒野絃長躭遊未畢尚平事覺路還期裹宿糧

步和楊明府九仙覽勝　張士賓

崔嵬度神隱青靄攢仙室勺水遶嵓潺平林穿徑鬱滄桑變古今蘿薜封圭篳山固以仙靈人或探雲日烏穀竿籟幽天光鑄竇容頤盼自君侯崢嶸聯太乙云有探奇魔蒙吹黍谷律察眉裏隱憂縱目聊舒佚百里鳳毛翔一遊皃鳥出褰帷綠水前飛袂青山屋樂只古人叟治平今世一花木炙容巖魍魎驚題述夜宿列寒扃田更疑駐蹕軒車既甃巾琴書同有帆風薰單父絃惠流楚萍蜜自别烟霞

群思爲忠孝畢陽春雪調工華袞山靈垔千古琅璈音時
從霄漢覔

永安岩　　邑監生　林焌

尋香臨法水獨坐聽潺湲暗谷非因暮慈雲不在山風櫺
隨石出竹意與僧閒何事禪扉掩蒼龍自閉關

步和楊明府九仙覽勝　　林焌

採風出郊原探奇登石室烟霞暢蔚蒸林薄穿峯欝紫氣
射牛墟輝光落圭蓽瑤草動春風標枝承化日周遭石硌

砑拱負山寘容林垌有雉馴山邑無虎乙刹清單父琴谷煖鄒生律訟簡謝劻勷公餘聊暇佚句敲天際落峰破雲中出洞口長仙芝藤蘿衍幽屋寶籙異開三君侯信得一碧漢飛虹霓靈岊藏著述童叟爭覽輿林皋詡呼蹕野枝覆層々手裁垂帨々擎柱舞喬凫鳳鸞降壽蜜倚馬賦踰揚然薪讀似畢荇芹隨野供氷檗慣自啞只恐山靈妬黃金紫泥覔

遊荇萊岩

邑監生　周任

岩扉常不厭載酒共臨風荇菜僧厨淨蓮華世界空山移雲片白樹挂日輪紅帰興沿脩竹吾廬尺咫中

九仙山晚眺　邑貢生知縣　李喬揖

岧嶤絶頂屬仙家卓錫飛教步晚霞淡蕩平鋪林是寶叅差如戟石抽芽徑從壁斷雲光轉洞設梯危鳥道斜遠近疎林千葉墜老僧遥指已帰鴉

宿靈鷲　邑庠生　林棉

峰頭盤結古丹邱攬勝風前作壯遊寶相重開今佛日山

靈會訂舊名流池中碧水涵清影天外明霞落素秋聽偈
夜分知妙訣何來金粟事他求

九仙紀遊　　邑庠生林焻

憶余丁未年夷則月初度拉社兩三々尋仙憑蹇步信宿至山中鳥花如道故贔屭陟層巔峰澗歷相頡梵宫棟宇新緇流餐霞素珠樹珊瑚姿五尺未云慕似葢偃泉石陰陰長不露蓮花向午開疑從玉井遇洞響石鎛音嘈呟綽餘趣風烟翳古木枝々盤交互截若箕筲夷鬱如龍蛇怒

巧哉天然奇人工寧齒數四望萬象空平楚莫辨樹石隱畸人踪崖鐫騷客賦禽魚草木珍雨雪晴陰霧種ヒ景堪評搔首慙武庫所之祇會心會心彌澹慮經今十載餘烱眸中布蓬瀛已云遥島洲不可渡所以福地閒宜發禪心悟

靈鷲岩即景

邑歲貢 知縣 賴 爌

靈鷲来何日香烟帶夕曛上方惟有月下界盡如雲鐘和泉韻遠蓮傳風味芬岩頭舒一嘯應動九天聞

九仙山晚眺　　邑歲貢林檟

縹緲丹邱何處尋翠微洞古亂雲深天門高峙金莖曉石壁斜飛紺殿陰水底渟泓龍氣躍林叢青靄曙光沉持杯一笑閱今古浪說尚平五岳心

靈鷲岩步韻　　邑廩生林謖

石室曾聞仙子来天風習習冷高臺何年丹鼎餘珠樹幾處玄宗破綠苔山抱烟泉通一徑簷窺星斗掛三台花香鳥語非凡境題壁叢多白雪才

靈鷲岩　　邑庠生　張志獲

何年鑿碧岑蔚山號靈鷲瀟瀟澗竹風叫叫巢岩狖仙去跡猶存客來門可扣白蓮憶遠公疑是匡廬竇

九仙岩　　邑庠生　周櫻

地高不受暑峭壁半淩空林午雲猶合山深日未紅泉流石骨冷谷暗雨花蒙相對如無語伴僧出岫東

遊九仙　　邑庠生　林朝藩

山椒有蘭若勝日偶同尋鳥語低幽澗松風襲遠林雲穿

行客榻鐘押比卯音法水淙々滴還堪滌凡心

宿永安岩　庠生　張　助　永春人

史公蜕骨護香雲鉢水涓流尚可聞蠹簡披来青是竹荇縣香茁翠如芹岩頭豹霧仙峰隐天外鶯花客路分咲倚樓欄敲短句夜窓燈火映星文

憇九仙岩　里人　周紹熹

靈境名傳舊叢嵓半接天水光時映壁嵐氣自含煙古樹珠為蕋奇花玉作蓮吾生慚偃蹇欲學醉中仙

靈鷲岩　　里人　陳應鸞

選勝靈山到上方皈依自愛禮空王雲封石室經年冷池浸天花入午香竹樹千峰来爽氣風烟藹池動秋光披襟霄漢追僧話閒我浮生白日長

宿永安岩　　里人　李嵩

蔡入禅關徑渺茫潺湲碧澗荇流香幽岩已在青雲半覺路猶懸北斗旁萬壑秋濤喧宿客一燈寒衲禮空王西来祖意從前會航海三周慧命長

重遊九仙山　時適奉旨趨還朝供職　邑進士右春坊　賴垓

芙蓉削就貌原尊嵩岱恒華總弟昆出岫雲霞踪獨幻通天呼吸氣難捫龍池青色翔風雨石洞蒼斑肅鶴猿徙倚危巔胸政盪可堪書劍動衙門

登石壺洞二首　賴垓

削成絕壁闢鴻濛界畫河山指顧雄林壑嵐光浮嶋白海門雲氣上衣紅位尊肺柱天倪闢洞走龍蛇佛子宮簫鼓忽從危石度恍疑鈞樂奏崆峒

孤亭壺嶠勢巑岏壁立東南一柱脊地俯羣峯惟隱霧天高九月頓生寒萬年洞壑藏靈怪入部風雲護石壇登眺幸同名勝侶歆從千翼競飛翰

飛仙山　　賴垓

旁午明嵐襆紫烟尋幽客醉唱雲眠千岩影納淩霄閣百道泉飛駕電鞭傑峙何年懸絶磴遠遊今日挟飛仙流連壁上情還劇回首斜陽又一天

雲龍橋　　泉州府知府張瀛

動天屆遠見文明可是遐方樂太平萬樹協韶雲表奏四
山釀水地中行蛟龍待雨飛騰漸烏鵲憐星駕落成誰是
慇勤題柱筆不妨駟馬使人驚

國朝

嘉禾　　知縣　范正輅

叨膺簡命涖龍潯憂樂家風撫字心百里漫歌三異政
一官惟畏四知金愁無栢節淩霜翠喜有棠陰帶雨深但
願爾民頻献瑞嘉禾歲歲紀如林

九日遊程田寺　　訓導　陳長周

薜蘿菴裡富郫筒不用攢眉憶遠公佳節正當酬酩酊勝遊未可薄衰癃客中詞賦三秋迮物外風煙六代宫乗興不知天欲暮策筇還過小橋東

龍潯八景　　知縣　殷式訓

雲亭峻聳出城隅風景憑睇四望殊登臨最是三春好到處花開似錦鋪　雲亭春望

誰畫双流将字名憑高一望甚分明微波蕩漾新晴日陣

陣熏風送水縠 字水晴波

魚案千松綠未齊月光影裡淡煙迷此中風景宜遥望半夜清樽好對携 双魚月色

嵬然鳳翥倚蒼冥麓擁烟嵐展素屏好是橫鋪遮欲盡惟餘天際一峯青 鳳翥朝嵐

程田松老繞叢林龍幹乱枝幾十尋鐘磬無心禪定處長聞空外起潮音 程田松濤

宇内聞聲説建窑堅姿素質似琨瑤秉閒毎上峯頭望幾

道青烟向暮曛　瑶臺陶炯

錦屏端拱北城頭遠樹含烟翠欲流有路競趍求利客幾人解向景中遊　繡屏積翠

蕉溪橋下石間泉疑是地中有火然一泓清澈長温水那容濯纓與世傳　蕉溪温泉

駕雲亭曉望　教諭　力子侗

天外孤亭曙氣氳盪胸高處俯層軒霞明列嶂紅千疊霧帶長溪白一痕隔樹草燉飛夜火傍城林鳥散晨村牧樵

蒲眼雲間思欵訪漁郎問太元

長歌示義學諸生

知縣 魯鼎梅

龍潯精舍山之麓臨溪小搆書連屋印床花落訟庭閒時過齋頭課士讀齋頭多士自魚魚几席丹鉛日與俱屈指三年勤切劘新機可比舊何如我聞昔人欣類聚四時饒有讀書趣九十春光緑蒲窗莫將風雨等閒度有時熏風自南来晝永簾垂静悟開一曲瑶琴初入弄清歌懷抱思悠哉西堂蟋蟀吟四壁趣此讀書更有益聖教無隐木樨

香滴露如珠堪點易況復文史足三冬梅花數點影重重
雪案分題標好句寒窓剪燭煥詞鋒秋月春光非孟浪蒲
前飛躍相盪漾到得忘言更須叅何時可使鷄犬放文章
經濟事茫茫謾鬧動衆等虛筐放眼百年三不朽置身須
立千仞岡古來志士嗟離索濟濟一堂破寂寞善勸過規
蛾術時行見山山皆攻錯祗今珊網已宏施珠貝琳瑯耀
陸離但使良工不示璞會看珍聘龍潯湄

瓊山吟　　曾鼎梅

瓊山傲兀接雲天上有碧霞鎖澗泉幽咽猿狖啾啾泣古洞捫苔自年年昔有隐者爱其静結茅人號道德仙仙人避秦不知漢石藟藟兮山之半至今嶺上白雲多誰歎隐者無從按當年入山别有由功業姓名甘雲散轂城石商山芝老人綺李尚可知君不見瓊山雨雨風風歷年久祇餘秦漢君子碑

遊白岩

翰林 李光墺 安溪人

蓬壺潦倒故人杯為訪名岩冒雨来山鳥畏人飛復聚樹

鷄當路落還開陰陰犬吠知籬隔靄靄煙光覺寺嵬半世
浮名猶未了羞將白髮照花臺

遊石壺　　舉人　彭帝時　仙遊人

纔向天台問渡初聞聞見見果真欵花迎遊屐如相識雲
補崩崖不覺虛幽澗逕深魑魅跡蒼岩苔點薜蘿書八閩
風雨千山外翹首蒼穹尺五餘

遊龍湖　　邑進士　知府　李道泰

結夢皆湖嶠前身應是僧思深春色綠渴憶石流氷雲寺

舟藏谷香厨酒若渑笑余貪筆墨未觧作經縢

獅子岩　　李道泰

石室何年啓歸雲此洞休俯欄看鳥下續竹引泉流十里盤飛徑千峰視一邱徹寒霜氣薄踏月似深秋

虎賁岩　　李道泰

石棧巒深古洞邊桃花谷口漾春烟鶴飛甚處消遊眼一鎖寒雲不記年

道中逢友招遊虎賁岩　　李道泰

秋興在山不事招相逢共策馬蹄遥多因石巧行思緩半
為林深談舌饒篁影踈将孤寺出野容淡把数峯描擬同
剪燭歡宵永不放空山尚寂寥

秋遊石壺二首　李道泰

壺裡尋秋色天風拂幔亭藤條緣斷壁石級上青冥海浪
浮初日烱光起遠垌洞門委宛處劍氣落寒生
風篁清冷絶身更出層雲門導龍穿跡洞摩雷篆文扳枝
飛鼠技過壁飲猿羣却笑蓮峯上昌黎彷醉醺

登龍潯山　　教諭　曾晉

山城帶交流環嶂境初拓中有鬱鬱觀佳氣冲孤穹相看每心翫暇日屐乃託凌虛一縱目洞豁盪心魄霞石觸層巘叢木下諸壑吁嗟氣候移光景無淹薄長嘯隱蘿門峴山淒揮落紛吾登覽意遠離重寥索日暮望闗山撫襟殊錯愕歸徑映蘿月孤琴鳴虛閣

宿法林寺　　曾晉

朝日戒車徒雪飛山徑路向夕棲禪林明月照高樹岩壑

何豁險仙鐘鳴已住法侶期難來朔風吹屢度伊余遠行邁討探靈棲趣澹盧覩我身山水有餘慕獨立眺九峯穿花夜深雨

九日集西華室　曾晋

佳節朋徒會清樽共觧顔邈然山水裡乘興叩禪關嶺嶠霜初重寒英遶徑斑恰能招醉客笑掇一枝還

九日西華室和韵　訓導　蕭國琦

衰鬓經秋短簪萸慰老顔酬詩來菊徑載酒入松關山以

凝烟紫樹因結露斑登高開笑口落帽許同還

滻溪即景　　典史王佐

一帶清流繞郭門公餘緩步聽潺湲煙拖陶柳芳洲靄風送潘花錦浪翻雷雨開来符古讖雲龍褰出見真源波閒鷗鷺閒如許踏向沙頭共負暄

蕉溪春行　　邑歳貢方今泰

尋春春暮更留情杖履沿溪不計程夾岸群花如解語圜沙浴鳥自呼名温泉小憩宜童冠北嶺重臨愧老成何處

牧樵偏適趣輕謳喚出翠微聲

冒雪遊雪山　邑庠生　王夏聲

雪山積雪景尤加撥興尋僧豈厭遐收拾凍松添旅草扶持行李度梅花寒崖蹔沒霜前句雪積偏饒雨後茶三宿重緣真不負上方碧月問天賒

戴雲山　王夏聲

住山不見山真面鎮日留雲頂上遮最是春來花事好滿頭珠翠籠烏紗

初伏過程田寺　　邑歲貢　李喬鍾

無端瑣瑣怵蒸燖為愛清陰過法林問道去来皆不碍忝禪埜覺總無心鶯遷告我栖枝早龍變羞人伏櫪吟喜得幽涼閒半日暮蟬別調振踈襟

飛仙山　　邑廩生　黃遂權

為訪靈岩結伴行陰陰山逕鳥交鳴双尖插漢籠雲白萬仭飛泉掛練青閣倚懸崖臨一切石容坐客話三生夜来觸景聯長句皎月當空斗柄横

潯堤夜坐望駕雲峯　邑舉人知縣林汪遠

高峯天際出抱月照清池酒酌於其上詩成在此時平郊烟火静過岸鐘聲遲秋色瑩如鏡顧持贈所思

遊戴雲　林汪遠

古佛何人成鋏漢千層峭壁立晴霄山因奇骨多雲氣草不知名半藥苗珠滴松花龍正睡嵐歸瀑布嶺初潮敲詩倚遍欄前竹細聽溪聲度小橋

湖山大士閣　邑進士知縣林模

一榻遥將翠黛収別開望眼足清遊怒濤時繞松風夢容
樹翻驚野逕秋寶閣危因貪石勢鏡湖潤歎并雲流山中
縹緲吹靈氣十島應還更有洲

登金城山六絶句 乙卯亂中作 邑舉人知縣謝青鍾

便與人寰隔居然境非秦方知真榴洞原屬信脚人
登高好問天恨無驚人句學得阮公哭也應掃雲霧
古石耀靈氣至寶秘其中誰為叩玉户呼出白猿公
天低如屋覆日月是吾輩願借此長光照灼千山怪

山城夜柝靜千家餘照紅看出人烟火始覺境崆峒

高陽古酒徒生平高山仰今日醉此鄉更在高陽上（山下有高陽鄉）

和范明府咏嘉禾　邑解元　蕭弘標

閒来山水可幽尋頻憶當塗父母心三異政成誇止火十莖秀滿慶垂金琴堂色笑和風發花縣謳吟香露深阜吏方来褒德詔行看策馬入瓚林

和范明府咏嘉禾　邑歲貢　陳錫華

漢臣從昔謌来暮先後還同撫字心丁岸花蔬爭献瑞潯陽禾黍盡鋪金政跨三異祥風遍化溢双岐沛澤深自是春風噓暖谷應看桃李滿瓊林

自鼎谷移竹種義學

邑舉人知縣陳應奎

昔人曾有言惟俗不可醫何以醫此俗讀書為最宜又聞昔人言無竹令人俗歆存此兩說讀書兼種竹奈何讀書人胸中萬斛塵會須先脫俗讀書方有神會須先種竹方不與俗覿我家遠城市茆舍絕四隣與竹結素友莫逆二

十春比者多契潤舍舊圖其新面目非本来步趨亦逡巡儼然稱先生坧汗滿衣巾呼僮告此君今日是良辰移来列後圃相對得所因徙石坐伊唔蕭蕭謝俗賓何處招王子造門與細論

遊九仙山　陳應奎

躡屐穿雲興正豪問天把首幾回攀山僧扶杖開荒徑野客扳藤繫短袍珠樹古盤蒼頡字石峯巧削魯班刀探奇直上嵬峩地俯瞰山腰霧似濤

甕谷觀大小龍湫

邑監生　李鼐

入山看雲水看瀑山水有意尋荒宿村叟指拂甕口烟贈我紅蘭供埜簌相引沿流幾曲中扳藤絶壁不可蹤溪陰無逕作横橋樹深午氣變霡霂忽然破溜鑿空来吹浪怒鱗難注目五色蜿蜒勢莫停冷霧侵人神森肅老蛟迅飛潛魚鼈奔騰遠際動林木徃徃望霓乞水靈風雲倏然相馳逐大湫險絶小湫奇凌空環抱皆石矗洞底昏黑雷轟轟過鳥驚栖孤猿覓從来空想盤谷幽何似龍湫泉萬斛

請君領取蒲𪆂雲卧聽長松聲謖謖

金液洞　　邑歲貢　陳澍

靈風遍九州勝地匹丹邱雲氣空庭出鐘殺碧漢浮清泉聊可酌金液此長流欲問昇仙訣驂鸞出世遊

駕雲亭懷古　　里人　毛一夔

勝蹟青山在憑高豁所思春秋惟草記興廢有雲知炯水全城盡松楓蒲逕詩前賢何處問細讀夕陽碑

宿石壺岩　　毛一夔

清秋風景快遊扳勝友相期興不慳一世煩心消夜磬百年老眼愧名山尋詩喜拾松邊句聚話聊添石上閒爛瀹蟹湯僧見爱慢亭隱似武夷間

登石壺次韵　　毛一夔

我已登無上君還步肯齊諸山皆景仰何樹敢辭低雲竇三々曲洞天六々迷石牙驚虎豹劍氣落虹霓海日先岩曙秋禽散野啼松陰隨客轉花榻傍僧栖選勝同搜句摩崖不記題高風斷蘖急歸興夕陽西

宿程田寺　邑歲貢　鄭暹

出郭過叢林悠然晚趣深雲歸方竹逕月上萬松陰佛默非嫌酒詩遲自苦吟疎鐘頻點落消盡世塵心

遊石壺　邑廩生　毛恩盛

尋幽遠叩白雲關石逕紆回落葉斑滄海秋清常浴日碧煙天濶不歸山風濤有韻茶先引野鶴無心鷺與閑五尺痴僮雖懶事投詩攜得一囊還

攀龍橋初曙　邑監生　林德龍

龍湫澄曉鏡鳳岫靄春明入眼睛光轉侵衣宿露輕林開知鵲喜酒熟報鶯鳴提屐尋芳去滿花望蒲城

遊石壺　　邑貢生　黃憲文

欲遂探幽志来尋絶境遊秋林光似練細水碧於油海日朝霞爍江雲入眼收出山全未忍去去仍淹留

秋日遊飛鳳亭二首　　黃憲文

涼風天半過亭欄點點霜華滿石壇勝地雲山秋覺好仙家玄秘話来難自從神女乘鸞去幾度松花落徑寒隔斷

紅塵應已遠鐘聲傳出珮珊珊

極目天空鳫宇南一亭幽景靜中探女蘿影動新秋月杜若香来舊石龕露滴長楸疑作雨流從遠澗自成潭此時此境生遐想從倚更深不覺三

戴雲山頂觀九溪分派而下

邑監生　陳天寵

聞説黄河星宿源渟泓沮洳始涓涓萬里奔流入塞来波濤洶湧真奇扎我從戴雲絶頂遊此地毋乃星宿儔池光蕩漾雲光碧上與天河通潮汐九條分派號九溪或瀉東

兮或瀉西或為清漣激湍勢或如瀑布濺空際誰排長劍劈青山驚走白虹出雲関雲中垂下水晶簾倒注銀瓶玉樓簷嗚呼九河神禹蹟代遠滄桑淤泥塞獨此九溪終古分却訝住山人不識

岱德岩讀書

邑歲貢　連如璋

為思肄業到名山岱德岩開松竹閒羣赴叅禅峰錯〻環歸入定水灣〻鐘敲夢境全圓恍烟鎖塵縁勝閉關一自青燈陪佛火曇花時散筆花閒

登雪山岩　　邑歲貢　鄭惠琇

絶頂年来足解經芒鞋初試訪山靈難通石徑疑無路直
到雲端更有亭上刹烱霞連碧落下方風雨走雷霆謾言
面壁僧家事入眼諸峯早送青

石壺步韻二首　　邑舉人　林昱

芙蓉削出自尖屹仰面飛騰別樣看欝石雲封難識徑清
秋月冷覺生寒誰驅山崇開名地儼象方隅築紫壇精氣
不磨遊者衆願留一座列新翰

石骨崚嶒列頂屹神人徃蹟至今看雲留雨意千峯晴洞老苔陰六月寒幽咽泉流鳴絶壑光芒劍氣燭巍巘詩豪前𡿨標佳句下里和来愧弄翰

暮春遊戴雲寺　　邑廩生　連雲階

春老筇猶健招携出翠微峯高雲作盖寺隠嶺如幃清籟和泉響晴嵐擁樹霏静来参太古猿狖亦忘機

駕雲亭晚眺　　邑庠生　謝祈出

駕雲亭上漫留題回首殘陽掛樹西郭外牧童隨犢返林

閒烏鵲帶煙棲晚炊縷〻全城動野色蒼〻二水迷幾陣凉風衣袂冷一聲長嘯下雲梯

雲亭春望應課

邑庠生　林敏

雲亭絶頂揷天隅百里春光入望殊最是河陽花事早成蹊桃李已平鋪

秋日登飛仙亭

邑監生　黃守仁

躡屐登仙島清秋景致嘉懸流千丈直飛閣一層斜烱老苔粧石山深鳥語花敲詩還謟月老衲黙龍芽

宿飛鳳亭　　黄守仁

金風吹月出層巒玉露流酥點石壇勝景原来秋更好仙家清處夜徵寒猶聞素女歌霓羽疑有飛瓊乘彩鸞徙倚亭前忘漏永梵鐘隱〻碧雲端

登雪山值雨　　邑拔貢　李宸鏗

為愛春光興未休笑携双屐上岩邱雲封曲徑藤蘿暗雨洗徵芽祗樹浮清磬遥聞何處響天花飛散一峯収山僧有社奚須結杯茗盤桓即勝遊

清明遊火烽山二首　李宸鏗

春氣當三月和風入袖盈穿畦忘徑曲扳磴覺身輕古塚何人泣新烟幾處生狂歌猶未歇林外正啼鶯

乘興踏青去家山望幾層天圍城闕小地湧嶺峯增禽鳥機相狎兒童樂歌仍詠歸雖未得聊亦記吾曾

遊石壺洞　邑舉人教諭　温廷選

遠上危巔古洞閒呼僧引屐入雲關三門逕曲丹梯老一瀨泉澌玉乳閣此日人談林壑美當年鬼泣雨風蠻夜來

刻燭同拈韻是處松濤籟滿山

遊金液洞

邑廩生 鄭大夏

紫府清高天際看漫山秋氣逼人寒石泉通處丹流液古洞開來斗作壇楓落好峯雲外簇霞明遠嶠望中攢神遊恍惚仙靈集謝盡塵緣未覺難

龍潯紀勝

邑進士 王必昌

閩邦開土宇宋室盛斯文申畫成天險丁流辨地垠半山環雉堞三市傍溪濆社以層巒隔村因絶壑分衣冠崇簡

素草木吐清芬嵐欝晴疑雨嶂高暮帶曛石泉資灌漑岩
阜藉耕耘有路惟過鳥無峯不說雲洞幽佛藏蜕林窈鹿
為羣沕穆風猶古确磽力尚勤百年報教洽八里咏歌聞
龍鳳傳名勝簪毫紀瑞氛

龍潯山迴文　王必昌

鍾靈地角抹雲山勝覽頻来同侶扳封磴古苔涵翠點拂
嵐晴岫擁青環峰攢怪石危亭倚郭繚長虹雙水擐鐘外
花城春靄ヒ龍潯起色瑞穹寰

龍潯春曉　邑庠生陳鳳鳴

山城風物趂春明曙色蒼茫景倍清柳為眠雲慵未起花因吸露醉方醒一溪烟染雙橋彩萬縷嵐薰四野晴聽得鄰翁呼載酒日高相約看流鶯

觀東郊迎春　邑庠生蔡文澧

仗旗簇簇向東迴迓得春光次第来雪眼漸開青展柳霜威歆盡白留梅暖風敲轉茶邊句淑氣行催閣上杯花信促題箋百幅西齋甘自費松煤

無題　　邑名媛　謝鳳姝

簾外東風漸轉移海棠褪盡少春枝眉間有翠山難鬥心內含愁鏡獨知夢弱不堪鶯喚早門深空念燕歸遲曉霞長布南天錦借作迴文寄我思

芙蓉水蘸筆寫美人　　謝鳳姝

芙蓉出浦秀臨風一點胭脂竟不同水照奇花花照面春山淡遠最難工

纂脩邑乘告成效栢梁體

徵文徵獻集群賢知縣魯鼎梅百里徵聲動遠天教諭曾晉馬揚班范相後先訓導蕭國琦詩禮韜鈐並敷宣駐防把總洪信訟庭寂靜分宓絃典史王佐乙夜辛勤彙鴻篇浦城舉人李青震半壁池頭藜火燃原任瀘州州判吳超英蒲門桃李春鬥妍原任永安訓導賴銓花間捧出五雲箋原任宣城主簿陳義熾翰墨香流丁水漣進士王必昌學海文江滙衆川舉人林應祖眼箕心髮筆如椽舉人林昱網羅百氏任貫穿舉人顏瑛疑與闕今信斯傳原任武平教諭舉人曾重登義例分明次第詮舉人李志昱準今鑒古破拘牽舉人許應曜綜來八百十四年舉人許寶三細

目弘綱總秩然舉人徐天攀拓開生面萬峰巔副榜貢生蔡文渝雷封繡錯繪袞延副榜貢生鄭熊詔寵錫循良降日邊歲貢生溫玉斗藝林鼓舞沐陶甄歲貢生連如璋倬漢為章奎壁聯歲貢生鄭惠琇桑梓光榮繚瑞烟歲貢生陳開材陽和靄靄被桑田貢生連國器士女謳吟度陌阡貢生毛際泰式于仁讓習俗湔貢生陳時夏月旦衡評絕陂偏貢生林煥彩芳闈氷玉紀金鈿貢生方鵬奮勝蹟靈栖訪偓佺貢生鄭文煌雲山滿幅供流連監生黃守仁躡屐揩笻句似仙監生葉乘龍生花老眼愧丹鉛九十五歲生員陳玉珩捃摭舊聞効埃涓八十九歲生員李雲從殘

碑蠹簡費鑽研七十三歲生員藕廷望　訂補圖經握蕙荃七十歲生員鄉飲賓陳鳳鳴　廣搜遺稿選青錢廩生張應宿　探得驪珠出重淵生員謝衍出　腹笥籍記尚便便生員陳元斌　遍採芻蕘不棄捐生員張天溙　澄心商確共勉旃生員陳拱璧　毫端垂露思湧泉廩生周維新　精華朗射牛斗躔生員賴汝騰　隻字千金國門懸生員陳其遇　言言世教發蒙顓廩生涂廷觀　壽之永久金石鐫廩生劉世賡　銀管題成錦軸鮮生員許應膧　縹緗振采鳳岡前生員陳嵋　願藉輶軒播八埏廩生郭觀光　皇猷潤色屬青編生員曾鵬程

賦

國朝

聖主詣雍勸學賦　臣鄧啟元

惟

元后之亶聰兮作君而兼乎作師有此姱脩以帥天下兮

教順時而正規駟玉虬以視學兮隱符訪道乎崆峒之湄溯太學所由立兮五帝肇號曰成均成以成人為義兮均以調而為言曰東序曰右學曰東膠固寔

而殊名兮義著尚質與尚文既遠望靈臺之嶻嵲兮
又近環璧水之清淪我
皇之德包三涵五以立極兮厥教本乎五典與三墳黃帝
顓頊之道敬怠判于毫芒兮唐虞紹之以執中堯放
勳而舜重華兮亦揆序而典從及乎文命九德是庸
教胄之語寬栗直溫愿恭擾毅至道所存三聖儼而
祗敬兮湯又申之以表正文翼翼而緝熙兮武皇皇
而執競綿綿千載至于素王麟書既出赤紱呈祥祖

述憲尊曠世獨崇天生我

后道統斯在尼山續務泗水正泒尊師重道褒封五代夫

惟先後聖之同揆故能錫類而不隘曰道可公兮而

不可私咨爾俊民兮登高以自下為基望宮墻之輪

奐兮將釋菜而光乎鼎鼐既卜禘而遊志兮當其可

之為時于焉鳩工庀材丹雘刻劂斵楹礱窔錐庬刮

楔棄磨斐亹兮丹楹朱闌廟貌重新兮虔誠以揭惟

日在胃兮昏中七星律中姑洗兮辰為上丁命卜日

于宗伯戒習舞乎司成遂乃拚除射宮滌溉簪宗彝
簴陳兮郊東梲椇具兮上庠樂人宿懸兮阼西異方
笙頌兩磬兮其南鏞大昕鼓徵兮夜未央鹵簿前蹕
兮庭燎有光載日月兮旌虎熊騄騕褭兮駕蒼龍麾
蓋蹀躞兮和鸞鏘鏘
天子舍奠兮有飶其香執豈輸誠兮珪璋邛邛笄薦蘋蘩
兮靡不瞻夫
穆皇大胥掌版以致諸子兮紛羽舞與牘舂已而應幢脩

臯相雅聲喤癸遳既畢

天子乃講道于彝倫之堂氈案論道兮講幄徐褰泮藻風

舒兮圜橋日覩琅函啓兮師道尊罕譬而喻兮瑤編

展披大學兮暾詞遵雅言兮重謨典溯正心誠意之

淵源兮合治平以歸于至善本精一以立政兮惟危

微之必辨

絲綸既降兮其義博衍丹書啓秘兮紬道乃緬爾乃三公

九卿大夫羣后闈幽微顯以至胄子國之俊選來若

風行聚若雲填捧瑤箋兮記所聞簪彩筆兮集成卷
或有操縵之俊博依之子徐徐于于來求聽語聆經
義之烺烺兮若迷行而得歸邪于是
乘輿下鈞天之座徹縹席之黼乃奏王夏返旌回羽傾瞻
鑾髦兮何樂胥命有司兮
錫燕醑席位象三辰五星兮清廟既歌而合語言父子君
臣長幼之道兮合德音之為主有司告樂闋兮史臣
秉簡紀事以光于萬古

先聖之厚德兮播金聲而播為惇史其時觀者如市環者似堵或德進而言揚兮雖郊人亦取上尊以相旅是知臨雍之典其來舊也歟今

天子紹百王千聖之統大寶初登鴻庥是凝披彼成憲案乎史秉力田是舉孝弟同升親郊以嚴配耕藉而敬興既漸仁而摩義亦風深而令行猶以化民成俗必由于學觀時術之蛾子琢玉而雕樸以董戒為曲成兮庇良材而不遺乎磽确覆育多士如伏鵠鷇吉士

將挺生兮翩翩飛而相颺蓋作人配乎菁莪典冑追乎韶箾赫赫乎洸洸乎盛德大業至矣哉其於永平横經貞觀造士猶泰山之視乎岀塿耳敢作頌曰

皇帝踐祚天地合德壽考作人藏修遊息薪之槱之取材樸棫建國君民典重庠黌學禮讀書四術是崇春誦夏弦詔之瞽宗於樂辟雍

天子來臨旆旆神旂嘒嘒鸞音大哉

王言一哉

王心多士盍簪踴躍雲從親炙

聖德爲龍爲光　臣　拜稽首壽考不忘

龍潯賦　　魯鼎梅

繄永州之首邑屬泉郡之舊區接三山之雲海徵一統之車書撫雷封之樂土舒清嘯於公餘粵自仁郁立德化集閩王歸封疆入星野分形勝岌鴻宅既鳩龍潯以邑仙遊東襟大田西弼永春南連尤溪北暱雖沿革之遞更亘古今而不失則有陴堞環闠隘汛列垠廨舍若錦闤闠如鱗

廟壇肅兮人鬼享禮樂彬兮士女親三十九社民風渾渾近古七十二候時序藹藹如春兵燹昔驚兮嗟村墟之寂寂唐虞德洽兮慶户口之溱溱頓乃物產茁民氣馴正供納則壤均麥浪兮吹秀稼雲兮成囷天不愛道澤自媚珍山鷄吐錦畬穀薦新歌社酒兮家家扶醉擊土鼓兮處處歆幽覌太平之有象與流峙而方臻盖其碧水丹山神工鬼斧龍潯千里龍来鳳翥九苞鳳舞戴雲雲髻梳霞如揷天花卓筆筆鋒指碧疑書太古滻水百川波瀾丁溪一夜

雷雨龍門飛浪兮崖轟虎澗吼空兮濤怒石穴幽兮古崆
峒澄潭黑兮窟蛟龍紛千巖與萬壑羗浪卷而雲封覽山
川之奇秀想靈異之毓鍾憶夫川效珍嶽職貢民獻生福
星動花縣春深棠堂風送馮姚甦既困之瘡痍和撒起更
生於疾痛熊王若覃中之范韓張鄧真王國之樑棟為霖
多人保赤皆中莫不稱佛称神如鸞如鳳冠借當年碑留
有衆使君來兮桃李栽文學振兮科名鬧育英才於有用
厲風俗而加培爰有天上書記人間仙才跌宕文史嘯吟

巖隈思異水兮泉湧筆非秋兮露来發大業於名山馳清譽於仙班歌鹿鳴而鵲起登鴈塔而龍攀既文章之炳炳亦經濟之斑斑即如政清兩浙宮廡才豪節標千載御史風高林甫隆保守孤城千人豁免鄧台生痛哭一奏萬姓呼號真好長官兮龍南有頌以死勤事兮儋州忘勞至若統軍救宋十萬勤王血殷頑石魂毅故鄉或贖父棺於賊寨或脫叔命於劍鋩或籲君門以甦屯困或散家貲以靖寇強還遺金兮風何古賑私粟兮德彌芳洵孝友之獨挈

嘆忠義兮難量至若女中丈夫閨內處子人稱未亡志惟自矢名初問兮幣初陳秀娘經兮堺娘死劉婦身隕絕崖兗娘魂隨流水寧甘賊鋒不受奸滓緬彼松筠礪人廉耻此皆氷玉之精英要與河嶽相終始別有一邑之英百年之皓表以人瑞之坊賓爲天朝之老山似終南兮水若輞川白雲靉靆兮碧澗清漣誰其居此中有人焉少微朗處士堅志高尚情孤騫依稀五柳彷彿七賢更有六如了悟九轉功圓疑神疑鬼成佛成仙亦自禀夫清淑爰得洞其

空玄錯舉人物之蒸蔚想見扶輿之蜿蜒固宜韻士高賢望奧區而栖托騷人遷客景芳躅以流連也若乃探幽訪佚懷古興思琳宮縹緲梵宇參差塔聳霄兮山之麓橋鳴鳳兮水之湄春波樓外波瀲灩雲龍橋下龍委蛇紫雲靄靄金液離離九仙煙碧五華月遲尋仙女之飛鳳讀隱士之残碑王龜齡龍池波濤自昔真西山古蹟霖雨猶滋井逢端午而獨溢樹老百年以長枝湯泉滾滾兮沸如温谷瑞蓮亭亭兮香滿泮池斯固龍潯之報名文物詎雲巖邑

為僻陋荒夷爰畧敷其梗概而重綴以歌詩歌曰水湯湯
兮山峨峨選勝概兮有且多靈而傑兮大非夸千秌萬世
兮天寶物華

敘

明

戴雲山志序

知縣 楊文正

禮職方土者境内山川例當虔祀典明有攸屬所司也德化戴雲山亘峙西北隅高崒纍峡衆山望莫能齊斯固一方巨勝矣然泉南七治獨德化在萬山中石徑阻隘溪沙淺勒以故馳驅泛棹皆非適而冠蓋時流覽勝好遊之跡亦不數數過如食土之民鹿居豕遊鑿環犖塊狉狉獉又

有古風味是山全霧隐鎮歷遡自唐開刹至今永峽一方
而德化由来社稷之與治民並稱鄭重厥有以也間嘗考
府縣志又知是山西南行逶邐至清源作泉郡祖龍東北
自天馬山起勢入莆仙永福長樂四地今幾郡人文斌斌
甲宇内就人物思山靈之重其苞孕閩南發祥宏遠關係
豈小又云度處德化望鎮奠雄創刹肇唐祖膊所以永歸
德之場壯荒城之色又其亞也斯志首繪山圖以著延袤
包原固隰之廣次標題咏以表高人墨士讚嘆之竒殿以

名公巨卿賢達序記詎小書細說扎所由儲精散彩橐籥靈秀徵表文物者將於是乎在若夫纂輯成書畱鎮山門增輝法界則山僧圓朗之功也矣

九仙山志序　　楊文正

山以仙靈自昔記之豈凡塊然者是必標勝自神仙豈凡至人者是必以靈秀融結爲窟宅哉而似不盡爾也環閩固多山尤多奇山徙以其巋突聞大塊中一厂頑贋耳就間峭峭削又怪石碌砢揷柱罅洞趍距羅布竅大小鳴而不

得其際岩高下見而莫狀其奇或步武可容数仞旋隐曲不可攀或彭彭出石罅中淵泓照瀉又不可得其上溶溶之自是山現出諸狀貌人亦就其近似可稱者名之石室丹灶丹鼎龍池爛柯處弥勒洞於是山之奇特有加稱仙之異寔愈標著矣斯九仙之大槩乎說者又謂山何以九仙非八也無以雷轟龍漈黃鷄茶潭屹然仙遊九鯉勝事具在德化隣之則山名九仙何必顯彼而疑乎此即謂之九仙似不必窮所以也夫九鯉卓犖閩中勝異而黃梁受

枕夢點機械致走四方英杰趨若赴何無泥轍日耶獨德化九仙山藏靈於萬谷間得靜體樸中露奇喧中處寂與雲霞為朝夕同日月生光輝得靜機有謂惜其僻在一方不集高士之車招逍遊之侶與九經等觀繫此政九仙之所以為山具天地大觀靈愈崴愈日永固而不騫也乙卯冬余来宰茲土儼然企慕之丁巳春甫裹糧重繭探奇山間覺有乘雲御風想不揣於筆舌間紀遊愧鄙俚矣忽一日四門張君纂所為九仙志強余言余言不文何以遠恃

有諸君子纚纚大作在又恃有九仙之摩雲鷲嶺諸勝槩在余亦素有煙霞企慕與張君悠悠泉石心有同然也聊為發之且嘉張君臚列是書一閱案頭載籍不待躡踹峰巔遍遊霧岫然後識所謂山靈也者是山固具一化工而張君之志尤化工妙於點綴手矣

九仙山志序

張士賔

吾閩固多山而奇峰絶巘具福地之一體者即區內亦指不多屈況吾邑乎邑遵北三十里許有山戢立綦置不知

其幾千萬狀名曰九仙者是爲最著邑乘云昔有九仙人
經遊其處今石室石井石鼎石灶石池石盆石碁子宛然
俱存岩故名九仙剏自唐始開元間沙人無比師藏修其
上道成鼎建昜爲靈鷲岩所雕石大士彌勒世尊在焉至
元末明初兵燹稍蕪嘉靖末萑苻蠭起田没室毁幾成鳥
有嘗聞一村中人某者年每施箬笠盖如来而已萬曆中
僧智空食力興廢寔山靈使之爺者梵宫寶相踰昔布金
幽甃玄亭尤今聚靄朝日旭而暮雲飛松風吟而禽鳥樂

廓然大觀矣惜夫僻致一隅軒蓋罕至奬借寥寥知有九仙者不過十之五耳於泉石有癖焉自倦遊以来每入里社即遲佇其境欹歎斷家事學禽尚遊未皇也然神未嘗不俱往若夫春風習習秋月遲遲泉涓涓石粼粼又煙霞變幻猿鹿襍出山間朝夕人境兩忘當不在天台岣嶁幔亭下矣故邑稱爺山最著烏可泯然無一志也或曰志非才諝名位兼有之人任之尠不見嫉於山靈耳延輯名勝題咏别為一集藏諸石洞中以俟博採君子時萬曆丁已端

午日

明

贈縣尉晴寰林君遷烏山巡宰叙　　郭維翰

國家張官置吏以子惠元元如大匠之用材然鉅者充樑棟細者備榱桷以至竹頭木屑靡不各盡其所長而各適于用蓋銓選之精也三載大計則又拔其優儁者而晉陟之或循資或異等詔禄惟功叙功以勞抑何簡擢之不虛耶郡國大寮自監司牧守外惟令於民最親大者百里次

方六七十里夫以百里與方六七十里之衆人人望澤于
令令綦繁且重矣窮陬邃谷轍迹難遍則令詘于省方舟
車雜遝水陸交馳則令罷于酬應簿書山積錢穀蝟集則
令紛于裁決不得不設尉以分理之吾未見尉之事非令
事也柰何易視尉德化在萬山中土瘠而民淳事簡易治
前後以令與尉来者多厭薄之會虎林俞公以名進士量
移蒞土喜與斯民休息日出坐堂皇簾静琴清公事畢即
肩輿出玩山水民欣欣然若登春臺未幾林君尉德化尤

善體其意而贊其理凡俞公所欲為林君代為之也俞公所急欲為林君先為之也去歲入覲俞公以才優調海澄而江右徐公至林君之佐徐公猶其佐俞公也即其有當於徐公猶其有當於俞公也今年春俞公徵入為廷尉而林君迁烏山巡宰則朝廷用人之公而酬功之當巨細靡遺者也說者曰俞公之擢固異數式然十載為郎疑于淹矣林君宜于尉尉雖潛不猶愈于抱關乎何遽易此而就彼也予曰否否方今宇内寧謐久即有瑕釁疆圉為先況

通商議旅禦暴詧奸任匪細也且不聞鈞天之樂乎律呂相宣有時而停節又不見萬斛之蠡乎揚帆縱棹雖可以一日千里而不越程途緩急有序固非尋常所能測度耳林君瑞安名家子優于幹辦氣溫而度雅不類掾史中人所至無不遇合其自烏山起興盖林君向嘗効力于哲初丁天部之門哲初公噐賞之夫裴楷清通山濤識量雅俗所歸有自來矣推轂當無虛士乎所謂林君以烏山起者興也

巖游紀咏序

郭維翰

盍余庚子秋與友人黃道孝爲九仙之遊憩泉林三日亦三日清福而三日見道士身云因各留題以去紀未遑也嗣而山益闢勝益著闢巖花虬木競献其巧以媚遊人而騷人墨客探奇穴而捫幽洞者趾相錯顏左史公有詩名在海内所至匡廬黟蒼天目之靈争寘一筆以待題咏謂九仙居里閈中不百里而近可無賡和以酬山靈耶于是孝廉李膺平寔挾濟勝具與偕取道龍湖龍湖故名剎景

不能當九仙之半而二公已欣賞之題遍藤蘿月宜其至九仙而奚囊為滿也膺平歸而次巖游紀咏將付梓問序于余余嘗謂山有顯晦如人遇合五岳在都會之間故其名最著附青雲而報施後世者也彼僻壤榛莽之區跫然不覩名賢之足即欲以其闃幽之勝爭凡數于中原孰左袒之然蓬萊三名山皆海外敻絕人跡不到之處而古今詫為神靈又何說也毋亦好誕之士託以信其謬悠恢詭之談抑有名相有眼界者世見也無名相無眼界者道見

也道則玄同吾烏乎知泰山之加于毫末五岳之抗于培塿又烏乎知匡廬黙蒼天目之勝于九仙環堵而千里閑闗而八極是之謂天游道孝曰辯矣子之論游也然以吾九仙而埒于匡廬黙蒼天目也寔左史公膺平之以也遂書之以付剞劂氏

國朝

修城隍廟序

王寵受

邑城隍與令匹治令聽於明神視於晦又能以冥漠視聽

賚令行徑直不回之事故　朝廷邑一令即廟一神令治處百里稱侯神爵司百里爲伯比於瀆嶽相視五等班次稱公稱侯稱子稱男之例故賢侯稱神言令與神合也龍潯廟宇昔因宋舊址而新之至紹定廟災復改于治東宣德歲遷返舊址至嘉靖而寢殿廊廡始完今寒燠久更漸就傾圮當草昧之初草陳爲新予朔望告禱見兩廡傾欹司胄像壁乃捐俸新之夫丁亥兵燹闔城焦土惟此與關壯繆二廟巋然靈光亦可謂民敬賊畏矣昔制立廟如公

署几座筆研無不畢具儼與令同神領不可畏耶有能醵
金共煥新者敬神也亦愛吾令也夫

倡修學宮叙　　和鹽鼎

學宮之設其来舊矣自宋迄明代有脩舉我　朝奠鼎首
重師儒特遣官致祭　先師　勅諭天下春秋饗祀不忒
葢以敦崇文教也脩廢舉墜則尤有司之責矣丁未仲春
叨　命莅德德為泉屬夙號名邦所有學宮宜乎振飭予
入晉謁僅見　聖殿巍然其餘門廡暨諸規制無一有宮

垣圮傾鼓鐘俎豆之塲變爲牧坰愀然者久之能忍而不問乎有復于予曰昔也廟在城中後乃卜築于此壯麗甲郡邑兵燹之後紳士竭蹷營構惜有志未逮也而予年来日事錢穀不遑寧處今秋適自簾歸益壓再造之思雖時事孔棘物料工資維艱惟兹紳士有志慷慨任事必無不可成之功今進士李公明經賴公曁諸庠士合成其議原有前功畱存之數而林學師捐金率先予不敏敬捐薄俸佐之其可與慮始矣亦思所以垂成也夫慮始難圖終更

難得原始要終能任其事之人尤難且事匪一手足之烈惟望戮力同心矢公矢慎好義樂輸各隨願力共成盛事使廟貌煥然改觀則予與諸君子庶可仰副 朝廷崇儒之意于萬一乎異日文運丕振事業有光又豈曰小補哉是不可不亟為圖之

重建儒學公署序　　和鹽鼎

朝廷因勝國之禮而損益之凡所以化民成俗之方興治設教之具一本乎前典而德意有加是故五經取士則

聖道彰明黌序育才而廟貌巍煥俎豆春秋絃誦朝夕彬彬乎質有其文教化興於上而風俗成於下此唐虞三代之治將可復見於今世者也而董率提命之功則師儒之職為隆是故左右陪侍有所進退周旋有地函丈著乎禮經而北面尊其瞻視以考古今以肄禮樂而要期于淑其子弟則學齋公署之堂誠講明義理之地而尤風俗教化之所從出也予承乏莅邑甫至謁廟見一殿僅成四顧瓦礫朔望造請先生之廬則僦居民舍覔廛湫隘詢其故居

知前朝有署聯在縣堂右近遺基猶在而茂草荆榛莫之頋惜良用憫然第以廟貌尚有闕畧未遑及也今修治数年矣門廡已竣垣檽粗立丁祭禮畢之後有諸生僉呈以復建學署為請屈指兵燹之後則已廿七年予惻然曰教化不可一日墜絃誦不可一日弛此風俗禮義之本而廢墜一若斯之久獨何哉然吾聞聖人之道與天地日月同其悠久而時運有否塞亦如晦明薄食不能無及其更也則開霽昌明昭回爽朗使人心思耳目倍為豁然故聖道

時小替則有大興此亦氣數之常也況茲榱桷几席土木器用之具人力之所為能保其無必廢但廢則復興興則溢美于前蓋亦存乎其人耳予讀縣志知龍潯有書舍丁溪有書院各鄉有社學當其時比户誦報詩書之澤藹如也此非賢令長之為歟今其廢址遺基猶使過者低佪躊躇顧瞻而不能去況學齋公署絳帳之所施而　朝廷德意之所先乎且予昔在諸生朝夕執經師長之側豈以一行作吏此事便廢視諸生之落落晨星而無所聚首忍乎

哉興建之事固予之責也夫固予之責也夫抑詩有之曰經之營之經營云者籌度拮据一厥心力之謂也今先生旣毅然竭其俸修以首厥工而佐助必有人董役必有人獎勸必有人爾諸生毋曰吾安受其成豈緊諸生即爾後生小子之有志與若耆舊碩德慷慨好義之民樂其子姓兄弟之薰陶於美俗也者皆可以有志於是舉矣仁人心也義人路也此仁義之門而人心之所同然也予也將聆經歌之韻以自解於莞爾之笑矣

南郊憩亭序

李道泰

距郭而南里許舊有亭臺倚樹浮屠掩椒不特稍具游眺之美憇茇之陰而葱吹竹騎柳折梅逢多望陽館涼榭以爲至止自兵燹以来一炬無遺斷碑猶在明府和公德星初路車兩新田雖百廢未興而一望心動猶念時非三日費幾中人予笑而言曰此地乃歐柳白檜之思今日猶存者況潯水何幸穀熟不鬻新瘡痍有起色吾輩不可不醵金經營之使後人見蔽芾興歌也明府亦笑而許之

修鳴鳳龍津二橋序

陳應奎

佛家以橋梁居八福田之一而王政首務必使民無病涉者也邑治舊有四橋兵燹之後繼以陽侯為災負郭居民晨星落落不能率彼故蹟而在南門者為鳴鳳橋由永達郡孔道南北必經之地在西門為龍津橋則西北一帶所歸往者也二橋均不可廢歷任賢牧隨時修治行道稱便夫一水之阻望若蓬瀛雖有方筏需時待濟呼吸緩急之間難登彼岸若長虹亘空往來如意不待濟而已無弗濟

今夏霪水溪流漲急二橋波臣攫奪山潦時出畧彴難施往来阻絶咫尺千里原任嚴父母簡翁惻然念之幸逢王二太公祖視篆莅邑下車詢疾苦見民方病涉爰捐廉俸與嚴父母召某商度倡募以興復之某以告同人及邑父老曰凡濟人者與求自濟者孰緩孰急今王公祖之涖吾邑也未久德之欲留公祖以撫我民也以朞月計若嚴父母方掛冠賦帰飄然事外信宿之轅且不及挽矣而謀濟我民也不啻其急於自濟吾輩求自濟者也頋反緩之乎

夫力雖不齊願不可嗇苟人人且勿作濟人想只作自濟想曰吾非此弗濟則隨力所至寢寡爲多錙銖之與鈞鎰均之不落虛空又何患二橋之難成若當道大人四方仁人君子憫衆之難濟見王太公祖與嚴父母欲濟我德人之切且急也行且發大願力傾貲施捨吾知天漢雖遙不須烏鵲而長江縱遠無藉黿鼉也獨是橋云爾哉至若取材於山程工于匠力役幾何資費幾何則必有父老諳練者出而董之將俾福田之種預是事者皆有其應尤予之

所勝望矣

重募建雲龍橋序

知縣　金鼎錫

雲龍橋踞東郭之要津而德邑形勝之鎖鑰也傾圮歷有年所前令熊君謀重建爾日紳士里民偕四方之樂善者欣然題捐功將半而熊適以事去後六年來正署五易席皆弗煖罔暇經營工匠星散凡木石之購於山工力之施於河者漸次盡矣歲戊申正月余調是邑都人士即以是為請余與耆事諸君子往復商定并集核前所捐簿知聚

腋可以成裘而諸君子秉公勷理固無慮鉅工之難集也
近奉
天子明詔凡津梁孔道傾圮而便於民者許所在官司詳
請締造余不敏倘違都人士請勿急與落成恐歷久而彌
艱不獨上負　明詔將創始之熊君與首事諸君子暨樂
輸之紳士里民一片利濟雅懷不重於余有憾乎爰是召
匠興工先橋礅次橋梁次橋宇時以漸而功必底於成凡
昔日捐題人士聞斯役也應亦欣然慨然與余有同志焉

其有昔日未捐今此欲同善舉者此固不可強而亦固所願也用以告

勸助故縣令梁公賻儀序

州太尊 劉埥

聞之國僑之歿家不克葬國人哀之丈夫捐玦珮婦人投珠玉以賻之僑之仁而潔也鄭民之義而善也千古無二焉余鄭人親其流風餘韵常以此意望天下今見故德化令晉陽梁公以兩宮名士攀擽走萬里蒞任未匝月而歿笥乏一緡篋無纖纊乃即孝廉君拮据以殯踰於僑矣頓

流離德邸旅櫬無歸此非梁公之畏壘也誰效溱洧遺玦王者余適牧永春德化為屬邑柢任時梁公已捐館月餘矣未及一面而但聞其要離難返藐諸告飢及接其郎君雖餓厲原涉王戎之節究難枵腹負骸煢煢莫訴悲夫余所為愴懷倡首更望襄於本地之紳衿耆碩也憶余早歲曾攝德篆知士庶彬雅好善樂施今猶昔也則南陽之賻涼州之贈必不諉諸異人任矣夫繐經叩門資以舉櫬四十萬三喪淺土付以麥舟五百斛古今義槩傳誦不衰今

梁公首卯未遂遺孤飄零哀亡悼存諒必引手詩云凡民有喪匍匐救之而況本地父母官乎而況斯文共一氣乎遥知捐珮不讓古人資麥豈輸曩哲或歛淳靡之費可飽若敖或動殺氣之馨共襄資斧俾之輀還故土旅托行糧則義舉可風不辜余望余將偕德令尹岑君同過而崇奬焉倘謂烏巾攔榔據地膝行縱孝癈能如陳烈亦本地方之薄余亦内懟而閉閤思過矣知諸紳衿父老必不出此也爰濡筆而爲之引

圖南課藝序

州太尊　劉毓珍

連城之璧毓彩荆山夜光之珠潛輝鬱浦玉無翼而飛珠無脛而走揚聲于章華之臺炫耀於羅綺之堂者益遇托有人而相得益彰也士君子通經學古抉聖賢之精蘊而發為文章譬若美玉精金良工巧冶砥而鑄之而後知其為吳鈎辨其為和寶焉乙丑夏余奉

命莅桃源捻德化素稱才藪後因公抵其地邑長燮堂公出其圖南課士藝請序于余予閱其文有理極大醇氣極

磅礴思沉鬱而詞藻采者知都人士之厚自砥礪而變堂公之振興有方也夫鍾山之玉泗濱之石累圭璧不為之盈採浮磬不為之索德邑諸生通經學古者固難更僕数而贊以文美寔由華見惟變堂公勤于勸課故瑶篇錦句觸目琳瑯亦惟彬彬向風望經品題者衆故賢父母樂得而鼓舞之也夫制義特士人之羔鴈耳其潤身華國傳久行遠者又當進而求之余观德邑水秀山奇生其間者更深加淬礪將價重連城燭倍夜光以有體有用之學而相

得益彰此燮堂公之所深頤亦予之所厚望也夫

圖南課藝序

魯鼎梅

天地有大文章焉怪怪奇奇不一名狀環眺山川忽而雲吐忽而霧垂忽而浮青凝碧忽而披霞走練當前形色簇簇生新文心何莫不然德化稱人才淵藪余初拜篆課士圖南書院中閱其文光怪陸離知其有德有造者多也因董以宿儒月再課之獎其佳者比三年矣課者不以久而弛作者愈因久而熟鞅掌之暇取新舊文裒而錄之得若

干首有真者醇者大者超者古若彝鼎雅若仙珮淡若秋水英若春花簇簇生新與山水争秀麗焉爰評而録之並深喜都人士之績學有得以庶幾不負余望也抑余又有進焉帖括末也經濟本也諸生於通經學古之餘進而求之身為骵焉當有不止於是者録版成為弁數言以告之

響草叙

李道泰

樵兒牧豎山深不厭磴絕無人箕松蹲石嘯歌自得上應唫猿下聞流水聲發谷和如相唱酬豈必青謳雲遏郊蟬

鐵躍扎然跫然空音則匿鼓罷響者按拍徵調未免葫蘆也余少好曼歌夏作氷語蚓竅秥名筆墨不言受塵染耳使有從旁耳目余者復掩口矣敢謂世畫空山扎夫半嶺鸞嘯巖下方聞山水移情海上撫弄是編不可以方或手集囊携杖履深山若同顏厚洞可身容芳樹葉下深澗花瀧開囊糊帙高呼疾唱飛鳥徘徊必無耳目予者當令衆山皆響

剩園四草序

李道泰

凡吟家筆數語則必梨而布之劃數語則必叙而弁之弁之以序則非縉紳榮達者不傳不潔於面而華于冠人亦豔之予則不敢予既自序響草巳與梨仇而不敢華吾冠况此四草又歌毀之餘免塵之剩必焚必投尚焉用叙世人歌吟歆以序存余歌吟歆使人見叙知不歆存不欲存而時于栻寨未火拾蹴未水復筆而成帙如垢面人常思握鏡人嗤吾醜吾亦自嗤吾醜鏡内見吾醜鏡外亦知吾醜吾醜自知吾醜莫易吾醜必存使啞者嘔者嗔者詈者

笑者厭者逐者掩面者揶揄者其動人奔走幾與果授車擁看殺想殺等曰拈草如樵牧山行撚指皆是丱童坐鬭信手無嬾曰咄草如石衛尉擣粥雖欺王公僮傒知為陳宿如厭人物見必叱咤曰訥草如村火頭強下轉語口結舌僵曰塊草則聲淚之窮筆以代哭者此豈可存此豈可敘不可存自不可敘雖敘亦不存此四草意也庚子秋中書於飲光堂燈次

塵松詩話敘　　李鼒

余小築濯纓溪上逍遥滄浪歌中環岸老松數二十八支離偃僂具漢代衣冠鬚眉都非近今俗調其高與峰爭偃隨澗曲瘦比石堅幽畫潭影龍蛇競拏烟霞固宅阿耨塵坋無從着脚馬余謂孤山人妻梅耶雪骨冰姿未免一字之辱若媒芙蓉而姬香草又恐淹入鉛華隊中不無丈夫氣短余頗呼之以叟親之為朋似香山洛陽老老各別覺與子猷緑玉君同爭一日知見也以故髯挽春鬟滌我毫素花飛晓露飈以荼煙秋濤在空乃咽落梅皓魄當頭斯

寫綠綺以至午照篩金坐隱消其寂峰嵐曳翠支頤澄其神此蓋匪朝伊夕矣由是諷詠之餘錯綜簡册首三百編旁及稗官野史百家諸集觸緒陶情斷章取義增删分合以規圓矩方而詩以話題話以詩傳籜可書掌股可畫積日累帙遂成卷軸雖曰掇拾糟粕為嶺雲自怡然意會所發未始不較豐歉之玉穀如楞嚴二十五圓通隨其趣向各入悟門又如月印萬川不因見少不因境多見地既超渣滓可化知擊竹破篋擔夫舞劍覿面當機芥鍼自合就

中一字一句有歷切贊揚所不能盡者勿作圖命吞菓依樣葫蘆何容此篇尚踏陳迹夫曰節曰性為能存天地之氣而爭日月之光也曰才與題咏則毓河嶽之精英列商周之彝鼎者也曰曠逸與雅者泥軒冕而涴冐塵曰評與訊者舉正變論中脆以寓美刺也紀與詆云者乃窮源崑崙而考謬亥豕贈與知與稱云者乃慰江雲梁月之思懷傾盖倒屣之風耳若色若情則是蘭蕙生芳鴛央譜牒若感若悼則問天哭笠無恨牢騷薤上朿下曼歈清引矣至

若仙釋鬼神亦函三為一之旨屈伸晝夜之機乎癖者品其異也狂者裁其歸也命者定其天也音者審其暖谷響山也句者圖其江楓塘草也至由夢而悟則黃粱熟後幻同芭蕉形色俱泯得無礙智矣斯固一斑半斑自貽大嚼廣獵之訊倘推之芥納椰藏豈為過量耶為分其區類亦等蒼官之目供艾納于几席授輕斂于硯右將折枝豎義時使謖謖落籟並垂聲韵於三萬六千場時有大白下物不滯枕中卧聽矣

半吟集序

鄭鳳超　莆田人

曰舞毛丈為吾鄭館甥澗達淵塞實諸毛之白眉而世隱磨峰阻脩二百餘里無由握叙也壬子冬乃祖錦寰先生以嘯園稿命書始晤曰舞於仙邑蒹葭白水恍如一夜吹乘天閬雲龍頓覺半朝胥合豈其神仙縮地乎乃出其半吟草就質獨挈氷霜屏開鑪鞴口中之珠屑能凝腕下之疥咳自泯讀其隨徵旅思秋懷守歲諸作絶無躁進輕出之心秋園田家課豎種菁諸作別有移蒔深入之致夫山

水怡情軒裳拘束故善惡真妄痛癢苦樂之事雖衾帷鼾息中不免也獨於一二達人登高搔首内不見有其身外不見有其人一嘯叹之此禪學耳夫一嘯叹之獨不可以半吟繼之乎昔譙先善笑為隱逸之鬚眉而賈島敲推亦詩家之領袖嘯也吟也鼻祖耳孫聚沙成雨豈非於青藍世界現出百道毫光式余卧遊已深勝具猶健何日攜双不借上九座之蛇盤叩石牛之鬼谷撒手嵩山尋林子敬伯與曰舞共作三咲客也書此以族

德化縣志卷之十五終上

藝文志　記　碑文　雜體文

記

宋

戴雲山記

泉州知軍州事喬維岳

德化距泉最遠叢山崒嵂為清源軍諸山脉發處其最高者曰戴雲出縣北三十里而遥皆重岡複嶺戴雲之高復三十里陟其巔遠望萬山紛錯清源軍諸山如子於母伏

在滕前其廣袤則不可里計左通福州路右入泉州舊云天下無山高戴雲不虛执上有雙塔侵入雲中涓泉百道沸成天池乃分九派而下注唐祖䏝和尚偈云一池分作九條溪蓋謂此也有寺居山之中麓梁開闢二年造距山頂趾各十五里前堂奉大佛後堂祀慈感祖䏝二肉身寺下水田畦畛鱗次寺西山上有石室曰祖師室塚曰祖師墓寺後峙石屛左右巨石類鐘鼓形又有天柱石儒冠石一線泉皆奇觀也由山下翹望之寺在雲霄之上已登頂

上塔俯瞰之前後石屏諸勝列趾匯下當夫雲合嵐霏高低盡失俄焉日出半開半含梵紺若隱若見其間雪朝雨夜月色風聲倏忽變幻不可名狀矣考州志但載戴雲山不及寺開元寺志但紀祖膊不及慈感祖膊名知亮居開元寺東律巷常袒一膊行乞於市後去之戴雲累月不火食馴虎來伏其側堆㕍而坐人叩之雨暘輙驗每自言曰身在紫雲顯在戴雲後果化於開元之院居其徒泥肉身載歸戴雲祀之至傳祖膊為慈感法門弟慈感駐錫此山

亦化去泥其身與並祀今山上有祖師墓不知爲慈感之真藏否如涅槃也稱肉身何居豈慈感深於禪寂并其名與行而泯之抑後之人神祖膊而姑推及其衣缽之師歟又傳祖膊爲正覺智廣法門弟豈所謂正覺者即慈感其人歟余嘗聞朝市山林出處無二道住世出世無二法須富貴功名之場黄門粉署開府專城若蘧廬若傳舍乃宇內之奇山水往往爲禪刹佛子之所據即其身已化去而其名與像猶能與此山終古也是則可感也夫因撮所見

閘並記之

明

大卿宮記　　俞思冲

大卿宮不知創自何年去縣治二里而遥溪山廻合亘以石梁紹興中縣令林公及所甃也古柏當庭婆娑可玩雷火剥蝕腹已半枯縱參天黛色溜雨霜皮彷彿蜀相祠前物較岱嶽五大夫固當是丈人行桂樹團圓前後擁屋角大類陸城羽葆野老為言舊藏吐華芬芳達于城市此宮

一卯一聲依然濠濮地偏境遠謝屐少臨溯風躊躇爲之一嘆

遊九仙山記

林棉

邑北行三十里有九峯崇壁怪石幽雅清致相傳昔有九仙曾遊其處故名庚戌冬會小銘周則森君讀書其上招余遊時雪甚遂取道小銘爲九仙遊過石嶺攀硯石山從斜徑盤迴而上雲裡嵯峨硉兀而聳者九仙山也望一石若佛不餂甚别而神思飄然恨不卽至旋下小嶺有玉液

泉至護界亭轉數武大椿森然萬玉瀟然法水流香閣雲繞足下有宇巍然者荇菜岩也余入岩禮佛畢適涂君爾熙載酒至時雪寒甚飲以巨觥從岩北而上可百餘折名松徑有五鬣松偃若青蓋鬱若蒼虬煙雲相映境象又新稍上疊石層層屏者几者冠者髻者纚聯中斷若劍截者列徑俩旁稍上為小石天大若環堵可坐息轉而寶林萬木爭妍樹荚盘翠覆于石上虬枝蒼幹直干青霄蔦蘿托之牽風而舞春來山茶吐蕚紅錦千章更大奇也因取道

靈鷲履仙人跡登魁星洞歷甘泉說法臺講境盤旋而抵
岩址方沼澄清孤塔峙前塔外祥峯拱衛羅列居然九仙
輿圖美復抵仙洞怪石谽谺若天造然轉入石徑如複道
橫空而度盤樹交陰清幽袭人即進九仙洞中寬曠可列
坐數十人稍陰則留雲凝霧石宇瀏珠若滴中有石弥勒
像高可丈餘洞深屈曲盤紆穿石罅西爲天然室趺跏片
時百刼俱空即無比禪師修行處也轉而西石壁如崇墉
高數仭東有石如馬如鼓如獅子北壘石巍峻爲飛昇臺

又直上奇峭壁立爲蓬萊第一峰絶頂爲大千世界爲尺五天蓋高無際矣憑高一盻團巒叠巚錯若金鐵橫若玉軸近若拖紳遠若烟霧巍巍乎九仙大觀也轉爲耆闍崛山上有石棋盤棋子宛然豈古所謂爛柯者耶逶迤山脊盡其巔復有齊雲摩雲兩洞俱中虛可坐十餘人俯盻萬林蒼翠千頃西一嶺勢陡若懸山麓龍池深作蔚藍色池生白蓮當午則開香聞絶凝畔有彼岸石狀如卧龍風雨時作驚人聲則森君就崖畔建嘘雲亭亦憇息一便也西

為普陀岩五峯相映如蓮花因名蓮花峯故址具在有石大士像半没泥中余顧謂則森曰此所謂淤泥中生出紅蓮也物之興廢固有時哉為之悵然復上一峯銀雲霙霙起踵下四顧遠山千里如食前豆也余兩人興甚因泚筆分韻各賦詩若干首

半閒亭記

張士賓

夫山川形勝於造化中遇與不遇猶人也崇山怪石奇崛巃嵸隱叢薄而無自表見者往往皆是豈特爲山乎山去

吾邑不滿一由旬余鄉土往来寔有夙契年来奔逐名韁至庚戌秋服初衣取道湧水登鷲巘見積翠列華紺殿白雲大非靈鷲故吾矣乗興坐説法臺飛觴朗咏薄醉且去則森君徐曰石上可一亭乎予曰諾出數金命僧搆焉會予歸自金陵迺扁曰半閑風清月白宛然浮生半日閒寔際也嗣是山亦稍遇人人日至而名藉甚猶夫甕牖經生出一頭角時矣雖無夙契者亦將千里裹粮耳辛亥春復履其巔放歌縱酒忘乎駭俗而山靈副以風月眷眷若與

予遇予慨曰山猶人也惟世態人情寔愧於山度形而衣薜蘿量腹而進松朮吾其爲赤山盟矣乃選石而記之

國朝

遊飛鳳山記

黃憲文

飛鳳山邑東北極隅距吾湖山三十里四面荒村孤峯特起極巔一巨石崚嶒秀削迫雲霄閒遥望石壺對飛仙漈上蓋亭垣瓦棟樑皆石砌深廣各丈許高如之中奉三仙直舊傳仙乘鳳到此因以爲號是亦神其事耳歲戊戌仲

秋既望風高氣爽商意正佳發遊覽之興呼猶子偕行詰旦出門緩步二十里日午少憩茂林之下遂尋逕登山遥望巑岏巍然天末迤邐一嶺約里許喬松怪石天然位置拂石趺坐掬清泉而飲之直忘其孤峻也嶺半稍夷抵山門中一矮屋草構數椽紫竹參差山花滿徑風景亦自不俗沐盥羅從室西升盤屈委蛇凡百十級由亭後轉入亭門時日色西横餘暉返照岩花未落幽草半庭金飈拂人衣袂覺飄飄然有神仙氣整衣禮神畢縱覽山色溪光烟

村茅屋碧藍歷落不覺秋心一片與雲水相忘矣道人携蔬樽至就洞口微酌数杯則已東山月出大如斗涼如冰光徹于岩洞之上頫視村墟猶未得分廣寒一照也予數愛孤光不忍就枕徘徊俯仰形神欲絶忽聞鐘磬音疑是雲璈之奏天半廻視古枝秋鳥拍拍欲飛更闌假寐渺然清夢與神往復覺来佛火猶明爐烟微繚靈雞未斷梵鐘蚤催方欲擁被卧聽松濤猶子報曰朝暾見矣挺衾起坐則遠空彩霞斜抹而陽烏一輪滚出海天如珠如炬尺五

之移芒射不可睨測而俯視則猶然昏黑夫上人間之判大都如是耳遂索楮走筆即景記之覔逕松陰翩然而返

雪洞記

邑庠生　郭載岷

壬申初夏暑氣漸臻余邀諸友人就雲林深處開一雪洞祀大士于其中堆崕石芟豐草宛然浮屠真際樹陰晻薆鳥報上下斜徑紆迴倒蹝净紅塵之步幽庭閒靜點頭皆瑞葉之芬亂影鄒曦陽頻似六花凉法苑鬆枝懸玉韻依稀三白調陽春風乎太華玉井浣畫煙樓吸夫閬苑氷桃

消殘火宅箇中適曲槖無涯風光眼底青葱播大千世界雖無庾嶺噓芳恍有甘泉噴冷涼生襟裾優游身到武陵寒帶松梢滴瀝露分金液蟬窺菩樹之春琴鳴野外雉宣竺提之偈天韻雲間四時皆臘況霜花留映玉甃萬樹拼金風蘭臺環交翠水地擬天津雨灑龍湫濡窟穴景開崆峒風翻鶴羽冷香山當是清虛之宇桂殿齊開迥出熱鬧之場羲皇共適豈螢窓呫嗶不厭炎蒸雖雪案勤渠無辝清曠對酒彈碁忘日永談玄說劍樂窩深自昔三年面壁

道果成於幽玄況復四座春風和氣飄乎岑寂惟訴同心
毋為余笑則洞之成也庶幾與頂雲山並永不至混於猿
林云

碑文

明

丁公生祠碑

戶部侍郎何喬遠晉江人

泉之七屬惟德化為巖邑六邑之水遠近滙海惟德化水西折而入於閩其嶺水瀉川礬者怪石礄磝不可以舟而達於永春自永春至郡城則溪可舟矣是以德化轉徙郡城之難也先是郡令德化民上倉於永寧衛永寧極海德化極山相去幾何民無見穀必挾金入泉市穀而後可以

上永寧勞困矣太僕卿丁公告當事者請除之當事曰諾郡政有積穀縣當領郡金積穀於其縣而德化穀僅足支歲持金買穀無所也太僕卿丁公告當事者請除之當事曰諾德化道可走尤溪出而達於上京大都也諸縉紳大夫利其便往往從德化顧縣無郵置肩任之役皆捉民於田中田中之民孰能堪此皆棄耕逃太僕卿丁公告當事曰上官之行則不可已其餘請勿應仍勒石以垂永永當事曰諾於是德化民頌丁公德醵貲為公立祠其農人下

户聞之曰吾亦歆祠丁公吾儕小人也丁公登第三十餘年所矣其敭歷以銓部以卿貳官非不尊顯氣勢非不軒然也而未嘗有一蒼頭入而報色我収田之成即結芒䕸去矣市井有不平事公未嘗不為伸理吾儕小人亦歆祠公其邑人士聞之曰吾亦歆祠丁公吾輩書生也處女自命何所求丁公頤公以大比科額儉於二十人請學使多之學使者善公意而不敢大戾於令甲則為公增二人焉苟吾輩能掇科者即所增之人當之是公之教也公之施

也公無念其初亦諸生乎卿貳矣而猶念諸生此他日我輩立朝居鄉所宜法式吾亦欲祠丁公則群相謂曰吾聞丁公所善無如鏡山老叟何喬遠請即而文之則群詣鏡山夫士與民也僕僕百餘里入鏡山而問文至勤矣德丁公至厚矣予延而問之曰請問古有如公之今為予舉而寔之則曰夫庚桑也而人社稷之夫石奮也不令內史車里門王彥方也鄉人為不善不敢使知杜寮也陳說郡縣殘記括屬要在拯民薦賢斯古人之行也予曰請進之則

曰夫范文正也與其鄉人以絹三百疋曰是諸里人也見吾科第則喜見吾官序日尊則喜吾敢忘諸夫朱文公也為其鄉人立社倉教小子所執經而問道者孰非其鄉後輩斯儒者之行也予曰請太之則曰孔子居其鄉恂恂如也一以為父兄一以為父毋齊伐魯也使子貢門徒歛於魯鼓攻焉孟子居鄒懼鄒君妄動以敵楚人語齊王遠諷之斯聖賢之行也予曰大止矣可以頌公矣公名啓濬字亨文號蓼初以仁義禔身以忠厚維家家晉江海上之族

以數千人遵公教毋敢一人譁卑上公邪至蒞官殫盡心力知無不為上三召公為太僕卿邪以用公未艾予知海内之人為公立祠者將盡公之所至不特德化一縣已也

郡別駕閩人公署篆德政碑　丁啓濬

夫無翼而飛者報也無根而固者情也然報不假翼其飛自易情不待根其感斯難況以民仍三代人抱一心而肯胥志讚揚使擊壤之歌步其徽音樂只之咏嗣其清響則非以純赤之心行之以平易之政未有遐邇共皆報誦芝

馳如吾德邑人士之鼓舞郡大夫聞公也者清商激而天
籟鳴其于禺覃仁惠則牧女宣其中悃至情斯感出自然
巳公以賢能分符来倅吾郡其治郡也申約束覈囷廪一
以豈弟行之朞年而郡大治當道賢公以公視德邑篆公
至涖以其治郡者治德邑吏習而民安之種種善政不能
殫述而其大者如簡訟獄卹煢困理寃滯弭盜賊以最晋
謁諸生立課程手次其文而甲乙之人争濯磨以爲得師
表乃狡胥獪吏咋舌縮手稱神明焉公尤精堪輿家言以

邑巽方爲文明之區議造浮圖遂捐俸倡率採石興工士民欣趨樂助一時縉紳咸舉手相賀以千年曠事待公而舉也會公以得代行邑人士扳車卧轍者相填于道至涕泣欷歔而不能忍其去公來邑可半稔耳而邑之人心如此則公之過化存神所感者深要不徒以聲音笑貌爲矣昔人曰葵藿之傾葉太陽雖不爲之廻光而終向之者誠也公於邑諒不啻三光之明而邑争自比於葵藿矣魏德深之長貴鄉也史稱其清凈爲政不嚴而治已耳迨轉館

陶其民至詣闕請留與館陶相爭訟非根於情必不能使
闔境之民歡呼謳誦非根於情必不能使所至兩地皆如
見其父母乃優詔特聽留則至情感格獲上得民之徵也
公居郡為大父母所造福於邑易易者邑人士思之見有
自郡中来者必問聞使君安樂或有以訟往府者則相慰
藉曰聞使君在必為我輩地此其倚賴誠深不徒館陶之
民来就居住僅僅數百家而已漢宣帝精核吏治如渤海
潁川皆以卓異增秩賜金故漢世得人於茲為盛今聖天

子垂拱之初精顓政理淹廢遐邇不次超擢海寓顒顒嚮風治行如公行且徵入司農九卿計公是時必且雍容鉉鼎鼓吹休明以光大公家先璽卿先柱史之烈予固日冀之矣廼因林熯周開年頼天與李王褒等之請而漫叙列之以附擊壤之歌樂只之詠云

姚侯生祠碑

郭維翰

吾邑令君姚侯之被謡詠歸也父老之攀送沈溪津次者至四五百人車為軜不得行侯揮淚慰遣去而呼號振崖

經之閒斯三百年来所未有也歸則橥謀肖貌而社稷之
迺以貞珉請于郭子謂余一廛離琴堂僅咫侯所治德狀
睹記最習當無溢言請畀惇史余乃進諸父老而語之曰
若曹以規規之俎豆足永侯澤乎抑侯寔綏邑墢而横中
蜚語以帰無所直于天子之前将惟是欒公之社新息之
銅聊以託三代之道于千秋謂之德志匪第為翦伐䖏茇
棠耶父老則泣而相告曰吾儕小人非侯無以生侯非為
生我故則無以去侯雖去而聖明終能洞晰其不安厥位

之苦而家起之是以九儑五章為吾侯之湯沐也不腆數椽卑敢以淹侯靈寵侯遥聞必怫然不樂疇是章功而為德府也乩頌吾儕向所式歌且舞者葢見侯顏如見慈父毋焉今即遠我於膝下而吾聚沙而範之以誕日拜奏長生之酌庶幾猶未離懷于孔邇乎侯即知之無害耳願先生其勿憚操觚郭子唯唯受命夫景曜過而有餘暉也清流過而有餘潤也咸願長有之而不可得矧谿幽鄯於中脣淪醲膏於涸諸者乩宜其弗能已於思也思乃祝祝乃

久今父老輩誠知侯之字若德為不可堙矣則孰有如為民請命俾衽席百餘年之湯火而以爵秩殉之者乎語曰事利害而身隨之侯今日之謂矣其目萬神集寧擴勢直轅令人目為強項而不忍為單赤故稍一繞指以保其一同之禄奈驚弓猶奮倦獸難潛桑相率扶伏叩闕下侯知而戒馭卒追之不可及已藉令九閽之上而早得覽臺司所論亦將旌侯以狥於國而又無如比讞申覆之未易以一朝也於是考功之洗垢與修郄之含沙合而斗大丁溪

遂不能久借侯矣所云事勢之流相激使然條業已知之昇第自以上無得罪於天子下無得罪於百姓將返嘯烟雨之樓時從明聖之艇為意適也方侯之初入吾境也見野無草室無人問曰是逃軍佃而荒抛者也細詢始末惻然不堪既而允士民僉控冤狱立條之當道咸謂德赤子塗炭如斯胡先莽之默默也逐酌須四欵為兩利永守之規而慘甦窶植者遍窮山僻谷之人咸欣欣起色相賀曰侯寔生我者也先是邑署後垣有槁楓合數抱倏於侯舉

事之頃青茁幾莖荏苒冬春而森披且蔭晦焉遠邇喧集詫爲宇宙間異瑞是山川草木之有情爲德民慶更生也詎知民之枯漸沃而侯之怨彌叢乎斯其故余亦不敢訟言惟有天日鑒其苦衷鬼神昭其枉狀而已他如葺黌鑄士繕堞恤煢清犴禁汰虎冠讀法月勤保甲日核毒草之誅厲輸耗之弊蠲彬彬芬人齒頰間然非侯所以去國之因若邑人所以祠侯之指故于乇事獨詳焉侯檇李鉅閥諱遲別號若麓萬曆戊午舉于鄉以甲戌初秋涖吾邑恭

春述職鐫一級詢用云是役也臺司郡邑諸公僉俞士民之請慮財鳩徒懽躍胥赴堂廡棟棟韡韡聳觀亦三百年来未有之盛構矣董役者為鄉耆陳全言林楬若而人翰不敏且涓辰集諸紳衿肅奉像設於中而仍為歌以颺厥美曰丁溪之曲兮石骨稜稜我侯之概兮與石潔貞渥我黍苗兮露浥龍濤我民食貺兮春臺與登謳吟起兮耋孺同辭直道彰兮胥舊澠池湛吾酤兮嘗吾脂祝侯無窮兮視我幾尺之碑

國朝

王侯去思碑　　賴垓

王侯治德之踰年惠化翔洽百里膏融蠹政除及害馬傾巢遍有歸禽而夫探丸揭竿在在萑蒲及相翔蠢蠢思動者無不懷音革心恐干汚赭即時方有事海上急催科如捕亡而民亦徵輸恐後忘其追呼之擾噫磽瘠山城民樂走險官茲者碌碌以奉其官救過不暇何侯之游刃引割恢乎有餘地與闔邑士民方翹首祝曰侯寔生我未及期

吾儕已欣欣坐衽席中其庶幾及瓜而代以龍潯為桐鄉
且俾吾儕得一覩綵袋歡乎蓋先是侯寔奉太夫人偕来
德民恃侯因不敢忘侯之恃亦太山尊配林意也何期天
不祚德聖善忽捐侯哀毀悲號聞見掩泣即士民欲援郡
縣奪情之例上控當路侯意不少回屢牒求去嗟乎飲氷
載石空餘兩袖清風截蹬留鞭難挽一庭明月宜里長鄭
世卿等思所以不朽吾侯而持孝廉李君一言為索予記
也雖然仁不遺親義豈後君侯少待祥琹立膺徵璽一回

持斧秉鉞重治閩邦吾邑且得託并州之誼倍深雨露則侯所以布愷流膏寧祇赤縣揚雷吾民所以濡沫侯澤者又豈但枯鱗之脫驚川而哀鴻之集中野哉故夫淮陽之哭遮荆州之泣擁或于此日一稱紓乎敬勤之石以表今日卧轍之戀并為他日使君重來之左券侯諱龍受號濯陸順治己丑進士直隸真定府趙州寧晉縣人

崔侯德政碑

賴垓

漢世故多能吏然璽書之徵治行之最先飲醇勸化之人

後鷙悍毛舉之士故三古以來漢治為先吾邑處叢山中椎魯稱易理自亥子而更水飛山嘯竄深箐巢峭壁者皆是空城榛莽官道虎狼絳帶紫襴之人率佩犢銷鋤為樂令是者間取治亂用重之法而林深徑鋌中鳥驚獸闞雖牒走於郵騎躡于藪終眼鷹而音鴞幸惠我膠東秋翁離侯涖是土侯治譜自太翁僉憲公州守有報節義文章久表于世而珪瑶令名專城吳興藉為次膺之理家聲奕著侯至而神明之譽歸焉夫以赤白紛飛徽派雨急之際裕

兵乎裕民乎檄書期期呼應必至之際諛官乎諛民乎王師雲集巧婦難炊之際愛身乎愛民乎乃侯不謀身不謀官請蠲者數上請緩者數上民乎於侯何幸侯乃不等時令所為輕以身試扎乃侯不以彼易此則有歌厲嗷初回者矣有歌桁楊菌生者矣有歌剜瘡新肉者矣有歌南為斯作者矣侯曰吾慰吾心耳不桔槔吾民吾甦吾民耳不繭繇吾官吾殫吾官耳不艾銀吾身於是民則羣謀曰鏤吾膈碑吾口不可百世吾永諸貞珉山則淵蕣則餂吾永

諸絹楮侯乎饗宮烏華雲橋蜿蜒縣花桃李農兵地水吾知吾侯歆使子若孫知吾侯異日雲山片石猶得與歐柳白檜同為蓂莢也民之志也夫侯諱越字肅逸號秋濤山東萊州府平度州人

范侯德政碑

陳應奎

龍潯為邑山則北絡南劍水則東濵永陽多峰澗壁磴民散巢之雖里不盈十糧不溢萬而力勤崇儉風猶古也寅卯之交海嘯羣飛刼燒遍地越丙辰河伯決城湮宅民之

流離瑣尾幾無孑遺丙寅冬幸范侯来涖茲土天固將藉手于侯以大造我德歟侯甬東華胄少掇巍科而鴻才清節留心于民瘼者已久甫下車即疏請
上諭勸讀課耕士農蒸蒸咸有起色至其聽斷盡本虛公徵課悉捐耗供禁溺女而掩枯骨繁種植而弭萑苻刋邑乘而設常平舉鄉飲而興義塾他若築橋梁葺敵樓繕堂廡建賓館皆侯於三年中切圖本之慮竭拮据之圖次第舉之不殫民力而畢乃事者也厥功偉哉今邑之貲者靜

勞者康而絳帶者畫犢犂矣執經者盡珪璧矣雲畝炯邱者遍綠疇矣鼠牙犬吠者鸞翔虎渡矣壓封菑蝕者梅樑文礎矣夫且雨暘時若蝝不入境私穗三岐矣噫侯之為邑者不遺餘力民將何以報之夫縣花門李庭柏郊棠銘于心碑于口者未足以垂永久其紀之貞珉乎亭亭片石當與戴雲膚寸畫水成丁同其惠澤云侯諱正輅字載瞻浙江鄞縣人康熙丙午科舉人

雜體文

跋

明

戴雲山志跋　　黃文炤 晋江人

吾儒動以自私自利帰之佛氏言釋子生涯則曰閉户鄰鬭肥瘠秦越人也是大不然佛自利利他兩念並發有時為法為人至割截肢體而不頋誰謂空門自私利者龍潯鑪灶雲屯山之童者幾半矣若戴雲靈區三十里旃檀六七邑龍脉蠢爾大駔敢覬穜殖尅日開鑪林泉失色圜朗

師聞而憫焉括衣資糾徒子自同安駐錫此山奮螳臂以
當車為祖師留一圈山為郡邑培一脉龍葛藤三載締造
艱囏使師黜利便巳則一卯一韲一瓢一笠何處非渠袈
裟地今鄉先生髙師戒行標題咏者墨跡淋漓師乃集而
成藏雲山志是志出燕雀相賀山水生輝於以紹隆佛法
未艾也余夙慕龍潯諸大祖師應化道場庚戌冬偕虛上
人作支許遊自普濟歷太白岩覽龍湖九仙蓬萊諸勝杖
履幾遍所至林楚蔚然禽鳥親人一泓放生池鱗儵游泳

有鳥獸魚鼈咸若氣象蕃叔季而下助聖世茂對育物之仁者惟諸叢林仁者念此龍池鹿苑之恨㢠其有瘳乎是在國王大姓護法人鄉生有抵掌贊歎而已用識法喜數言于簡末

國朝

圖南課藝跋　　鄭惠琇

玉逢卞而價重劍遇華而名彰士君子讀書養氣發光匿采隱隱躍躍非得宗工哲匠為之裁成拂拭則太璞鈍置

芒氣未騰終難底於成器以彪炳宇宙間也德邑水秀山明士生其間類皆厚自砥礪蘄得表見歲癸亥樊堂魯老夫子以江右名宿魁南宮下治斯土批卻導窾切中機宜每公餘輒詣義學集諸生而課之理禀程朱法宗化治胎經孕史不詭時不泥古一以

聖諭之雅正清真為楷質焉嗣而捐俸更廣學舍堂宇而傍增數十間俾生徒講習其中振興鼓舞每月而課手自丹黃捐俸獎勵邑人士彬彬向風爭奉文呈質與經品題

片言隻字如獲異珍是誠千載一時者也夫荆山之璞不沒於石豐城之劍不掩於塵邑人士得賢父母而師之滌染淘新黙浇返醇行見光芒之氣上燭九天遶城之寶價增十倍矣琇蘧落無似朱墨莫辨幸濫東郭之竽於茲數載仰覩樂育親炙末光愧不能襄贊高深今夫子裒所課文擇其尤者授諸梓人竊喜諸士附驥而顯而琇亦得與青雲之榮施也於是贅言

啓

國朝

重修文廟啓　　力子侗

萬世為師千秋崇祀學宮丕振文運聿昭自有宋以來惟
國朝為盛典由成均而外暨鄉邑以同風大都廟貌巍峩
抑且禮儀明備輪奐盡甫松倈栢之美几筵皆夏瑚商璉
之珍寶篆中懸　天子之銀鈎鐵畫龍帷高擁　聖人之
玉相金容朱楹丹檻齊輝碧砌花磚競麗春秋釋菜遠邇

歌芹普賢序于兩班徧儒宗于百代笙簧奏處烏鵲潜音籥翟飛時雲霞避影試問魯侯作泮何如此日威儀即令太史登堂不數當年規矩光生俎豆澤及詩書龍潯閩海僻疆溫陵勝邑以一隅之風土當萬疊之雲山水有丁文爭傳符讖居多甲第不斷簪纓稽學校於初興羨文明於極盛戟門聳閣高聯碧漢之光泮水橫橋長駕彩虹之影望亭臯而翬飛鱗次瞻華表而鳳起蛟騰堂室多儀麗齋淪器慨炎岡於一炬野火無情悵澤國於四山溪濤作怒

我聞在昔數百載屢變星霜亦越于今幾十年重開天日爰思復古漸次圖新物力維艱人心未遂曾鳩金而修殿宇亦捐俸以設樽罍廟儀雖已可觀祭器未嘗不假雲封深殿惟餘四壁蕭然風入空廊祇見一庭闃若嫌於固陋慮及漂搖 侗 上國觀光名都覽勝與斯文於白社坐此地之青氊千里追風有懈冀北三台呈象詎比關西每行謁廟之儀私切曠官之懼歆紹舊制用補遺規設几幔以肅觀瞻治庭墀以嚴奔走造神龕於兩廡妥侑賢靈奉列主

乎儒先廣明祀事竹籩木豆詳登水土之奇書牖文牕不糜丹青之舊得成富有寔費多金一臂莫勝或恐負山致笑衆毛堪聚何難積土成高因謀之邑侯殷兼告之同寅鄭既齊轂而許可亦戮力以經營詳請憲臺佈知紳士或文或武同是宮牆在國在鄉無分畛域不乏稱良子弟志切登雲豈無待價英才情殷觀海山林毓秀人皆玉桂之倫姓字生香簿列金蘭之貴各從所願相與有成重昭日月之觀并誌風雲之會先圖急務敢云此外無遺更問余

規尚龔他時有待使四方制度遍在海濱庠多士文章彌
新嶺外從此鯤鵬九萬皆成禮樂三千敬載文箋用刋正
幅惟希鼓舞長慶昇平

頌

國朝

心慈嶺觀音頌　李道泰

見山不見佛慈心因嶺起見山即見佛慈悲此心是所以觀世音尋聲不以耳我願嶺中人見佛盡如此過去與未来皆作大歡喜嶺嶺發慈心山山見佛止此山與此心終古不壞矣

箴

國朝

圖南書院勸學箴 有引

鄭惠琇

大矣哉七尺形骸今古主一腔心血聖賢關士也念此肩擔匪小程期良遥人各有心八里仰弦歌之化時方聚首同堂擅鼓篋之休所宜陶陰自惜范任共期者也朱門示箴漫云甲嗜足了白鹿垂戒爰彷條教相規所有臚陳幸為佩服

一五教之目　父子有親君臣有義夫婦有別長幼有序朋友有信

人生兩間作述為大子孝父慈相將以愛委質登朝靖共匪解罷勉同心不相是戒天顯子哀棣蕚和藹麗澤蘭金交道攸賴凡此綱常疇敢自外

二為學之序　博學之審問之慎思之明辨之篤行之

學先致知研究經史蓄疑敗謀最為害事爰諮爰諏澄心渺旨析厥毫釐去非求是身體力行慥慥君子

三修身之要　言忠信行篤敬懲忿窒慾遷善改過樞機之發召榮啓辱無貳無虞千里可告德之裕修損益宜勗淡泊和平虛焉若谷徙義去非式金式玉

四處事之要　正其誼不謀其利明其道不計其功義利之界舜蹠攸分有為無為判若泥雲闒茸猥鄙終世沉淪學辨古今非達是闊彼君子儒品所為尊

五接物之要　已所不欲勿施於人行有不得反求諸已

一言惟恕終身可行因人鏡已戒滿持盈橫逆妄施自反
持平責己以重責人以輕豚魚可格端在至誠

告示

國朝

革陋規示　　王一導

照得德邑土瘠民貧本縣目擊心傷自涖任以来日夜焦勞飢溺由己思欲起溝中而衽席之查往例有節禮一項為官斯主者交際之資雖屬爾民急公奉上究難免剜肉醫瘡獨不思竭小民之膏脂供一身之周旋為民父母顧如是乎況我

皇上子惠元元至周至悉　各上憲仰體
聖意無不以廉潔持躬率屬斷弗介意于區區交接間也
本縣視民猶子視官如蹝凡可為民興除者方將隨覺隨
行安忍踵此陋規而坐聽其濫供乎再有屯田硃價每甲
一兩吏駭聽聞相應與節禮銀八百兩一并永行禁革為
此示仰闔屬軍民人等知悉嗣後如有指稱節禮硃價名
色私行歛取者許爾軍民花納人等即時扭禀以憑重處
毋違

諭種二麥示　　曾鼎梅

諭百姓人等知悉今年叨上天福庇收成甚好但爾等要知坐食山空若不更加力作將來正恐三飧難繼現在禾稻收成閑田都可種麥麥熟便可資食即有不宜種麥之田亦可栽種油菜儘足充用本縣爲爾民父母時刻以爾等衣食爲念爾等務宜即日栽種或大麥或小麥或油菜總要地無曠土將來自然漸漸富足倘有懶惰之民並不栽種翻犂一經本縣查出定行重責三十斷不姑寬各

地保務宜督率衆人限本月内盡行栽種如該社拋荒熟田即將該地保一體治罪毋得玩忽

又

諭百姓人等知悉德化山僻小縣田少山多向来平田只種稻穀一遍自冬至春半年之久盡皆閑曠以致本地所出米穀不足供本處食用本縣深念爾百姓艱難舊年曾勸令爾等栽種油菜二麥如高卿瑶市良太東西下湧各社収成頗多甚有利益至於遠鄉仍然栽種稀少深為可

惜此皆嬾惰之人倡言土冷自甘廢業殊不知北方最寒之地尚廣種二麥賴以足食況此地温煖有種自然有收何妨用力試種一年可信本縣之言不謬現在將次秋收各社地保即督率百姓務於收割之後三日内即將種稻之田一槩翻犂栽種大麥小麥油菜等項隨其所宜種後加工培植明年自然豐收爾農民要知此一翻收成

朝廷既不加課田主又不加租一升一合都歸爾自已何樂不種本縣定於十月内親自徃各社巡查如有閑田不

種除將惰民重責外并將該社地保重責各宜踴躍毋違

又

諭百姓人等知悉德邑山多田少豐稔之年每慮民食未足本縣重念食為民天日夜講求是以上年出示曉諭令爾民於收穫之後即將田土翻犁栽種大小二麥間有不能種麥之處即佈種油菜田不加賦儘可資生爾民遵諭栽培者年來已有成效若久而行之自必比戶可封共樂昇平現存冬成爾民當各自爭先佈種二麥油菜務使地

無曠土各該地保按方巡查諄切勸諭倘本縣因公下鄉目覩二麥遍野當必從優獎勵如敢故違定將游惰之民責儆并將勸諭不力之地保懲處本縣為民食起見故不憚煩言諄諄告誡各宜踴躍毋負本縣一片誠心特諭

勸諭十條　魯鼎梅

照得本縣來涖茲土一年有餘每念爾等百姓種種無知犯法恐辱受刑本縣為爾等父母不勝傷心慘目但勢不能徧歷鄉村為爾等人人指引事事講明今酌取數條明

白曉示無非使爾百姓曉得　律法森嚴凡事可以情恕理遣爾等通文理的可講解與衆人知道識字的可讀與不識字的聽着務期人人盡知悔悟毋負本縣一片婆心使本縣完全做一個好父母官爾等亦得安享太平父母妻子歡欣聚首不枉為人之樂凜之

一凡人切不可打架查　律載鬬毆殺人者絞故殺者斬致篤疾者流廢疾者徒若持兇器及聚毆者充軍爾等百姓不過因一時氣忿忍耐不住動手打人便至後悔

無及要免後悔却有一法當氣忿時你就讓人一分他
人見你肯讓也就不来打你從此省了多少的事若說
你讓了人人將来就欺負你你看那如狼似虎的人有
幾個好結果忠厚的人到底有好日子爾等百姓要打
架時便把本縣言語思想一遍自然心平氣和不去生
事
一不可結會　律載歃血訂盟者絞聚衆生事者斬在爾
等百姓不過思量有事大家相帮聯會結盟不知已陷

大辟闔省結會成風一經查拿往往駢首就戮帶鎖披枷深可憐憫自後若有不安本分之人來邀爾等結會便要想此事後來必至喪身破家萬不可去若從前已經結會者速自解散方為良民

一不可結訟查　律載誣告加三等越訴笞五十爾等愚民不曉法律往往因口角小忿動輒架詞控告結訟連年一經審虛自已受辱受刑盤費用盡賣男賣女妻離子散飲恨吞聲便是爭訟的結果即告狀之初就有訟

梶包攬經承原差需索茶酒飯食使費不一而足及至一事完結花費已不知多少況且被告之人做成寃家反覆告害又無已時可勝歎悔要在起初自己肯吃一分虧或田山不明聽公正人分剖口角細故亦聽族隣講解大家心平氣和事畢自然消釋就是讓人些子也比告到官司還更便宜切不要聽人唆哄害了你自己身家

一不可覇佔他人田産　律載盜買盜賣及侵佔他人田

宅一畝一間以下笞五十多者杖徒強占者流私揑文契者充軍重複典賣准竊盜價俱入官乃德邑田産交界動即互相爭佔或越界混爭或假契圖佔或重張典賣種種不法一經按律問擬不但田産不可覇佔連自已身家都要破了况且俗語說得好世界若還糠買得子孫依舊賣糠歸你就百般詭計佔了人的田地有一日天災降臨便從你家起手別人東西如何白佔得自後不但不要做此等事并不可生此等心古人云終身

讓路不枉百步終身讓畔不失一叚又云但存方寸地

留與子孫耕爾等百姓靜夜思之

一不可爭謀風水發塚掘棺人人都曉得罪重若德邑所

云風水動稱斬腦斬足傷屋傷墳此皆一種不堪地師

播弄唆哄致人家生事打架甚至拆屋平墳深可痛恨

查律載術士妄言禍福杖一百平墓杖一百毀房准

竊盜爾等愚民一時悞聽唆哄往往陷於刑辟不知禍

福無門唯人自召古人云陰地不如心地好你就謀得

好風水若自己壞了良心也子孫滅絕況且這幾個地理師他若會看風水他自己早已謀了好的他早已發積了還要來替你看風水換飯吃爾等思之便覺可笑

一不可忤逆父母　朝廷律法最嚴不孝言語觸撞就要鬪絞若不能奉養不聽教訓得罪父母便是十惡不赦爾等百姓要曉得身子是父母生的若不是父母艱難養你你怎得成人你既成人就惰其四肢不顧父母就與兄弟爭財爭產傷父母的心就不做好人壞父母的

名連累兩個老人死不得活不得你的心安不安你縱

然不犯官刑天地也不容你况不孝不弟之人没有不

犯官事的那時戲辱親就萬死莫贖了清夜思之急

宜猛省

一不可賣妻溺女　律載典僱妻女杖八十娶者及媒妁

知情同罪溺女比故殺子孫問徒德邑惡俗家稍窘廹

即將髮妻典賣本夫本婦恬然無耻敗壞風俗莫此為

甚要知夫婦人倫之首眼前窮急大家勤儉和好將来

自然有飯吃斷不至餓死若結髮夫妻尚且忽娶忽賣則良心已喪用完了幾兩銀子依然窮餓而死豈不可哀至於生下女兒俱是自己骨血也是人身乃無良之人動輒淹死訪聞此風不但窮人即生監之家往往有之要知禽獸尚不忍食其子是溺女之人禽獸都不如了況天生一人自然有一人的衣食女兒何嘗累着父母本縣望爾等培養一點善心先從家裡養起夫婦相守父子相親漸漸和氣致祥便是爾等百姓之福

一不可教唆害人查　律載教唆詞訟與誣告同罪德邑訟師屢經查拿坐監坐牢受打受夾爾等百姓務以此等惡人爲戒凡族隣有事須要秉公勸解田土不清你替他處清口角不合你替他和合大家不避嫌怨使二比心平氣服地方安静爾族隣亦不至奔走官司作中作証費工失業豈不受益無窮

一不可重利俾剥有無相通鄉里常情德邑澆風往往加利四五猶爲不足查違禁取利　律有明條况借債之

人非親即隣你有錢在手乘其窮急多索重利你自己一旦有急誰來管你不但不管還大家幸災樂禍暗處害你豈不自失便宜爾等稍有餘錢的百姓若遇族隣有急須要彼此通融則窮人感你救急之恩自然守望相助共樂太平

一不可習為賭竊查 律載聚賭枷杖再犯者流窩賭者徒造賣賭具充軍窩盜計贓徒流三犯者絞一有干犯法難稍寬辱及父母妻子爾等百姓務須父戒子兄戒

弟尊長戒卑幼嚴行禁止不許賭博不許竊取他人一絲一粟要知財無茍得賭錢的日見流蕩做賊的終受官刑不要墮落小人便是向上君子或勤耕力作為本分之農民或學習手藝為有用之工商不要遊手好閑都可成家立計豈不是好

以上十條都就爾等氣習不好處對症下藥爾等若能互相講習有事時便想　律法森嚴自然大事化小事有事化無事漸漸心平氣和去惡從善自此安居樂業

食足衣豐積善餘慶後来便可發積子孫也就昌大本縣望爾等百姓人人為善人人受福惟恐負爾百姓父母之稱爾等讀此告示當如聽父母之言切勿違拗切勿遺忘遇事即將本縣言語思想一遍遇他人行事不是便將本縣言語告誡一遍務期善行日多惡行日少萬勿忽畧看過有負本縣惠愛爾百姓一片誠心本縣於爾百姓有厚望焉

論曰封泰山牒白玉非文不顯非工不傳古今文章莫

盛於西漢盖去古未遠奥衍醇茂居然典謨遺風即有韻之文如蘇李十九首樂府歌行皆上薄風騷而江鮑骵裁燕許手筆韓蘇潮海多跡此成一家言爲德邑文藝若郭維翰李道泰諸人逸韵鴻章鏗鏘鼓舞直登作者之堂所謂和其聲以鳴盛者非歟

德化縣志卷之十五終

德化縣志卷之十六

古蹟志　樓亭　勝蹟　塔　龍潭

窮巖絕壑每蘊幽奇古寺荒臺堪興憑弔筍勝蹟之尚留斯地靈其未沒矧夫謝屐袁節觸景寄興即事成題尚多好句似僊乎蒐而輯之亦選勝探幽者所不廢志

古蹟

樓亭

春波樓在縣門前宋宣和間知縣事陳熊建俯瀣水吞丁

流邑舊有春溪達波朱紫堪看之讖因以名焉淳熙丁酉火紹熙間知縣事趙彥逵重建淳祐丙午縣尉孫應鳳作兩門翼之明嘉靖九年知縣許仁捐俸易民地拓臨溪基重建規制宏敞後廢　國朝歲貢鄭惠琇賦　溫

陵之屬龍潯之治郊坰繡錯里巷參差峯岳崋嵂川澤淪漪分女牛之餘曜審形勝以正基爰是畫棟起綉闥開部署洞闢閣道紆迴倚南離而標井幹挹丁波而躋春臺春煦嘘於閶奧波蕩漾其瀠洄誠哉岩疆壯麗之美彈丸風景之推也當其運神工削鬼斧藉罘罳于北綉臨閭闔於南浦飛簷牙之高啄縵廊腰而下俯手摘星辰耳驚風雨恍結綺之名花薺臨春之寶樹金膀日射兮搖屈戍珠簾霞捲兮映新蒲彤闕玲瓏其鱗次瑶堂爽朗夫高閣晴煙斐

疊以翼櫺旭日炯晃乎綺疏直檻横欄雄呑二川之秀
雕甍文礎華燦八里之衢於是陟危梯于百尺翔闘角
之回墉空曠兮川嶽睇眄兮穹窿恣心目兮寥廓任從
倚兮從容濯濯弱柳拂拂長松双魚遊碧翥鳳標争駕
雲倒景醒龍環峯望壝山之集霞卧化鯉之長虹卌霄
巽等騖背丁溶其或晦猽變化霧隐烟濃萬壑奔赴百
谷月宗波濤怒兮洶湧瀑布飛兮青空雲天浮而鬱勃
炯嵐溢而曚朧至其朋河不夜彩霞凝暮銀宫啓畫碧
潭澄素蟾光影瀉兮耀金平蘋春滿兮香霧銅漏徹兮
夢廻漁火棘兮唱住則有騷人遷客酒伯花侯詩歌寄
意心目與諆指清波以長賦疏煩想于危樓蒼生蒲眼
未雨綢繆見若桑麻潤宜膏矣見若環堵歲勿惱矣見
若鴻鴈鼓莫聲矣見若荆棘野無騷矣鷄犬不驚任鳴
嘷矣斯乃樂登眺唱梅花撾漁陽調琵琶羮酒金樽置
千斛龍簫鳳笛遏雲霞春波樓外波千頃揺
蕩春光月色賒帝力兮何有樂土兮家家

駕雲亭在龍潯山巔宋宣和間知縣事劉正鑿山搆亭人云山不可鑿正曰此睡龍也鑿之則醒名其亭曰最高後廢明嘉靖二十六年知縣緒東山建更名駕雲叅政提學晋江王慎中記　德化令緒君東山為政之期年作亭於其縣之龍潯山之頂而名之曰駕雲之亭亭之所以作非君以勞而思自休以為遊觀娛嘯之地也其說具于縣之人士所為来請記之書云德化為邑封域固儉然亦具有司應令典職貢賦藝不後他縣而人材之生獨為寥簡或綿都越井無絃誦聲每三歲比士縣之士淵焉不與登選之數至閱數十歲而不得一焉縣固以為耻而君尤以是為病於是有言者曰縣之負此耻固云人事抑亦有地理也縣之山磅礴蟠際不知其幾百里峰巒岡巘回互變沓殆不可數而龍潯一山巍然膺

縣治之南蜿蜒夭矯其来若翔其止若蟄厥名為龍惟亭於其上以增益此山之勢如龍之昂然驤首而思翥其於文事之興必有助矣蓋其說習傳已久縣之人力既不足以自為而為令者又漫然莫之省也君獨心喜其說而力能斂於事而龍潯之山於是有亭亭所為名則君取其意以符所以作亭之本旨蓋雲之於龍類也予既受書而不得辭乃為之記夫度土相原視景望氣敦琢勝莢而會集休祥古之作室建國者蓋多有其法若夫為亭於山以起龍而致雲謂將有補於舉賢選材之数古無有也豈亦沿前之說夫其方術而屢变以巧耶天地之高遠鬼神之幽微賾之而無端叩之莫得其朕而卜筴瞽史讖祝之教先王皆存而用之其兆證於事而占効於物蓋精誠所極非卜筴瞽史讖祝之能為神然而知之者以為精誠而愚者以為神故卜筴瞽史讖祝常行於世而其教為民之所由而不可廢何也以其亦有益於人之勉功而作事也彼其術雖屢變而巧

蓋亦近於卜筮瞽史譏祝之言以其傳之久而信之深距而攻之未足以解惑袪蔽而因而脩之使士者悅於耳目之新相率去其有所誘而息以止之錮興起其志於權怍鼓舞之中而亹亹以進雖戶諭家誘未有若斯之速也嗟乎孰知夫伐石斬木以營構於此所以為授經挾册而課督於彼乎或者頗以其隣於誣與惟而誚之其亦過矣以予所聞德化之士多聰明茂美之材又知向學以自增益人文之興必在於斯時而亭方作蓋士之聰明而好學其材必成而為世之所擇取以施於用當昌碩光顯矣予知此亭之作無與於選材之數而久材之興會逢其時將終有以名此亭也姑記以為俟

嘉靖四十年知縣張大綱

脩

長樂知縣吳遵詩

危亭瞰碧虛　縹緲青林薄　坐久人不知　衣上雲光落

絕構臨層霄　虛窗盪元氣　晨興蒼莽閱　諸峯在平地

知縣施汀詩

亭高百尺倚長空　億兆蒼生滿眼中　布德行胥興禮樂　崇文會見靖兵戎

千山綿亘仙靈集二水縱横秀氣鍾
喜得閑庭渾無事何妨登眺與人同 萬曆間知縣楊文
正重脩 附殘碑 往堪輿家謂邑形勢爲睡龍云而龍
潯山在邑東畔□□□□□鴽雲復鑄洪鐘令
寺僧撞擊以醒龍焉後備坡張公□□□□□于郡圜
非獨人事蓋亦地脉使然歲久月更風雨剝蝕□□□
□□貞翁楊侯以敏妙鉅材來視邑治省科條清弊竇
大事斧□□□□□邑之父老子弟謳吟歌祝不啻桑
楚之畏壘仲卿之桐鄉□□□□□工估值凡費金錢
若干皆出自侯私帑于是頹者以植舊□□□□□之
興廢有時而侯作興之功直與滸山不朽也世之治民
□□□□□政未易殫述其大者如搆雲龍橋以便利
涉停納串以省□□□□□日換起矣有如邑之人民
各安其俗樂其業無事于奢侈□□□□□處刂口匕
國朝康熙五十四年知縣殷式訓重建今廢

醒龍樓在駕雲亭下明知縣緒東山建懸鐘其間命僧朝夕撞擊蓋取喚醒睡龍之意今廢明知縣黃承讚詩高閣鐘聲應地靈睡龍今日瞳魔醒會看處處皆霖雨頭角崢嶸滿帝廷

早春亭在龍潯山上知縣緒東山建後廢吳遵詩百里桑麻雨露同溪山無地不春風東君若問春来處盡在門前桃李中

真武樓三官殿俱在龍潯山上知縣緒東山建後廢

祝聖寺在縣治東舊學地明崇禎初知縣桂振宇建以寺後為僧會司西廳為道院院後立遺愛祠買置田租一

千二百斤坐產東埔等處未幾寺廢租入程田寺

明邑紳郭維翰記　長林桂侯之涖吾邑也仁風惠政沾灑閭閻其更新耳目而希蹤卓魯者不勝紀也紀其大者教藝麥而給以種教醫療而濟以藥建賓館以延士夫祠文昌成巽塔鑿泮池於櫺星門內以作興士類築春臺葺民大覺紺察葺城隍以惠神人又甃龍津鳴鳳兩橋以利涉道路郵亭山川草木煥然為一改觀而最要在于建祝聖寺夫祝聖何昉乎詩曰虎拜稽首天子萬年臣予戴天履地無一日不願効于君無一日不媚茲于君然崇高富貴君自有之惟有指南山而稱壽效忭舞而嵩呼為足表臣子之懇衷此祝釐之所由起也侯于黌序故址更而拓之從中設世尊廟貌巍然丹堊絢然兩廡軒翼而翼然歲時節誕率僚屬俯伏遥祝于其間天威不違顏咫尺敢隕越以貽天子羞朔望約士民于寓下宣解六條俾曉暢其意士民無不翹企而瞻注曰侯

數大體也誠忠君也惟忠君故為君愛民興作之役不費民間一錢子来者日饑以廩故趨事易而成功敏又以作事謀始永終知敝易道也立僧綱道紀住持其間而贍以田經畫規制出自焦心其計長久類如斯于是邑諸人士與鄉父老謀立貞珉以垂不朽而屬言于予予不敏無能為役然竊聞之民好佚矣非常之原且為黎民懼矣何侯一規作而衆欣然景從若是誘之以在三動之以固有安得不瞿然而向化哉吾因是而知侯之善于教也方今聖上富春秋綜覈吏治師濟在列旦夕應推轂卓異諒必有建大議策大勳不動聲色而恬然與民被煦濡者吾邑其端倪耳故櫽括其大以登諸石

北鎮樓在縣治北城上可瞭遠明嘉靖三十九年知縣張大綱建四十四年知縣何讓修崇禎十四年知縣李充

龍重建

國朝康熙二十五年知縣范正輅重建今廢址猶存

登高亭在登高山宋時建為邑人九日登高處明時起送科舉宴于此亦名登科今廢

憩亭在觧阜門外里許元東西團巡檢接官亭故址

國朝知縣和鹽鼎建今廢

飛仙亭在清泰里俯瞰岱仙漈懸瀑千仞下臨無際匠人乘屋必待雲與之齊舊傳有女仙馬氏姊妹三人白日

飛舉鄭氏女見之遂自投崖下有白龍負之昇因名

監生黃守仁飛仙潨賦

龍潯之東漈溪之偏一山特起名曰飛仙上聳双峯屹焉摭天有亭翼如絕磴之巔靈娥攸栖志其歲年左有清流兮從石壺而瀉發似九曲之淪漣紆徐兮潆瀝宛轉兮洄旋若滄浪兮澎湃復噴激兮逶延爾乃遶亭之下劈峽而前機潑潑兮流涓涓又瀉淙淙兮聲淵又落千丈兮素練垂萬仭兮若銀河之倒懸濺沫飛流兮時分時合濕雲横鎖兮若斷若連亂晴空兮務白雪陰幽谷兮帶蒼煙山非匡廬兮偏見白虹飛電亭非陵洞兮何来玉碎珠聯豈仙真日夥夫織紝兮朝浣紗而暮濯綿于焉高瞻遠矚四顧周旋念天下之泳兮且百且千吟泉之澄潔兮紀勝乎白靈泉之瑩淨兮見志于權香爐瀑布兮得樂天而名以宣漱玉三峽兮賴子瞻而景以妍東城之泉兮經賦於秦覲名水之淵兮曾詠於陳搏何兹泉之潺湲兮僻處窮鄉而不

獲附于名山大川豈山靈之有幸不幸抑亦待其人而
乃傳跡值採風一顧兮不為巨眼所棄捐釆杜若搴芳
荃搜崕尋壑拂拭加憐為仙山而開生面兮庶幾與天
台惠濟相比肩使古今上下俯仰興懷者如覩醉翁之
釀泉　進士李道泰詩上看碧澗懸下為雲霧逝始知
銀河來從無接流勢仙女騎白龍山半每摇曳石上三
元君丹成皆姑娣遊戲蒼茫岩千丈如階砌虛亭外嵌
空精爽接天際解佩何足言况復朝暮滯萬古壁間松
色繞青螺髻　朝朝巽兩千山合只看掌中膚寸雲不
是懸崖輕撒手却因遊戲會元君　廩生黃遂權詩為
訪靈岩結伴行陰又山逕鳥交鳴双尖插漢籠雲白萬
仞飛泉掛練青閣倚懸崖臨一切石容坐客話三生夜
来觸景聯長句皈
月當空斗柄横

飛鳳亭在清泰里飛鳳山極巔一巨石峻削凌雲形似飛

鳳架石亭深廣各丈許相傳有女仙駕鳳來此鄉人常於此祈夢監生黃守仁詩危亭逈太虛搔首吸春甕醉去抱月眠仙靈贈清夢監生黃尚仁詩石壁嶙峋古洞巍為尋清夢叩靈妃憑虛直欲凌空去極頂真如跨鳳飛露重花心疑宿雨風來薜葉想香衣天台何處當前是却愧還山向願違

勝蹟

鳳林在程田寺寺前平疇如繡五代時邑人程國知所捨入寺香燈田在焉明僧休耳詩欲為長者留名寺顧因之姓程門外春疇雨足山山布穀催畊

寺後薜蘿峯萬松蓊鬱每疾風振籟聲達城市僧休耳詩

山門都學栽松境致無如此峰有日不甘蘿屈破雷一任成龍 國朝永春舉人周宗濂詩一峰松柏參天培植不知何年與籟有時自發颸颸驚起龍眠 僧真淨詩前身不是栽松何緣得到此峰試看亂鱗獵獵橫枝真欵成龍 貢生黃憲文詩亭亭翠蓋護禪林冠劍龍蛇不可尋午夜聞雷何處雨天風吹動海濤音

寺東巨石礌磈相傳五代唐僧行端坐禪于此 僧真淨詩片石從無取捨水鷗野鹿橫眠頂上偶然趺跏錯傳老僧坐禪

山後路旁有井一泓為行端化身處旱不涸潦不漲大樟數十圍覆其上葉不落井 周宗濂詩佛原不滅不生懸崖撒手便行何知真身未化看取井中一泓 僧真淨詩正體原無去住真身那用茶毘葉墜終不落井慧泉寧有竭時

行端賜號真濟建塔藏蛻名真濟

塔 僧休耳詩 好箇無縫塔子總非潭北澗南藏身了從蹤跡說盡斷三後三 周宗濂詩 此是阿誰塔子巍然獨峙一方真如原能真濟頂禮合皈法王

寺東南嶺上一石橫鎖俗傳行端在時不過此嶺 僧休耳詩 年年入市皆而洗盡山腰嶺頭不是與撻不過爭如末後風流 僧真淨詩 腳跟踏遍天下誰云不過嶺頭任是乾坤神力誰回老漢風流

梅花塢 僧休耳詩 短墻舊有茅亭雪後園林不為只此二三老樹較他十里西泠 周宗濂詩 偶爾尋僧竹院飄來梅花數片滿逕盡是幽香奚事孤山堪羨 僧真淨詩 傍梅草即培亭 方仰圖愛月門留不扃老我 孤山十里雪花亦覺消泠

周宗濂詩 修竹萬竿獻綠蕭然自媚幽獨圓通真是不解穿隨剎毀鹿鹿 僧真淨詩 一壑一邱家爾秋風秋而蕭然自古方多乘世有如性不可圖

纓溪在縣東北里許泉石幽佳邑進士李遵泰築別業于此編為八景子監生鼎綴以詩今景不復覩矣里人毛一夔詩

先生補肖林泉手縱出東山逸興餘過雨溪猶輞水畫悽松棲似有巢居雲休半剎禪無語鳥踏空庭跡是書石丈不酧高客拜試詢幽意更何如

李鼎纓溪八景詩

巢松閣　蒲湖煙雨蟄龍紆綠浸樓空數架書暮窓半開輕斂落閉殺風濤陶隱居

落月潭　半插青山接石陰碧輪穿透綠平沉跳波練影爭春暖好瀉幽泉入綺琴

磨石村　埧橫掩映畫圖中杓覆青楊莫數通雞聲數點催犁蚤綠到平疇繞日紅

符帶院　晚鐘佛火遠林虛敲徹孤僧歛定初茶鐺燒畫鶴讙夢一道溪雲半入廬

三峽澗　明河傾倒小龍湫星落嵯峨帶閣浮幽咽泉流

風過處穀聲喚出瞿塘秋

流春橋

晴虹一帶鎖溪門閒逐飛花第幾村似憶灞陵添客思解鞍欲上綠楊屯

楊柳沂

暗黃催晝曉鶯飛翠浪絲絲欲染衣擬解小舟尋遠嶼斜煙春水帶孤暉

桃花涯

盡翻錦浪滿溪風前度劉郎應未逢三十年來微笑後從他歷亂水流紅

戴雲山在新化里一名迎雪山暑月積雪不消雲氣常覆其上寺居雲窩西有石室石如鳳髻六朝時有僧蛻骨于此俗呼祖師硿大戴峰頂一石如覆釜與山同大萬歲虬松倒懸峭壁間石壁千仞上有石厂可望不可即恍惚仙居稍下有谷七里許古木參差上蔽日月小戴

之峯三山聳秀有祖師舊室上有方池其深莫測異魚往来游泳水分九派下注九溪寺後一泉懸流千仞若垂素線一石數十丈挺竪如柱澗畔一石三四丈許形如舟山之西隅有石圓如鼓東隅有石如覆鐘俱大數十丈

明永春庠生張助

戴雲山十六景詩

戴雲秋巘

華表層〻陡絳霄雲間青眸一天遥来為牛斗河邊客會見乾坤柱上標海外六鰲應咫尺瀛東五嶽共岧嶤可憐落〻煙霞裡松栢千秋獨後凋

迎雪春湖

廣莫壺天渾是冰晶〻寶氣見飛騰玲瓏皓色林間度瀲灔晴光水上升佛國琉璃開洞府泰階玉燭調

冥燈皇圖萬里春長曉碧落黃昏總□□

三山聳秀

天外三山不可求個中別是一丹邱雲歸草際仙踪杳春入荒陰雪氣柔文藻崢崢花點綴芙蓉朶朶玉雕鏤紛披墓壁丹霞幻推出奇峯十二頭

一柱撐空

雲霄萬里是盧舟一柱撐空四序流不逐風波傾覆去何妨烟靉靆来浮擎天未列高明位立地先超族類儔自信他山堪作砥榮封莫道曲如鉤

七里盤谷

平林數里欝如盤逶澗千峯去復還獨宿偏宜邁軸宿無心好伴野雲閒源中泰叟今何在洞口桃花半未刪猿鶴清秋長嘯語島門風不到人間

六朝真僧

高隱梵僧氏不題六朝尚有舊丹梯曾登彼岸高千界也濟真源下九溪此日玄香饒道味當年半臂入菩提飄飄隻履歸何處松樹東枝影又西

石帽頂冠

天開寶石石如玄冠八面高峯一帽團垂拱萬方猶共主朝宗千百類周官祥雲擁出岩岩象霽日剛承藹又歛帶雪從他頭盡白九重春色未曾闌

鳳髻通玄

鳳嘴含花到席前低頭聽法幾千年竅通混池如曾凿道入崆峒可問玄空谷有神名罔象花嬰是處即寥天何人掃榻雲間卧長作迦趺對石泉

雲窩古寺

雲窩木末見香臺白氣如山華蓋開有客頻尋双澗入真僧曾向六朝来岩頭不改他時月臘後重看舊日梅寂又鐘殺天外度伏龍飛鳥幾徘徊

澗畔石舟

卷石橫如水上艟何年閣在戴雲東蝘蜓努力痴相負飈飀厲威枉自雄儘世甘從俱殁逝阿誰肯立不波中而今塹濵招々子不是仙舟莫與同

天池灑雪

絶壑九門碧澗危懸岩千似雪萃飛水從天漢經黃道流出雲霄滴翠微珠玉紛紛隨雨下鵾鵬遠々向池埽餘波洗得氷輪淨散作清光满地輝

石壁懸松

蒼々壁上萬年松落々雲間第一峯倒揭芳根承雨露斜翻古幹作虬龍山開錦幛丹青雜樹列珊瑚實貝重寒傲霜中如杰骨翹然修楚待秦封

附□□□詩巘迴層雲外盤松石畔懸

岑陰嵐氣結蟠靜籟翻喧霜幹春長閱虬枝日半穿神仙頻有約白鶴去仍還

雲中石丫

斷崖千尺鳥門開何物靈通日往回穴地崎嶇惟鳥道洞天縹緲只雲臺不扶九節仙人杖空望孤標太古梅列子從容垂足處應無復有御風来

天外線泉

懸崖一竅入雲霄石乳飛來下素條巧織天孫抽玉縷浣紗溪女瀑冰綃乾坤缺處縫應合杼柚空時帛自饒片片彩霞紛作綺玉人偏稱錦為標

山西天鼓

靈鼓西懸石當皮三推何事削桐枝聲飛數里泉為響林奏鈞天風每遲地籟岩扉空戛戛梵音晚課共支支幾人和得玄中韻直領真聞耳不垂

岩東石鐘

有石如鐘古寺東當年大冶屬天工細懸雲界千山外報蒲桃都五夜中暗度神龍時鼛鼛蕤連漈水日淙淙冥心會到忘言處隱隱清音聽不窮

九仙山距縣治西北六十里九峰矗立名勝難以殫述遊

蹤不絶題咏如林明刑部侍郎詹仰庇詩百里相尋豈悵遥名岩栖息意蕭ヒ松陰積雨迷玄洞石壁當天挂斗杓半夜鐘傳風外梵空庭人醉月中瓢桃花谷口如通棹高隱同君不用招永安岩在九山之麓唐僧無比藝圃處多種荇菜舊名荇菜岩雲濟史禪僧涅槃于此其南有亭翼然可以眺遠雲山盡劍南之勝松風皆方外之齊左史顏廷榘扁曰覺路為入門初地云稍左有玉液泉岩北直上百餘折為松逕多五鬚松歲貢林櫝詩幾樹松陰石逕幽參差交影舞龍虬風清近午寒濤起彷彿天台頂上遊松逕北蹲一巨石狀若蟾蜍半覆以古樹宛然月

中扶踈桂子領下可坐數人旁數石如落星南為小石天石形如一片乭可避雨石上有二珠樹監生張士賓詩林影挂晴暉洞霞篆羅綺何年石上花猶作薤珠比轉入寶林欝葱數里烏聲上下麋鹿猸虎閒出其中可愛可愕春來綠戰紅酣令人應接不暇林中曲澗幽佳周道俊書泉石烟霞四字左史顏廷榘詩小澗飛流萬玉鳴空林霽色落霞明幾回掃石林中坐無數風花撲面輕監生李喬霖詩齋烏巢深枝野猿拾定菓衣珠入寶林悟處是仙島九仙山左為靈鷲岩衣雲霞抱泉石脩竹奇花絕非凡境庭前砌方石為池立石橋詩小白

蓮其花午開而酉苞方中時爛然盈目池水深黑如巨星明於晦夜歲貢林爔詩山廻窈窕隱仙家屐躡千峯意自賒羽翰高飛黃鶴馭烟霞時度白香車秋深珠樹籠雲影亭午琪瑾映日華歷匕丹梯天可接何須海上覓浮槎 國朝進士李道泰詩地接天河不住噴烟雲縹緲泉星明仙人頂上簪花落冷艷香浮削玉輕岩前有泉僅斗出石竇味甚甘更僕不可竭古志云九仙山有仙石井濶尺許雖旱不竭即此林檳詩冷然泉迸石山巓住錫開山何代年秖事金莖和玉屑椰枝洒處湧青蓮明萬曆壬子僧應陽鑿山阿為池通胡盧池積水直抵放生池長數十丈廣半之深又半之負東揖西因名

廻照一石高數丈立池畔號將軍石國朝拔貢李宸鏗詩拔壁凌空半入雲靈岩保障獨需君松檜颭動旌旗擺竹籟輕喧鼓角聞猛將彎弓會飲羽丈人呼石總能軍論功何必封侯去苔掛征袍舊豹文九山多怪石過小石天石刻漸入佳景處衆石雜出如峰如殿如鼓如榻如屏如獅陡起石門標曰入聖侍郎詹仰庇更為兜率天石逕橫空如複道盤樹交陰抵石洞巨石垛疊天成釜覆一小石支之如繫如墜內石彌勒一尊大十尺高倍之旁可具樽几散坐左通天然室僧無比脩真處俗傳石故像果老日有群

仙奏廣樂無比厭之砓雕彌勒仙樂遂絕名彌勒洞亦

曰九仙洞　明舉人郭維翰詩直入硲砑洞摩雲𢌞接天謾言勾漏隱到處可探玄　舉人李雲階詩洞口石崚嶒直揷青天末恍從蹻鶴來靈芝香可掇　監生張紳詩洞明一罅天雲鎖千層石竿籟動疏林中有滄霞客　歲貢黃龍御詩峭壁青霄上留雲一徑穿尋山人不識更有太華蓮　歲貢周桐詩洞門封薜荔石逕繞松筠過此関頭去人天更不分　庠生李日見詩樹迷洞口徑雲鎖石邊扉不識何年鑿莓苔作石衣　庠生周櫻詩古洞烟雲流蒼山猿鶴嘯崚嶒尚可攀臨風同一眺　監生林焌詩縈紆絕磴鎖蒼苔洞口千秋珠樹開大藥已隨真鼎去月明羸得列仙來　歲貢賴懷詩古洞陰森削壁環千秋老佛卧雲閑捫蘿躡磴參玄偈猛破塵寰醉夢閒　張士賓詩鬼斧鑿雲根空峒接天上神仙不可尋萬籟發瀟爽　李喬霖詩誰年斲

山骨闢戶掩雲屯何處躭空者猶來叩石門 顏廷榘詩雲開忽見青芙蓉疑是蓬萊第一峰洞裡尋仙不可見但聞天上奏飛龍

天然室之北壘石巍峻為飛昇臺以九仙故名也又直上奇峭壁立明庠生周楓題曰蓬萊第一 周楓詩何須航海外中土有蓬萊窈靄洞天裡神仙日往來

絕頂為尺五天里人周紹熹題曰大千世界 周紹熹詩直上最高處乾坤一覽中大千何世界縹緲白雲空

里人周瓚書壽山字刻于靈鷲之巔後享壽百歲似預為之兆 周瓚詩高山凌漢表四睇白雲低敬祝萬年壽悠々山與齊

靈鷲岩南有鷲嶺鑿石為磴攀蘿而登嶺畔險壁處累石作小塔云係僧無

比牧牛時所戲成迄今礧磈蹤石尤羊角終不仆顏廷榘詩岧嶢鷲嶺鑿何年灌木陰陰泣杜鵑險壁忽思王子鶴春糧不挂阮宣錢寒生祖褐来天外翠着盤輿過雨前載酒喜逢吳季子夜獻長劍醒龍眠岩西有魁星洞峭石中虛傍有雲路前一竪石如筆巔一方石如斗岩東有說法臺石平如砥坐可數百人萬曆庚戌夏邑紳張士賓建亭顏曰半閒張士賓句千峯到客雲双袖半榻談僧月一亭又詩層臺古洞穿峰出石面璘珣掃自題碧落依人多氣色山花愛客逐攀躋風流竿籟松杉近口返丹青岩岫低半榻亭頭閒寄傲上方莫莫喚天鷄歲貢朱光山詩亭結雲頭淨名浮可自禁生閒逢半日招隱入山深說法臺畔有點頭石張士賓詩

初登三乘域說法坐高臺石聚頭皆點心安劫已灰過拈花孤月冷蘿草一亭閒謾說千人石生公去不回

點頭石數步石上一巨踪長老云仙人跡一在獅子岩前一在此相去五十里許林檳詩飛舄曾遊海上山留連遺跡在人間當時誤採長生藥一入壺中去不還

靈鷲山上為耆闍崛玄珠石巔有仙棋枰一局隱隱雲封棋子尚存三四淡紫色東有化身臺從山春逶迤過石刻只有天關石洞二上曰齊雲下曰摩雲洞如奇龕可坐數人南為振衣岡顏廷榘詩有客問崚嶒憑虛下復升踏梯雲一逕摩洞石千層珠樹渾如棗玉樓半是冰馳遊歸路晚作伴喜逢僧張上賓詩怪石劈層空摩雲

絶壁東虬枝蒼蘚匝烏礎夕陽蒙鑿洞盤方外飡霞坐鏡中萬林通一線拂袖翠微籠　賴孃詩

怪石聾雲出洞門接漢開霜枝封蘚古幽勝即蓬萊　庠生林梆詩

更訪名山上翠微摩雲高磴展难移璚枝壓徑千秋樹圭石當門百仭扉人在天中紅日近眼看木杪　摩雲洞綠波飛泠然一肅寒風爽迷却洞門何處歸

前隮一峭石題曰面壁旁有石梯下抵蓮花峰　李喬霖詩蒼蒼石抱藤藤雲抛練憶我達祖師對却十年面

九仙諸峰峭壁入漢涓泉百道沸成龍池冬夏清流常注半幔以石壁半窟突莫測其底盡處累以亂石澄清不淺產異魚瘦若刀劍咸四脚性馴舊傳有大赤鯉見者為祥宋泉州守王梅溪禱雨

於此有應鑿祭崇隆進祝聖南池八大字紀之明萬曆間一村農利其魚私毒之日中雷雨交作如見異物亟遁去旁數樹皆唐宋時物稍東有龍吹亭里人周則森募建 顔廷榘詩九仙峰畔有龍池池水清深龍欲飛昨日洞門風霹靂今朝池上雨沾衣 李雲階詩池水深千尺孤峰挂百尋忽驚神物起風雨振空林 林煥詩仙山錦繡夥古刹蓮花跡龍為霖雨興搏雲天咫尺 李喬霖詩一泓開照膽倒浸月華低莫將龍護法風雨連宵迷 林檳詩朝來雷電暗蒼冥誰倒龍宮行雨瓶一自朝天龍去後至今潭水尚精靈 李日見詩石池千尺白雲光神物朝天霖雨颺日午香生禪味足蓮花應借作慈航 龍池左為仙峯岩宇基寬廣興廢不知年代

萬曆間重建国朝歲貢陳栻詩仙峯佳景即蓬萊岩谿峯頭絕點埃古樹亞枝盤鳥道天花落水湧蓮臺徵雲送雨前山度淡月邀僧入榻來飽我烟霞忘世味烹泉敲韻恣徘徊龍池右五峰簇峙如蓮花有蓮花岩舊址石大士石鏡石盆猶存復一峯為普陀岩為醉仙幕為望軍石明鏡臺其右為天宮戴雲列帳獅峯前芽奇勝可窮千里目林檟詩菡萏風凉一水清何年化作五峯呈披衣翫月同僧話嘯虎猿啼三兩報龍池南巨石高丈長倍之狀如墨魚題彼岸二字張士賓更曰石鯨林焌詩石舟侵水半珠樹覆石魚如何雲氣結水底有龍嘘龍池下有石洞大小九處大者容數

榻小者蹲數人水從洞底出曰九十九空洞明嘉靖庚辛鄉人多避兵于此九仙洞前怪石嶔嵌人跡不到處一澗如瀑布古志云九仙南有泉觳淙々若自雲間来久晴鳴則雨久雨鳴則晴亦名靈龜潺

張士賓九仙山十二景詩

靈鷲奇花 世尊當日一花拈散落瑤琼泊岫岩朶々香風天外臭芳姿更向月中織

永安翠竹 澗環萬竹翠交加般若臺高轉法華夜半岩頭風雨作化龍疑是葛洪家

高臺說法 當年說法有高臺聚石纍々劫已灰偶向亭頭聽半偈散花天女雨中来

層洞摩雲 石澗嶽岙雲路作登洞龜接青霄伸手摩雲五色飩此去蓬萊應不遠虹霓漫借作長橋

魁星彩筆

通斗杓高出萬峰中洞前彩筆驕如許花放春三映日紅

彌勒禪門

玲瓏古洞秘青霞指點蒼山木石睒繡佛何年留面目白雲繚繞作袈裟

龍池霖雨

雲樹高懸百仞臺中含滄浡石池開蟠龍時或朝天去却念蒼生帶雨回

石井甘泉

老僧杖錫夜歸遲曉起磷匕一勺漪莫是山深來虎爬清漣千古照鬚眉

寶林織翠

給孤買地布黃金到處盡將寶作林翠織晴雲迷去住山花片匕着羅衾

夕照迴光

新築迴塘弄晚漪晴雲如練鏡中披浮光返映維摩室始信獼猴鑿有池

蓮峰月色

崔嵬五出染晴霞人道峰如菡萏花可是太華分十丈月明猶鶴唳天涯

松逕風濤

白日松風韻野濤虬枝壓徑出平皋摳衣歎覓知音者弘景當年興自高

朱光山九仙十二景詩

靈鷲

靈鷲有奇花氷姿泥不染方塘向午開碧若梅花點

永安

尋山登覺

路窮窕異塵寰人與白雲淨禪如翠竹閒

說法 僧向蓮臺坐曇花傍雪飛聽玄心自了頭點石依依

摩雲 層洞累石闢片片摩雲白有時跨鶴來山人應咫尺

魁星 危石壁奎懸晴霞遠洞口璀璨天北方此然若魁斗

彌勒 洞門奇可探烟霞晴一眺繡佛耳中報風前猿鶴嘯

龍池 天光含碧扉石竇深何底風雨有時來神龍驚且起

石井 津從石髓生一酌甘如許應是玉壺冰堪清六月暑

寶林 眺望歷晴山琼枝羅萬丈徘徊林日中蒼翠着衣上

夕池 澗水涓涓出鬱塘一鑑空萬山迴照入倒影碧岩中

蓮峰 地曠諸天合崖巍矗五峰夜深山月出朵朵列芙容

松逕 奇松日鬱蒼盤逕清陰亂吹萬起濤声琅璈来耳畔

龍湖在新化里太湖山四面崔嵬旁羅列十二峰山頂凹

處似船宋紹定庚寅僧自超夢異人導至此山因建寺居焉寺前一湖瑩碧如鏡亦名青草湖嘗產青蓮花明里人張崑詩五百神仙擁此峯黃金削出宝芙容祇園昔日明霞布福地今朝紫霧封古樹栖戟聽法鳥春池夢覺護禪龍毫光遠向雲間度曉色先開半夜鐘微笑當年法眼開龍湖祖意自西來花前香色依然在座上主机不用猜水演真源分復合田多妙果種還培雲閑遠掛天邊月芴地今知鏡有臺湖外稍下處有卓泉水從石間流注點滴如珠春不盈冬不竭一名碧水池俗傳僧自超開鑿水源伐石作筧綠嶺而上欲令倒流入寺今石蹟猶存顏廷槼詩高崖有碧泉林容覺境闊住僧相導引扶

攜乃能至苔濕怯石滑藤交冠屨縶俯見水澄瑩不盈亦不匱一酌心自清久坐神亦悸過此不敢留還步猶恐躓支木忽超越回首弥玄邈傳言有神通此事亦云異總在天地間真源偶相值探幽復憑高至理斯可契

李雲階詩尋幽到卓泉共坐水之滸泉從石罅來滴滴細如縷四序任推移不盈亦不窶自是有神功疊雲潤厥土潤草晴逗香叢林陰嘯虎杳靄亞枝垂蒼苔封石古興至好呼盧不用作傴僂醉卧羽衣傍翩翩孤鶴舞歸路入禅林扣關問六祖　張崑詩萬仞峰頭妙竅通真源點點出空中天河水向雲間落石乳香從色外融谷口霏微常帶雨湖邊清冷自生風傳言一勺多靈變隐鉢龍歸應有宮

湖西普陀山上有化臺僧自超坐化處　國朝庠生賴寧遠詩扳躋直上最高峯俯瞰平湖烟水濃七九丹成雲滿塔化臺是處悟玄蹤

石壺在清泰里石牛山上晨起登山畢景始到由陟雲亭入林而西逶迤千仞爲天台嶺上有分水洋水東西流東往泉州西往興化黄憲文詩巍上一嶺與天齊極頂分流濬兩溪竹裡人經千尺磴道傍石可萬言題林深鳥語同猿嘯谷暗蟬音似豹啼揪葛扳蘿三五里回頭已覺夕陽西毛一夔詩後上依前上長林莫辨天人心皆出世山意盡成仙倚磴咸稱極問岩尚隔巔霞光懸木杪恍在赤城邊入壺平地數畝一院居中毛一夔詩這座靈岩結構陰上方猶隔白雲深春秋還就花情問朝暮門開山影侵五夜龍光存劍氣千年佛子悟雷音歇森松石無窮理須抱層峦不世心院前有池産四脚魚午時蓮院後直上怪石猙獰作鐘鼓龍鳳鳥

蛇之狀當路巨石磴谺堞疊如闕如竇者三各深二十餘丈委宛蒼涼鑄處曦陽斜照間有字跡剝蝕難辨爲一天門毛一夔詩片石嶙岩起通幽一竇先填雲何室戶撥遲始開天我謂奇無比僧云寔未然登山初展眼見此即稱之二天門毛一夔詩又轉一幽奇比前較勝之龍蛇多暗走日月罕明窺稍出天仍大重看路更疑白雲尋不見諒有別心期三天門毛一夔詩探奇已至再此益費躋踏石盡歸之象門真透大廬以幽能致曲有漏不同初三復留題後壺天咫尺餘上即石壺洞頂址全石如牛頭中可容數十人康熙間洞門震壓未鑿毛一夔詩壺頭古洞濟生秋蕪草寒花不自由施鳥思僧仍下石孤雲戀客復經邱遥鐘頻送室山晚楚樹徒私曲遲幽想得

真人心亦老黃
蛇胆氣性中収
洞底有穴深杳傍穴積沙中常見男女大小趾踵跡遊人以手滅之頃而復見葢山魈所出入也洞頂望見興泉二郡雞鳴時可觀海日

毛一夔詩天雞逕報扶桑曉五色烟霞盡東繞兩儀漸判陰陽開渾沌諒同此時杳須叟現出金輪王一顆晶明滄海表鉤精浴魄不易高歘起未起耐瞻眺洞口豁然真可吞如何不教天地小義和叱馭挺三竿擡頭如掛石壺杪萬木共栖赤身烏千林頸醒黃粱烏岩麓鐘磬啓晨經長嘯孫登下山了

黃守仁詩適興登絕頂壺光快壯遊三門陰霧鎖片石晚雲留風動天香靄雞鳴海日浮梵堂鐘數點敲徹萬峯秋

洞北別開一洞上下両石深廣二丈許中虛一竅窺見蒼光而兩黙不能入

上石如蓮花形旁有指動石以手撼之不動以指點之則揺稍過為龍藏有風出小口傴僂可入約寸餘丈盡處一池深黒石壁斜倚有大士影宛如刻畫由洞而上為演法臺道人張自観鬥魁處也石壁峭削千仭頭髮尻脛鞭劍之迹各入石寸許轆轉數十處足趾入石半其踵遊人跣足縁石以登壁間作石級數十為梯又有石罅深不見底當超而過之非神全者莫敢往矣 毛一夔詩

何許衆山讓特立璠璵削起揷天入龍蛇走跡斕如泥来去烟霞不一集双眼抉開萬里青層巒踏作九霄級

身世歷危那可持飛薦鷲擧翌自戢有時長風發肅声
咸云岩下山鬼泣真人馭鶴久未帰古洞空遺金粟粒
根衣秋氣不勝多
落木黃啼催更急

達頂有天成石塚有洗劍泉一泓水

常赤　毛一夔詩稜稜千古瀆山月薄帶霜威悚人髮紫
氣縱帰牛斗間銅花漏出寒流滑　黃遂權詩神
蹤留異在雲端携手攀跻共説難山染秋光如點黛人
樓雲杪歆生翰朱曦浴海扶輪上青女流膏洗劍寒此
處離天疑尺五望
中風景托和盤

對峙一峰嶮岩峻絕遊蹤難到極巔

有劍插石上可摇不可拔　毛一夔詩虎氣半消龍精沒
苔痕帶露裂山骨真人三尺
掛碧天萬丈光芒猶恍惚　黃憲文詩紆廻山徑即天
台古洞幽深片石開樹老千年時帶雪風嘘萬壑歆成
雷藤橋有路通牛首寶劍當空挿法臺
極目海隅縹緲處五雲登捧太陽来

端午泉在五華山唐僧無晦穴井深數十丈得泉指語人曰斯井千年逢端午日則水溢吾化後以斯為証至今五月朔泉漸生五日盈坎寺僧挹注以辦千人齋翼日復故

羊棡苻在湯嶺社石壁峻削數百仞上一石盤端平舊傳宋時有僧黃姓者坐化於此

白牛苻在南埕社水口懸崖之下相傳尤溪道人章姓者常乘白牛到處驅疫因跌逝於此

星山洞在虎賁山俯臨絶壑千仞洞內有餘炭蓋昔人鍊汞處

將軍石在上林社儒山三溙鄉溪壑間挺立數十丈大可二十圍形體猙獰如介冑 李宸鑑詩石勢崚嶒號冠軍千年壁立獨超羣剛腸不避風雷撼鐵幹從教苔蘚紛銀甲秋霜添素鎧戰袍春雨洗塵氛憑虛屹鎮江山老自有聲名不紀勲 庠生謝祈出詩為有東流柱一擎儒山千古壯干城雲根碪碍留威猛鐵幹嵯峨想甲兵古石嶂迴維地脉將軍名號自天生巍巍介冑揚波立點檢蒼松作柳營

大士石在桂林鄉片石突兀高廣十丈許半壁一穴如龕

有石佛像三居中者類大士里人搆亭其下　歲貢賴銓詩普陀名勝世稱奇此石巍然恍似之豈藉六鰲山駕至猶疑一文西飛移何年古佛超塵外不數行人逸興遲別有洞天無限趣詩成回首月明時　廩生賴育茹詩一室天然出鬼工現身疑在水晶宮慈悲漫道心如石世界全憑指點中

金魚石在桂林鄉西南溪中長四丈許高三之一廣二之一其色赤每波濤洶湧勢如浮動　賴銓詩天然片石砥中流宛象滄溟錦鯉遊日浴鱗涵金疊麗風吹浪鼓玉鳴休千年隱見占潛躍一水縈洄鎖去留多少行人頻眺望應疑養就赤龍浮　廩生林超鳳詩誰家綴石鎖漸流却鑄巨鱗擁上遊夾岸暴鬐同在藻渾身金質自凝休日覩燒尾微消

息春至聞雷決去蹈自此乘風騰萬里不教魚服逐波浮　廩生凃廷觀詩小澗鱗鱗一石魚銜流潑刺却隨渠桂林可是天池否水擊三千任所如

塔

躋霄塔在南關外邑治之東南明天啓間署知縣泉州通判閩人宗望倡建知縣林大儁經始桂振宇落成并建春臺於其下邑人為立三賢祠順治四年燬於寇　明大學士晉江蔣德璟記　朗寧林侯涖德之三年而鳳翥東始有躋霄塔云夫塔佛之所謂窣堵波也稱躋霄者右儒也古嘗有西南兩塔迹稱始者湮久復興故美而始之也志稱龍角鳳光而嚳髭繹之曰水流丁羅簪纓以是

侯首建塔次濟溪特書塔者塔重也侯捐俸百四十鎰百為塔四十為溪而塔力鉅仍募三百助之若溪則塔之餘力塔落成署諭孝廉王君帥諸生謁璟碑之按嘉靖中邑有緒侯建鶯雲亭於龍潯峯巔、王道思先生紀其勝以地靈為人材之幹而璟家大人令江山時嘗築九清鹿溪工梁及建牙海北亦有起秀塔之役其意與林侯合然竊以為人材者士之所自砥山何權焉天有所域人自靡然而受之其間欲以意與之衡又不能移山走水奪留陋而聳以菁華則其勢不得不拱而望之有司有司之權行而山川之權遂輕然而非真猶吏視其子弟若吾堦芝蘭視其山與川若吾几筵間物而必為桐鄉樹千百年不朽之舉則亦相與晏然坐而聽之而巳吾郡文獻甲四海獨德化居萬山中自丁國卿以秉銓顯鄭計部以清新著他如李郡丞諸右姓人文彬彬鵲起議者謂於方值巽宜筆峯若戴雲五華繡屏之秀可攬也若夫丁溪者故脉自在於宋時一夜雷雨篆溪為丁莊復混塑而若定待侯而辨侯乃身肩之不頫公私決歲而告成今試梯鳳翥之巔而望蹬藍如練一縱一橫者溪也蜿蜒屬於塔之麓者雲龍橋也與浮圖巋然相峙如龍之變頭角而出者觸雲亭也寶鐸鳴風水雲萬頃若唐人所詠鴈塔曲江爲一品白衫題名宴櫻之處而遠近之色交以其秀環而映者九仙諸名山也於戲其不偉與史所稱如辰陽長宋均蒲亭長仇覽率以興起黌序爲務而召父在南陽行視水泉開通溝瀆起水門堤淤各數十處林侯有漢循吏風也邦侯潔修𤀹然出塵家世令譜稱廉能而長公光第讀書署中帰而發解得作興之報良多余且拭目人士之繼起也塔始于癸亥七月竣于甲子五月高八十餘尺周倍之凡五級翼以扶栏中層爲堂容數十榻查盤萧司李祈公彪佳嘗登覽之甫告成而元式賴君聯登两榜儘爲莊塔之徵應云

南塔在程田寺高數丈凡五級夜常放光後傾頹得辟支佛骨㻏牙舍利於塔頂乃改建於佛殿之東增為七級高七尋仍以牙骨藏之其光不絕今廢古讖云東塔圍西塔圍德化出狀元

西塔在登高山頂塔下有亭今廢宋縣尉孫應鳳詩憶昨慈恩登絕頂今朝眼界更分明飛簷高瀉銀河水隔岸遥傳寶鐸声翥鳳呈輝看歆下渴龍露角望尤勍淩風好向蓬萊去一片香雲繞足生

上湧雙塔在東西里上湧鄉舊屬尤溪縣偽閩割屬德化

環鄉皆山中有平田十里許初有謠云行到尤溪上溯鄉東西立塔足財糧三百年中稱德化西北定架狀元坊邑人徐子陵因倡建二塔扁曰魁星應謠語也明宮講李桂高詩一水中流分兩塔朋山直上第三層台星到處魁星現富貴相期梁與會

龍潭

石山龍潭在縣西十里溪水流入山下二里許潭面甚隘道晦不可行惟近潭淺地遇日斜照則見其極深窈嘗因旱水禱漁人至山下見巨魚千百為群黑龍殿後遂

驚遁相傳無敢入

左溪龍潭在梅中里雙澗滙流岩山間有上中下三函如竇三泓如甕函水各入泓上函獨長夾以石壁高數十仞其甕竇水殼如洪鐘遇陰晦龍或出焉上有龍王廟宋泉州守真公德秀嘗禱雨於此

大烽嶺龍潭在縣南十里澗流極深相傳有龍旱時每于此祈雨

黯坑龍潭在縣北金鷄山甕谷中石澗懸瀉有大龍湫小

龍湫數潭相承皆深不可測峭壁夾之杳冥晝曀人蹤罕到大旱祈雨於此

赤腳龍潭在香林寺前宋僧了他竅于潭上石盤水深莫測龍神甚靈鄉人禱雨輒應邑紳林汪遠林模嘗放生于此舊傳有漁人没水見双赤鯉尾大如扉林汪遠詩神鯉今何在于今料化龍但看鱗與爪盡作嶺頭松

論曰德化岩壑幽異雲蒸霞蔚中奇蹟嶙峋而起境則别有天地詩亦思入風雲披閱之下引人入勝矣至若

王龜齡之刻石龍池真西山之禱雨左溪其尤足發懷古之幽情也歟

德化縣志卷之十六終

德化縣志卷之十七

五行志

水　火　木　金　土

五行生尅不循其常則隨所屬而機先見詩書所載春秋所紀災祥之應歷歷不爽有則必書以志異也邑自雷雨晝丁祥固著焉而水旱災祲之警亦復不少前事不忘勤恤民隱者寧視等齊諧哉志五行

水

明洪武三十一年縣前溪水漲民廬蕩圮

嘉靖四十三年五月十九夜暴雨黎明縣前水深丈餘衝激之勢若雷民居漂流過半東城崩壞　四十四年十一月初四日寒甚雨木冰　四十五年正月十六日大雨雹　七月初十日午刻雲暗如昏大風雨冰雹似彈平地盈尺四山盡白須臾而消

萬曆二十五年大水壞雲龍橋橋上溺死者數十人廬舍民畜漂没不可勝計　四十一年大水復壞雲龍橋民廬物畜漂溺甚多

崇禎十五年雨水如血以甕承屋溜皆紅亦有一屋之溜左白而右紅者以盂承空中亦紅白不等

國朝順治十三年正月十五日大雨雪平地五尺許

康熙十五年四月十六日雨巳刻溪水暴漲入城瞬息淹屋白浪滔天邑城自西至東樓垣廬舍盡湮為壑男女遭溺什存一二滔溪百里民畜田廬漂沒殆盡水退兩涯死屍枕藉四山崩裂水湧如泉半月始涸時海寇據邑李道泰詩山城高臨溪暴漲毋及趾不謂丙辰夏兵殘更厄水蛟螭鬭郭門狂奔如發矢一半入浩

波哀如去荻蟻父見子狂呼夫者婦沉委亦復戴屋行男女在床第悲哉波退後沉沙或露骸招魂同一報投祭並日紀更有全家浮誰泛一陌紙頗有望洋嘆報施未盡旻豈知冥漠中從無浪生死城東版築興取石吾階陀壓此流亡餘何須念故壘細問故鄉人人城俱非矣沙石積官道總無舊日市百憂生數逢厭亂何時已

五十九年正月大雪平地四尺許　六十年五月小銘社雨水赤着物如染

雍正七年正月大雨雪　十三年正月大雪林木盡氷

火

明嘉靖四十五年秋冬大旱無禾

國朝雍正四年八月南關塔岸民居火延燒數十家

乾隆七年二月彗星見于牛分　三月不雨至于五月

野多石田次年米貴　九年正月彗星見于室壁之分

木

明嘉靖四十一年田鼠大作一畝之田多至數千春食秧

冬食穀畦畔皆鼠道草為不生次年米貴人多饑死

崇禎九年縣署後垣有大楓合數抱枯已數年忽生枝

葉論者以為邑令姚暹愛民之祥

國朝順治十七年縣東沙堤齋池生五色祥荷明年李道泰登第

康熙四年饑邑民往戴雲山掘取土芮食之賴以全活土芮葉圓藤紫寔似芋　十九年春米斗銀六錢冬有年　二十八年禾一莖兩穗或三四穗縣廨中植蘭葉中挺蕣開花並蒂西園落酥一蒂四寔知縣范正輅繪圖紀瑞　陳應奎詩亭毒鼓太和仁風噓萬類大化契天心植物解其意綠野蔚垂雲黃金瀰平地忽爾見西疇同莖生數穗有似一乳中伯仲相次第貫珠佩瓔珞交鬟復舒臂合穎未為多而岐豈足異況以幽谷姿欽德歆清粹双蝶

翅廻翔兩亂尾相比居然紉佩闓挺爲王者瑞落蘂紫

離離駢合似列駟元芭羅陰陽四象自位置夫子治園

蔬澹泊以明志隱寓造物功栽培同所蒔伊昔中牟宰

報政稱三異較此孰爲優前後寔殊致　聖世協休徵

禎祥在撫字入告繪

斯圖青史留盛事　三十五年大饑明年又饑知縣

嚴居敬煑粥以賑　五十九年六月程田寺池生瑞蓮

雍正三年五月石傑社隆斗池生瑞蓮

乾隆五年閏六月南埕社植香齋池生瑞蓮

九年四月知縣魯鼎梅種蓮於縣學泮池逾月瑞蓮生

明年王必昌登第

金

明洪武二十年黑虎爲災羣虎四出白晝噬人於牖下或夜闖室盡噬緣是死亡轉徙相續户口耗田野荒

國朝康熙二十年附郭在坊新化等里虎白晝四出闖人殻隨至不匝月吞噬百餘人下寮鄉民盧荣思等伏銃殺一虎頭似馬項上赤鬣両垂後左脚獨小是冬又有虎在梅上梅中等里噬人甚多至二十二年害始息

土

明正德十二年地生白毛石鏄木柯皆有之一夜長二三寸或四五寸兩閱月乃沒

論曰先民有言善言人者必有驗於天盖和氣致祥乖氣致異往往然也堯水湯旱雖雉雊桑盛世所有豈皆嘉瑞而妖不勝德禳却何神歎古稱子産當國鄭不復火平仲相齊彗為退舍中牟螟不入境九江虎皆渡河則修德弭災又不僅廟堂宜然矣

德化縣志卷之十七終

德化縣志卷之十八

摭佚志

一時聞見千秋之耳目繫焉苟有所佚則悉登之亦多見而識之意也德化紀載兵燹幾經不無掛漏訪諸故老採之殘編有足生人遐想者未可聽其若滅若沒也爰拾其遺彙爲一帙以補前集之未逮志摭佚

德化縣令宋時有題名記紹興十九年知縣事林及記劉文敏以下四十四人淳熙九年重立知縣事吳一鳴記

林及以下三十八人自後歷元及明闕不立故歷官年月多無考

宋東西團蔣氏所居門外有異木大十四五圍葉有稜刺莫知其名百鳥不敢栖

茅岐社夏碧村昔有農夫耕于野婦饁之飯有沙怒欲毆婦值張道人過之為勸止曰吾為若去沙一頓足而地震曰沙去矣今環村五里許無沙

宋時有道人遊普光寺戲畫山水于壁間波濤洶湧如真

尋失道人所在

清泰里承澤鄉美山前有巨石高數丈形如龜宋淳熙間鳴三日夜黃龜朋生慶元間鳴黃奎登第嘉泰初復鳴龜朋登第

宋時湯泉下團寶藏寺有洪鐘聲聞數里外先是牧者繫牛其地忽有一人追之須臾不見後掘地得鐘乃建寺以寶藏名今廢宋縣尉孫應鳳詩枕畔鍧然寶藏鐘声從何處入高墉蜀顧衰臂今如許喚起

穹廬一

卧龍

三淤溪右乱石壘積相傳昔有洞穴為魍魎所居元至正閒道人吳濟川書符遣其五男曰凱陽者往鎮之凱陽持符入洞須臾雷雨大作山崩石墜洞口壓塞凱陽死焉今呼其地為鬼硿

明嘉靖癸亥知縣張大綱偕永春顏廷榘惠安黃克晦往遊戴雲夜二鼓方至顏詩云傳呼林外火来度嶺頭天黃詩云鳥移驚樹火僧度過橋人詰旦欲登其巔適山作雨意不果寺西山上有石塚巋然僧云佛塚也寺前

後田皆僧自畊張詩云佛寂空留塚僧貧已種田黃素以丹青名復畫須菩提達摩折蘆渡江於壁而去
瓊山上有石堂石灶石鼎相傳秦漢時隱士居此鍊液養形仙去後人建祠祀之號道德仙立石碣大書秦漢隱君子明嘉靖間里人李繁艱於嗣往禱之夢與隱君子會衣帶上書云泰階平旋得男因名雲階字膺平號泰堂萬曆丁酉順天中式任吉安同知九攝邑篆皆著聲績
國朝歲貢李獻馥詩誰來結屋碧雲間秦漢遺蹤邈莫攀高士報名三尺碣幽人風味幾叢蘭相傳有

字酌清夔不盡逢仙醒世頑歎解當年嵎隐故苔青石跡任斑斑

龍潯山上有斷碑一片字畫端整葢萬曆閒署知縣德政記也文缺不可讀録其存者以俻好古之賞識云

延徃思曩者之一日而詠歌以志不忘甘棠之詠曰化入人久而愈思至詠其廬井草舍憩息之處而愛化鉄以永兼署德化德化之民喜曰吾真父母也巳政不能更僕其最異者愛民禮士鋤強扶弱租稅之曰是角而翼也亟除去之惡少恣睢誣譎曰是莠而

霜律躬而以痌瘝視赤子以躬脩為倡導而以蒲鞭以異南國之詠甘棠也侯治永春大有賢報而攝南州太守德化蒼編攀留不能得以吾年伯父鄭封君能一日離侯也心碑心史是宜永思侯之德也侯諱

新化里龍湖寺舊有洪鐘每撞擊聲聞邑治明季時知縣某命移于龍潯山之醒龍樓舁至中途寺僧追及以指彈之三初彈鏗然再彈啞三彈無聲矣既至多方敲擊竟不鳴　國朝康熙間鐘猶存

湧溪下流東固坂沙際有古鐘一枚圓徑尺高二尺不知何代物鏄裂爲三旁落一小片如掌取而合之洪水蕩決終不去

湯泉里桂林鄉有古樹幹似椿葉似松圍丈高十餘尋冬夏長青相傳昔有詹姓者嘗爲通判自外省携歸植於祠宇之旁後以其祠爲英顯廟樹今存　廪生賴麟丹詩　扶踈老幹緑紛披来自京華夙擅奇楚國寘靈應伯仲青州松栢想倫夷長留蔽芾垂千載未許鳩鵲借一枝種樹愚公今已遠臨風俯仰有餘思　涂廷觀詩　鬛鬖樹色着烟斜誰識當年培植家好是燕山凝雨露直將雲氣結丹花

新化里小尤鄉有大樟圍七丈許年豐則枝葉茂秀荒則枯落因名卜年樹

石傑社泗州溪邊山上蹲一巨石稍下土中産小石其大如豆四方端砥平正類削成紫黑色掬取不竭雨後尤多

國初時邑西关外泮嶺有紫花藤抱老桐而上大可十圍離奇拗曲如蛇盤龍伸花從樹杪紛披至地盖數百年物也後桐仆藤被斧進士李道泰詩綠茵何處不平鋪踏遍西郊倚樹趺百丈流酥爭拂

地春風更布錦氍毹　孤藤托生胡道中千年紫花被
枯桐桐枯厄為百斧攻弥天紫帳失穹窿三月花開曾
相憶坐藉落花貪花食停杯花前頻太息惆悵連抱移
不得秖今惟有老根存蜿蜒無力虬龍奔人命草菅此
足言笑我對樹空撫捫移根峄山伴松樹洗盡塵
華絶悪趣離支今同煙霞痼有時流花隨瀑布

康熙丙辰四月初城内居民聞城隍廟中嘈嚷吆喝若唱
名查點八夜深時報更徹越十六日大雨巳刻溪水暴
漲洶滾淹城市沿溪一帶百里民畜漂溺以數萬計上
市有民家女某氏適縣東磨石村莊姓為婦值歸寧四
月十五夜憂黑面巨人持長竿驅其兄妹赴水氏呼號

巨人掌其嘴驚寤痛不可忍質明益甚乃冒雨步歸夫家至半途而毋家闔室漂溺矣

康熙丁卯福州府有庠士某者夜夢鼓樂導解元扁入其家秋闈屆意頗自負乃不以屋賃人應試邑士蕭弘樑徃求資詢係小縣學輒輕之賃以偏房及榜發蕭果得元

乾隆十年乙丑夏村民羅某夫婦忤逆其母憤出求食至甲頭鄉連家留之纔越數日雷入羅某室中狀如炬其

殼鳴鳴羅夫婦驚怖哀哭悔罪雷乃騰起因亟尋其母跡至漣家母責之曰汝聽婦言母子恩絕羅伏地自叙雷警哭〻歸

論曰吉光片羽文豹一斑人不以少而置之盖有可觀者在也德邑佚事微矣而闕〻見見傳之不泯匪誣也頊文莊嘗謂幽蹤遺蹟尤當搜録即蠹簡斷編亦殘珪碎璧視之此摭佚所由志歟

德化縣志卷之十八終

［乾隆］德化縣續志稿

（清）蔣履修，楊奇膺續修，（清）江雲霆纂

光緒八年（一八八二年）補刻本

［乾隆］《德化縣續志稿》提要

［乾隆］《德化縣續志稿》於乾隆五十一年（一七八六年）由時任知縣蔣履初修，乾隆五十五年時任知縣楊奇膺續修、江雲霆纂。此志不分卷，分十四紀約三千字，於乾隆五十七年刊，中國國家圖書館、北京圖書館、南京圖書館、南京大學圖書館藏有該刊本。光緒八年（一八八二年），時任知縣管辰熙增輯《秩官》一門後補刊，天津圖書館、上海圖書館藏有該補刊本。

蔣履，浙江臨海舉人，乾隆五十一年（一七八六年）任德化知縣。楊奇膺，湖南善化舉人，乾隆五十二年及五十四年兩次任德化知縣。江雲霆，字載賡，號畏庵，乾隆三十年福建泰寧舉人，乾隆四十八年任德化訓導。

德化縣續志稿

續縣志稿引

古無文稿之名至太史公屈平列傳始曰屬草稿未定又漢書孔光傳註曰輒削壞其稿然則稿者皆未成之編也德邑舊有志矣茲何以有稿蓋自丙午歲前刺史　鄭公修州志德

為州屬徵稿於邑蔣侯侯屬予偕邑
人士弦舊志以來四十餘年所未備
者以報此稿之所由來也今州志既
登梓而縣志未續成書適予將赴
部銓念昔采摭兼討自城池至藝文
凡若干門類聚部居條理畢具設久

而散佚不惟予心有未釋亦邑之文
獻攸關也夫匠氏治宮必度几筵鳧
氏鑄鐘必定匡廓浚有作者何必外
是爰先付梓以為他日之篳路藍縷
焉則亦予定稿之苦衷也已
乾隆五十七年歲次壬子端陽泰寧

江雲霆畏菴氏題程龍潯學舍

跋

志有體裁義無關畧如星野疆域山川土田一切要務皆宜備於卷端而此置之不編者以前人既有成書燦然可考也葢自丁卯脩志至今遭際　太平之盛封疆井里安堵如常雖有作者無所庸其損益惟是橋梁道路有廢即有興祀宇講堂有因

亦有創暨夫官師臨蒞而宦績可風科目蟬聯而治行出色山林逸士秉懿好以善其身巾幗弱姿具貞操以完其節此其事有合乎時地之宜而其人有關於風教之大是不可不筆之於書以為將來考鏡向者　刺史鄭雪蕉公有事於州志檄續德邑舊志書　畏菴江老夫子偕同人輯此

十數條以應區分門類不贅引言案而不斷示非既成之書也今州志告藏矣此稿鐫附於舊縣志之後顏曰續稿俾不至事隨年往人逐代湮後有秉筆君子藉此權輿可無庸於四十餘年中苦費蒐羅也已

門生賴余濟
李濬謹識

續志姓氏

檄續　前永春州知州鄭一崧

掌續　德化縣知縣楊奇膺

前德化知縣蔣　履

叅閱　德化學教諭吳維新

編次　教諭銜管德化學訓導事江雲霆

分纂 邑舉人徐天球

歲貢許登俊

廩生李濬

陳芳林

生員陳志蔬

校正 拔貢州同鄧金文

生員賴余濟

目録

城池紀

邑城狹而長南臨一面逼溪自西徂東滙水循墻而下盆以丁溪滙中流並無尺地之餘可以捍護故春夏水漲城輒崩塌地勢使之然也自乾隆十年知縣曾鼎梅繕葺後閱四十餘載奉文飭修者歳有成規其易為力處當事隨時捐修亦不一而止至乾隆五十五年七月十七晝夜大雨溪流湧漲城中水深三尺城垣衝塌者丈以百計依山雉堞皆壞大費工程署縣楊鶴舉議脩未

果五十六年知縣楊奇膺捐俸興役修築幷東西南三
門敵樓年久傾頽重新整飭城、以完固

橋梁紀

龍津橋建於有宋歷元明於廢旋修乾隆丁丑陳天從等倡建舉人徐天球記邑治出西門數武有龍津橋往來孔道也宋熙寧中初造木橋至嘉定易以石址厥後旋圮旋復逮明宏治始造石橋上覆以亭謀久遠也

國朝康熙丙辰波臣肆虐址盡蕩民病徒涉三冬水涸時搭板往來春夏漲漫假小舟以渡利濟行人時費周章矣乾隆丁丑歲鵬都鄉監生陳天從倡復舊制和之者

武舉許應曜貢生連國罷監生郭文元黄爲範生員陳嵋權仲謀張天漆鄉賓張鵬珍里人林維泰吴章華林一圭一時附近諸姓俱踴躍捐貲助之橋長一十五丈四尺砌以五址址高二丈四尺厥面既成越已丑陳天從復徧募城鄉捐貲葢亭亭高一丈二尺長如橋上施黝堊旁列踈欄翼以寀板橋南葢一小祠北接市肆中置觀音大士龕簷牙高啄複道行空不惟便馳驅并可避風雨往来憇息寔便於斯經始落成閲數年共費圓

銀壹千陸百兩有奇贏餘置橋北鋪房一遛橋南田一畝歲入足供大士慶誕壬辰年天從復倡舉二十人積金交貸為後來修葺費橋自有宋以來廢興屢矣蠲役獨以接宏治而駕熙甯邑人士於是乎有功爰舉其事勒諸石

雲龍橋建自有宋其間廢興登載前志

國朝乾隆元年始造石橋二十七年依北二門址鎛縣尉章錫董修越十七載舊址又折裂橋面塌半乾隆四十

九年訓導江雲霆力請邑令王慕捐修復江雲霆記

聖主御極之元年德化縣城東拟拱橋仍舊名曰雲龍累六址於漣溪橫跨五門釃水溪皆沙石乃疊松木以襯址越二十七年木動址鏬且就坍亟撤而甃之費繁自有記又越十七載舊患復作依北二門兩址俱受其敝懲前毖後因循數載罔敢議修甲辰春余與同學諸子會講蕭湖教法諸子慨然欲見諸實事咸謂斯橋重有關於桑梓也因力請邑令王慕捐合邑隨約同志温子

雲從陳子元慈鄭子金斗郭子士俊蘇子璉葉子玉李子濬林子玫顏子亮采鄧子子浩連子澤國陳子夢甲王子清時張子大鵬許子暎登一十有五人相與圖度諮謀僉謂置址木上野水奔狂勢難久固乃名匠募工設法涸水置廠橋頭日夜趲功余亦朝晡莅焉畚水與石爭人與水爭難刻懈也維時天不雨者浹數辰鑿溪見底第一門得磐石與址埒大僅東北隅溜水處稍窪命匠加鑿三尺埶石版俾與各隅平復伐巨石長丈有

三尺者六壓其邊沿測量溪身石址入水較舊深六尺第二門一址亦加鑿三尺得磐石爲基視前更鞏固矣計費圜銀一千三百兩有奇始事於甲辰初冬訖功於國壽年三春望日集闔邑官紳耆庶爲之讌飲合樂以落之是役也用工甚夥爲費頗鉅樂輸者無德色趨事者無怠容余以課功獲厎於成亦一時盛逢也諸生請記其事遂命筆俾勒諸石

鳴鳳橋在縣城南門外因雉堞迫近難甃石故始建即用

木歷久相仍乾隆戊戌秋壞於洪水庚子知縣王紹曾募捐重建董事郭士俊陳望遠鄭金斗陳元慈按水涸節候而成之密板踈欄無殊昔日而鑿石植根加深數尺比前鞏固庚戌七月橋面又為水衝知縣楊奇膺命舊董鄭金斗郭士俊等募捐修復辛亥冬告成

福星橋在李山東西鄉乾隆十八年里人鄉賓陳南金妻童氏出囊積命子庠生元斌監生元徽董建石橋闔鄉勒石以誌

謝公橋在李山社蘇坂鄉明崇禎間謝倓啓裒重建因以名橋年久復圮架木以渡行人苦之鄉耆陳文瑩監生陳元徽處士陳元灒庠生周和玉等鳩工伐石依舊址重建旁翼以欄乾隆乙[illegible]逾冬告竣捐貲姓氏勒石處士元灒有記

山茶橋在曾坂社通延平要道乾隆十二年知縣魯鼎梅捐俸倡建壞於水乾隆廿九年貢生陳時夏捐貲用大木架梁鋪板上覆以亭雨可棲身暑可乘涼行人便之

延壽橋林中橋紹芳橋在上林社三際鄉乾隆廿九年徐姓族人建

塗坂橋在滙溪上流塗坂溪惠政橋故址上數步乾隆三十九年李族建

東漈橋在縣東十里乾隆已巳年李迪科募捐倡建

暗林口橋在上林社石址木欄上覆以屋乾隆四十七年林族重修

和樂橋在彭溪社陳洪璉建

支澗石橋在蕉溪鄉乾隆戊子年鵬都陳天從建

建置紀

公署

知縣署乾隆五十年六月獄屋燬知縣王紹曾捐建十二月署縣吉壽重建申明旌善二亭五十一年知縣蔣履重建大堂接水亭五十二年知縣楊奇膺重脩大堂并

後署

教諭署乾隆二十八年教諭劉松捐脩後圃陳天從捐建

訓導署乾隆十二年訓導鄒式程捐俸填地基前建大堂

後爲私宅四十二年訓導王廷珪捐俸重脩

典史署乾隆五十四年典史馬騰遠捐俸重脩

附社倉

一在高洋鄉　一在蓋竹鄉

一在樂陶鄉　一在螺坑鄉

一在南埕鄉　一在卓地鄉

一在桂林鄉　一在雙翰鄉

民賦紀

户口

乾隆五十一年實在民烟户八千四百九十八户土著流寓共八萬零六百六十二名口

實在屯烟户一千七百九十八户成丁男婦大小共一萬四千一百三十四名口

田賦詳載前志

屯糧折價改折徵銀詳載前志

本色田地共米三千一百零五石六斗五升一合四勺七秒乾隆十二年奉文改折一米兩穀完納二十五年永春知州杜昌丁詳歸在州完米二千一百九十一石二斗六升七合二勺七秒五撮就府完米九十四石三斗八升四合二勺就縣完米七百二十石

[illegible]一[illegible]銀詳載前志

學校紀

學宮自乾隆三年修後至二十七年教諭朱仕玠倡修三十二年教諭賴余撰重修四十三年洪水衝塌兩廡及明倫堂垣牆紳士捐修五十年教諭吳維新訓導江雲霆詳請率紳士大修至五十七年告成知縣楊奇膺記

山城方百里立之長以蒞之立之師以教之使其民秀者澤於文愿者力於穡循循然與豐國齒道將何在其在學校乎德化故歸德場也五代唐時始升爲縣考之

邑乘學宮之建蓋在縣治之東凡再遷始定今地修葺非一自乾隆戊午迄今五十餘載寖尋蕪矣歲丙午前署令吉公掾邑人士籲請始列狀白於大憲議修既允謀於司鐸吳江二先生設法勸輸鳩工庀材以吳先生年篤老遂屬江先生肩其任命紳士之公正勤事者董之作始未幾以經費弗充詘而止焉丁未余承乏蒞茲邑至則釋菜於

廟顧瞻題桷肅然蹙然退益謀於江先生曰國之大祀有

士庶人所不得與者凡以別等威也惟我
夫子之尊薄海內外成童以上莫不咸脩弟子之儀誠以
教民順也今薦裸之區鼛鼓既建作而復輟其於民之
視傚何江先生曰然禮有其舉之莫敢廢也邑雖無賸
維侯誠有意某敢中道憚勞於是愷告紳氓城鄉合欣
金無溢費匠無曠勤自堂徂墀達於外屏易蠹以堅飾
黝以赭飭俎及豆敬新
栗主美哉奐輪百廢俱興經始於乾隆五十一年至五十

七年夏將落成再鼎建泮橋一座通計費圓銀三千有奇其間擘畫之勞監視之勤心擔目營晨出酉入江先生於茲為勤而邑紳士之壹志并力趨事赴功均可嘉焉先是役鉅費徵需望遲久江先生又已奉部咨將調選去羣睍睽睽竊以未克潰成為慮而先生志蕆茲事毅然再振竟俾予得拭目而覩厥成可謂賢矣禮曰君子將營宮室宗廟為先廐庫為次居室為後學宮即邑之宗廟也魯閟宮之頌曰新廟奕奕奚斯所作余與江

先生即不敢居詩人之謂而泮林可集好音是懷邑多
士其亦勉之而已　訓導江雲霆紀略德邑學宫位西
北城外大洋山之陽始建於明萬歷元年重建於
國朝順治八年迄今百五十載堅者蝕而丹者黝豎者斜
而築者圮雖歷有葺修亦祇補罅漏翦草萊未嘗動大
工也乾隆癸卯余職鐸斯邑謁
先師周視堂廡見此風霜剝落之狀慨然欲修而未敢主
議至乙巳秋前刺史鄭公重修州學正殿徵調德庠捐

金勤事余奉檄集諸生於庭曰州學修未久又將接而新之彼能不遺餘力我輩毋乃汗顏諸生曰然當務為急則本地風光要也盍先自為修學計余曰能如是竟符吾志矣乃延董事者二十餘人呈請署令吉公申詳大憲允行謀經費即自董事始一日宴集彙題圓銀數百枚而權輿既備矣然後另為擴充計自是揭於宮墻曰督辦工程、兼司會計者爲某生員陳世雋溫雲從陳元慈監生陳元會鄭士俊鄭金斗購材於山監製於陶者爲某廩生蘇璉生員葉玉鄧子浩分路

下鄉齋簿勸捐者爲其舉人徐天球蘇文華貢生李聯
達廪生李濬生員連森徐肇熙
李惠連鄭金章鄭茹陳夔甲顏
朝宗許元生李夔珪徐桂中各以其職供事大興作
於丙午之春其時先導宮墻外水路砌石爲濠次圻卸
東西廡鼎新暨之次伐石版爲宮墻栅欄暨聖域賢關
再自櫺星門而戟門而兩廡上而　大成殿及露臺各
檐階皆以寬長石版平鋪湊密如是者二年迺撤正殿
屋瓦另建新領明倫堂各處並覆蓋之如是者又半年
規模粗就比從前疊修已十百其功矣然而捐資不能

應手董事亦疲於拮据如是者竟休役二年會邑侯楊公調署南平回任每展謁而惓惓其成余心頷之而未逮辛亥秋余奉部催應選慮其既去而工益弛皇皇然廹不及待謀於楊侯捐俸先新

栗主營造

神龕一舉手而董事復蹶然興樂於續捐者陳元會為之倡鄭士俊鄭金斗蘇璉鄧子浩李惠連葉玉陳世雋繼之益以新董事監生陳元標鄭士林生員王檢杜元登踴躍赴功以蕆為

助又得民人孫趐閭者一捐而再捐人益聞風慕義懷慨樂輸一時攻木攻金塼埴丹堊之類駢肩而集自八月趐至壬子夏將告成功矣爲有泮池無橋尚屬闕略旋名匠鼎建之學宫之整飭輝煌遂巍美通都大邑之制爲夫事之興廢可卜氣運之盛衰德邑百年來力役之煩需費之大無有逾於此者而鋭於作始亦勉於成終此可見人皆向道不靳物力以爲 聖賢光氣象迥不侔矣大振人文不於斯爲之兆歟余未能多捐清俸

僅効監督微勞愧未不敢不備述顛末並臚列董事諸
君子俾不闇沒數年之苦辛另以闔邑人士捐貲姓名
刻於碑亦爲䠶急公者勸是爲紀

學校

乾隆十八年福建巡撫刊發

孝經註解　小學纂註　近思錄集解　四禮初稿

大學衍義輯要　大學衍義補輯要　四禮翼

呂子節錄并補遺　養政遺規　教女遺規

訓俗遺規　從政遺規　在官法戒錄

乾隆廿二年福建布政使司刊發　三禮義疏

乾隆三十年新頒

御纂易經述義　詩經折中　春秋直解

乾隆三十三年新頒

御製文　詩初集　詩二集

乾隆五十年福建布政使司刊發

福建通志一部　福建續志一部

乾隆五十一年新頒

御題耕織圖　禮部則例

祭器

學宮祭器 銅雲雷尊一 銅象尊一 銅犧尊一 銅登一 銅鼎四 銅鉶四 銅爵二十一係康熙二十五年泉州府知府郝斌捐製流入交盤乾隆五十一年修學新置鼎爐一 賁鼓一 大鐘一 桂林鄉捐充

學田

乾隆五十一年知縣蔣履衡將王士燈之父王端與所買王開西民田土名竹林墓租貳百觔又民田土名山后門口租壹百觔充修

文廟公用其租每年撥壹百觔給禮生爲朔望勞費貳百觔交董事辦公竣工後存爲
先師聖誕香燭牲帛之具現佃王開西之子王文烋苗米六升每年交租給津貼糧錢壹百陸拾捌文

書院

圖南書院乾隆三十四年署縣事何發祥勸捐通報賞火銀一千零七十兩三錢一契買永春州傅鎬土名路尾壠等處田六畝二分四厘二毫收租二十五石契銀二百七十五兩一契買永春傅鎬田二十一畝二分四厘八毫收租八十五石契銀一百七十五兩一契買永春王協豐田十三畝五分四厘六毫收租四十二石九斗價銀三百兩零三錢土名共廿六所共載租一百五十

二石九斗零每石租秤五十觔折價錢三百一十文載糧銀三兩四錢五分八厘又邑民童際隆捐充民田坐落本邑李山杜土名東半嶺蘇坵二所年載租三百七十觔每百觔折價錢六百五十文載糧銀一錢四分五厘何發祥記德邑古龍潯地舊有書院建於龍潯山之初以龍潯名書院也固宜而名圖南者何别乎舊也曷為别乎舊爾前明嘉靖四年有龍潯書院之名矣其後漸寖廢僅存基址嗣是康熙二十八年縣尹范君乃就

其址而鼎建焉至乾隆九年邑侯魯公復恢而廓之而圖南之石始立鼎新也亦誌盛也魯公記之書舍枕龍潯挹鳳翥為地靈所鍾固宜人文蔚然而起豈其然乎戊子春余代庖茲土既脫驂遂就書舍而暫寓以其生徒少而齋次多故得借此以為公車駐宿地也予既感慨係之閱旬餘公務稍暇細訪舊制乃知從前師徒所資概未有出嗟乎盤生苜蓿料減雈猿師弟蕭然如此宏構何爰與廣文賴公席 公謀諸紳士共議勸捐首修

脯次廩餼於時閤邑諸人士頗踴躍觧囊樂捐者踵相接予甚嘉焉閱期年得番銀一千四百有奇共買得州中傅姓王姓膏田若干畝而邑中童際隆蕭子受亦願薄獻坵畝以襄盛事余即為詳明大憲立定章程俾斯田之不沒於豪强不碍於隅域而凡兹好善樂施之士亦共垂不朽焉經制粗定予亦及瓜顧念所置田租甚不足以鼓舞多士然由此漸充漸置恢而彌鴻將負笈而來者無數米鑿壁之艱行見翮健風高必有去 以六

月息者庶乎圖南之名之克副而范魯諸前輩殷奉作育之深心亦俱與相得益彰云是所望於後之君子者

獅峯書院在小銘社赤水格獅山之麓乾隆五十五年冬建訓導江雲霆記畧邑處萬山中其俗纖儉其人質樸治生之外無别經營惟道誼攸關維持風教有所當爲者羣起而爲之無分豐嗇不靳物力爲縣城中固有圖南書院也萃通邑人才培養於斯如百工居肆其心安焉不見異而遷焉然嘗按來學生童附近居多若西北

諸鄉則足音不聞於空谷以其距城自三四十里至百里而遥崇山峻嶺彳亍艱辛使之擔簦負笈以從師其裹足無怪也惟赤水格埛堂之地實西北交會之區以此建鄉塾則遠邇適中講學會文朝約而夕至而惜乎無十笏可基也歲庚戌孝廉劉君鵬霄蘇君文華得紫陽朱夫子塑像於赤水民舍謂故老相傳　文公當日自同安歸尤溪道經於此應立專祠以妥神諮於余為然否余謂　文公之靈如日月經天江河行地雖窮鄉

僻壤皆知俎豆先正固不必執當年足跡曾經之說也鵞湖鹿洞諸名勝祀　朱子直以書院名之示為斯文歸宿地也今將擬建第取法乎此上以繼往即下以開來實源遠而流長亦與縣城之圖南相表裏矣時乃有周姓捐出獅山庌地踞高阜而覧衆有近市肆而避塵囂居然一精舍規模劉蘇二君約同志貢生涂喬青周象賢監生許聯登陳繼志黃繼汪生員盧景新俊秀周龍吟陳華賓蘇熙起等募捐建造年而棟宇巍峩堂

階整飭几榻行厨俱備落成之日顔以獅峯書院就其地識之也計自今一方秀良觀光　大賢之宇親師取友道於是乎在誠能歳會月要相與觀摩砥礪使士習益醇文風日盛則爾時締造之力實大有功於名教也已

祠宇

文公祠舊在縣治東街乾隆癸巳年移建

文廟尊經閣舊址前舉人徐天球記　紫陽朱夫子祠舊在縣城下市圖南書院大門內西偏限於地門從東入旋轉面北規模狹隘歲祀不能展禮乃僉議更移維時相度

文廟右畔尊經閣舊址前田中曠如也以其地建紫陽祠則東南關里聯絡而居美何如之諸士子咸踴躍爭先

董事陳志蔬鄧金文蘇秉煒李夢琴羅天香許必得等
買田地塡高鳩工庀材經營十閱月堂階既就工尚
越二年溫子雲從陳子元慈等謀續成之增兩廡固垣
墻彰施黝堊煥然可觀乃設
文公主位於龕官師致奠諸士子隨班行禮廓乎有容登
堂望之鳳翥前迎龍潯拱抱庚山丁水凡所以靈萃於
聖域者亦光暎於賢關論者以為人文炳蔚於以兆云是
役也捐題頗多即其贏餘置腴田歲入租息以九月之

望羣奉觴為　大賢壽又以見士子之懽忻服教者計至周且備也爰舉其概勒諸石

文昌祠在南關旱池嶺頭乾隆巳卯年典史章錫督建乾隆五十一年大修

文廟訓導江雲霆以　文昌宜附學宮主議建閣於明倫堂之頭門以位在巽方文峯聳起自為靈秀所鍾也因經費不支事暫寢將來地方人士稍紓其力當念此為文運攸關不可不亟而成之

龍神廟乾隆戊寅年知縣朱洽建於縣内下市地基係本邑南樂令陳應奎後裔捐出乾隆五十七年知縣楊奇賡重修

先農壇廟乾隆五十七年知縣楊奇賡重修

關帝廟乾隆五十七年知縣楊奇賡重修

武衛紀

教場

德化縣教場乾隆十九年知縣奇寵格移建溪南下尾坂壄地十三畝零奇寵格記德邑演武場宋時已有之明正德末置於社稷壇西滙水経其南國朝康熈丙辰閒洪濤頻嚙溪流遂徙而北場之存者無幾嗣是而訓士練卒率於沿溪沙礫中循故事而已歲丁酉余涖兹土值歳試校士仍馳驟於磽确湫隘之區

心甚敫之越明年民有首墾溪南官地者往按之故溪道也積沙高漲為田荒廢若干坵南抵古岸北暨新堤東西長九十六丈中廣二十丈形似覆月左右兩山如展旗摃鼓相厥形勝儼然天造地設一演武場也適邑進士王君必昌以移建演武場條議於余余曰甚善場坍於溪溪淤成田滄桑雖改氣象維新以公田而建場其誰曰不宜乃偕僚佐章君錫為之測景營基剏廳事築將臺開馬道立照牆於場東復造石壩以捍水患諸

紳耆吏踴躍捐輸之經始於乾隆甲戌仲冬洎乙亥仲
春告竣夫而後簡閱得其所而古人設險之意無廢也
已若夫飭材鳩工王君總理之董其事則郭生文元許
生應暄黃生景憲張生天溱陳生嵋權生仲謀耆民林
奕来等爰諏日布筵酌醴以落之因勒諸石二十一年

知縣周植建演武廳

秩官紀

知縣

會光儀　江西舉人乾隆十四年任

楊　魁　滿州人乾隆十五年署

唐國秀　廣西舉人乾隆十六年任

宋應麟　舉人乾隆十八年署有傳

奇寵格　正白旂舉人乾隆十八年任有傳

賀世駿　舉人乾隆二十年署

周　楨　崑山進士乾隆二十年任

陳　鼎　乾隆廿三年署

朱　洽　山西進士乾隆廿四年任

李本楠　拔貢乾隆廿四年署

都　鏞　浙江進士乾隆廿五年任有傳

李經芳　永春州同直隸舉人乾隆三十年署

王右珝　山東濟南附貢生乾隆三十一年任有傳

何發祥　雲南舉人乾隆三十三年署

朱國垣　雲南舉人乾隆三十四年任

齊永齡　順天舉人乾隆四十年署

劉庸豫　山東舉人乾隆四十一年任有傳

張燮鶚　河南拔貢乾隆四十四年署

王緒曾　四川新都舉人乾隆四十五年任

吉　壽　漢軍鑲白旂舉人乾隆五十年署

蔣　履　浙江臨海舉人乾隆五十一年任

楊奇膺　湖南善化舉人乾隆五十二年任

典史

章錫　直隸涿州人乾隆十四年任有傳

金巨川　乾隆四十一年署

丁璧　浙江紹興人乾隆四十一年任

婁樹　浙江杭州人乾隆五十年署

馬騰遠　四川成都人乾隆五十年任

教諭

岀夢經　惠安舉人乾隆十九年任

宋仕玠　建寧縣拔貢乾隆廿五年任有傳

劉　松　邵武舉人乾隆廿八年任

賴余楫　永安恩貢乾隆三十年任有傳

陳天杏　沙縣拔貢乾隆三十五年任

柯者仁　晋江舉人乾隆四十一年任

林世則　晋江廩貢乾隆四十五年署

黄　雲　龍溪拔貢乾隆四十六年任

吳維新　龍溪恩貢乾隆四十八年任五十四年巳酉應鄉試　恩賜舉人時年九十有四

余春林 建寧縣舉人乾隆五十六年署
銑汝梅 光澤廩貢乾隆五十七年署

訓導

鄒式程 古田歲貢乾隆十三年任有傳
張　廣 霞浦歲貢乾隆廿一年署
李日炳 古田歲貢乾隆廿三年任
鄭達三 龍溪歲貢乾隆廿八年任
朱　芾 龍溪歲貢乾隆廿九年任

席　溎南平舉人乾隆三十三年任
薛　銘福清舉人乾隆三十九年署有傳
陳　普閩縣舉人乾隆四十年署
王廷珪漳浦舉人乾隆四十一年任
謝金烺安溪廩貢乾隆四十五年署
雷元遷建安舉人乾隆四十七年署
江雲霆泰寧舉人乾隆四十八年任

武職

德化縣汛千把總

夏承熙　浙江武舉　　蔡士良　晉江行伍

蔡　斗　福州行伍　　蘇　果　晉江行伍

萬其光　晉江行伍　　李　興　晉江行伍

林　巧　晉江行伍　　陳光壽　晉江行伍

黃正蕃　汀州行伍　　高　洪　福州武舉

彭　鐸　湍州行伍　　徐得昇　漳州行伍

伍連登晋江行伍　陳玉駿晋江行伍
陳登煌福州行伍　劉高耀延平行伍
林　輝晋江行伍　朱清遵晋江武生
林成邦晋江行伍　鄧飛龍漳州行伍
黄有信晋江行伍　李日陞晋江行伍
黄　尊晋江行伍　吴　輝晋江行伍
黄振龍漳州行伍　蘇安武晋江行伍
吴　得晋江行伍　吕聯標晋江行伍

林克捷晉江行伍　林　高晉江行伍

內洋汛千把總

萬其光晉江行伍　陳光壽晉江行伍

李　輿晉江行伍　蘇　果晉江行伍

巧晉江行伍　黃正蕃汀州行伍

林　輝晉江行伍　賴　陞汀州行伍

陳文瑞晉江行伍　林成邦晉江行伍

伍連登晉江行伍　林得功福州行伍

劉高耀 延平行伍　黄　尊 晋江行伍
蘇高陞 晋江行伍　陳　得 晋江行伍
黄振龍 漳州行伍　林飛龍 晋江行伍
振 延平行伍　王雲龍 晋江行伍
吴　得 晋江行伍　陳玉駿 晋江行伍
朱清蓮 晋江武生　林克捷 晋江行伍
許　超 晋江行伍　蔡志成 晋江行伍

科目

進士

王必昌 科分登舊志任湖北鄖西縣知縣有傳

曾西元 乾隆廿二年丁丑會試第八十六人殿試三甲一百六十七人嶽陽知縣有傳

舉人

鄭鴻儒 乾隆十二年丁卯科第九人漳平教諭有傳

連達 乾隆十二年丁卯科第十三人

郭震東 乾隆十五年庚午科第十一人

鄭秉鈞乾隆十五年庚午科第二十五人河南布政司庫大使有傳

李　吉乾隆十七年壬申科第七十三人任南平漳浦教諭調彰化再任惠安教諭

徐天球乾隆廿七年壬午科第二十八人崇安教諭

温彦三乾隆廿七年壬午科第四十五人

蘇調羹乾隆三十年乙酉科第二十六人借補寧化縣訓導調晉江臺灣訓導

林鼎梅乾隆三十三年戊子科第八十四人

徐騰雲乾隆三十五年庚寅科第三十四人

劉鵬霄乾隆四十四年己亥科第八十一人

蘇文華乾隆五十四年己酉科第十七人

恩貢

張應宿乾隆庚午年　許文相乾隆辛未年

鄭元學乾隆辛巳年　温廷遴乾隆辛卯年

陳先疇乾隆己亥年　陳鵬乾隆乙巳年

周象賢乾隆辛亥年

拔貢

鄧金文乾隆丁酉科考授州同分發廣西委署南丹州

鄭兼才乾隆己酉科現考充八旗教習

副貢

凃廷覲乾隆十五年庚午科

王菁枝乾隆十七年壬申科

徐天球乾隆十八年癸酉科

徐昌乾隆三十五年庚寅科

鄭覲生乾隆四十四年己亥科

歲貢

林超鳳　乾隆丁夘年松溪訓導

林天麟　乾隆巳巳年

温玉衡　乾隆辛未年浦城訓導

許雲騰　乾隆癸酉年侯官訓導

温廷掄　乾隆丙子年羅源訓導

連天然　乾隆丁丑年寧德訓導

顔學憲　乾隆庚辰年尤溪訓導

周維新 乾隆辛巳年沙縣訓導
鄭英才 乾隆癸未年
曾騤魁 乾隆乙酉年
蘇誕登 乾隆丁亥年
昜文元 乾隆己丑年
陳洪照 乾隆辛卯年有傳
徐筆金 乾隆癸巳年
許鼇俊 乾隆乙未年

陳繼美乾隆丁酉年

蘇良英乾隆己亥年

蘇寅斗乾隆辛丑年

陳名世乾隆癸卯年

莊道亨乾隆乙巳年

黃維城乾隆丁未年

林德遇乾隆己酉年

李麟書乾隆辛亥年

武舉

郭玉成　乾隆四十五年庚子科第三十一人

蘇振元　乾隆四十八年癸卯科第四十三人

林芳名　乾隆五十四年己酉科第六人

援例

蘇文明由監生捐縣丞分發廣西歷署臨桂縣丞賓州州同貴縣知縣務調廣東署欽州州同順德知縣

蘇邦憲由監生授陜西鳳翔縣丞署岐山縣篆乾隆三

十五年軍功議叙委署安塞知縣旋告養歸

陳德宇則傒由廩貢任永定縣訓導再任建寧縣訓導

陳義燦由廩貢任建寧府訓導

封典

温玉注以子廷選任古田教諭封修職郎

曾中興以子西元任𣏌陽縣知縣贈文林郎

陳洪璉以子開村任漳州訓導贈修職佐郎

顔天騆以子瑛任長樂教諭贈修職郎

李光黨以子吉任南平教諭贈修職郎
陳義煥以子德任永定訓導贈修職佐郎
蘇際盛以子邦憲任鳳翔縣丞封修職郎
鄭振盛以子鴻儒任漳平教諭贈修職郎
温聖儀以子玉衡任浦城訓導贈修職佐郎
顏天德以子學憲任尤溪訓導贈修職佐郎
温玉麗以子廷掄任羅源訓導贈修職佐郎
連雲階以子天然任寧德訓導贈修職佐郎

周泰三 以子維新任沙縣訓導贈修職佐郎

林庠瑞 以子起鳳任松溪訓導贈修職佐郎

蘇于淈 以子調羹調臺灣縣訓導贈修職郎

人物紀

官蹟

知縣魯鼎梅字調元江西新城人壬戌會魁抵任即修圖

南書院按月親課生童捐俸奬賞又勸課農桑慰勞備

至邑乘殘闕延致紳士捜輯編成信史城隍廟鳴鳳橋

瑶臺書院皆修建有功

奇寵格正白旂舉人廉恕公平愛民如子奬勸士類出以

真誠後洊歷大郡官至閩省廉使

宋應麟舉人署邑篆公正明决無事紛更凡躬詣民間檢勘不令差役滋擾民處便之

都鏞浙江寧海人以名進士涖邑三載胸中明達不露圭角行政以公平書役奉法罔敢舞弊其寬猛啻相濟云

王右獮山東濟南附貢生為政廉明規畫悉當而强教悦安人咸知為君子城鄉鼠牙雀角不輕至公庭謂㦉㦗我者即王彥方毋自取羞也

劉席豫山東掖縣舉人遇事果斷每歲科試士悉拔真才

門無弊竇初諸童應試必自備椅棹苦於搬運豫乃捐
俸建置黔公所臨考安堂廡間士林深受其惠
典史章錫字聖九涿州人由監生考授德化尉工詩學草
法亦佳性廉潔俸薪之外毫不苟取妻帑粗衣糲食清
況特逾寒士每以事至鄉落僕被隨行民不知其為官
長也緝理奸究有嚴明之法承理獄案曲直平反務期
得情尤善撫獄囚終其任囹圄無嗟痛聲每散衙暇與
文人拈韻唱酬信手揮毫時多佳句在任二十七年倡

修雲龍橋建巽峰塔文昌祠具有成績卒於官囊橐蕭然可以知其操守矣

教諭曾晉邵武縣舉人品行端方訓廸克勤學舍傾頹捐俸倡修自爲記見藝文

朱仕玠建寧縣拔貢偕弟太史仕琇馳譽京師琇以古文著玠以詩名教諭德邑韻學大進太史官獻瑤稱其著書滿家志潔行廉非虚語也在任倡修 學宮有功

賴余楫永安人以恩貢教諭德邑初涖任即捐俸倡修

學宮性沉默寡言不露鋒穎而老成古道士林咸率其教

訓導鄧式程古田人由歲貢司訓日夜好學課士殷勤其氣象渾穆有太古遺風學署湫隘捐俸拓建甚費經營後任賴之

薛銘福清舉人古道照人澹泊寧靜諸生晉謁如坐春風中亦復嚴肅難犯以教篤實行為教士林重之

治行

王必昌字喬嶽有夙慧十五試入泉州府庠登乾隆乙丑進士知湖北　西縣課農桑立學校查戶口殷繁儒風丕振皆昌之力昌於吏事[illegible]精敏任勛一載兼署竹谿劇邑不假幕僚而案無塵牘丙子分校鄉闈所得皆名下士以病掛冠百姓遮留滿道林居三十年卒年八十五初昌家貧力學既登聖賢書猶舌耕自給無購書時從友人抄閱雖盛暑祈寒丙夜咿唔不輟所作制藝

峭刻沉雄而詩詞序記諸體尤窺作家堂與手輯邑乘
一又應魯鼎梅徵修臺灣縣志著有甲園內外編文集若
干卷子德洪邑庠生能世其家學以孝行聞

曾西元字汝鳴戊午舉於鄉壬戌以明通選建甯縣教諭
重建風教祠殫心課士丁丑成進士朱邑令延爲圖南
書院長日事文教足跡罕到縣門己丑選陝西紫陽知
縣柢任值造縣城督率惟謹以積勞卒於官

曾重登字其岸丙辰舉人壬戌列明通榜選武平教諭後

調閬縣學倡修　學宫規畫盡善班選雲南平彝知縣
興利除弊竭蹶奉公原羅平州有鉛廠産黑白鉛重登
詳歸平彝營理大便於民地當滇黔要衝值辦勦緬匪
軍務　京兵外省兵數萬過站供應無悮後再任廣東
茂名知縣爲高州附郭首邑政務繁雜即以治彝者治
之茂人愛戴與彝等
顏瑛字繩俚刻苦力學澹泊明志乾隆丙辰　恩科以五
經雋鄉闈選湖南長安知縣操守清白不忝官方改長

樂教諭陞建寧教授所至勤於獎誘每課期自握管搆思為諸生倡書法古勁年七十九告歸卒於家

温廷選字萬侯丙辰　恩科舉於鄉丁巳列明通榜授古田教諭考課勤篤衡文精確多士奉為楷模致仕歸不事干謁恬如也

賴銓字簡臣以歲貢司訓永安葺　學宮置祭器分清俸以濟貧士朔望課諸生拔其尤者加獎之一時成就甚多有搆訟者正言諭解終其任士無見辱於公庭致仕

歸尚有擔簦就食於門下者其平生尚義急公通邑推

爲人表夫妻皆享年九十

連如璋字玉黎三舉優行以歲貢秉鐸建寧精心課藝不

爽鑒衡凡歲科試束修多濟寒士其行誼載入建寧縣

志致仕歸合庠繪蘇湖教授圖詩歌以誌不忘

鄭惠琇字星望三歲孤甫成童失恃以不及事二人爲恨

故自號陟瞻乾隆癸亥膺歲薦歷任邑令聘掌圖南書

院十餘年戊寅選龍巖州司訓作興庠序佐州牧舉行

鄉飲禮曠典重興上臺嘉賞委攝學正七閱月以夙疾
卒於官龍人士悼嘆不已

鄭秉鈞字維周琇之子也登乾隆庚午五經鄉榜戊戌授
河南布政司庫大使初之卞值儀封一帶黃河大决提
防濬築庶務紛繁省中大吏俱移駐工場一切供億必
親司出入謹筦鑰慎權衡上官嘉其稱職旋以疾歸宦
槖蕭然

溫玉衡字公勤篤行潛脩試輙冠軍由歲貢任浦城訓導

振興學校培養人才一時多所成就子彥三壬午舉人

林超鳳字毓台少穎慧未弱冠補弟子員旋食餼以歲薦司訓松溪兩署教諭循循善誘楊道憲獎以多士楷模

周維新字峨瑞人品端方取與一介不苟刻意攻書至老不倦以歲薦任沙縣學訓講論文章每以敦行相勗沙人化之壽八十四終於官

鄭澔儒字雅文乾隆丁卯五經中式第九人授漳平教諭敦行誼勤考課於士習文風大有振作本邑修 學能

遠遞清俸助工亦知所當務過人遠矣

孝友

劉玉麟字景向太學生歲貢元鐔長子也孝事父母出告入面一規於禮遇有疾必親供湯藥居喪不茹葷足不出門與弟析箸時能居瘠讓肥隣有兄弟爭業者畏麟知後遇於途麟諭以大義遂成友愛其爲鄉族畏服類此孫鵬霄己亥舉人

陳天溱字潛軒南樂令應奎季子也性嗜經書事親深愛形於色養脩所嗜其小也親病研醫書徹夜衣不解帶

湯藥不假他人手如是者七閱月親歿寢食柩下無間
暑寒歲時奉事如生每展墓瞻顧環繞不忍去病卧在
床早夜猶念及堂上香火蓋終身孺子意也卒年八十
有五

鄧師好德化庠生舌耕爲業少失怙事母鄭氏以孝聞撫
幼弟厚士備盡友愛弟歿吳氏遺腹未卜男女好即以
己子子之後育得男又弱病而弟婦復歿好撫翼長成
愛逾己子鄉黨稱之

懿行

鄧楠字藹軒邑庠生　贈翰林院編脩廩生孕傑之孫也恬淡寡言淹通經史尤嗜易義性理諸書與從兄太史啟元談論多入耳會心事親孝遇長敬循循禮節雖交遊燕見毫無苟簡人謂其禔躬似圭璧無瑕良不虛也

陳天從字國才太學生鵬都人好義慷慨倡修龍津橋蕉溪支澗石橋及附郭雲龍鳴鳳兩橋修　學宮演武廳皆拮据經營始終不倦又捐建學署後圃種種義舉公

論推重季子武庠生元慈厚重簡默秉正無私經理邑中數大工程勤勞著績雅有父風

許元鳳字世文太學生高卿人雲祥三子慷慨如其父康熙丙辰後邑患初寧凡諸公舉皆竭力贊成人推其義能濟美云

周和玉天資穎異讀書有聲州邑冠軍入泮生平慷慨好義排難解紛終日賓朋過從酬應無虛綽有北海風度

陳義煥字光章尤中里陳吳鄉人康熙辛卯漳盜陳五顯

剽掠多方設禦一時保全甚多有被虜者謀贖之賊潰邑令詳議　旌功通衢溪港出貲建橋行人頌之年八十四

陳有助字盛州邑庠生新化李山人仁厚端方有爭競者開助至皆屏息無言生平不到公庭邑令黄魯諸公屢加獎賞年八十餘尚赴棘闈壽登九十有一

林泗傳華溪人性孝友醇厚父遺金百餘佐讀傳分與兄弟族人有積欠逋賦出爲墊補凡義舉無慳吝鄉中事

有不平者以理諭之人咸心折畏為所短

陳元泗字卿達新化東里鄉人端方誠慤居鄉恂恂大義攸關則正色直言康熙初年陳鹿寇掠民間泗倡立保禦里閭賴以輯安

蘇光清字圭德太學生雙翰来春里人性端直敬禮師儒好周貧乏修雄飛嶺石獅岐嶺大路十餘里又助修謝公橋捨給獅子頂香燈田凡屬公事皆慷慨勸成人稱尚義孫文華己酉舉人

陳元徽字鄉斗太學生新化東里鄉人植行端方道路橋梁多所修築鄉有貧不能殯者周之未嘗有德色

危元瑶字美華鄉飲賓新化前坊人爲人方正凡有爭競悉爲排解重書香優禮文人尤樂襄義舉不愧一鄉善士

陳其徙字燦伯鄉飲賓樂陶人行誼端正不吝施與道路橋梁有傾圮者倡議修築邑中義舉樂助成功邑令朱奬曰一鄉欽式

郭殿拔字茅仲世科鄉人性樸誠足跡不至公庭事親侍養備至兄弟析箸時能居瘠讓肥邑令都嚴贈孝友型家

江棟選字勳勵邑貢生祥光人有才幹樂善好施邑中修學造橋梁多與其事尤雅愛斯文賓朋過從悉以禮款奇臬司前為邑令稔其行誼甚稱重之

許應暄字濟潤武生高鄉人以端直見重和睦鄉鄰給賙貧乏樂輸義舉邑移建教場綱紀其事不辭勞瘁

江棟材字勳定邑庠生少負逸才性情軒豁家有餘貲不吝施與居家以義方爲訓不肯令族黨輕赴公庭甚爲鄉所推重

鄭元淡字司烈天性敦篤身爲人嗣能不忘所自出孝養可風同懷弟廩生鄭天星讀書家貧衣食筆墨之資周恤備至

郭殿選字泮仲性正直重然諾家庭友愛比於田荆姜被邑侯朱嘉其德舉鄉飲賓

連錫圭邑武庠生性倜儻德庠弟子員額原定歲科入名後增至十二名乾隆元年詔陞永春爲州割德化爲屬邑時更定章程有旨入學照依原額部核遂誤爲八名之額當事未聲明圭出身籲控上臺觸忌諱黜革榜笞縶省獄彌年圭詞不少挫學院周力堂廉得其情爲白制撫列奏部吏自行檢舉謬誤得旨復舊十二名并復圭衣頂圭得直歸鄉紳士慰勞亦不自伐

温雲從邑庠生天性醇謹長於治事之材乾隆四十九年

董修東閑雲龍橋工甫竣即大修　學宫風雨晨夕亹
亹不倦經營措注亦井井有條後以風病劇未竟其功
同人惜之

文學

鄧熏字仲慈　貤贈翰林院編修邑廪生孕傑次子博通經史由俊秀入國學湖廣捴戎李日煋重其文學延至署課兒手作平海策五條大得機宜捴戎編刋四書集註輯録或問精義等書熏多與修纂以校字刋名進呈
上嘉曰儒者大學士李文貞馳書招入京以繼母年老不就課子姪孫曾老而不倦受業多當代名人其尤者太史李光墺刺史李光型暨胞姪榜眼啟元也

林昱進士模之子也質極慧日誦數千言精深經學雍正己酉舉於鄉書經文進呈有南闈第一經義之稱在京

接

駕南巡詩膾炙人口內外藝文舉筆立就大學士李文貞甚器重之選山東新城令因老改任龍溪教諭署漳州教授南靖教諭課士最有法

李志昱字就亭聰慧異常博覽羣書戊午舉於鄉名列第八周力堂極為賞識有國士之目

陳洪照字章成賦性沈毅文章高古學使莊公按試當場稱爲老友所著吧遊紀畧朱錫園取以徵實小琉球諸誌後登明經士多仰之

劉世賡字颺之歲貢生元鏵孫太學生玉麟子也少頴悟下筆千言立就博涉經史文規先正大爲司衡擊節弱冠補弟子員旋食餼試屢奪矛邑令魯公奇其文有瞿鄧家法之目

黃守仁字静山歲貢生憲文長子也由俊秀入太學通經

史工吟咏晚年性耽山水退隱湖山衡泌自樂所著有
自娱草耐瘦草五峰夢記
徐實穧字奕欽儒山人穎悟異常讀書每淂大意文若夙
搆試屢冠軍淵博純懿善誘後進出其門者多有文名
連步青字宣貴甲頭人九歲能文髫齡即以詩見賞司衡
旋食餼試屢奪矛博覽羣書多所通曉享年不永士論
深爲腕惜

耆壽

逹國罷字隆謨以庠生貢入成均應選訓導會新例改以簿丞用遂不就生平精於岐黄製藥廣施活人不可數計年八十有八妻許氏年九十有九五代一堂

陳光璧鄉飲賓鵬都人老成持重忠厚傳家邑令魯公額贈喬松百尺時五代一堂年八十有六妻謝氏年九十有三

蘇際盛太學生乾隆三十六年以次子邦憲任陝西鳳翔

縣丞　封修職郎丙午登八旬以長子貢生清憲之孫
得男行全五代
徐爲鑄字秉陶農家人能知書喙酷嗜之孫天球以壬午
舉於鄉年八十有一
陳元斌字卿瑞邑庠生品行端方乾隆十一年邑修志乘
魯侯徵與其事年八十有九子繼美乾隆丁酉歲貢
徐光謨字恒明太學生儒山人性情灑落頤養天和古畫
奇書老而愈嗜年九十有一

黄天章字玉汝嘗董造雲龍鳴鳳两橋修理東嶽城隍二
廟雅愛書香斯文接踵年八十有一
楊振字字方伯　恩授老農官性醇樸課耕有方尤雅愛
斯文禮接不倦年八十有四
郭天立鄉飲賓世科鄉人年登九十身其康强邑建教場
以田畝撥充公所孫玉成庚子武闈舉於鄉
林宇望年百有一歲受　恩賞两次精於岐黄無衰老態
咸謂其得養生之術

壽婦

甘氏李山社東洼鄉陳孟最妻年一百八歲建坊　旌表

額曰慈幃長暉

朱氏高卿社高洋舖李廷玉妻年一百一歲建坊　旌表

陳氏尊美鄉監生林振甲妻現年八十有二五代同堂例

得請　旌

節孝

徐氏李克感妻年二十八夫歿未育欲自盡舅姑慰曰克感無嗣若殉之是重吾憂也乃延命苟活取捷登爲嗣又以零丁孤苦復抱彦眩撫養乾隆二十二年　旌表

涂氏黄天景妻事蹟載前志乾隆二十二年　旌表

陳氏張模妻年二十九孀居事祖姑及舅與繼姑咸得歡心氷霜自凛撫養一子成人乾隆二十八年　旌表

鄭氏謝祈如妻事蹟載前志乾隆三十一年　旌表

徐氏方鵬程妻年二十九守節敬承姑命矢志撫孤乾隆三十三年旌表

賴氏林開檜妻年二十四夫歿遺孤三歲忍死守節撫養成立事舅及繼姑咸得歡心居常鉛華不御氷霜自矢日夜勤紡績以贍衣食乾隆三十七年旌表

鄭氏陳應瑱妻事蹟載前志乾隆四十八年旌表

柯氏陳宏詛妻歸陳十閱月即分鏡遺胎生男撫養成立嘗以不及事舅姑爲恨歲時祭祀必誠必敬如將弗勝

子芳懷應賓筵孫曾四代年八十乾隆五十年　旌表
黃氏歲貢生憲文女歸陳育宁年二十三孀居孝事舅姑以堂兄子繩祖爲嗣勤儉成家課兒力學念夫屬庶出特建堂宇以所出侍嫡並祀不替今年七十餘孫曾四代乾隆五十一年　旌表

顏氏儒士許應檜妻年二十六夫歿撫五歲兒誓死不二晝荻嚴督責望成立舅姑在堂奉養得歡心卒年五十七子登俊歲貢生

顏氏塗坂庠生李岐鳳妻年二十八而寡氷清自勵奉養老姑備盡孝道教督男女不事姑息承姑命獨掌家計勤紡績以供不足甘苦備嘗卒年五十五

李氏儒士鄧猶龍妻提督山東學政光墺長女也賦性端慤通曉大義年二十八夫歿茹苦自甘撫孤成立事舅姑蚤起即燀湯進盥至老不倦舅素患脚疾痾癢時氏輙替孫蹲繞膝前敬為抑搔寒暑罔間卒年八十有五

鄧氏陳通侯妻年十八夫疾篤艱於醫治氏過門奉侍湯

一藥及殁誓死靡他以兄子式型爲嗣寂守空閨氷玉比
潔奉事舅姑克盡婦道今年五十有二
陳氏庚午舉人郭震東妻二十七歲寡撫子女孝舅姑克
勤克儉内外無間言卒年六十有一
陳氏石傑鄭天桐妻年二十五夫殁子貢生國元纔週歲
矢志撫養成人年二十八繼殁與媳陳氏撫幼孫零丁
孤苦再以國學生啟元爲次男終身辛苦節比松筠卒
年八十有三

鄭氏邑庠生莊嚴肅妻年二十一而寡家貧紡績易食養孀守之老姑得其歡心夫殁時子道修纔生九日氏撫之教以讀書弱冠游庠旋夭殁復抱孫撫養守節之艱未有過於此者卒年五十二

陳氏李子齡妻年十九孀居以叔子爲嗣撫養成人姑失長子哀痛過甚氏吞聲慰解操作奉養以婦道兼子職卒年六十有五

李氏陳繼梅妻年十九而寡舅姑亦蚤殁父母憐其少而

無依今他適氏曰吾寧就死誓不二心因取兄子世禎

週歲爲嗣操凛冰霜刻苦成家鄉里欽之

郭氏鄭棣妻年二十二寡勵志柏舟和丸訓子孝養其姑

克盡婦道今年六十四

林氏盧廷諭妻年二十八寡守孝舅姑和妯娌甘淡泊雅

愛書香燈夜以身紡績督孫誦讀現年六十一

鄭氏儒士連文曾妻年二十一寡絶飲食欲以身殉家人

勸之以叔子爲嗣未幾又殤氏矢志不移茹荼啜泣謹

事舅姑後再以伯子繼仁為嗣卒年五十七

蕭氏解元宏標妹也歸西山張守朗年二十六守節孝事舅姑撫一子舉進卒年七十

黃氏庠生林升高妻年二十五矢偶矢志孀守姑在堂承順志意子方襁褓撫育成立今年五十六

蕭氏陳英試妻年二十六守節氷玉自矢姑亾事舅盡孝時夫弟妹尚幼以嫂撫之恩禮兼備卒年六十有三

李氏曾進氣妻年二十四而寡遺腹生男矢志堅守氷玉

無瑕事舅姑不違志意今年七十餘
陳氏江勲渭妻年二十四夫歿無兒息又無妯娌氏奉養
老姑克盡婦道後撫嗣子元登督責成名今孫曾林立
現今八十七
王氏林應舉妻年二十二孀居家徒壁立矢節無渝惟刻
苦教養其子卒年七十
李氏林悳潔妻年二十五寡子朝宴四歲次朝家二歲氏
勵志氷蘗訓育成立卒年七十五

葉氏王廣章妻年二十一守節以夫姪聯登爲嗣勵志撫育成名卒年五十六

張氏劉二宣妻年二十一寡矢志堅貞撫姪爲嗣能以勤儉成家卒年八十有三

許氏鄭源詢妻年二十二夫歿矢志孀守撫五歲兒荼苦自甘厎於成立卒年六十三

盧氏鄭元勸妻年二十六守節奉事舅姑舅歿而姑老病朝夕甘旨無缺嗣子幼令其自守淡素今家道克成現

年八十餘請 旌表

林氏查輝檜妻年二十三夫殁欲投繯殉舅姑勸之免矣志孀守撫孤有成舅姑在堂孝養盡道其氷心霜操殆可方之陶嬰云今年七十六

鄭氏耆民黄天章妻姑有脚疾朝夕起居難以如意氏事之二十八年未嘗稍懈鄉里欽其孝

張氏蔡文源妻十八于歸纔娠夫往臺灣杳無音問傳言或存或歿氏曰人言不信吾自定吾志耳孤燈雙泪苦

守貧寒撫養所生成立足不踰閾清潔以終其身卒年八十

林氏庠生陳振輝之妻年二十五夫歿子一垣甫二歲身勤紡織以奉舅姑撫其子成人年七十一

徐氏監生賴樹森妻年二十五而森歿子天衢甫一週連氏監生賴樹峻妻年二十四而峻歿子若騆甫六日姒娣共勵氷心撫育孤子教誨有方今俱成立人稱一門雙節

曾氏溫文炎妻年二十五寡子必達方四歲氏撫幼孤䂓以規矩寓嚴於慈必達乃弱冠游庠矣八旬老姑在堂氏以婦道供子職飲食起居事之數十年如一日家無間言

貞烈

林氏小尤劉榮樻未婚妻也自少許字榮樻届婚期而樻死氏聞訃欲奔喪父母阻之矢志靡他急請榮樻父至將以死殉囑其與樻合葬是夜竟死樻父如其言葬之

而以兄子爀生爲嗣

林氏蘇持妻案詳　旌表

陳氏信娘案詳　旌表

閨秀

謝鳳姝瑞安令青鍾女自幼讀書穎慧工詩律善丹青長適揀選州同陳天寵寵父應奎任南樂縣知縣寵以佐理隨任七載氏在家孝事老姑命其稚子往隨官署并貽書勸夫納姬迨翁解組氏每與夫拈毫唱酬大有女

士風所著竹窗詩集家藏遺稿晚年作詩經國風圖描

寫人物點綴生動惜未竟幅而卒年六十子寅邑庠生

方技

陳仕溽瑶市社龍山人承祖父世傳寫真無丹青水墨敷成景物即以草書題句無不工雅卒年八十六

鄭南野字維出工書畫家貧有潔癖多涉歷名山大川以助其趣晚年工益精遠近爭購養疴於家門庭若市竟以是終焉

坊表紀

百歲坊

旌奬陳孟最妻甘氏建於東厝鄉

旌奬李廷玉妻朱氏建於高洋舖

節孝坊

旌表李克感妻徐氏建於蓋德鄉

旌表黃天景妻涂氏建於南關

旌表張模妻陳氏建於南關下田格

旌表謝帝美妻鄭氏建於東門街

旌表方鵬程妻徐氏建於螺坑

旌表林開檜妻賴氏建於橫溪後洋尾

旌表陳應璸妻鄭氏建於張墘鄉大路尾

旌表陳育宁妻黃氏建於張墘鄉隘門格

旌表陳宏詎妻柯氏建於鵬都鄉樓角

旌表鄭元勸妻盧氏建於半林格

古蹟紀

塔峰

沖霄塔在南關外為學宮之巽位舊建浮圖屹如文筆後傾覆未復乾隆己卯年縣尉章錫相度舊址建一傑閣旋為風雨所壞閣之下另闢一區建文昌魁星殿今尚存乾隆丙午年訓導江雲霆以修東橋餘貲謀重成巽峰以淩空架勢不耐久乃累土為山峰巒矗起秀拔空中此人力補地之闕比之塔更為鞏固今即名其地

曰塔峰

塔巅在石傑東南嶺上有石塔甚高地當永德交界層層直上望之若插雲霄舊蹟廢舉人鄭秉鈞詩云崚嶒寶塔委荒邱時現瑞光射斗牛古蹟原来超世界凴誰再造插峯頭後於乾隆丁未年碩溪顏重建名曰步瀛塔

駕雲亭在縣城龍潯山頂俯瞰雲龍橋有關鎖鑰乾隆二十五年典史章錫重修四十年知縣齊永齡重建四十七年知縣王紹曾再修

藝文紀

詩

和黃邑侯雲龍鎖鑰韻　邑進士知縣王必昌

長橋橫亘鎖城東矩洩規連絕岸通心力不辭三載瘁神工直與萬安同波廻丁水遲明月雨霽雲山落彩虹泛以

祥符鰲背識鳳池染翰頌侯功

程田寺訪棲蓮上人　邑進士知縣曾西元

不到禪林忽幾旬非烟一片送餘春松間有鶴應招我雲

外聞鐘漸近人煨芋漫爊廚火燼試茶欲借佛泉新今朝快覩蓮花相不染纖纖下界塵

程田寺步月觀蓮

月到更深照上方僧邀移步向蕖塘蓮心細取禪心靜花氣渾含夜氣香踏鏡凌波無定影擎珠出水有圓光中霄來憑池邊坐管取荷衣拂石床

滻溪即景　　邑歲貢訓導鄭惠琇

滻溪一望水波平誰倩天工畫作丁萬井桑麻分兩岸茶

蒼雲樹盡縱橫

奔來萬派繞提封一曲灣環浴醒龍南浦烟村雞犬靜雙魚山下夜聞鐘

登駕雲亭望雨　邑舉人庫大使鄭秉鈞

山靄雲空郭外明老身登眺惘春晴不貪摹寫亭前景代唱三農禱雨聲

天心仁愛施蒼生犁插何因嘆久晴若得蘇公名誌喜須央擲瀨譜歡聲

丁水晴波　　教諭 出夢鯉

縣前溪水變新晴三折波摇一字明鼇背問誰揮彩筆天荒雷雨寫金聲

繡屏積翠

西山似繡展屏頭翠積蒼茲滴欲流每看晴雲開幄帳合携笙鶴共遨遊

雨後涟溪曉行　　典史 章錫

雨歇溪頭趂曉行陽春烟景望中生夭桃隔水多含笑翠

竹臨風亦向縈遠近山明峯特起高低麥秀攏初平回看宿霧千重掃鳳翥龍潯一派青

鳳翥峰二首

教諭 吴維新

果有來儀象名山自昔傳迎風疑奮舞倒影覺蹁躚東嶠成阿閣丁溪當醴泉羣峰羅衆鳥未敢與齊肩

莫覓雍喈處高岡即鳳凰聲從空際想翥在箇中藏雲集龍文隱雨餘燕喙彰湯云棲枳棘萋菶長朝陽

九仙山

訓導 江雲霆

仙人騎鶴去千載九峰名驚嶺連天碧羅雲觸石生藤封巖磴古香結梵宮清翠落空山外登臨萬里情

陪刺史鄭公登駕雲亭　江雲霆

一峯蒼翠落重闕烟鎖空亭雉堞環鐘罷龍醒臨涯闊秋高雁近戴雲山風來黃穀青疇繞露綻紅蕉碧水灣幸際鹿輪吟眺處清心氷鏡憺忘還

章公墓在小尤鄉舊傳公唐時率兵禦寇至此民賴以安卒葬此鄉人立廟祀之　邑廩生劉世賣

戰壘蕭蕭記策勳當年保障賴神君唐書新舊遺名蹟德里春秋愴義魂廟貌猶崇老太尉墓田誰表故將軍寒巖謖謖松風起惆悵啼猿隔斷雲

遊鼎山巖歌

邑廩生　連步青

我聞仙溪之上有鼎山乃是飄飄碧落之洞天石骨嵐光鬭秀削丹梯翠棧相鉤連俯視溪流淼瀰僅一綫幾簇人家黒子然在昔仙靈踞窟宅直凌巑岏之杪巔招提幽敞檐牙啄鉦鼓砰訇天籟宣寺額名從丹灶錫齋廚泉自石

淄濺別繞危磴通寺後峭乎四壁青冥懸邃洞峆岈巖絕頂窈而深兮曲蜿蜒規撫紫陽書仙腕逞得徑丈之勢孰磨鐫一洞側身尚易入二洞傴僂步未穿洞外石枰嵌空掛終古乾坤此地偏縹緲霞光出趺坐放開眼界豁大千此時不知此身在何處盧胡笑拍洪崖肩

香林寺　　邑舉人温彥三

禪林清淨別為天坐處聞香意灑然外挹高峰橫翠黛中藏古寺散濃烟澄潭徹底龍深睡老樹蟠根鶴穩眠宋穎

長存留勝賞来遊不用買山錢

春日登獅峰絕頂　　邑舉人　劉鵬霄

石室摩空石徑斜獅峰絕頂是仙家迎春最好尋幽景擕水聞香處處花

遊石壺　　邑舉人　林鼎梅

石壺秋水漾清池林外疎鐘曳响遲自古三門傳法幻至今一劍倚天奇更催海日升殘夜露濕星河落曙時此際登臨臻絕頂飄然物外耐寒支

藝文紀續誌

告示

諭觀風示　管辰煛

照得問俗采方太史備輶軒之選書升論秀譽髦具華

國之才方今

聖天子賡運璇圖宏開珊網以文章化矛戟以禮義作干城碧

海無塵咸思破浪丹梯有路共勉登雲函巴

鴻勦退數狼荒感被奠況德邑雄環虎嶺秀溢龍潭牛女耀

分野之躔獅子聳凌空之勢峯高卑筆代起文人山列繡屏古稱勝地雖烟狼迭偪石壁破而皆驚而風鶴旋消斗城屹而無恙户被脩文之化經共陳庚里稱知禮之鄉衣皆脫甲下車以後憑軾而觀載攷遺編並徵佳勝山迎雪聚鳳燭上騰亭駕雲來龍珠下抱雙塔之神光常炯九峯之仙跡猶留訪丞相之墓田摩挱斷碣紀將軍之巖石憑吊斜陽即此餘韻遺徽已足開風而興起可想鍾靈毓秀允宜不日以觀摩　本縣教承⿰角枼歲族衍琴川捧祖硯而

業紹芸青讀父書而心傷萇碧童軍擢首擾等旋膺居然一戰登龍籍題秋試忙向九衢走馬車上春官薦鵰鶚於雲中迭經五度鳴鳳凰於池上未待十年旋從杏苑簪花爰向蓬瀛視草兩行鵠立叨陪晝日之班一字丞訛慚愧淩雲之賦人呼仙吏身現宰官奉

簡命於螭坳飛官符於閩嶠蜀峰初試兩袖蕭然駒隙如馳一年厎及茲蒙

憲檄調署斯邦顧徵黃絹之詞雅有緇衣之好技能中的

任憑穿柳而來句可熏香預備鹽薇而誦爰定於　月
日舉試觀風爲此示仰閤邑生童知悉先期報名造冊是
日授卷命題書院暫借圖南文壇須爭逐北聊當吹笙之
讌以永今朝休嫌擊鉢之催未嘗卜夜惟我
朝例嚴功令不容一語雷同而多士業裕藏脩定許萬言日
試或耆年名宿杵巳磨針或綺歲英才錐方脫頴或精心
緯史典翊徵狐或妙手鎔經拔誇造鳳或賦工研鍊金擲
聲高或詩善推敲珠穿語好所望者紛披腹藁鮮用雲山

之色本莫攜藍尤幸者愁放心花疾揮風雨之毫卷無曳句向風簷而染翰剩抵如金評月旦而排鱗尺量以玉敢云識尚漫託知音惟憑直筆品題胸無成竹果得奇文欣賞眼詎生花笑廿年夢伴書魚差信魚珠難混看一棹裝携琴鶴只慚鶴俸無多捐備花紅酬書蕉綠非謂蚍膏薄潤勵諸君螢案之功惟期驪頷先探證他日龍門之遇待到桂争魁秀應共登月闕以題名即今榴驗登科勿先向琴堂而御步酧余鶴政勉爾蛾儕特示